. . . e parlare italiano

REINHARD RAFFALT

Eine Reise nach Neapel
... e parlare italiano

Ein Sprachkurs durch Italien

Prestel-Verlag München

Zeichnungen von Richard Seewald

Fünfte, neu durchgesehene Auflage 1975
ISBN 3 7913 0289 2 kart.
ISBN 3 7913 0290 6 Leinen
Passavia Druckerei AG Passau

Vom Brenner nach Venedig

Rom

VOM BRENNER NACH VENEDIG

ZUR EINFÜHRUNG

Lektion 1

Meine lieben Leser!

Was Sie hier lernen, ist die italienische Umgangssprache, und wenn wir unsere Sprachkursreise vom Brenner nach Neapel beendet haben werden, sollen Sie so weit sein, daß Sie mit erhobener Stimme und größter Kunstfertigkeit an dem Durcheinander miteinander diskutierender Italiener teilnehmen können.

La lingua italiana, *la ling*^{u}*a ital*^{i}*ahna* ist keine schwere Sprache. La lingua italiana, das heißt wörtlich: la lingua, die Sprache, die Zunge; italiana, italienische, also: la lingua italiana, die italienische Sprache. Um sie zu erlernen, gibt es viele Methoden, sehr schöne, genau ausgearbeitete, systematische Wege, und wenn man so ein Buch zum italienischlernen in die Hand nimmt, dann blättert man meistens darin herum, ausgerüstet mit den besten Vorsätzen, und schaut sich die letzten Seiten an, indem man sich mit Zuversicht der Hoffnung hingibt, in kurzer Zeit schon so weit zu sein, wenn man – ja, wenn man die Sache nur genug ernst nähme. Wohlgemerkt, meine lieben Leser: alle Versprechungen, die wir uns selber machen bei dem Entschluß, eine fremde Sprache zu erlernen, sind erfüllbar. Sie setzen nur eines voraus: Man muß bei der Stange bleiben und man muß fleißig sein.

Nun seien Sie aber ganz beruhigt: Wenigstens das letztere, den Fleiß, setzen wir mit unserem Sprachkurs nicht unbedingt voraus. Als das Projekt dieses Sprachkurses zum erstenmal erörtert wurde, da habe ich mich gefragt, ob ich selber wohl genügend Fleiß und Konzentration aufbringen würde, systematisch einem Sprachkurs zu folgen, der von mir verlangt, daß ich etwas lerne. Und ich habe diese Frage mit »nein« beantwortet. Wir möchten gerne, daß dieser Sprachkurs Ihnen eine Unterhaltung ist. Wir möchten gerne, daß Sie viel dabei von Italien erfahren, und daß Ihnen die Sprache, ja, daß Ihnen schon unser Sprachkurs ein Schlüssel zum Verständnis des Landes und der Menschen werde. Sie sollen sich nicht nach einem langen Tagewerk bei uns geistigerweise noch einmal auf die Schulbank setzen, selbst um den Preis nicht, nachher alles wunderbar zu können. Anstelle eines Unterrichtes möchten wir mit Ihnen lieber eine Reise machen, vom Brenner nach Neapel, und dazu brauchen Sie nur eines: Sie müssen sich für jede unserer Lektionen in Ferienstimmung versetzen. Sie müssen daran denken, daß wir es uns bei unserer Reise leisten können, stets einen strahlend blauen Himmel vor uns zu sehen, daß wir uns keine Sorgen darüber machen müssen, ob das Geld reichen wird, daß wir alles stets nur von der freundlichsten und heitersten Seite erleben können. Und wenn im Verlaufe dieser Zeit das Wetter draußen recht miserabel ist, dann wird die für diesen Sprachkurs notwendige Ferienstimmung sich bei Ihnen um so leichter einstellen, je mehr Sie sich des besten Hilfsmittels bedienen, das es gibt, um diese Ferienstimmung etwas anzufeuern. Und das ist: un fiasco di vino, eine Flasche Wein. Un fiasco di vino, *un f*ⁱ*aßko di wihno,* wörtlich: un fiasco, eine Flasche; di vino, von Wein; eine Flasche Wein. Mit un fiasco di vino lernt man sehr schnell un po' d'italiano, *uhn po ditalⁱahno*, ein wenig

Italienisch: un po', ein wenig, di italiano, von Italienisch. Man spricht aber nicht di italiano, weil da zwei »i« zusammentreffen; das i von di und das i von italiano. Man läßt also ein i aus und sagt: un po' d'italiano. Also: con, *kon*, mit, un fiasco di vino, mit einer Flasche Wein, con un fiasco di vino un po' d'italiano: mit einer Flasche Wein ein wenig Italienisch. (Vergessen Sie bitte nicht, wie hübsch zu dieser Betrachtung das so echt italienische Lied »Ja, ja der Chiantiwein« passen könnte!)

Bevor wir uns aber auf die Reise begeben, möchten wir Ihnen noch ein paar Hinweise sagen, die notwendig sind: ich möchte Sie erstens verführen, sich ein Heft zu kaufen. Sie sehen an der Anordnung der Wörter in unseren Wiederholungslektionen, daß wir hoffen, Sie möchten diese Wörter nicht nur lesen, sondern auch lernen, und dazu haben wir Ihnen das Lesezeichen eingelegt, mit dem Sie entweder die deutsche oder die italienische Hälfte der Seite zudecken können. Wenn Sie aber schon lernen, dann tun Sie es doch bitte nicht nur durch Sprechen, sondern auch durch Schreiben. Und dazu soll das Heft da sein. Wenn Sie es fertig bringen, den gebotenen Wortschatz einmal ganz niederzuschreiben, wird er Ihnen viel besser im Gedächtnis bleiben – denn einmal geschrieben ist mehr als siebenmal gesprochen oder gelesen.

Außerdem möchte ich Ihnen noch verraten, daß wir unsere Sprachkursreise nicht allein machen – wir werden, höchst diskret und freundschaftlich, von einer Dame und einem Herrn begleitet – nämlich von *der* Italienerin und von *dem* Italiener. Beide seien Ihnen hiermit vorgestellt – sie werden uns zahlreiche Irrtümer korrigieren, sie werden uns verborgene Genüsse verraten, sie werden vor allem dafür sorgen, daß unser Italienisch nicht theoretisch bleibt – und auch nicht zu literarisch. Sie sind dafür verantwortlich, wenn sich in unsere Beschäftigung mit der Sprache ihres Landes hin und wieder Ausdrücke und Redewendungen einschleichen, die in keiner seriösen Sprachlehre zu finden sind, weil sie aus der reinen Umgangssprache kommen – aus der Sprache, die die Leute unbekümmert um Korrektheit miteinander sprechen, weil sie zu ungeduldig sind, um auf die Grammatik aufzupassen. – Darf ich bekannt machen:

Sie ist natürlich eine Römerin mit ein bißchen calabresischem Einschlag, sehr zierlich und immerfort in Aufregung, sehr gescheit und viel zu bequem um irgendetwas richtig zu lernen, mit einer bemerkenswerten Leidenschaft für Juwelen und Gold (man sieht es daran, daß sie sich stets um eine Spur zuviel damit behängt), von rapider Intelligenz und mit einem reizenden Mund ausgestattet, aus dem die Worte mit akrobatischer Schnelligkeit hervorkommen – stets sehr elegant gekleidet – schwarzes Kostüm ist ihre bevorzugte Robe – sie pflegt aus vollem Halse zu lachen und trinkt wie ein Mannsbild, ohne daß man ihr irgendwann einmal etwas anmerkt, und ihr einziger Fehler ist, daß sie überhaupt keine Geduld hat, sich mit einem Menschen zu beschäftigen, der auf Grund sprachlicher Schwierigkeiten nicht in der Lage ist, alle Gedanken, Gefühle und Probleme, die sein Gemüt bewegen, auf einmal herauszusprudeln. Wie vielen ihrer Landsleute fehlt ihr jedes Talent, dem anderen zuzuhören – aber das ist nur gut für uns, denn je mehr unsere verehrte Anna Maria – so heißt sie – redet, um so mehr werden wir lernen, auch ohne es zu verstehen.

Er dagegen ist ein Venezianer, was man daran merkt, daß er kein ci sagen kann, oder besser, daß er es nur mit Anstrengung sagen kann. Man merkt daraus, daß in Italien die Unterschiede der Aussprache nach Landschaften noch weit verschiedener sind als bei uns. Er ist immer um ein Haar zu chic angezogen, mit messerscharfen Bügelfalten und einer leichten Wolke von Eau de Cologne und einer Krawatte, die ein Märchen an getupftem Halsschmuck ist – es wäre ihm ein körperlicher Schmerz, wenn sie älter als drei Tage wäre. Auch er redet sehr schnell, fast stets mit einem kleinen Schuß pikanter Boshaftigkeit drin, und er hat den größten Respekt vor Leuten, die das sogleich merken und ihm entsprechend herausgeben. Damen gegenüber ist er von unglaublicher Galanterie. Seine Phantasie, ihnen kleine Aufmerksamkeiten zu erweisen, ist ebenso groß wie seine Erfindungsgabe in reizend erlogenen Komplimenten. Nicht alles, was er sagt, stimmt mit der Wahrheit haargenau überein, aber er findet wie viele seiner Landsleute, daß es das Pech des Gesprächspartners ist, wenn er nicht aufpaßt, was Dichtung und was Wahrheit ist. Unser lieber Mino – als Norditaliener trägt er einen Namen, der eigentlich Erminio heißt, germanischen Ursprungs ist und unserem Hermann entspricht – unser lieber Mino hat ebenfalls nicht viel Geduld, aber er kleidet diesen Mangel in eine nie versagende Höflichkeit, so daß wir es gar nicht merken, wenn er innerlich über unsere Stotterer seufzt. (Bei ihr merkt mans schon.) Die beiden begrüßen uns am Anfang unseres Sprachkurses – natürlich auf Italienisch.

Anna Maria hat ihr reizendstes Lächeln aufgesetzt und sagt mit leicht gerauhter Stimme ein charmantes: buona sera, *b*^{u}*ohna ßehra,* guten Abend, während Mino, mit einer Verbeugung, wie sie bei uns nur noch die Leute aus der gepriesenen Zeit der Monarchie zustande bringen, ein klangvolles: piacere! *p*^{i}*atschehre!* hören läßt. Das heißt wörtlich: Gefallen – und bedeutet dieselbe stehende Formel, die wir bei Vorstellungen anwenden, wenn wir sagen: es freut mich! Piacere! – es freut mich, erfreut, sehr erfreut!

Bitte achten Sie darauf, es heißt nicht bona sera, sondern

buona sera. Das o ist dabei nicht ganz offen, noch einmal: buona sera, guten Abend. Und: piacere, es freut mich, piacere, es freut mich, erfreut, sehr erfreut!

Nun wollen wir diese beiden Wörter buona sera und piacere gleich noch auf ihre Schreibweise ansehen, um keine Irrtümer aufkommen zu lassen. Buona sera ist sehr einfach, weil man es schreibt, wie man spricht. Die meisten der italienischen Wörter haben diesen Vorteil. Die Grundregeln der Aussprache sind verhältnismäßig einfach. Schwierig, weil aus dem Schriftbild nicht hervorgehend, ist eigentlich nur der Wechsel zwischen offenen und geschlossenen Vokalen. Buona hat ein offenes o, wie in dem deutschen Wort »Rolle«, sera indessen hat ein geschlossenes e, wie in dem deutschen Wort »Reh«. Bitte, lieber Leser, nehmen Sie sich gleich von Anfang an die Mühe, diesen geschlossenen und offenen Vokalen Ihre besondere Aufmerksamkeit zu schenken, denn sonst kommen Sie nachher in große Verlegenheit. Also üben wir ein bißchen: buona sera.

Piacere, *piatschehre,* schreibt man p-i-a-c-e-r-e, das ce ist also, wie man sieht, ein tsch, aber nur dann, wenn ihm ein e oder ein i folgt; sonst – vor a, o und u klingt es wie ein k; piacere hat ein geschlossenes e.

Ich kann Ihnen jetzt schon sagen, daß der Schrecken, der den Italienern normalerweise den Rücken hinunterläuft, wenn Ausländer sich in ihrer Sprache verständlich machen wollen, zum großen Teil von der Nichtbeachtung der Unterschiede zwischen offenen und geschlossenen Vokalen herrührt. Vermeiden wir ihn also, es kostet nur am Anfang ein wenig Mühe. Wir müssen uns nur von dem Bequemlichkeitsteufel befreien, der uns einzuflüstern sucht, daß es ja nicht so genau darauf ankommt – nein, meine lieben Leser, es kommt sehr genau darauf an, ganz genau – halten Sie dies bitte nicht für Pedanterie! Also ein letztes Mal: buona sera, und piacere! Nun kommt unsere größte Bitte: Sprechen Sie beim Lesen bitte auch mit – und sprechen Sie laut! Noch ahnen Sie nicht, wie laut die Italiener sprechen.

Haben Sie schon einmal einem italienischen Rechtsanwalt zugehört? Tag für Tag muß er vor dem Signor Pretore, dem Zivilrichter, die kleinen Verfehlungen des italienischen Temperaments gegenüber der empfindlichen Obrigkeit verteidigen, glattzüngig, bilderreich – ein Mann, der immer so reden kann, daß der Richter sich über die Buchstaben des Gesetzes hinaus rühren, aus der Ruhe bringen, erweichen läßt, ein herrlicher Nachfolger seines großen Ahnherrn Cicero. Am Abend, wenn er müde vom vielen Reden nach Hause kommt, bereitet er die Arbeit für die nächsten Verhandlungen vor, und zwar nicht leise und am Schreibtisch, sondern laut. Er geht in seinem Zimmer auf und ab und hält das Plädoyer, das morgen den Richter überzeugen soll, mit allen Raffinessen, und aus seinem Fenster ergießt sich ein reißender Strom von Drohungen, Witzen, Anschuldigungen, Komplimenten, Plattheiten und Hinterhalten wie ein vielverzweigter Wasserfall bis auf die Straße hinunter.

Was ist dieses Italienisch für eine Sprache! Für jeden Zustand hat sie fünf Bezeichnungen, sie hält sich nicht mit Wortzusammensetzungen auf, sondern führt unablässig neue, rasante, rhythmische, herrlich klingende Wörter zu Felde, sie ist niemals verlegen und immer hilfreich. Es liegt an der Sprache, wenn diesem Anwalt niemals die Luft ausgeht, und ich kann Ihnen versichern, sie geht ihm nicht aus.

Sie darf auch uns nicht ausgehen, meine lieben Leser, und deshalb müssen wir sprechen, so laut wir können, denn die italienische Sprache ist eine Sprache, die vom Klang lebt, und den Klang müssen Sie in Ihren eigenen Ohren hören. Es nützt nichts, wenn Sie die Worte in unserem Sprachkurs nur lesen oder mit leiser Stimme vor sich hinmurmeln, Sie müssen im Gegenteil das Gefühl haben, daß die Leute in der Nachbarwohnung alles, was Sie sagen, mühelos mithören können. Sie müssen reden wie vor einer Volksversammlung und, vor allem, hüten Sie sich, Buchstaben von Wörtern zu verschlukken; die Italiener reden, wie wir alle wissen, mit großem Vergnügen und es kommt ihnen darauf an, daß sich an der Hervorbringung ihrer Sprache nicht nur der Mund sondern der ganze Körper beteiligt. Also rollen Sie bitte das r, zischen Sie das tsch, reißen Sie den Mund auf bei a und o und ä und u, benehmen Sie sich im Sprechen so übertrieben, daß Sie sich selber lächerlich vorkommen. Dann erst sprechen Sie richtig. Es nützt gar nichts, schüchtern zu sein. Die Italiener sind es ja auch nicht! Nur in der heftig übertriebenen Aussprache werden Sie das erreichen, was zu einem ungetrübten Aufenthalt in Italien notwendig ist: Sicherheit, Sicherheit im Sprechen, und demzufolge auch im Auftreten und im Benehmen. – Hier komme ich noch einmal auf die Höflichkeit: wenn einer seiner Sache nicht sicher ist, wird ihm niemand seine Komplimente glauben. Ich kann es Ihnen nicht oft genug sagen: sprechen Sie, sprechen Sie laut, mit Schwung, mit ganzer Seele – auch wenn Sie nur buona sera oder piacere sagen.

Damit uns das beim ersten Mal ein wenig leichter fällt, wollen wir nun gemeinsam noch einmal von vorne anfangen und alle Wörter wiederholen, die wir bis jetzt schon können. Nur eine Formel müssen Sie vorher noch erlernen, die vielleicht die meistgebrauchte in unserem Sprachkurs sein wird: ancora una volta, *ankohra uhna wolta,* das heißt: noch ein Mal. Ancora: noch, una: ein, volta: mal; ancora una volta, noch ein Mal.

Also: la lingua italiana, *lingua italiahna* – die italienische

Sprache. Wörtlich heißt das: die Sprache italienische, denn Eigenschaftswörter werden im Italienischen oft nachgestellt. Ancora una volta und zwar laut: la lingua italiana. Dann kommt: un fiasco di vino, *un fiaßko di wihno,* eine Flasche Wein; wörtlich: un fiasco, eine Flasche, di: von, vino: Wein; un fiasco di vino, eine Flasche von Wein, eine Flasche Wein.

Das nächste Wort war das Wort con: *kon,* mit; also: con un fiasco di vino, mit einer Flasche Wein. Con un fiasco di vino un po' d'italiano, ein wenig Italienisch, wörtlich: un po': *uhn po,* ein wenig. Wenig heißt poco, *pohko;* wenn man ein wenig sagt, heißt es: un po'.

Bitte, bemerken Sie dabei, wie unser Freund Mino das -p- ausspricht. Er macht es ganz trocken, ohne daß es wie bei uns an den Lippen leicht knallt, er sagt nicht p-hoco, sondern: poco. Also ancora una volta: poco, wenig. Ein wenig heißt: un po'. Wenn man es schreibt, setzt man hinter das »o« einen Apostroph, weil po' die Kurzform von poco ist. Ancora una volta: un po', ein wenig, di italiano, von Italienisch, Sie erinnern sich, daß wir gesagt haben: man zieht in der italienischen Sprache die beiden zusammentreffenden »i« von di italiano in ein »i« zusammen. Man sagt nicht di italiano, von Italienisch, sondern: d'italiano. Ancora una volta: un po' d'italiano.

Und nun können wir alle mit erhobener Stimme den einzigen Vorsatz unseres Sprachkurses laut verkünden: in 75 Lektionen werden wir erlernen: con un fiasco di vino un po' d'italiano, mit einer Flasche Wein ein wenig Italienisch.

Nun bleibt noch: piacere, *piatschehre,* ancora una volta: piacere, Gefallen, Gefälligkeit, und auch: das Vergnügen. Als stehende Redensart: es freut mich, erfreut, sehr erfreut. Con piacere: mit Vergnügen. Ancora una volta: bitte laut –: piacere, es freut mich, erfreut, sehr erfreut!

ABFAHRT AM BRENNER
Lektion 2

Signore e Signori, meine Damen und Herren, buona sera, guten Abend! Es ist für uns un grande piacere, eine große Freude, Sie alle wieder in Reisestimmung zu wissen, denn heute soll die Fahrt vom Brenner nach Neapel ihren Anfang nehmen. Un grande piacere, wörtlich: *un,* ein; *grande,* groß; piacere, *piatschehre,* Gefallen, oder besser: eine große Freude, ein großes Vergnügen. In der Umgangssprache genügt: un gran piacere, eine große Freude, ein großes Vergnügen. Wir sitzen also im Zug und werden in einigen Minuten am Brennerbahnhof eintreffen. Draußen ist strahlendes Wetter, die Sonne glänzt über die Tiroler Berge, und natürlich haben wir unseren fiasco di vino nicht vergessen, der uns die Zunge lösen soll, wenn wir jetzt gleich anfangen werden parlare italiano, *parlahre italiahno,* wörtlich: sprechen italienisch, italienisch zu sprechen.

Da sind wir schon am Brennerbahnhof und haben die italienische Grenze überschritten. Ins Abteil kommt ein Mann und sagt: Dogana italiana, Signore e Signori, prego, i passaporti – *dogahna italiahna, ßinjohre e ßinjohri, prego, i paß-ßaporti.* Davon verstehen wir ohne weiteres ein Wort: i passaporti, die Pässe, Einzahl: il passaporto, *il paß-ßaporto,* der Paß, oder besser: der Reisepaß. Der Mann ist vom italienischen Zoll, und wenn wir uns die Anrede, die er an uns richtet, genauer ansehen, kommen wir auf eine sehr wichtige italienische Charaktereigenschaft, die Höflichkeit. Wörtlich übersetzt heißt das, was er sagt: dogana italiana, *dogahna italiahna,* italienische Zollkontrolle; Signore e Signori, *ßinjohre e ßinjohri,* meine Damen und Herren; prego, *prego,* bitte; i passaporti, die Reisepässe. Wohlgemerkt, er sagt nicht einfach: italienische Zollkontrolle, bitte die Pässe! Er sagt: Signore e Signori, meine Damen und Herren. Und man hat ihm das nicht eigens beigebracht, er ist von Natur aus Kavalier, wie alle Italiener Kavaliere sind, so sehr, daß sie selbst dann noch von piacere reden, wenn sie vollständig wütend geworden sind. Aus dieser kleinen Rede des Zollbeamten wollen wir uns gleich noch ein zweites Wort merken, das Wort: prego, *prego,* bitte. Prego heißt auch: ich bitte. Wenn Sie also jemand etwas fragen, dann sagen Sie zum Beispiel, per esempio, *per esämpio:* prego, wieviel Uhr ist es? Prego kann man immer sagen, es ist nie verkehrt und eines der Allerweltswörter, genau wie im Deutschen. Wenn Ihnen ein Mann im überfüllten Zug auf die Zehen tritt und sich entschuldigt (er wird »scusi«, *ßkuhsi* sagen), dann antworten Sie: prego, bitte. Wenn Sie einer Dame den Koffer aus dem Wagenfenster reichen, wird sie Ihnen sagen: grazie, danke! Grazie, *grahtßie,* danke, – und Sie sagen darauf: prego! Nun haben wir schon drei Wörter gelernt, die als Grundlage der Begegnung von Mensch zu Mensch im Italienischen unentbehrlich sind: scusi, entschuldigen Sie; grazie, danke; prego, bitte.

Bitte, meine lieben Leser, glauben Sie nicht, daß damit die Höflichkeitsformen des Italienischen erschöpft sind. Sie werden im Verlaufe unserer Reise noch eine solche Anzahl von Höflichkeitsformen vorgesetzt bekommen, daß ich Ihnen raten möchte, sie in Ihrem Heft in einer besonderen Liste zusammenzufassen, die Sie so lange immer wieder lesen, bis Sie überhaupt nicht mehr ohne diese Ausdrücke denken können.

Beginnen wir also den Anstieg auf dem steilen Pfad der Höflichkeit und lernen wir: Signore e Signori, *ßinjohre e ßinjohri,* meine Damen und Herren.

Dann kommt: buona sera, *b^u^ohna ßehra,* guten Abend.

Das letzte Mal sagte ich Ihnen, daß die Eigenschaftswörter in der italienischen Sprache oft nachgestellt werden. Sie könnten also jetzt fragen, warum man nicht: sera buona sagt. Meine lieben Leser, ich weiß es auch nicht, es ist eine der vielen Ausnahmen, die man einfach lernen muß, und so lernen wir, daß die Grußformel für »guten Abend« eben »buona sera« heißt. Im übrigen müssen Sie zugeben, daß buona sera viel besser klingt als sera buona, und das ist wahrscheinlich auch der einzige Grund. Noch einmal: es kommt auf den Klang an, auf die Sprachmelodie, deshalb müssen Sie nicht nur genau zuhören, wie ein Italiener ausspricht, sondern auch, wie der Tonfall, die Melodie der Worte hintereinander kommt. Sie können sich kaum vorstellen, wie schön das klingt, wenn unsere charmante Freundin Anna Maria Ihnen sagt: buona sera!

Wie alle Höflichkeit der Welt, so richtet sich auch die der Italiener natürlich in erster Linie auf die Damen. Und zwar ist es eine ganz besondere Form der Höflichkeit – ganz und gar nicht steif und formell und voller Hintergedanken, sondern offen und zärtlich – und der einzige Hintergedanke, der dabei in Frage kommt, ist der, den schließlich jede Höflichkeit aufweist, die von einem Mannsbild einem weiblichen Wesen dargebracht wird – der Hintergedanke, der besagten Dame zu gefallen, ihr angenehm zu sein – und vielleicht irgendwann einmal dahin zu gelangen, daß sie auch andere Zärtlichkeiten als bloße Worte oder Gesänge nicht mehr entrüstet zurückweist. Aber, meine Herren, pflegen Sie bitte Ihre Hoffnung in dieser Hinsicht nicht zu sehr, denn der Weg dahin ist sehr lang – und er führt über tausend kleine Zeichen, Aufmerksamkeiten und Artigkeiten, die sozusagen ohne direkte Gegenrechnung erwiesen sein wollen.

Das nächste Wort auf unserer Höflichkeitsliste ist: prego, *prego,* bitte. Prego, geschrieben wie gesprochen.
Dann: scusi, *ßkuhsi,* entschuldigen Sie!
Und schließlich: grazie, *grahtßie,* danke.
Endlich erinnern wir uns noch an das Wort: piacere, *piatschehre,* das eigentlich Gefallen heißt, aber auch die Bedeutung von Freude, Vergnügen hat oder, als feststehende Redewendung: es freut mich! Bei piacere wollen wir auch gleich noch ein kleines Beiwort anfügen, wenn Sie nämlich sagen wollen: es freut mich *sehr,* dann heißt das: molto piacere. Molto, *molto,* heißt eigentlich »viel«, wird aber auch im Sinne von »sehr« gebraucht, so daß wir jetzt unsere Höflichkeitsliste für heute mit dem Wort beschließen: piacere, *piatschehre,* es freut mich, und: molto piacere, es freut mich sehr.
Sie werden bald sehen, meine lieben Leser, wieviel Spaß es Ihnen machen wird, sich in der Unterhaltung mit Italienern gegenseitig an Höflichkeiten zu überbieten, und ich verspreche Ihnen eines: wenn Sie sich in Italien angewöhnen, immer und unter allen Umständen mit Hoch und Nieder von ausgesuchter Höflichkeit zu sein, werden Sie alle Welt zum Freunde haben, und das Wort »unmöglich«, impossibile, *imposß-ßihbile,* unmöglich, wird es nicht mehr geben.
Was dieses Wort impossibile angeht, so möchte ich hier eine kleine Betrachtung einschalten, die vielleicht eine Art innerer Wegweiser für die bevorstehende Reise durch Italien sein kann. Man sagt immer, Italien sei ein Land, in dem man die Ordnung in unserem Sinne nur spärlich antreffe. Das stimmt nicht ganz. Wir sind uns meist nicht darüber klar, daß Ordnung, oder wenigstens das, was wir darunter verstehen, mehr oder weniger einen vorgefaßten Plan voraussetzt – und daß sie denn auch regelmäßig in die Brüche zu gehen pflegt, wenn

dieser schön theoretisch aufgestellte Plan durch etwas Unvorhergesehenes beeinflußt wird. In Italien, wo es angeblich keine Ordnung gibt, gibt es in Wirklichkeit eine dehnbare Ordnung. Man ist den umgekehrten Weg gegangen.

Wenn bei uns – gerade weil wir solche Ordnungsapostel sind – einmal etwas schief geht, tritt das Wort impossibile sofort auf – während die Italiener auch in den hoffnungslos verfahrenen Situationen einen Ausweg finden, der das Wort »impossibile« *imposs-ßihbile,* – unmöglich macht.

Etwas vom Schönsten, was man an den Menschen Italiens beobachten kann, ist ihre Unbefangenheit gegenüber der Zukunft. Sie machen sich einfach keine Sorgen über das, was morgen oder auch im nächsten Augenblick geschehen kann. Sie vertrauen darauf, daß sie mit irgendeiner List, einem Provisorium, einem Behelf, einer zusammengepfuschten Reparatur das Schicksal, das sich schon endgültig verrannt zu haben schien, wieder auf der rechten Bahn ins Rollen bringen werden. Sie vertrauen darauf, daß ihrer Erfindungsgabe das Wort impossibile nicht werde widerstehen können. Sie kalkulieren stets ein bißchen Glück, ein bißchen Improvisation, ein bißchen Verschmitztheit und ein grenzenloses Vertrauen auf himmlische Hilfe mit in ihre Pläne ein – und sie fahren gut dabei. Wann schon kann man in Italien sagen, daß es aus einer verzweifelten Lage keinen Ausweg gibt? Es gibt immer einen, es sei denn, die Staatsgewalt mischt sich drein – aber das wird ja auf unserer Reise bestimmt nicht der Fall sein.

Das Einzige, womit die Italiener diese geschickte Vermeidung des Wortes impossibile bezahlen – denn natürlich fordert auch dies seinen Preis – ist Zeit. Sie zahlen stets lieber mit der Zeit, als mit dem Geld. Ein Italiener, der eine Autopanne hat, bei der noch die geringste Hoffnung besteht, daß er den Fehler selber wird beseitigen können, zieht es vor, lange

Stunden auf der Landstraße auf dem Bauch liegend zu verbringen, als daß er einen Mechaniker ruft, der ihm die Sache in fünf Minuten repariert. Dies geschieht nicht aus Geiz, sondern aus Freude, seine eigenen Kräfte mit denen des widrigen Geschickes zu messen, es geschieht, weil der betreffende Autofahrer ein Übermaß von Selbstvertrauen hat, es geschieht, weil die dafür aufgewendete Zeit für ihn nicht die Bedeutung hat wie für uns. Sie ist ja nicht verloren, diese Zeit – im Gegenteil, sie ist angewendet um etwas hinzuzulernen, eine neue Erfahrung zu sammeln, und wenn die Sache dann zum Schluß doch schiefgeht und der Mechaniker gerufen werden muß, wird der betreffende Italiener schwerlich darüber zu lamentieren beginnen, daß er so viel Zeit nutzlos verloren habe. Er hat sie nicht nutzlos verloren, denn er hat improvisiert, er hat versucht, die Welt ein kleines Stückchen weit auf seine eigene Weise voranzutreiben – er ist glücklich gewesen.

Das Glück der Individualisten besteht zum großen Teil darin, daß sie etwas tun, was sie nicht können, daß sie es aber mit so viel Freude tun, daß immerhin die Chance besteht, sie könnten es fertig bringen. Der Schraubenschlüssel erspart den Autofriedhof.

Ganz wunderbar wird nun die Sache, wenn man etwa selber in einem Wagen sitzt und eine Panne hat. Die ausländische Nummer genügt, um viele Autos auf dem Wege zum Halten zu bringen, besonders auf den Straßen, die nicht so sehr vom internationalen Verkehr überschwemmt sind. Bei ihrer angeborenen Hilfsbereitschaft und Neugier finden die Italiener in einem steckengebliebenen deutschen Auto ein wirklich dankbares Objekt. Wer dann die Geduld verliert, wenn jeder mit blumenreichen Worten uns seine zunächst noch unverständlichen aber langwierigen Ratschläge gibt, wer dann sagt, wir müssen weiter, wir haben es eilig, wir können uns nicht so lange wegen irgendeinem Blödsinn aufhalten, der hat nichts begriffen. Nicht jeder ist so gemacht wie wir, die wir ängstlich darum besorgt sind, daß keiner uns in die Karten sieht, daß keiner uns eine Minute von unserer geheiligten Privatzeit nimmt. In Italien ist die Zeit ein öffentliches Gut und die Menschen gehen damit – wie mit anderen öffentlichen Gütern auch – leichtfertig, liebenswürdig und verschwenderisch um.

Inzwischen dringt vom Bahnsteig her durch das Fenster folgende Litanei an unser Ohr: Caffèaranciataacquamineralevinobirrapaninicognac. Das ist der Mann mit dem fliegenden Buffet, und was er sagt, das kann man auch erraten. Er bietet alles mögliche zu Bahnhofspreisen an, die Wörter verstehen nicht einmal die Italiener. Wie alle Ausrufer ist er kein Vorbild für die Teilnehmer eines Sprachkurses. Trotz dieser unartikulierten Litanei werden Sie mit dem Mann am Buffett sehr leicht einig werden, er spricht nämlich Deutsch.

Am Brenner spricht noch jedermann beide Sprachen. Sie können auch noch mit deutschem Geld bezahlen, aber bitte lamentieren Sie nicht, wenn der Kurs nicht ganz so hoch ist wie an der Züricher Börse. Denken Sie immer, daß der gute Mann arbeitet, während Sie in Ferien fahren. Die Italiener haben einen so gut entwickelten Sinn für die göttliche Gerechtigkeit, daß sie gar nichts dabei finden, die menschliche Ungerechtigkeit ein bißchen zu korrigieren, besonders dann nicht, wenn sie der Meinung sind, daß es dem einen nützt und dem anderen nicht weh tut. Also bitte, meine Damen und Herren, prego, Signore e Signori, behalten Sie Ihre anfängliche Geduld, Ihre Großmut und Ihre Toleranz bis ans Reiseziel, und merken Sie sich einen Satz, den Sie genauso gut auswendig – a memoria, *a memohria* – auswendig lernen müssen wie jedes neue italienische Wort: ohne Trinkgeld geht es nicht! Also ärgern Sie sich bitte nicht, greifen Sie lieber zum fiasco di vino und vertrauen Sie darauf, daß jedermann vor Ihnen den größten Respekt haben wird, wenn Sie un po' d'italiano sprechen.

Caffè - aranciata - acquaminerale - vino - birra - panini - cognac. Jetzt ist unser Ehrgeiz geweckt: obwohl wir wissen, daß der Mann Deutsch kann, wollen wir nun versuchen, herauszubringen, was er uns in seiner Litanei alles anbietet: Prego, hören Sie genau hin, per esempio: caffè, das kann nur Kaffee sein. Aber achten Sie bitte auf den Unterschied der Aussprache, er sagt nicht: Kaffee, sondern: caffè, *kaff-fä*. Und wenn Sie diesen Kaffee trinken, dann werden Sie merken, daß es kein Kaffee ist, sondern eben ein caffè, von einer Qualität, die uns im ersten Moment erschreckt, im zweiten entzückt. Es gibt ein berühmtes Sprichwort auf die Frage, wie muß der Kaffee sein? Die Antwort der Italiener lautet: heiß wie die Hölle, schwarz wie der Teufel, rein wie ein Engel und süß wie die Liebe! Auf Italienisch heißt das: Caldo come l'inferno, nero come il diavolo, puro come un angelo e dolce come l'amore, *kaldo kohme linfärno, nero kohme il diawolo, puhro kohme un andschelo e doltsche kohme lamohre.*

Klingt das nicht schön? Wir wollen uns die einzelnen Wörter jetzt noch nicht merken, aber auf die Gefahr hin, daß der Zug gleich abfährt, und wir den Mann am Buffet um das Geschäft bringen, uns weitere Genüsse anzubieten und zu verkaufen, bleiben wir an einem Wort hängen, das Sie unbedingt lernen müssen, sobald Sie die italienische Grenze überschritten haben: l'amore, *lamohre* heißt die Liebe, und ich finde, es ist eine großartige Situation, con un fiasco di vino in der Hand, un po' d'italiano schon könnend, das Wort:

l'amore zu lernen, während sich der Zug aus dem Brennerbahnhof hinausschiebt, hinunter nach Italien.

NEUE WÖRTER
Lektion 3

Wir sitzen im Zug vom Brenner nach Verona, und da möchte ich nicht versäumen, Ihnen, bevor wir uns der schweren Mühe des »ancora una volta«, des »noch einmal«, des Wiederholens unserer bisher gelernten Wörter zuwenden, kurz unseren Reiseweg vorzuzeichnen. Wir werden zuerst nach Verona fahren und uns die alte Scaligerstadt an der Etsch mit ihren großen Märkten und dem antiken Amphitheater, mit ihren Basiliken und Abteien ansehen. Von dort aus sind es nur drei Bahnstunden bis nach Venezia, und ohne Venedig gesehen zu haben, sollte man nicht nach Italien reisen. Es ist selbstverständlich, daß wir es uns dabei so gut wie möglich gehen lassen – wir werden uns mit den Gondolieri unterhalten, ein Konzert auf dem Markusplatz hören und in einer berühmten Trattoria raffinierte Fischgerichte essen. Dann machen wir, um uns nach diesen Genüssen die Nichtigkeit der Welt vor Augen zu stellen, eine Wallfahrt zum heiligen Antonius nach Padova, durchqueren die Landschaft Emilia und erreichen die Stadt Bologna, die die Italiener »la grassa«, »die Fette, die Üppige«, nennen; *la graß-ßa,* die Fette, die Üppige. In Bologna werden wir den Schauplatz einer romantischen Liebesgeschichte aus dem Mittelalter sehen und »il Papagallo« besuchen, den Papagei, eines der berühmtesten Freßlokale dieser Welt, dessen Wirt einmal 900 Köche zum Wettkochen nach Bologna eingeladen hat. Dann fahren wir über den Apennin und kommen hinunter nach Florenz. Da wird es mir schwer, Ihnen schon vorher zu sagen, was wir alles sehen werden. Die Damen unter Ihnen, meine lieben Leser, können jedenfalls sicher sein, daß wir an den höchst verführerischen Florentiner Geschäften für Handtaschen, Schuhe und Spitzenwäsche nicht vorübergehen werden. Von dort aus fahren wir nach Siena, um zu erleben, wie auf dem Marktplatz dieser mittelalterlichen Stadt das Pferderennen des Palio stattfindet, kommen bald darauf nach Perugia und dem benachbarten Assisi, der Stadt des heiligen Franziskus, mit ihren Klöstern,

Einsiedeleien und wundervollen Malereien. Dann fahren wir durch die »Umbria verde«, durch das grüne Umbrien, auf Rom zu, wo ich das Vergnügen haben werde, Sie zu einem kleinen römischen Fest einzuladen. Es wird uns nicht schaden, vor der letzten Etappe unserer Reise ein paar Tage am nahen Meer auszuruhen, denn dann kommt die Fahrt über die Albanerberge nach Neapel, unserem Ziel. Dort angekommen, werden wir hoffentlich so viel Italienisch können, daß es uns »un grande piacere« sein wird, in den letzten Lektionen die italienischen Texte »vom Blatt« zu lesen.
Sie sehen, meine lieben Leser, ein reichhaltiges und hoffentlich auch vergnügliches Programm, von dem Sie aber leider nur dann etwas haben werden, wenn Sie die bemerkenswerte Eigenschaft des papagallo, des Papageis, jetzt gleich mit mir in Tätigkeit setzen. Denn jetzt kommt die Wiederholung aller Wörter, die wir bisher gelernt haben:

la lingua	*ling^{u}a*	die Sprache, die Zunge
italiana	*ital^{i}ahna*	italienische
un fiasco	*f^{i}aßko*	eine Flasche
il vino	*wihno*	der Wein
di vino	*di wihno*	von Wein, des Weines
un fiasco di vino		eine Flasche Wein
con	*kon*	mit
poco	*pohko*	wenig
un po'	*uhn po*	ein wenig
d'italiano	*d'ital^{i}ahno*	von Italienisch, des Italienischen
un po' d'italiano		ein wenig Italienisch
buona sera	*b^{u}ohna ßehra*	guten Abend
piacere	*p^{i}atschehre*	Gefallen, Freude, Vergnügen, es freut mich
molto	*molto*	viel, sehr
grande	*grande*	groß
Signore	*ßinjohre*	Damen
la signora	*la ßinjohra*	die Dame
Signori	*ßinjohri*	Herren
il signore	*ßinjohre*	der Herr
e	*e*	und
parlare	*parlahre*	sprechen
la dogana	*dogahna*	die Zollkontrolle

il passaporto	*paß-ßaporto*	der Reisepaß
i passaporti	*paß-ßaporti*	die Reisepässe
prego	*prego*	bitte
per	*per*	durch
l'esempio	*lesämp^{i}o*	das Beispiel
per esempio	*per esämp^{i}o*	zum Beispiel
scusi	*ßkuhsi*	entschuldigen Sie
grazie	*grahtß^{i}e*	danke
impossibile	*impoß-ßihbile*	unmöglich
la memoria	*memohr^{i}a*	das Gedächtnis
a memoria		auswendig
il caffè	*kaff-fä*	der Kaffee
l'amore	*lamohre*	die Liebe.

IN VERONA
Lektion 4

Wir befinden uns auf einem der großen Plätze der Stadt Verona, auf der berühmten Piazza Brà, vor der Arena. Von den Kirchen der Stadt kommt das Geläute der Abendglocken herüber und mischt sich unter dem verblassenden Himmel mit den Geräuschen der Piazza. La piazza, *la p^{i}at-tßa,* der Platz, auch der Marktplatz, auf jeden Fall ein Ort, an dem man sich trifft, der das alte Forum ersetzt, und die Piazza Brà in Verona ist der Schauplatz für den Abendbummel der Veroneser Jugend. Die Stimmen der eleganten, zwitschernden jungen Damen mischen sich mit den unablässigen Versuchen nichtstuender junger Herren, die Aufmerksamkeit der Schönen auf sich zu lenken.

Am besten setzen wir uns an eines der verchromten Tischchen einer Bar, die Bar ist nicht ein Nachtlokal, sondern eine Art Kaffeehaus – il bar, *il bahr,* die Bar. Der cameriere, *il kamer^{i}ähre,* der Kellner, in weißem Rock und schwarzem Schleifchen, eilt geflissentlich herbei, und wir können schon in tadellosem Italienisch bestellen: Prego, un caffè, *kaff-fä.* Die Aussicht, die wir vor uns haben, wird fast ganz eingenommen von dem schweigenden Steingebirge des antiken Amphitheaters, das eines der am besten erhaltenen Bauwerke aus der römischen Kaiserzeit ist. Fünfundzwanzigtausend Zuschauer finden darin Platz und die gewaltigen gewölbten Ränge aus grauem Stein werden heute abend überfüllt sein: man gibt »Aïda«, die bombastische Oper von Giuseppe Verdi, mit einem fast antiken Aufwand an Szenerie. Wir sind zwar gerade erst angekommen, aber eine glanzvolle Opernaufführung in einem achtzehnhundert Jahre alten Theater unter dem weißen Glanz des steigenden Mondes wollen wir uns doch nicht entgehen lassen. Und so haben wir, während die Menschen schon in die Arena zu strömen beginnen, nur ein Problem: wir müssen ein Billett – un biglietto, *un biljet-to,* kaufen, und das geht nicht, ohne daß wir die Zahlen wissen. Während wir also unseren Kaffee austrinken und den graziösen Bewegungen der vorbeiflanierenden jungen Damen nachblicken, müssen wir uns selbst gegenüber bekennen, daß diese Trauben uns vorläufig noch zu hoch hängen, weil wir purtroppo, *purtrop-po,* leider damit beschäftigt sind, schnell ein paar Zahlwörter zu lernen für das Opernbillett. Also contiamo, *kont*^{i}*ahmo* – zählen wir. Contiamo i numeri – zählen wir die Zahlen – i numeri, *i nuhmeri,* die Zahlen:

uno	*uhno*	eins
due	*du-e*	zwei
tre	*tre*	drei
quattro	*k*^{u}*at-tro*	vier
cinque	*tschin-k*^{u}*e*	fünf
sei	*ßä*^{i}	sechs
sette	*ßät-te*	sieben
otto	*ot-to*	acht

nove	*nohwe*	neun
dieci	*diätschi*	zehn
undici	*unditschi*	elf
dodici	*dohditschi*	zwölf
tredici	*trehditschi*	dreizehn
quattordici	*kuat-torditschi*	vierzehn
quindici	*kuinditschi*	fünfzehn
sedici	*ßehditschi*	sechszehn
diciasette	*ditschaßät-te*	siebzehn
diciotto	*ditschot-to*	achtzehn
diciannove	*ditschan-nohwe*	neunzehn
venti	*wenti*	zwanzig.

Signore e Signori, attenzione! *at-tentßiohne!* Achtung! Haben Sie wirklich alle laut mitgezählt? Stellen Sie sich bitte vor, welch einen gewaltigen Chor Sie bilden, wenn Sie alle, über das ganze Land verstreut, jetzt mit uns ›in italiano‹ gemeinsam von eins bis zwanzig zählen. Sie müßten sich direkt alle hören, so klar und laut müssen Sie es machen. Der Riesenchor in der Arena von Verona ist geradezu ein kleiner Gesangverein gegen unseren Zahlenchor! Also bitte, ripetiamo, *ripetiahmo,* wiederholen wir – ripetiamo ancora una volta, wiederholen wir noch einmal.

Die meisten von Ihnen werden wissen, daß in Italien die Münzeinheit, die Lira, sehr klein ist. Man rechnet eigentlich so, wie wenn man in deutschem Geld nur mit Pfennigen rechnen würde. (Tausend Lire bedeuten im Grunde dasselbe wie tausend Pfennige, wenngleich sie weniger wert sind, doch sind Zahlenvergleiche bei den ständig sich bewegenden Wechselkursen müßig.) Wenn wir hinter unsere Zahlwörter jeweils das Wort mila hängen, das bedeutet ›Tausende‹, dann können wir das Billett schon beinahe kaufen:

tre = drei; tre mila, *tre-mihla* = 3 000;
cinque = fünf; cinque mila, *tschink*^{u}*e-mihla* = 5 000;
nur anstatt uno = eins setzen wir mille, *mihl-le,* tausend, und dann kann es dahingehen: duemila, tremila, quattromila, cinquemila, seimila, settemila, ottomila, novemila, diecimila, undicimila, dodicimila, tredicimila, quattordicimila, quindicimila, sedicimila, diciasettemila, diciottomila, diciannovemila, ventimila.
Hier noch schnell eine wichtige Bemerkung zur Aussprache: das i ist im Italienischen zwischen Konsonanten lang zu sprechen, auch wenn wie bei »mille« zwei l folgen.
Und wie wenn der Mann an der Kasse es geahnt hätte, daß wir nur die Zahlen von 1–20 und von 1 000–20 000 können, sagt er auf unsere Bitte: »Prego, un biglietto per l'opera, *prego un biljet-to per lohp*^{e}*ra* – bitte, ein Billett für die Oper«, . . . »ecco, per duemila Lire, ä*k-ko per du-emihla lihre* – hier, für 2 000 Lire!«
Und während Sie jetzt durch die alten, aus riesigen Quadern gefügten Gänge zu den Plätzen hinaufsteigen und mit einem Seufzer vergessen wollen, daß Sie aus dem Sprachkurs kommen, während das Orchester schon stimmt und die Statisten hinter der Bühne die Zigaretten ausmachen, während die Elefanten und Kamele des Triumphzuges in Startposition gebracht werden, und die Eisverkäufer die letzten Geschäfte machen, bleibt mir nichts anderes übrig, als mit heraushängender Zunge Ihnen nachzulaufen: »Attenzione, signore e signori, ich muß noch erklären, was das Wort ›ecco‹ heißt!«
Ecco! ä*k-ko!* hat der Mann an der Kasse gesagt, und hat Ihnen die Billetts überreicht: hier, bitte, ecco, hier bitte. Wenn Sie später in der Oper die Fanfaren des Triumphzuges hören werden, wird an einer bestimmten Stelle das Wort »ecco« in aller Munde sein: wenn nämlich die Elefanten kommen,

deretwegen allein viele Italiener heute abend in der Arena von Verona sitzen. Bevor es aber so weit ist, erwartet Sie noch ein anderes Ereignis, das wirklich uno spettacolo genannt werden kann, uno spettacolo, *ßpet-takolo,* ein Schauspiel: in dem Augenblick nämlich, wo die großen Scheinwerfer über der Arena erlöschen, und nur noch die abgedeckten Lampen des Orchesters zu sehen sind, nimmt jeder der 25 000 Zuschauer in dem riesigen Rund seine Schachtel cerini in die Hand, cerini, *tscherihni,* Streichhölzer, und zwar die kleinen Wachsstreichhölzer Italiens, und zündet eines davon an. In einem Augenblick ist die Arena erleuchtet von fünfundzwanzigtausend kleinen Flämmchen, und in deren schwachem Schein beginnen die ersten Töne der Ouvertüre in den nächtlichen Himmel aufzusteigen.

IN VERONA
Lektion 5

Wir sind jetzt in Verona und das Deutschsprechen hört allmählich auf. Der Portier, il portiere, *il port[i]ähre,* in unserem Hotel kann es zwar noch, aber in den Geschäften und auf dem Marktplatz ist es schon hoffnungslos. Es bleibt uns gar nichts anderes mehr übrig, als italienisch zu reden, so gut es eben geht, und da kommt eine große Bitte: meine Damen und Herren, legen Sie Ihren Stolz ab, stottern Sie herum, haben Sie keine Angst vor Fehlern, fuchteln Sie mit Armen und Beinen, jedermann wird Ihnen mit Engelsgeduld zuhören und herauszubringen versuchen, was Sie meinen. In Italien lernt man erst, was man mit Gesten alles ausdrücken kann, und ich garantiere Ihnen, daß kein Mensch etwas dabei finden wird, wenn Sie sich wie ein Volksredner aufführen, dem die Luft ausgegangen ist. Schauen Sie sich nur die Italiener an, wenn die miteinander sprechen, was da alles mit den Händen, den Augen, dem Kopf und sonstigen ausdrucksfähigen Körperteilen passiert.

Wir unterscheiden uns von den Italienern sehr stark – dadurch, daß wir zu unserem Körper eine andere Beziehung haben als sie. Wir haben einen Körper, sie sind ihr Körper. Ihnen ist ein Finger nicht nur ein Werkzeug, das sinnreich funktioniert und weh tut, wenn ihm etwas fehlt, sondern ein direktes Ausdrucksmittel für Gefühl. Und Gefühl ist in Italien alles – einschließlich der Sentimentalität – aber nicht nur Sentimentalität. Für uns ist die Rede eine Art der Mitteilung, für die Italiener eine Art von Entladung. Wir sagen unsere Gedanken; sie sagen ihre Gefühle. Wir sagen, was wir meinen; sie sagen, was sie bewegt. Und um das zu tun, brauchen sie Bewegungen: Gesten, Mienenspiel, Theater. Damit soll nicht gesagt sein, daß die Italiener nicht sagen könnten, was sie denken – im Gegenteil – es ist soviel Latein in dieser Sprache, daß jeder Gedanke an Klarheit, an Übersichtlichkeit, an Unbestechlichkeit gewinnt – nur: es ist schwer, sich in Italienisch auszudrücken, ohne daß in diese Gedanken das Gefühl, die untergründige Seelenstimmung mit einströmt, die uns bewegt, während wir reden. Ein Italiener – ein Welttheater im Kleinen, zwei Italiener – eine Komödie im Großen, drei Italiener – ein Ballett! Dies läßt sich überall dort ablesen, wo viele Italiener beisammen sind.

Wir sind zum Beispiel jetzt eben am Vormittag inmitten eines großen Volksgedränges auf der Piazza delle Erbe, dem Hauptplatz von Verona. Daß piazza, la piazza, *la p*ⁱ*at-tßa,* der Platz heißt, wissen wir schon, und es ist bezeichnend für dieses Volk, daß es einen so berühmten Platz, der von herrlichen Monumenten gesäumt wird, nicht nach einem historischen Denkmal oder einer glorreichen Persönlichkeit benennt, sondern nach den »erbe«, dem Gemüse und Obst, das dort verkauft wird. »Erba«, *ärba,* heißt eigentlich das Gras, wird aber vielfach als Sammelbegriff für Obst und Gemüse verwendet. Außen herum um den Platz haben wir Paläste aus dem Mittelalter und der Renaissance, in der Mitte den Brunnen mit der Madonna Verona, einer antiken Statue, eine Säule aus der Zeit der venezianischen Herrschaft, Erinnerungen an Kaiser und Kaufleute, überzogen von der Heiterkeit und der Würde der italienischen Kunst, aber dies alles ist nur der zeitlose Rahmen für das lebendige Bild dieses Platzes, das von den runden Schirmdächern der Obst- und Gemüsehändler bestimmt wird und aussieht wie ein riesengroßes Polster von Steinpilzen. Unter dem Schatten dieser verwaschenen Stoffdächer gibt es ein fürchterliches Gedränge, und wir sind mitten drin: zum erstenmal begegnet uns die Fülle dieses gesegneten Landes, die theaterhaften Aufbauten von Obst- und Gemüsekörben, und das Wasser läuft uns im Munde zusammen.

Alles, was man da kaufen kann, Fleisch, Fisch, Gemüse, Früchte, Backwerk, ist in einem Überfluß angeboten, als ob diese karge Erde das Paradies wäre. Von den frühen Morgenstunden an ist der Platz voll von Hausfrauen, die ihre großen Familien mit allem versorgen, was dem geheiligten Kult des Essens dienlich ist – und wenn man, nach fünf Stunden Verkaufszeit, durch die Gassen der Stände geht, findet man sie immer noch voll mit Waren. Hier sind zwei sehr tiefgehende Charaktereigenschaften im Spiel: der Stolz und die Höflichkeit. Der Käufer muß das Gefühl haben, daß der Kaufmann kein Hungerleider ist, und er muß aus einem uferlosen Vorrat genau das auswählen können, was ihm paßt. Für jeden Händler ist es ein körperlicher Schmerz, wenn ein Kunde kommt und etwas verlangt, was nicht mehr da ist.

Das in den Verkaufsläden gemäßigterer Zonen so häufig gebrauchte Wort – »wir bekommen es erst wieder 'rein« – wäre unter dem Schatten der Madonna Verona eine Todsünde, die man sich kaum verzeihen könnte. Ein Drittes kommt hinzu: nur wenn alles in Fülle vor dir liegt, kann man über die Preise reden!

Und während wir noch in Betrachtung versunken sind, ob wir Orangen oder Kirschen, Pflaumen oder Äpfel kaufen sollen, hören wir:

Scusi – quanto costa un chilo di queste arance? *ßkuhsi – kuanto koßta un kilo di kueßte arantsche?*

Duecento lire, Signora! *du-etschänto lihre, sinjohra!* Allora sette chili, per favore! *al-lohra ßät-te kihli, per fawohre!*

Die Dame hat gefragt: scusi – das wissen wir, das heißt entschuldigen Sie, quanto, *kuanto,* heißt wieviel, und das müssen wir uns unbedingt merken – quanto costa, *kuanto koßta,* das erraten Sie selber, heißt: wieviel kostet; und nun: un chilo, *uhn kilo,* das kann nur heißen: ein Kilo; di heißt, wie wir wissen, von; arance ist die Mehrzahl von arancia, *arantscha,* und l'arancia heißt die Orange, le arance, *le arantsche,* die Orangen. Die Signora hat aber gesagt: queste arance, *k*^{u}*eßte,* diese Orangen, oder in der fließenden Aussprache, Einzahl: quest' arancia, diese Orange.

Wiederholen wir die Frage:

Scusi, quanto costa un chilo di queste arance? Die Antwort war: Duecento lire, Signora. Wenn wir uns merken, daß das Wort cento hundert bedeutet, dann können wir selber übersetzen: duecento lire, *du-etschänto lihre,* zweihundert Lire. Und nun verlangt die Signora: Allora sette chili, per favore! *al-lohra ßät-te kili, per fawohre!* Allora, *al-lohra,* heißt also, oder dann, oder auch also dann. Es hat noch andere Bedeutungen, aber diese ist die wichtigste: wenn Sie sich zu irgend etwas entschlossen haben, wenn Sie sich entschieden haben, wenn eine Sache abgemacht ist, dann sagt man allora, im Sinne von also dann. Allora sette chili – also dann sieben Kilo, per favore. Das ist nun ein Wort für unsere Höflichkeitsliste: per favore, *per fawohre,* heißt: mit Gunst, mit Verlaub, wenn es Ihnen recht ist. Man wendet es im selben Sinne an wie prego, wenn man etwas erbittet.

Ja, fragen Sie mich jetzt, erklären Sie mir doch bitte, warum kauft sie denn gleich sieben Kilo, sie ist doch eine schmale, kleine Person, essen denn die Italiener so viel? Und ich muß Ihnen antworten: erstens essen die Italiener wirklich ziemlich viel – das Essen ist eine Art heilige Sache in Italien, und wer nicht gerne gut und reichlich ißt, dem wird von der italienischen Seele etwas Wesentliches für immer verschlossen bleiben – aber abgesehen davon: auf dem Markt wird immer für die ganze Familie eingekauft, und zweitens, meine Damen und Herren, noch haben Sie keine Ahnung, wie groß eine italienische Familie meistens ist: Vater, Mutter, Kinder, Onkel, Tanten, Großeltern, der Vetter vom Lande, eine verarmte Nichte, und das alles sitzt mittags und abends an einem Tisch beisammen – was sind da schon sieben Kilo Orangen?

Erlauben Sie mir bitte über die Familie in Italien noch ein Wort. Sie ist – ich muß es leider sagen – ein ganz und gar undemokratisches Gebilde. Der Grundsatz »gleiches Recht für alle« ist unbekannt. Die Familie in Italien ist ein Organismus, kein Parlament. Wir wissen schon, daß die Italiener alle Individualisten sind, daß keiner von ihnen dem andern gleicht, daß es viel leichter ist, von einem englischen, selbst von einem deutschen, als von einem italienischen Volkscharakter zu sprechen. Zwar ist auch im Verband der Familie in Italien jedermann darauf bedacht, die Konturen seiner Persönlichkeit zu verstärken – es scheint geradezu, als bilde die Familie und das mit ihr verbundene enge, auch körperlich enge Zusammenleben die ideale Reibungsfläche für die Entwicklung unverwechselbarer Charaktere. Und so hat jede Familie in diesem gesegneten Land ein inneres Klima von einem Hitzegrad, der bei uns ohne weiteres zu Bruch und Auseinandergehen führen würde, während er in Italien die Menschen nur noch enger aneinander bindet. Nach außen ist der Vater das Haupt – er verdient das Geld, er bekommt die Ehren, er kommandiert mit lauter Stimme, er hat das Recht zu seufzen und zu lamentieren – und gegenüber Dritten wird er von allen Familienmitgliedern, voran von der Gattin, vergöttert. Zu Hause – darüber braucht man sich keine Illusionen zu machen – hat er nichts zu sagen. Denn zu Hause regiert die Frau, die Mutter, – und gar nicht einmal mit besonders sanfter Hand. Der Vater darf protestieren, doch verhallen seine Einsprüche ungehört, denn man hat sich zu sehr an sie gewöhnt. Der Vater hat den Titel, die Mutter hat die Macht. Und je größer die Anzahl der Kinder ist, um so mehr gleitet der Papa aus der Sphäre der Autorität hinaus. Die fürchterlichste Waffe der Weiblichkeit gegenüber dem Eheherrn ist nicht etwa der Stimmaufwand oder der stärkere Wille – sondern die tausendfach vorgetragene Überzeugung: è tanto buono – er ist sooo gut. Das wird dem pater familias so lange vorgesagt, bis er jede Kraft zum Widerspruch verloren hat – denn gut sein bedeutet natürlich, das zu tun, was die Frau des Hauses wünscht.

Nun muß man zugeben – die signora verlangt meist nichts Unbilliges – wenn es nicht gerade um die Erziehung der Kinder geht. In diesem Punkt ist das Bedürfnis nach der Ausbreitung mütterlichen Schutzes über ihre bambini in den italienischen Frauen so ausgeprägt, daß selbst ein energischer Vater es zum Schluß aufgibt, Erziehung mit Strenge zu verbinden. Eine italienische Mutter hat für ihre Kinder soviel Nachsicht, Geduld und Einfühlung, daß der dem Leben nahestehende Mann gar nicht mitreden kann. Eine italienische Mutter betrachtet ihre Kinder stets als ihr ausschließliches Eigentum und erst in großem Abstand duldet sie, daß der Vater erzieherische Rechte auf sie geltend macht. In der durch mütterliche Wärme geschützten Familie wachsen auf diese Weise die bambini heran, ohne daß irgend jemand ihnen die besagte Entfaltung ihres Charakters durch widrige äußere Einflüsse, wie Erziehung oder Belehrung, einschränken könnte. Das Resultat ist, daß von vier Kindern jedes andere Anlagen zur Entwicklung bringt, und wenn diese Anlagen dann zu Kummer und Sorge führen, so wird die Mutter doch immer noch bereit sein, jede Entschuldigung zu finden. Wenn unter den vier Kindern ein ragazzo ist, der trotz ungewöhnlicher Intelligenz nicht arbeiten will, sondern seinem Vater mehr oder weniger auf der Tasche sitzen bleibt, dann wird die

Mutter dem Vater das Geld herauslocken, und sie wird sagen – der Luigi darf das tun, denn er ist schwach, oder er ist so gemacht, oder er ist noch zu klein, oder sonst etwas; es genügt, daß sie sagt, der Luigi braucht nicht zu arbeiten – und der Luigi arbeitet nicht. Die übrige Familie nimmt das als ein Naturgesetz hin, im Laufe der Jahre gewöhnt man sich dran, und schließlich sorgt die ganze Familie für den armen, schwachen Luigi, der nun einmal nicht arbeitet. Keine Macht der Welt wird eine italienische Mutter dazu bringen können, ihr Kind zu verurteilen. Meine Damen und Herren, es ist leicht, darüber die Nase zu rümpfen und zu sagen: was für eine unmögliche Erziehung! Abgesehen davon, daß man über fremde Menschen überhaupt nicht die Nase rümpfen soll – und je unverständlicher sie sich benehmen, um so weniger – ist die Voraussetzung verkehrt. Man muß sich einmal überlegen, daß in Italien, besonders im südlichen, noch heute der Einzelmensch kein für sich existierendes Wesen ist. Er würde allein nämlich zugrunde gehen. Gott hat für die Italiener nicht den Menschen, sondern die Familie erschaffen – und genau wie es in einem Organismus Glieder gibt, die ununterbrochen beansprucht werden, und solche, deren Funktion ganz und gar passiv ist, genauso ist in der italienischen Familie der einzelne nicht ein Wesen für sich, sondern nur das Glied eines Wesens. Wir werden die Italiener viel besser verstehen, wenn wir ihre Familienbindung berücksichtigen. Sie sind ja gerade deshalb so sicher, so unbekümmert, so graziös und so individualistisch, weil sie nicht als einzelne, sondern in Gemeinschaft zu leben gewohnt sind. Ein Mensch, der von früher Kindheit an sieben, acht, zehn andere Menschen in nächster fühlbarer Nähe um sich herum hat, wird zum Beispiel sehr viel leichter öffentlich reden können, als ein abgeschlossen lebender, als einziges Kind aufgewachsener. Wenn

Sie irgendeinen beliebigen Italiener, sagen wir einen Trambahnschaffner, ohne Vorbereitung in einer öffentlichen Versammlung zum reden zwingen, so sagt er vielleicht nicht sehr geistreiche Sachen, aber reden wird er – und genieren wird er sich nicht. Die Familie gibt den Italienern Lebenswärme, Sicherheit, Unbefangenheit im Verhalten zu ihrer Umwelt. Deshalb haben alle Italiener einen so tief eingeborenen Sinn für die Unterscheidung, ob einer ein Herr ist oder nicht. Sie sehen, meine Damen und Herren, zu welchen Überlegungen einen auf dem Marktplatz von Verona sieben Kilo Orangen verleiten können.

Währenddessen sind wir von dem überquellenden Obststand einen Schritt zurückgetreten und haben jemand auf die Füße getreten, wie das im italienischen Gedränge Naturgesetz ist. Wie heißt das Wort? Scusi! In diesem Falle ist es aber besser zu sagen: mi scusi – also nicht: entschuldigen Sie, sondern· entschuldigen Sie mich! Bitte, schreiben Sie es sich in Ihre Höflichkeitsliste: mi scusi – *mi ßk*u*hsi,* wörtlich: mich entschuldigen Sie!

Im Gewühl des Marktes kommt man nur sehr schwer vorwärts, und plötzlich schauen wir auf die Uhr und merken, daß wir die große Abtei von San Zeno, die wir besuchen wollten, vor ein Uhr nur noch erreichen werden, wenn wir uns schleunigst davonmachen. (Und wir müssen sie vor ein Uhr erreichen, denn zwischen ein Uhr und vier Uhr nachmittags sind fast überall in Italien die Kirchen geschlossen.) Aber wie jetzt aus dem Gedränge herauskommen? Ich empfehle Ihnen dafür einen stehenden Ausdruck, der auch in die Höflichkeitsliste gehört: er heißt permesso! *perm*e*ß-ßo!* Permesso, ein Wort, das überall gebraucht wird, wo ein Menschengewühl ist, durch das man hindurch muß. Auf der Straße, im Autobus, in der Tram, im Kino, in der Eisenbahn – vor dem

Wort permesso weichen alle Hindernisse zurück. Es heißt: ist es gestattet, erlauben Sie, verzeihen Sie, wenn ich störe – permesso! Und man spricht es, je nachdem, wie eilig man es hat und wie schnell der andere Platz macht, mit verschieden stark gerolltem R und verschieden scharf gezischten S.

Weil es für heute zum Besuch der großen Abtei doch zu spät geworden ist, möchte ich Ihnen noch ein wenig mehr über das Wort permesso erzählen.

Wenn Sie in Italien ein fremdes Zimmer betreten wollen, auch wenn es ein Büro ist, so klopfen Sie, wie bei uns auch, zuerst einmal an. Dann ertönt von drinnen der Ruf: Avanti! *awanti!* Vorwärts! Herein! Wenn man das hört, geht man aber noch nicht gleich hinein, sondern macht erst die Türe halb auf und sagt dann, noch bevor man den Kopf ins Zimmer steckt – und selbst wenn man vor Neugierde platzt – noch einmal: permesso? Ist es erlaubt? Erst wenn darauf die Antwort: Prego, s'accomodi! – Bitte treten Sie ein! erfolgt, tritt man ein. Prego, s'accomodi! *ßak-komodi!* Bitte, treten Sie näher!

Und dann passiert recht oft etwas Merkwürdiges: die Person, die Sie mit dem Wort s'accomodi! zum Weitergehen aufgefordert hat, deutet auf einen Stuhl und sagt wieder: s'accomodi! Machen Sie es sich bequem! Sie merken schon meine Damen und Herren, daß es im Italienischen eine Anzahl von Allerweltswörtern gibt, die man in den verschiedensten Bedeutungen anwenden kann. So heißt s'accomodi einmal: bitte, treten Sie näher; ein anderes Mal: bitte, nehmen Sie Platz! Ein drittes Mal: bitte, folgen Sie mir!

Nun haben Sie Platz genommen, und das erste, was Ihr Gegenüber tut, ist, daß er Ihnen eine Zigarette anbietet. Er sagt meistens: fuma? *fuhma?* Rauchen Sie? Und darauf können Sie, je nachdem, mit sì, *ßi*, oder no, *no*, mit ja oder nein, antworten – nur vergessen Sie um Himmelswillen nicht, in jedem Falle ein »grazie«, *grahtßie,* anzufügen. Also: sì grazie! oder: no grazie! Und weil wir schon gerade bei grazie sind, bitte, schreiben Sie noch in unsere Höflichkeitsliste: grazie tante, *grahtßie tante* – oder nach Belieben: tante grazie – so vielen Dank, ganz vielen Dank! Wenn Sie dem Gesprächspartner besonders verbindlich danken wollen, dann können Sie auch sagen: La ringrazio tanto! *la ringrahtßio tanto!* Ich danke Ihnen vielmals!

Schließlich verabschieden Sie sich. Sie werden sehen, daß das gar nicht so leicht geht. Auch hier muß man den anderen durch Höflichkeit und zartes Vorgehen vorbereiten, selbst dann, wenn man genau weiß, daß er selber es auch eilig hat, und so sagt man erst einmal wieder: permesso? Und dann gibt es noch ein langes Hin und Her, bis endlich die Schlußformel kommt: Arrivederci! *ar-riwedertschi!* Auf Wiedersehen! Bitte, verlieren Sie die Geduld nicht, auch hier gibt es wieder einen Höflichkeitsunterschied: arrivedere, *ar-riwedehre,* heißt: auf Wiedersehen, das sagt aber kein Mensch, es wäre fast eine Beleidigung. Man sagt, wenn man sich gut kennt: Arrivederci! Auf uns wiedersehen! Ist der andere aber ein flüchtiger Bekannter, dem man seinen Respekt zeigen will, oder gar eine ältere Person oder ein Mensch, bei dem wir im Brief mit »Ihr sehr ergebener« unterschreiben würden, dann heißt die Formel nicht: arrivederci, auf *uns* wiedersehen, sondern arrivederla, *ar-riwederla,* auf *Sie* wiedersehen!

Wir, meine lieben Leser, kennen uns, wie ich hoffe, nun schon so gut, daß wir uns für heute mit der vertraulicheren Formel verabschieden können: Signore e Signori, arrivederci!

NEUE WÖRTER
Lektion 6

la piazza	*p^{i}at-tßa*	der Platz
il bar	*bahr*	die Bar
il cameriere	*kamer^{i}ähre*	der Kellner, der Ober
il biglietto	*biljet-to*	das Billett
purtroppo	*purtrop-po*	leider
l'attenzione	*lat-tentß^{i}ohne*	die Aufmerksamkeit
in italiano	*in ital^{i}ahno*	im Italienischen
la lira	*lihra*	die Lira
ecco	*äk-ko*	hier, bitte
lo spettacolo	*ßpet-takolo*	das Schauspiel
uno spettacolo		ein Schauspiel
un cerino	*tscherihno*	ein Streichholz
i cerini		die Streichhölzer
l'erba	*lärba*	das Gras
le erbe		die Gräser, das Gemüse
quanto	*k^{u}anto*	wieviel
quanto costa	*koßta*	wieviel kostet
il chilo	*kilo*	das Kilo
un chilo		ein Kilo
l'arancia	*larantscha*	die Orange
le arance		die Orangen
questo	*k^{u}eßto*	dieser, dieses
questa	*k^{u}eßta*	diese, weiblich, Einzahl
queste arance		diese Orangen
allora	*al-lohra*	also, dann
per favore	*per fawohre*	mit Gunst, mit Verlaub, bitte
mi scusi	*mi ßkuhsi*	entschuldigen Sie mich
permesso	*permeß-ßo*	ist es gestattet, erlauben Sie,
avanti	*awanti*	vorwärts, herein
s'accomodi	*ßak-komodi*	machen Sie es sich bequem
fuma?	*fuhma*	rauchen Sie?
sì	*ßi*	ja
no	*no*	nein
sì, grazie	*ßi, grahtß^{i}e*	ja, danke
no, grazie		nein, danke

tante grazie	*tante grahtß*^{i}*e*	vielen Dank
grazie tante		danke vielmals
La ringrazio	*la ringrahtß*^{i}*o*	ich danke Ihnen
a rivederci	*ariwedertschi*	auf uns wiedersehen
a rivederla	*ariwederla*	auf Sie wiedersehen

Dazu möchte ich Ihnen sagen: Sie können a rivederci in zwei Worten schreiben, genau wie a rivederla in zwei Worten, oder Sie schreiben: arrivederci in einem Wort, ebenso: arrivederla, beides ist richtig, aber dann mit zwei – rr.

Und nun, Signore e Signori, – contiamo i numeri – *konti*$^{}$*ahmo i nuhmeri* – zählen wir die Zahlen über zwanzig hinaus:

trenta	*trenta*	30
quaranta	*k*^{u}*aranta*	40
cinquanta	*tschink*^{u}*anta*	50
sessanta	*ßeß-ßanta*	60
settanta	*set-tanta*	70
ottanta	*ot-tanta*	80
novanta	*nowanta*	90
cento	*tschänto*	100

einundzwanzig heißt: ventuno und nicht »venti uno«,

ventuno	*wentuhno*	21
ventotto	*wentot-to*	28
trentuno	*trentuhno*	31
quarantuno	*k*^{u}*arantuhno*	41
cinquantuno	*tschink*^{u}*antuhno*	51, und so weiter.
cento	*tschänto*	100
duecento	*du-etschänto*	200
trecento	*tretschänto*	300
quattrocento	*k*^{u}*at-trotschänto*	400
cinquecento	*tschink*^{u}*etschänto*	500
seicento	*ßä*^{i}*tschänto*	600
settecento	*ßät-tetschänto*	700
ottocento	*ot-totschänto*	800
novecento	*nohwetschänto*	900
mille	*mihl-le*	1000

IN VERONA
Lektion 7

Was hätte es für einen Sinn, die alte Abtei von San Zeno in Verona, deren Besuch wir uns das letzte Mal vorgenommen haben, anzusehen, wenn uns der Magen vor Hunger kracht? Darf ich Ihnen einen Vorschlag machen? San Zeno liegt beinahe außerhalb der Stadt, und es ist nicht ganz leicht zu finden. Gehen wir erst einmal etwas essen, und dabei können wir dann immer noch versuchen, uns über den Weg Klarheit zu verschaffen. Ich könnte es Ihnen nur schwer verzeihen, wenn Sie mir jetzt vorschlagen würden, im Hotel zu essen, wo wir abgestiegen sind. Bitte, tun Sie es nicht, das Hotelessen ist nicht schlecht, aber doch ein bißchen farblos, und die wahren leiblichen Genüsse findet man nicht im Hotel oder albergo, *alb*ä*rgo,* sondern im kleinen Restaurant, in der Trattoria. La trattoria, *trat-tor*i*-a,* das entspricht etwa dem, was im Bayerischen eine »Wirtschaft« ist, mit einem fast primitiven Mobiliar und hervorragender Küche. (Die Preise sind übrigens durchaus nicht immer primitiv, aber Sie wissen ja: sparen können Sie auch zu Hause!) Allora, andiamo in una trattoria, *andiahmo in* u*hna trat-tor*i*-a,* gehen wir in eine Trattoria.

Andiamo heißt: gehen wir, oder auch: laßt uns gehen! Nun lassen Sie sich bitte einen Rat geben: Fast jede Trattoria ist gut, aber es gibt versteckte kleine Trattorien, von denen man nichts weiß, und die ganz erstklassig sind. Wie bekommen wir heraus, wo wir am besten essen? Wir gehen in eine Apotheke, in eine farmacia. La farmacia, *farmatsch*i*-a,* die Apotheke. I farmacisti, *farmatsch*i*ßti,* die Apotheker. Einzahl: il farmacista, *farmatsch*i*ßta,* der Apotheker. I farmacisti sind dafür berühmt, daß sie alle ausgezeichnet essen, und so fragen wir il farmacista: Scusi, dottore, *dot-tohre,* (jeder farmacista ist in Italien ein dottore), scusi, dottore, vorrei trovare una buona trattoria, *wor-rä-i trowahre, uhna buohna trat-tori-a;* entschuldigen Sie, Herr Doktor, ich möchte gerne eine gute Trattoria finden. Das wichtigste Wort ist: vorrei, *wor-rä-i,* ich möchte.

Sie bemerken schon, meine lieben Leser, daß in dem Wort »vorrei« das »ich« von »ich möchte« schon drinsteckt, und dies zeigt eine erstaunliche italienische Charaktereigenschaft: das »ich«, das Wort für mich selbst, verschwindet im Zeitwort, in der Aktion. Nur wenn man sich zu einer Aktion in Gegensatz stellt, dann kommt das »ich« hervor: also immer dann, wenn wir im Deutschen »ich aber« sagen. Warum sagen die Italiener normalerweise nicht ich?

Antwort: Sie haben es nicht nötig! Italien ist das Land der Individualisten, ein jeder fühlt sich als Persönlichkeit – einen Minderwertigkeitskomplex wird man selten antreffen. Und ein in sich ruhendes, natürliches Selbstbewußtsein kann darauf verzichten, immerfort in einem eigenen Wort auszudrükken, daß von ihm selbst die Rede ist. Und so ziehen wir aus dem fehlenden Wort »ich« den Entschluß, ganz ungeschraubt, weder übertrieben bescheiden, noch übertrieben forsch, auf den dottore in der farmacia loszusteuern, und, anstatt ihm etwas abzukaufen, die menschlich verständliche Bitte vorzubringen: Scusi, dottore, vorrei trovare una buona trattoria.

Darauf wird der dottore farmacista sagen:

Vada la prima strada a sinistra, e poi la seconda a destra; c'è una trattoria lì, dove si mangia veramente bene! *wada la prihma ßtrahda a ßinißtra, e poi la ßekonda a däßtra; tschä uhna trat-tori-a lì dohwe ßi mandscha weramente bähne!*

Vada, *wada,* heißt: gehen Sie;

la strada, *ßtrahda,* die Straße;

primo, *prihmo,* der erste; prima, *prihma,* die erste;
la prima strada, die erste Straße;
a sinistra, *ßinißtra,* nach links;
secondo, *ßekondo,* der zweite; seconda, *ßekonda,* die zweite;
la seconda strada, die zweite Straße;
a destra, *däßtra,* nach rechts;
poi, *poi,* dann; e poi, und dann;
also: vada la prima strada a sinistra, gehn Sie die erste Straße nach links;
e poi, la seconda strada a destra, und dann die zweite Straße nach rechts; e poi – wie sagten Sie? c'è una trattoria lì . . .
Hier begegnet uns wieder ein Allerweltswort: der Ausdruck »c'è«, *tschä,* es ist, es gibt; c'è una trattoria, es gibt eine trattoria lì, dove si mangia veramente bene. Lì heißt: dort, also: c'è una trattoria lì, es gibt eine Trattoria dort – aber er hat noch etwas gesagt, was entscheidend ist: . . . dove si mangia veramente bene! dove, *dohwe,* heißt: wo;
si mangia, *ßi mandscha,* man ißt;
veramente, *weramente,* wahrhaftig, wirklich, tatsächlich;
ein Beteuerungsausdruck: veramente!
bene, *bähne,* heißt gut, aber nur im Zusammenhang mit einem Zeitwort. Also: si mangia veramente bene, man ißt wahrhaftig gut; aber: una buona trattoria, una trattoria buona, eine gute Trattoria.
Nachdem wir das gelernt haben, können wir die Frage auch schon anders stellen, per esempio, *per esämpio,* zum Beispiel: Scusi, dottore, dove è una trattoria veramente buona? Dove heißt, wie wir schon gelernt haben, wo; dove è kann man zusammenziehen und sagen: dov'è, *dohwä,* und dieses dov'è heißt: wo ist, wo gibt es?
Hier, meine Damen und Herren, möchte ich Sie auf etwas hinweisen, was uns auf unserer Italienfahrt in tausendfäl-

tigen Formen begegnen wird: auf die Heiligkeit der Mahlzeit. Es gibt bekanntlich Völker, bei denen es als eine Todsünde gilt, dem Menschen auch nur einen Augenblick des Schlafes zu rauben. Dazu gehören die Italiener nicht. Wer in Italien lebt, und sei es auch nur für kurze Zeit, wird, was den Schlaf betrifft, unzählige kleine Opfer bringen müssen – das Bedürfnis nach Lärm, nach akustischem Ausdruck, nach hörbarer Manifestation ist hierzulande durch nichts zu dämpfen – und kein Mensch versteht, daß der andere Ruhe haben will.

Dagegen ist in Italien das Essen heilig. Wer einem Menschen die Mahlzeit verdirbt, indem er ihn unterbricht, oder ihm Dinge erzählt, die Ärger oder Mißmut hervorrufen könnten, ist im schlimmsten Maße schuldig – und wer gar einen Menschen davon abhält, sich zu Tisch zu setzen, wenn die Spaghetti schon ins Wasser geworfen sind, der gehört ohne Frage unter die Verbrecher. Der größte Krach, der in einer Familie entstehen kann, bricht dann aus, wenn die Hausfrau die fertige pasta asciutta auf den Tisch bringen läßt und ein Familienmitglied noch nicht bereit ist, sich mit umgebundener Serviette auf den dampfenden Nudelberg zu stürzen.

Man muß sich ernähren, sagen die Italiener – man muß etwas tun für seine körperlichen Kräfte, es genügt nicht, grad soviel zu essen, daß man keinen Hunger mehr hat, man muß die Gaben Gottes im Überfluß genießen. In keiner Kirche sind die Italiener so fromm, so friedfertig, so sanftmütig wie bei Tisch. Und nichts verabscheuen sie mehr, als wenn der Gast sich ziert. Woher das kommt, fragen Sie? Ich glaube, die Italiener lieben es, sich im Essen ein Leben der Fülle vorzuzaubern, das ihnen in Wirklichkeit nicht gegönnt ist. Bei Tisch frönen sie dem Vergnügen am augenblicklichen Genuß, und ihre Talentlosigkeit zur Sorge für das Morgen treibt ihre schönsten Blüten. Ein großer Teller richtig zubereiteter Spaghetti stillt jeden Schmerz, löst jedes Problem, erheitert noch das traurigste Gemüt und stellt in jedem Fall die Harmonie der Welt wieder her.

Dies alles haben wir vor uns, wenn wir uns jetzt aufmachen, um die Trattoria zu suchen, die uns der Dottore empfohlen hat. Übrigens: es ist erstaunlich, wieviele Italiener im Restaurant essen. Ob zu Mittag oder abends, man wird die zahllosen Trattorien Italiens immer voll von Leuten sehen – und bestimmt nicht nur voll von Fremden. Die Italiener lieben die Öffentlichkeit von Grund aus. – Und wenn sie es sich nur im geringsten leisten können, suchen sie sie auf. Da nun das Essen eine so heilige, unantastbare Angelegenheit ist, kann es doch nur an Reiz gewinnen, wenn es sich damit verbinden läßt, anderen Leuten dabei zuzusehen, mit dem Wirt lange Gespräche über Politik, die schlechten Zeiten, den Wankelmut der Frauen und die übrigen männlichen Sorgen zu führen. Ein Blick in irgendeine Trattoria um die Mittagszeit wird uns im übrigen darüber belehren, daß keineswegs immer die ganze Familie geschlossen zum Essen ausrückt – das würde viel zu viel kosten. Vielmehr leistet sich meist nur das Oberhaupt der Familie – zusammen mit anderen Oberhäuptern – eine Mahlzeit am Tage außer Haus, vielleicht unter dem Vorwand, die Mittagspause im Büro sei zu kurz, oder der Weg nach Hause zu weit ... Jedenfalls ist er selig, mit Mannsbildern zusammen zu sein, denen er erzählen kann, was für ein großartiger Held er ist. Zu Hause glaubt ihm das nämlich kein Mensch.

Und nun haben wir die Trattoria endlich gefunden, der cameriere steht vor der Türe und ruft uns zu, als er uns kommen sieht: S'accomodino, *ßak-komodino,* Signore e Signori, qui, *k*ᵘ*i* (hier) si mangia veramente bene!

Müde vom Fragen, Nachdenken, Auswendiglernen, von der Sonne und dem Pflaster der alten Stadt setzen wir uns an einen weiß gedeckten Tisch (attenzione, Signore e Signori, das weiße Tischtuch erscheint nachher mit auf der Rechnung, es kostet etwa cento lire, hundert Lire, ist aber nicht zu vermeiden) und nun bestellen wir:

Es macht nichts, wenn wir erst einmal so tun, als verstünden wir alles und seien schon ganz alte Italienfahrer, das wird den cameriere und vielleicht auch den padrone, *padr*o*hne* – den Besitzer – beeindrucken, und so verlangen wir mit sicherer Liebenswürdigkeit:

Per piacere, bitte, per piacere la lista! La lista, la *lißta,* die Karte, die Speisekarte. Weil wir aber die Speisekarte noch nicht so ganz verstehen, fragen wir zunächst: C'è una specialità della casa? una specialità, *ßpetschalit*a, eine Spezialität; della casa, *k*a*hsa,* vom Hause, una specialità della casa ist also eine Spezialität vom Hause, eine Spezialität des Hauses; c'è una specialità della casa? gibt es eine Spezialität des Hauses?

Darauf wird als Antwort zunächst bestimmt ein Name folgen, den wir nicht kennen, aber wir können mit Sicherheit annehmen, daß es sich um ein Nudelgericht oder wenigstens um etwas mit Teig Zusammenhängendes handeln wird, denn ohne »pasta asciutta«, *p*a*ßta asch*u*t-ta,* ohne Nudeln, ist ein Essen in Italien überhaupt kein Essen, sondern eine Blasphemie. Wenn Sie sich, meine Damen und Herren, einmal damit abgefunden haben, daß Sie um die Nudeln nicht herumkommen, sondern sich auf Ihrer Italienreise durch ein ungeheures Nudelgebirge durchfressen müssen, dann wird die Sache erst interessant: denn wenn schon Nudeln, dann doch auf zweihundertfünfzig verschiedene Arten – welch ein Land der Phantasie!

Also hinein in die pasta asciutta – bestellen wir: Per favore, un bel piatto di spaghetti, *un bäl piat-to di spaget-ti!* Bitte, einen schönen Teller Spaghetti!

Da kommt er schon, dampfend und mit rotblonder Tomatensauce übergossen, ein herrliches Gericht!

Attenzione, Signore e Signori, Sie sind im Begriff, Ihre Feuerprobe, Ihren Ritterschlag für die Italienreise zu bestehen: wenn Sie jetzt daran gehen, die Spaghetti zu zerschneiden, dann ist es besser, Sie fahren gleich zum Brenner zurück. Die Italiener sind das friedlichste Volk dieser Welt, aber sie werden von einer mittelalterlichen Mitleidslosigkeit, wenn sie jemand Spaghetti mit dem Messer essen sehen – es tut ihnen weh, es schneidet ihnen in ihr eigenes Fleisch, und ein solcher Mensch darf ausgeraubt, geschmäht, an der Nase herumgeführt, verspottet oder sonst was werden – ein Mensch, der die göttliche Länge der Nudeln, die mit so viel Liebe und durch jahrhundertelange Kultur zustande gekommen ist, mutwillig zerstört, ist ein Verbrecher, un delinquente, *delinkuänte.* Warum, werden Sie fragen, warum? Per l'amor di Dio, *per lamohr di di-o,* um der Liebe Gottes willen, warum sind in Italien die Nudeln so lang? Kein Mensch kann Ihnen darauf eine Antwort geben. Es ist eine Naturtatsache. Eine Erklärung können wir nur daraus ableiten, daß den Italienern diese Länge heilig ist: es kommt ihnen darauf an, daß die Nudeln lang sind, denn: kurze Nudeln kann jeder essen, lange Nudeln aber kann man spielend essen! Und die Italiener sind das spielfreudigste Volk, das es gibt. In Italien hängt der Wert einer Sache nicht nur davon ab, wieviel sie kostet, sondern wieviel Spaß sie macht. Und, meine Damen und Herren, Sie werden gleich sehen, wieviel Spaß einem die Spaghetti machen können! Zunächst einmal ist es erlaubt und geboten, sich die Serviette in den Hemdkragen oder den

Kleidausschnitt zu stecken, denn das Nudelessen ist eine dramatische Angelegenheit, und wer sich nicht bekleckert, der ist ein Stümper. Sodann muß man mit dem Löffel und der Gabel die Nudeln und die Sauce gewaltig durcheinanderrühren (vom Praktischen her gesehen, hätten sie das ja auch schon in der Küche machen können, aber dann wäre schon ein Teil des Nudelspiels verpfuscht).

Dann muß der Löffel verschwinden und die Gabel senkt sich in die zarten Fäden, aber ach – aber ach, sie erwischt zu viele, und wenn wir jetzt zu drehen beginnen, dann setzt sich langsam das ganze Nudelgebirge in Bewegung und zum Schluß haben Sie das Kunststück fertiggebracht, daß der ganze Teller um Ihre hoffnungslos vergrabene Gabel rotiert. Wenn dieser Punkt erreicht ist, fängt man am besten noch einmal von vorne an – das Geheimnis hat drei Teile: erstens, wenig Nudeln auf die Gabel, zweitens: drehen, und drittens: ziehen, tirare, meine Herrschaften, tirare, *tirahre,* ziehen, in die Höhe ziehen, damit die Spaghetti sich entwirren. Wenn man diesen Trick heraus hat, ist es eine Wonne, Spaghetti zu essen! Wenn man ihn nicht heraus hat, steht einem in fünf Minuten der Angstschweiß auf der Stirn, und die liebenswürdige Bemerkung eines gelassen zusehenden Herrn vom Nebentisch klingt wie ein Todesurteil: Sì, sì, è molto difficile, mangiare gli spaghetti!

è difficile, ä *dif-fihtschile,* es ist schwer;

è molto difficile, es ist sehr schwer;

mangiare gli spaghetti, nicht –i– spaghetti, sondern –gli–, *lji spaget-ti,* und das –gli– müssen Sie so weich sprechen, daß es Ihnen buchstäblich auf der Zunge zergeht! Es heißt –gli–, weil das Wort spaghetti mit zwei, das heißt mit s und einem unmittelbar darauf folgenden Konsonanten beginnt. Vor allem aber macht das Spaghetti-Essen Durst, und deshalb bestellen wir uns jetzt: un litro di vino, *un lihtro di wihno,* oder mezzo litro di vino, *mäd-dso,* oder wenigstens un quarto di vino, *kuarto;* einen Liter Wein, einen halben Liter Wein, einen viertel Liter Wein.

Und wenn ich Ihnen heute zum Abschied noch einen Rat geben darf: Bestellen Sie sich bitte in Verona den »Bardolino« oder den »Valpolicella«, das sind zwei hervorragende Rotweine, besonders der Bardolino.

Nun genug für heute, das nächste Mal gehen wir aber wirklich in die Abtei von San Zeno!

IN VERONA
Lektion 8

La chiesa di San Zeno, *kiähsa di ßan dseno,* die Kirche des heiligen Zeno, die wir heute besuchen wollen, liegt nicht im Zentrum, sondern am Rande der Stadt Verona. Es ist ein wenig mühsam, hinzukommen, und wenn wir jemand fragen: Scusi, signore, per andare alla chiesa di San Zeno – è lontano? so werden wir die Antwort bekommen: Sì, è un po' lontano, un quarto d'ora circa, *ßkuhsi, ßinjohre, per andahre al-la kiähsa di ßan dseno* ä *lontahno?*

Antwort: Sì, è un po' lontano, un quarto d'ora circa. *ßi, ä uhn po lontahno, un k^{u}arto dohra tschirka.*
La chiesa, *la k^{i}ähsa,* heißt: die Kirche. Im Falle von San Zeno hätten wir auch sagen können: la basilica, *basilika,* weil es sich um eine große, alte, ehrwürdige Kirche handelt, die das Privileg hat, den Titel Basilika zu führen.
Per andare, *per andahre,* heißt: um zu gehen;
per andare alla chiesa di San Zeno – um zu der Kirche des heiligen Zeno zu gehen;
è lontano, ä *lontahno?* ist es weit?
Vernünftiger übersetzt heißt das also: ist es weit bis zur Kirche des heiligen Zeno? (Sie sehen schon, meine lieben Leser, man muß beim Italienisch-Sprechen umdenken, man kann nicht einfach Wort für Wort aus dem Deutschen übersetzen.)
Die Antwort war: Sì, è un po' lontano, ja es ist ein wenig weit, un quarto d'ora circa, – was un quarto heißt, wissen wir von un quarto di vino – ein Viertel Wein, also: un quarto d'ora, *un k^{u}arto dohra,* eine Viertelstunde. Circa, *tschirka,* endlich heißt dasselbe wie bei uns: ungefähr.
Allora, Signore e Signori, andiamo alla chiesa di San Zeno! E una chiesa bellissima, *bäl-liß-ßima,* es ist eine sehr schöne Kirche, – die schönste romanische Kirche Oberitaliens, in der ersten Hälfte des 12. Jahrhunderts gebaut und ganz rein erhalten, ohne spätere Zusätze.

San Zeno ist der geeignete Ort, um ein wenig darüber nachzudenken, wie stark die Weltgeschichte unsere beiden Länder, Deutschland und Italien, aneinander gebunden hat. Die Tochterkirche von San Zeno in Verona ist die Abtei Sankt Zeno in Bad Reichenhall. Die Bronzetüren, tausend Jahre alt, am löwenbewachten Eingang der Basilika San Zeno in Verona sind in derselben Art und aus derselben Zeit wie die berühmten Domtüren des heiligen Bernward von Hildesheim. Der letzte Hohenstaufe, der sechzehnjährige Konradin, und der aus seiner Heimat Florenz verbannte Dichter Dante haben hier gebetet. Can Grande della Scala, der im 14. Jahrhundert Herr von Verona war, trug die Würde eines Reichsvikars über Italien. Ihm hat Dante den ersten Teil seiner »Divina Commedia«, seiner Göttlichen Komödie, gewidmet.

Wer vom Norden kommt, für den ist Verona das Tor zum Mittelmeer – ein Schatzhaus südlicher Kunst, voll von unbedachter Grazie, unschuldiger Harmonie und leidenschaftlicher Schönheit, schon ganz überglänzt von der befreienden Kraft der Sonne, blendend und träumerisch, mächtig und verschwiegen, mit jenem Hauch von elegischer Romantik, der den Deutschen seit Jahrhunderten das Herz bricht. Wer aber vom Süden kommt, für den ist Verona der Vorbote einer unbekannten, strengen, bewaffneten Ordnung, überhaucht von der rauhen Kühle der Alpen, die letzte Anstrengung der mittelländischen Lebensleichtigkeit gegenüber dem großen Ernst des Nordens, eine Stadt, in der die Gewalt der Barbarei – gemildert noch durch italienische Wärme – schon ihre ersten Vorposten in Stein gehauen hat, eine Stadt, deren Gesicht den fernen, unbekannten, geheimnisreichen Fluren zugewendet ist, aus denen der fremdartige Glanz deutscher Kaiserherrlichkeit unverstanden und tragisch herniederstieg, eine Stadt der Wachsamkeit, eine Stadt der Ahnungen, eine Stadt des Schicksals.

Nirgends in Italien ist wie in Verona zu spüren, was diese zahllosen Züge deutscher Kaiser nach dem Süden in Wirklichkeit waren: der über Jahrhunderte hinweg unermüdlich und unbelehrbar unternommene Versuch, die Sicherheit des südlichen Lebens in die Unruhe des Nordens befriedigend einzuführen. Nirgends ist wie in Verona zu spüren, daß jeder Italienfahrer, auch wir selber, mit seinem Herzen die

Kälte und den Schnee der Alpen überwinden muß, bevor sich Italien entschließt, ihn nicht mit Duldsamkeit, sondern mit seinem Lächeln willkommen zu heißen.

Immer war Verona ein Umschlagplatz geistigen Gutes zwischen Deutschland und Italien, und so verlohnt es sich wohl, gerade hier, in dieser alten Stadt, die ebenso eine kaiserliche wie eine römische ist, einen Augenblick darüber nachzudenken, wieviel in unserer deutschen Sprache an italienischem Sprachgut heimisch geworden ist!

Würden Sie in dem Wort Groschen das Wort – grosso – erkennen? Grosso, *groß-ßo,* bedeutet dick, stark; und dieses Wort war die Bezeichnung für die sehr geschätzte Scheidemünze der Republik Florenz, die auch in Deutschland kursierte.

Firma, unser deutsches Wort für Handelsunternehmen, ist italienisch, nur bedeutet es hier das, worauf jedes Geschäft beruht: die persönliche Unterschrift. Das unserem Begriff »Firma« entsprechende italienische Wort heißt: la ditta, *dit-ta,* die Firma. Weil wir schon beim Handel sind: die Bank heißt italienisch il banco, *banko,* oder, häufiger gebraucht, la banca, *banka;* il banchiere, *bankiähre,* ist ein Bankier, und wenn er bankrott macht, so heißt das »banca rotta«, *bankarot-ta,* die zerbrochene Bank, weil man in früheren Jahrhunderten den zahlungsunfähigen Bankleuten ihre hölzernen Wechslerstände zerbrach. Rotto, *rot-to,* heißt also: gebrochen, zerbrochen, kaputt. Die Kasse heißt, wie auch bei uns noch oft, la cassa, *kaß-ßa,* eigentlich die Truhe, und wenn ein Manko in der Kasse ist, also ein Fehlbetrag, dann kommt das von mancare, *mankahre,* fehlen. Wir lernen bei dieser Gelegenheit schnell eine Redewendung, die wir auch bei noch so gut gefüllter Reisekasse immer wieder anwenden können: mi mancano i soldi, *mi mankano i ßoldi,* es fehlen mir die Groschen, es fehlt mir das Geld, oder: mi manca il denaro, *mi manka il denahro,* es fehlt mir das Geld. I soldi, il denaro, beides bedeutet: das Geld.

Das Wort netto, das bei uns einen Geldbetrag bedeutet, von dem nichts mehr abgezogen zu werden braucht, heißt im Italienischen: rein, netto, *net-to;* una cosa netta, eine reine Sache.

Brutto dagegen, also ein Geldbetrag, von dem noch Steuern und sonstige Abgaben abzuziehen sind, heißt wörtlich: häßlich, scheußlich, unangenehm! Brutto! *brut-to!* Sagen Sie bitte niemals von jemand, er sei brutto, es ist eine Beleidigung – nur das an Beleidigungen gewöhnte Wetter darf man als »tempo brutto«, *tämpo brut-to,* bezeichnen.

Il tempo – das Wetter und die Zeit – aber nicht die Uhrzeit (die Uhrzeit heißt: l'ora, *lohra).* Il tempo è bello, *bäl-lo,* heißt also dann: das Wetter ist schön; il tempo è brutto, das Wetter ist schlecht.

In der Sprache der Musik haben wir im Deutschen das meiste von den Italienern übernommen: il concerto, *kontschärto,* das Konzert; oder l'armonia, *larmoni-a,* die Harmonie, der Wohlklang.

Wenn wir uns, weil wir schon einen Augenblick beim Philosophieren sind, die Frage vorlegen, welches für uns der stärkste Magnet ist, mit dem Italien seine Anziehungskraft auf den Norden ausübt, dann wird die Antwort sein: l'armonia – die Harmonie zwischen der Landschaft, den Menschen und der Kunst, zwischen der Natur, dem Dasein und der Möglichkeit, sich auszuleben. Die Vitalität, nicht die Sehnsucht, die Freude am Wirklichen, nicht der Traum, und die Dankbarkeit für das Schöne in der Welt: dies alles ist l'armonia! Aber: purtroppo non abbiamo tempo, *ab-biahmo,* wir haben;

non abbiamo, wir haben nicht; non abbiamo tempo, wir haben keine Zeit; purtroppo non abbiamo tempo, leider haben wir keine Zeit. In der Einzahl hieße das: Purtroppo non ho tempo, non ho, *non* o, ich habe nicht, ho o, ich habe, das -h- hört man dabei aber nicht, sondern man spricht nur das -o-, und zwar ein ganz offenes -o-.

Purtroppo non ho tempo. Denn wir müssen vor Schluß unserer heutigen Lektion – so schön es jetzt wäre, noch ein wenig von Verona zu schwärmen, von den Terrassengärten jenseits der Etsch, von den wundervollen alten Kirchen, von den Winkelgassen und den Palästen – wir müssen noch rasch einen Satz lernen, der für alles Weitere unerläßlich ist, indispensabile, *indißpenßabile,* unerläßlich. La prego di parlare lentamente, *la prego di parlahre lentamente,* ich bitte Sie, langsam zu sprechen! Prego – ich bitte, La prego – ich bitte Sie, das Wort -di- heißt im Zusammenhang mit der Nennform des Zeitwortes nicht »von«, sondern »zu«: di parlare, zu sprechen; parlare, *parlahre* – sprechen, parlo, *parlo* – ich spreche, parliamo, *parliahmo,* wir sprechen; lento, *länto,* langsam; lentamente, *lentamente,* – heißt auch langsam, im Zusammenhang mit dem Zeitwort; aber: un treno, *uhn trähno,* ein Zug, molto lento, *molto länto,* sehr langsam – ein sehr langsamer Zug.

Signore e Signori, mi dispiace molto, *dißpiahtsche,* es tut mir sehr leid, aber ich muß Sie fragen: Haben Sie den Satz noch im Kopf: »ich bitte Sie, langsam zu sprechen?« Dann wollen wir ihn ganz laut wiederholen; ripetiamo: La prego di parlare lentamente. Und nun können wir aus dem Ganzen schon eine hübsche kleine Rede machen – nur drei Wörter müssen wir dazu noch haben:

Perchè, *perke,* heißt weil oder warum; soltanto, *ßoltanto,* heißt: nur; und endlich: capisco, *kapißko,* heißt: ich kapiere,

ich verstehe; folglich: non capisco, ich verstehe nicht, non capisco tutto, *non kapißko tut-to,* ich verstehe nicht alles. So ausgerüstet, können wir einem Mann ins Wort fallen, der uns etwa so begegnet: Machevoletedamedatemirettasanto-cielobenedetto: Mi scusi, signore. La prego di parlare lentamente, perchè il mio italiano è ancora molto poco, purtroppo non capisco tutto bene, mi dispiace veramente molto!
Das heißt wörtlich übersetzt: Entschuldigen Sie mich, mein Herr, ich bitte Sie langsam zu sprechen, weil mein Italienisch noch sehr wenig ist. Leider verstehe ich nicht alles gut. Es tut mir wirklich sehr leid.
Wenn Sie ihm das fließend gesagt haben, wird er Sie für einen Übertreiber halten, Ihnen zehn Komplimente machen und so schnell weiterreden, daß Sie überhaupt nichts mehr verstehen. Aber, Signore e Signori, das ist auch ganz egal, wichtig ist einzig und allein, daß Sie Ihre Rede ohne Stocken und mit der Geste des Gransignore, des großen Herrn, gehalten haben, daß Sie geredet haben! Denn glauben Sie mir: Sie plagen sich umsonst, Sie behalten nichts, Sie vergessen alles sofort wieder, wenn Sie nicht reden, nicht nur für sich allein, auch mit anderen zusammen. Leider können wir Ihnen ja nicht *alle* Kombinationsmöglichkeiten der Wörter und Ausdrücke, die wir bisher behandelt haben, demonstrieren, – kombinieren Sie bitte selbst drauflos, auch wenn's falsch ist, Hauptsache ist: Sie reden! Nehmen Sie sich die Italiener zum Vorbild, die reden sich einen regelrechten Schwips an mit ihrer Sprache, die betrinken sich an den Worten und an den Klängen – bitte, machen Sie es auch so! Und vergessen Sie nicht, dann und wann einmal »con un fiasco di vino« etwas nachzuhelfen.
Noch ein Wort, Signore e Signori, über die geheimnisvolle Beziehung zwischen den Italienern und le parole, *le parohle*

– den Worten ihrer Sprache. Wenn in unserer Sprache sich Worte so zueinanderfügen, daß ein rauschendes Klangbild entsteht, dann halten wir das für Dichtung, selbst wenn diese Klangbilder sich nicht reimen. Für die Italiener ist ein solches harmonisch auf und ab gleitendes Vokalgefüge noch lange keine Dichtung, sondern einfach Sprache. – Unsere beiden Freunde Anna Maria und Mino haben sich oftmals mit Grauen abgewendet, wenn ich ihnen den Text einzelner Sätze vorlegte, die ich mir ausgedacht hatte und haben gefragt: »Wie kannst du so etwas sagen oder schreiben, hörst du denn nicht, daß das nicht klingt?« Ich sagte darauf, ich sei geradezu stolz gewesen, weil ich fände, es klinge besonders gut. – »Aber nein«, sagten sie, »es klingt fürchterlich, hör dir doch nur den Rhythmus an« – und dann machten sie es mir vor, und es klang wirklich fürchterlich. Die Schwierigkeit liegt darin, daß für uns die italienischen Worte an sich schon einen so bezaubernden, wohllautenden und runden Klang haben, – wir sind bei unserer konsonantenreichen Sprache in Fragen des Getönes sehr bescheiden – und so brauchen wir ziemlich lange, bis wir begriffen haben, was für die Italiener schlecht klingt. Bitte, meine Damen und Herren, unterschätzen Sie nicht, was ich hier sage. Sie werden mir vielleicht entgegenhalten, es sei für uns, die wir uns in Italien nur einigermaßen mit Anstand fortbewegen wollen, gar nicht so wichtig, ob unser Gerede auch noch gut klinge, die Hauptsache sei doch, daß man uns einigermaßen verstehe. Sachlich stimmt das durchaus – nur hängt vom Klang etwas ab, was bei den Italienern durch den reinen mitgeteilten Wortgehalt niemals ohne weiteres hervorgerufen werden kann – die Sympathie. Wenn es schön klingt, ist der Mann, der spricht, ein sympathischer Mensch, wenn es häßlich klingt, bedauert man ihn bestenfalls, und läßt ihn schlimmstenfalls stehen. Sie glauben nicht, wie stark die innere Einstellung der Italiener zu den Fremden an den Klang gebunden ist, der in den Worten der italienischen Sprache zwischen ihnen hin und her geht. Deshalb ist es gut sich zu merken: Die italienische Sprache ist nicht wie Musik, sie ist Musik. Wie ein Violinkonzert von Vivaldi: die Melodie endet nicht.

NEUE WÖRTER

Lektion 9

Heute haben wir eine Menge Stoff zu wiederholen, aber ich möchte doch nicht beginnen, bevor ich nicht mit Ihnen noch ein Wort durchgesprochen habe, das Sie bitte über alle unsere Wiederholungslektionen als stillschweigendes Motto setzen sollten: ein Wort, das Ihnen auf Ihrem Wege durch Italien tausendmal begegnet, und zwar meistens dort, wo die Situation für Sie ein bißchen aufreizend oder vielleicht sogar nachteilig wird.
Das Wort: pazienza!
La pazienza heißt die Geduld. Wenn sich bei Kauf und Verkauf einmal auf der Reise jemand zu Ihrem Nachteil verrechnen sollte und Sie kommen ihm drauf, wird er sagen: pazienza! Das heißt: hab Geduld mit mir, nimm mir's nicht übel, trag mir's nicht nach – und ich möchte Ihnen herzlich raten, folgen Sie dieser Aufforderung! Andererseits können Sie selbst dieses Wort mit großem Vorteil gebrauchen, zum Beispiel, wenn Sie in einer italienischen Großstadt bei rotem Verkehrslicht über die Straße gehen und der Schutzmann kommt, um Ihnen mit höflicher Bestimmtheit 50 Lire abzuverlangen. Er wird merken, daß Sie Ausländer sind, und wenn Sie ihm dann pazienza sagen, wird er Sie fast immer laufen lassen.
Also fangen wir mit pazienza an:

La pazienza	*patßiäntßa*	die Geduld
Pazienza!		Haben Sie Geduld! Nehmen Sie's nicht übel! Tragen Sie's mit Humor!
l'albergo	*lalbärgo*	das Hotel
la trattoria	*trat-tori-a*	das Restaurant
allora	*al-lohra*	dann, also dann

andiamo	*and*^{i}*ahmo*	wir gehen
andiamo!		Gehen wir! Laßt uns gehen!
andiamo in una trattoria		gehen wir in ein Restaurant
la farmacia	*farmatschi-a*	die Apotheke
il farmacista	*farmatschißta*	der Apotheker
i farmacisti		die Apotheker
vorrei	*wor-rä-i*	ich möchte
trovare	*trowahre*	finden
buono (männlich)	*b*^{u}*ohno*	gut, als Eigenschaftswort
buona (weiblich)		
vorrei trovare una buona trattoria		ich möchte gerne eine gute Trattoria finden
vada!	*wada*	gehen Sie!
il primo	*prihmo*	der erste
la prima		die erste
la strada	*ßtrahda*	die Straße
a sinistra	*a ßinißtra*	nach links
a destra	*a däßtra*	nach rechts
il secondo	*ßekondo*	der zweite
la seconda		die zweite
poi	*po*^{i}	dann, nachher
vada la prima strada a sinistra e poi la seconda a destra		gehen Sie die erste Straße nach links und dann die zweite nach rechts
c'è	*tschä*	es ist, es gibt
lì	*li*	dort
dove	*dohwe*	wo
dov'è	*dohwä*	wo ist
mangiare	*man*^{dsch}*ahre*	essen
si mangia	*ßi man*^{dsch}*a*	man ißt
bene	*bähne*	gut als Umstandswort
veramente	*weramente*	wahrhaftig, wirklich, tatsächlich
si mangia veramente bene		man ißt wirklich gut
c'è una trattoria lì, dove si mangia veramente bene		dort gibt es eine Trattoria, wo man wirklich gut ißt
per esempio	*per esämp*^{i}*o*	zum Beispiel

scusi, dottore, dov'è una trattoria veramente buona?		entschuldigen Sie, Herr Doktor, wo gibt es eine wirklich gute Trattoria?
il cameriere	*kamer*ⁱ*ähre*	der Kellner, der Ober
s'accomodi	*ßak-komodi*	kommen Sie herein, auch: nehmen Sie Platz, folgen Sie mir
s'accomodino	*ßak-komodino*	heißt dasselbe in der Anrede an mehrere Personen
qui	*k*ᵘ*i*	hier
qui si mangia veramente bene		hier ißt man wirklich gut
il padrone	*padrohne*	der Patron, der Beschützer, aber auch: der Besitzer, der Chef, der Hausherr
per piacere	*per p*ⁱ*atschehre*	tun Sie mir den Gefallen, bitte!
la lista	*lißta*	die Karte, die Speisekarte
la specialità	*ßpetschalita*	die Spezialität
la casa	*kahsa*	das Haus
una specialità della casa		eine Spezialität des Hauses
c'è una specialità della casa?		gibt es eine Spezialität des Hauses?
pasta asciutta	*paßta aschut-ta*	Nudelgericht
gli spaghetti	*lji spaget-ti*	die Spaghetti
per favore	*per fawohre*	mit Gunst, mit Verlaub, bitte
il piatto	*p*ⁱ*at-to*	der Teller
bello (männlich) bella (weiblich)	*bäl-lo*	schön
il piatto bello		der schöne Teller
un bel piatto di spaghetti		ein schönes Gericht Spaghetti
il delinquente	*delink*ᵘ*änte*	der Verbrecher
il Dio	*di-o*	der Gott
il buon Dio		wörtlich: der gute Gott,
per l'amor di Dio	*per lamohr di di-o*	um der Liebe Gottes willen, um Gotteswillen

Um des Wohlklanges willen läßt man das Schluß-e von amore in diesem Zusammenhang weg, man spricht und schreibt nur: l'amor.

tirare	*tirahre*	ziehen
difficile	*dif-fihtschile*	schwierig

sì, sì, è molto difficile mangiare gli spaghetti		ja, ja es ist sehr schwierig, Spaghetti zu essen!
un litro di vino	*lihtro*	ein Liter Wein
mezzo	*mäd-dso*	halb
un mezzo litro di vino		ein halber Liter Wein
un quarto	*k^{u}arto*	ein Viertel
un quarto di vino		ein Viertel Wein
la chiesa	*k^{i}ähsa*	die Kirche
la chiesa di San Zeno	*dseno*	die Kirche des heiligen Zeno
lontano	*lontahno*	weit entfernt
è lontano		ist es weit?
un po' lontano		ziemlich weit, wörtlich: ein wenig weit
l'ora	*lohra*	die Stunde, die Uhrzeit
un quarto d'ora		eine Viertelstunde
circa	*tschirka*	ungefähr
un quarto d'ora circa		eine Viertelstunde ungefähr (wenn Ihnen jemand das sagt, können Sie damit rechnen, daß er eine gute halbe Stunde meint!)
la basilica	*basilika*	die Basilika
per andare	*per andahre*	um zu gehen
per andare alla chiesa di San Zeno, è lontano?		um zu gehen zur Kirche des heiligen Zeno ist es weit? Besser: Ist es weit bis zur Kirche des heiligen Zeno?
bellissimo	*bäl-liß-ßimo*	sehr schön
una chiesa bellissima		eine sehr schöne Kirche
grosso	*groß-ßo*	stark, dick
grasso	*graß-ßo*	fett, üppig
la firma	*firma*	die Unterschrift
la ditta	*dit-ta*	das Geschäftshaus, das Handelshaus, die Firma
il banco,	*banko* häufiger la banca	die Bank, das Bankhaus

il banchiere	*bank^{i}ähre*	wörtlich: der Bankhalter, der Bankier
banca-rotta	*bankarot-ta*	der Bankrott
rotto	*rot-to*	zerbrochen, kaputt
la cassa	*kaß-ßa*	die Truhe, die Kiste, im Handelswesen: die Kasse
mancare	*mankahre*	fehlen
il manco	*manko*	der Fehlbetrag
mancano	*mankano*	es fehlen, sie fehlen
i soldi	*ßoldi*	das Geld
il denaro	*denahro*	das Geld
mi mancano i soldi		es fehlt mir das Geld
mi manca il denaro		es fehlt mir das Geld, schwerwiegender: ich habe überhaupt kein Geld
netto	*net-to*	rein
la cosa	*kohßa*	die Sache
una cosa netta		eine reine Sache
brutto	*brut-to*	häßlich, scheußlich, unangenehm
il tempo	*tämpo*	das Wetter, die Zeit – aber nicht: die Uhrzeit
l'ora	*lohra*	die Stunde, die Uhrzeit
il tempo è bello		das Wetter ist schön
il tempo è brutto		das Wetter ist schlecht
il concerto	*kontschärto*	das Konzert
l'armonia	*larmoni-a*	die Harmonie
abbiamo	*ab-b^{i}ahmo*	wir haben
non abbiamo		wir haben nicht
purtroppo non abbiamo tempo		leider haben wir keine Zeit
ho	o	ich habe
purtroppo non ho tempo		leider habe ich keine Zeit
La prego	*prego*	ich bitte Sie!
lentamente	*lentamente*	langsam (als Umstandswort)
La prego di parlare lentamente		ich bitte Sie, langsam zu sprechen
parlo	*parlo*	ich spreche
parliamo	*parl^{i}ahmo*	wir sprechen
parlare	*parlahre*	sprechen

il treno	*trähno*	der Zug
un treno molto lento		ein sehr langsamer Zug
mi dispiace	*mi dißpiahtsche*	es tut mir sehr leid
molto	*molto*	
perchè	*perke*	weil, warum
soltanto	*ßoltanto*	nur
capisco	*kapißko*	ich verstehe, ich kapiere
non capisco		ich verstehe nicht
tutto	*tut-to*	alles
il gransignore	*granßinjohre*	der große Herr, der Grandseigneur

Und zum Schluß unsere große Rede: Mi scusi, Signore, La prego di parlare lentamente, perchè il mio italiano è ancora molto poco, purtroppo non capisco tutto bene, mi dispiace veramente molto!

ABSCHIED VON VERONA
Lektion 10

So schön Verona ist und so viel italienische Atmosphäre wir hier schon eingesammelt haben – nun müssen wir doch an die Abreise denken; ein starker Magnet beginnt uns anzuziehen: Venezia – die Lagunenstadt Venedig! Aber wir sitzen noch nicht im Zug. Zuerst müssen die Koffer vom Zimmer herunter, wir müssen die Hotelrechnung bezahlen, ein Taxi muß genommen werden, viele kleine technische Dinge, die auf der Reise unerläßlich sind: cose indispensabili, *kohße indißpenßabili,* müssen noch geschehen – und alles auf Italienisch! Wenn auch der Portier in unserem Hotel deutsch spricht, so ist doch unser Ehrgeiz geweckt, und wir werden ihm schon zeigen, was wir können! Wenn es manchmal daneben geht, macht es gar nichts, denn die italienischen Portiers sind Musterbeispiele an guter Erziehung und lassen sich niemals ein Lächeln über einen sprachlichen Schnitzer entwischen – sie wissen zu genau, das könnte das Trinkgeld verderben.

Wie sagt man auf Italienisch: »Bitte, lassen Sie mir das Gepäck von meinem Zimmer herunterbringen.«? – Per favore, mi faccia portare giù i bagagli che sono in camera mia! *Per fawohre, mi fat-tscha portahre* dschu *i bagalji ke ßohno in kahmera mi-a.*

Das wollen wir uns jetzt einmal genau ansehen: per favore ist klar, fare, *fahre,* heißt machen, faccia, *fat-tscha,* ist die Befehlsform in der Einzahl und heißt: machen Sie! mi faccia, heißt also: machen Sie mir; portare, *portahre,* heißt tragen – manche Gepäckträger auf den Bahnhöfen haben auf der Mütze stehen: »portabagagli«; *portabagalji;* wörtlich: trägt Gepäck, – i bagagli, *bagalji* – die Koffer, das Gepäck.

Also: Per favore, mi faccia portare giù i bagagli – wörtlich: Mit Gunst, machen Sie mir tragen herunter das Gepäck – oder besser: Lassen Sie mir das Gepäck bringen; giù, dschu, unten, in diesem Falle: herunter.

Nun kommt noch: che sono in camera mia – che, *ke,* heißt eigentlich: was, oder auch: welcher, welche, welches, also: i bagagli che sono in camera mia, die Koffer, welche sind in meinem Zimmer; sono, *ßohno,* heißt nicht nur: ich bin, sondern auch: sie sind.

La camera, *la kahmera,* heißt: das Zimmer; la camera a un letto, *lät-to,* das Einbettzimmer; la camera a due letti, das Zweibettzimmer; una camera a due letti con bagno, *bahnjo,* ein Zweibettzimmer mit Bad.

Bitte, meine lieben Leser, sprechen Sie jetzt alle laut den ganzen Satz: Mi faccia portare giù i bagagli che sono in camera mia, per favore!

Und nun geben Sie bitte acht: lasciare, *laschahre,* heißt: lassen – aber nur im Sinne von stehen lassen, sein lassen, verlassen – nicht im Sinne von veranlassen. Veranlassen ist immer: fare – machen. Lassen Sie den Zigarettenboy kommen – heißt: prego, faccia venire il ragazzo con le sigarette, *prego, fat-tscha wenihre il ragat-tßo kon le ßigaret-te;* venire, *wenihre,* heißt: kommen; il ragazzo, *il ragat-tßo,* der Junge; con, *kon,* mit; le sigarette, *le ßigaret-te,* die Zigaretten. Also: Faccia venire il ragazzo con le sigarette – lassen Sie den Zigarettenjungen kommen.

Nun gut, die Koffer sind inzwischen angekommen, der Hausdiener ist von einer auffallenden Freundlichkeit – wissen Sie schon warum? Bitte, geben Sie ihm ein nettes Trinkgeld, und er wird sich gewiß dadurch dankbar zeigen, daß er Ihr Gepäck behandelt, wie wenn rohe Eier drin wären. Nun müssen wir noch zahlen. Also sagen wir zum Portier: Per favore, mi faccia preparare il conto, *preparahre il konto,* – bitte, lassen Sie mir die Rechnung vorbereiten! Preparare, *preparahre,* vorbereiten; il conto, *konto,* die Rechnung; contare, *kontahre,* zählen. Und damit ich nicht immer das deutsche Wort »also« gebrauchen muß – also heißt auf Italienisch: dunque, *dunkue.* Dunque: per favore, mi faccia preparare il conto – bitte, lassen Sie mir die Rechnung vorbereiten. Wenn wir nun aber die Rechnung nicht vom Portier, sondern von der Direktion des Hotels verlangen, dann sagen wir natürlich nicht: mi faccia preparare, lassen Sie mir vorbereiten, sondern: bitte, bereiten Sie mir die Rechnung vor – und das heißt: Prego, mi vuole preparare il conto. Volere, *wolehre,* heißt wollen – vorrei, *wor-rä-i,* das können wir schon, heißt: ich möchte. Vuole, *wuohle,* heißt: er will, und in der Anrede: wollen Sie – also: vuole preparare il conto, oder besser: vuole prepararmi il conto – wollen Sie mir die Rechnung vorbereiten.

Das nächste, was wir brauchen, ist ein Taxi – un tassì, *taß-ßi*

– ein Taxi. Also sagen wir zu einem dienstbaren Geist in der Hotelhalle: Prego, vuole chiamarmi un tassì! *kiamarmi;* chiamare, *kiamahre,* heißt: rufen, – aber auch nennen, heißen. Vuole chiamarmi un tassì – bitte, rufen Sie mir ein Taxi – wörtlich: wollen Sie mir ein Taxi rufen. Und weil wir schon bei dem Wort chiamare angekommen sind, so lassen Sie uns auch seine übrigen Bedeutungen gleich behandeln.

Chiamare heißt nicht nur rufen, sondern auch: nennen. Lei, come si chiama, *läi kohme ßi kiahma* – wie nennen Sie sich, wie heißen Sie, in der Einzahl der Anrede – Lei wird groß geschrieben und meistens vorangesetzt – also wörtlich: Lei, come si chiama – Sie, wie sich nennen ... oder besser: wie heißen Sie? Si chiama heißt: sich nennt – per esempio, come si chiama questa chiesa – wie heißt diese Kirche?

Die Anrede Sie – Lei, *läi*, entspricht im Sprachgebrauch unserer alten längst vergessenen Anredeform »Er«. Lei, come

si chiama, heißt also wörtlich: Er, wie nennt er sich – wie heißt er! Im Deutschen hätte das einen unhöflichen Beigeschmack, im Italienischen ist es allgemein gebräuchlich und wird ebenso höflich empfunden wie unsere Form des »Sie«-Sagens. Also: Lei, come si chiama? Wie heißen Sie? Wenn ich von mir sagen will, wie ich heiße, so sage ich: Mi chiamo Reinhard Raffalt – ich nenne mich Reinhard Raffalt. Dunque, ancora una volta: chiamare un tassì – ein Taxi rufen; chiamare il cameriere, *kameriähre* – den Kellner rufen; chiamare la polizia, *politßi-a* – die Polizei rufen; chiamare il medico, *mähdiko* – den Arzt rufen; chiamare il portabagagli – oder besser il facchino, *fak-kihno,* den Gepäckträger rufen. Aber: si chiama Mino Doro, er nennt sich – er heißt – Mino Doro; questa chiesa si chiama Santa Maria Maggiore, *mad-dschohre,* diese Kirche heißt Santa Maria Maggiore.

Der ragazzo – der Junge – kommt und sagt: Ecco il tassì – hier ist das Taxi. Wir steigen ein und sagen dem Fahrer: Alla stazione – zum Bahnhof! La stazione, *ßtatßiohne* – der Bahnhof. Aber natürlich sagen wir nicht nur: alla stazione, sondern: alla stazione, per piacere! Alla stazione, prego! Bitte, meine lieben Leser, seien Sie nicht böse, wenn ich auf diesen Floskeln so herumreite, die Ihnen vielleicht überflüssig oder übertrieben vorkommen. Aber glauben Sie mir, nichts davon ist unnütz – es kostet ja nichts, höflich zu sein, und ein paar Worte mehr zu sagen, ist im Italienischen immer ein Vorteil. Vor allem Leuten gegenüber, die uns in irgendeiner Form bedienen: Kellner, Taxifahrer, Gepäckträger, Museumsdiener, Droschkenkutscher und so weiter – sie alle werden rührend um Sie besorgt sein, wenn Sie sie höflich behandeln – nicht nur als Diener, sondern als Menschen, deren Dienst Sie zu schätzen wissen und denen Sie ein persönliches Wohlwollen entgegenbringen. In keinem Land ist es so wichtig, den anderen Menschen als Persönlichkeit ernst und voll zu nehmen wie in Italien, und – wenn wir schon dabei sind – möchte ich doch auch noch sagen, daß die bei uns viel verbreitete Meinung, man müsse sich gegen die löchrigen Eigentumsbegriffe der Italiener durch forsches Auftreten und Mißtrauen schützen, ein himmelschreiender Irrtum ist. Je weniger Vertrauen Sie durch Ihr Benehmen bezeugen, um so weniger wird Ihnen entgegengebracht. Es gibt in jedem Land und in jedem Volk Gutes und Schlechtes, und Italien hat so viel Schönes und Herrliches zu bieten – nicht nur in seinen Landschaften und in seiner Kunst – sondern vor allem in seinen Menschen, daß es ein Unsinn ist, zu glauben, man müsse sich dort von vornherein seiner Haut wehren. Bitte, denken Sie an pazienza – pazienza ist ein unerläßliches Element Ihrer Italienreise – und sagen Sie lieber dreimal zu oft als einmal zu wenig: per piacere oder per favore oder per gentilezza. Per gentilezza, *per dschentilet-tßa* eigentlich: durch Höflichkeit; la gentilezza – die Höflichkeit, die Freundlichkeit, gentile, *dschentihle* – höflich, freundlich; la gentile attenzione – die freundliche Aufmerksamkeit.

Und endlich, mit Hilfe eines facchino haben wir nun unsere bagagli im treno verstaut und fahren nach Venezia – partiamo per Venezia, *partiahmo per Wenetßia;* partire, *partihre* – abreisen. Il treno parte – der Zug fährt ab; quando parte il treno? *kuando parte il trähno?* Wann fährt der Zug ab? Il treno parte per Venezia – der Zug fährt ab nach Venezia. Zurückblickend auf die Türme und Zinnen von Verona, die im breiten Tal der Etsch in vollem Glanz vor uns ausgebreitet liegen, sagen wir der schönen und gastlichen Stadt: arrivederci, *ar-riwedertschi.*

FAHRT NACH VENEDIG

Lektion 11

Ora siamo in treno, *ohra ßiahmo in trähno* – jetzt sind wir im Zug. Draußen gleitet die Hügellandschaft Venetiens vorüber mit ihren grünen Gärten und den Zypressenhainen, den weißen Landhäusern und den unabsehbaren Weingärten. Übrigens: das Landhaus, besonders das herrschaftliche Landhaus, heißt im Italienischen wie im Deutschen – la villa, *wil-la,* nur mit leicht gewandelter Bedeutung. Bei uns ist eine Villa ein Bauwerk, in Italien ist eine ›villa‹ Haus, Park und Mauer zusammengenommen – also das ganze Grundstück mit allem, was drauf ist.

Über diesen Landhäusern Italiens liegt ein schweigender Zauber. Es scheint, als sei das Leben innerhalb dieser ummauerten Bezirke eines besonderen Schutzes teilhaftig, als träte in diesen klar ausgesparten Gevierten, in diesen heiteren Gärten an die Stelle des brausenden Lebens, das Städte und Straßen Italiens erfüllt, ein leichtes Gefühl unantastbarer Ordnung – und man fängt sogleich zu träumen und zu dichten an. Wir stellen uns vor, wie sich die hohen Gartengitter eines solchen Landsitzes für uns öffnen, wir sehen die Menschen, die dort auf eine freundlich-althergebrachte Weise wohnen, wir ahnen etwas von einem wunderschönen jungen Mädchen, das manchmal in der Nacht an das Fenster tritt und auf die mondbeglänzten Zypressen hinausblickt, und der alte Brunnen mit dem Tritonenhaupt kommt uns in den Sinn, von dem wir einmal in einem Gedicht gelesen haben. Ehe wir es uns versehen, sind wir mitten in das schönste romantische Gefühl hineingeschwommen, es fehlen nur noch die Nachtigallen und das Posthorn in der Ferne. Viele Villen in der Gegend, durch die wir fahren, stellen uns auf diese Weise einen Augenblick lang die ungestillte Sehnsucht unserer nordländischen Winterseelen vor Augen – diese eigenartigen vergeblichen Wünsche nach dem klaren Leben, nach der Armut eines beruhigten Alltags, nach der Grazie einfacher Dinge, nach dem Platz an der Sonne. Während uns der Zug am Rande der Berge entlang nach Osten trägt, fliegen wir mit unserer Phantasie für einen Augenblick in ein solches stilles altes Haus – und schauen nach, wie es darin wirklich zugeht.

Da sitzt – nehmen wir an, es ist am Nachmittag, gegen Abend – eine würdige Gesellschaft um einen grünbespannten Tisch. Von den Wänden blicken ordenbesternte Ahnen mit nachgedunkelten Nasen von beträchtlicher Größe auf die späten Nachfahren und ihre Tätigkeit herunter, eine Uhr tickt gelassen, wie uns scheint, ein wenig zu langsam, und die Personen an dem grünen Tisch bieten ein Bild des Friedens. Sie spielen Canasta. In der Ecke des Zimmers sitzt eine weißhaarige Dame mit ungemein gütigem Gesicht, die auf einem schnörkelbeinigen Tischchen eine Patience legt und mit dem Kopfe wackelt, weil sie ihr nicht aufgeht. Die imponierend große Hauskatze hat in einer beiseite gelegten Strickarbeit der Hausfrau den Charakter einer Maus erblickt und richtet sie mit sanften Spielen zugrunde. Auf den Gesichtern der Kartenspieler ist weder Freude am Gewinn noch Schmerz über den Verlust zu lesen, sondern nur eine gleichförmige Schläfrigkeit, die man auch Langeweile nennen kann. Alle diese friedlichen Landbewohner sind im Grunde ihres Herzens Stadtmenschen, denen es genau so geht, wie es der alte Horaz vor zweitausend Jahren von sich beschrieben hat: in seiner Stadtwohnung ist er gestorben vor Sehnsucht nach dem frischen, unbekümmerten, gesunden Landleben, und wenn er auf dem Lande war, fand er es langweilig und leer und müde. Die Italiener gehen im allgemeinen viel länger als wir auf Sommerfrische. Irgendwo auf dem Land ein Haus zu haben, gehört zu den eingeborenen Träumen aller Menschen dieses Landes. Aber sie sind Leute, die immer auf der falschen Seite des Flusses stehen, – ihr Herz ist schon auf der anderen. Und dann: sie können doch nicht stillsitzen – sie halten es nicht aus, wenn kein Krach ist und keine Bewegung, es ödet sie an, nur die Gockel in der Frühe krähen zu hören. Also spielen sie Canasta, zwischendurch erhoffen sie den Besuch von einer nachbarlichen Familie, die sich genau in der gleichen Seelenverfassung befindet, – und wenn die lieben Nachbarn dann wieder fortgegangen sind, wird der Canasta erneut aufgenommen.

Das soll nun nicht heißen, daß das Leben auf dem Lande in Italien nicht auch seine Vorteile hat – vor allem den einen, auf den die Italiener so viel geben: man lebt gesund. Und um ihre Gesundheit sind die Leute im Süden sehr viel mehr und ausgiebiger besorgt als wir.

Sie wissen, daß die Regungslosigkeit eines Sommeraufenthalts auf dem Land ein notwendiger Ausgleich für die heftigen Wintermonate ist, und sie gehen mit pazienza ins Exil. Glückselig der, sagt Horaz, der fern von den Geschäften seine väterlichen Rindviecher spazierenführen kann. Wenn wir ins Venetische kommen, werden die Landhäuser herrschaftlicher, mit säulengestützten Fassaden und verschlafenen Parks um sie herum, – die Schlösser von Menschen, die das ganze Jahr auf einer Insel leben und den festen Boden unter den Füßen, Felder und Bäume und die Weite der Erde immer als etwas Ungewöhnliches, nicht Normales empfanden. Wir werden in Venedig sehen, daß der größte Maler dieser kunstreichen Stadt, Tintoretto, sich jedesmal auf seine Phantasie verließ, wenn er Landschaften malte – er hatte sie in Natur niemals vor Augen.

Die Villen dieser reichen, alten Venezianer liegen abseits von den Straßen, und dem, der Zeit hat, sei ihr Besuch sehr empfohlen. Teilweise verfallen sie langsam, aber selbst in ihrem zerbröckelnden Zustand geben sie Zeugnis von dem fanatischen Schönheitssinn und dem erlesenen Geschmack ihrer Bauherren. Sie sind die Geburtsstätte von viel wunderbarer Musik, denn in ihrer Glanzzeit war es Sitte, sich seine Hausvirtuosen mit aufs Land zu nehmen, was sicher besser war, als Canasta spielen.

In dem Abteil, worin wir sitzen, ist, wie immer, eine lebhafte Unterhaltung im Gange. Wir wollen uns beteiligen.

Das eine oder andere Wort können wir schon verstehen. Was wir aber vor allem merken, ist eines: man muß die Ohren gewaltig spitzen, wenn man die Italiener verstehen will, denn sie reden nicht nur laut und recht oft auch mit Händen und Füßen – sondern auch in einem entsetzlichen Tempo. Deshalb, meine lieben Leser, zu Beginn unserer Unterhaltungsübung einen guten Rat: wenn Sie sprechen, so trainieren Sie bitte zuerst auf Präzision und Lautstärke, dann aber auch auf Schnelligkeit. Und dazu wollen wir uns jetzt eine kleine Rede ausdenken, die wir dann miteinander üben, während uns der Zug gegen Venedig trägt.

Sono, *ßohno,* heißt: ich bin; siamo, *ßiahmo,* wir sind; sono, ich bin, heißt aber gleichzeitig auch: sie sind, in der Mehrzahl, dunque: sono tedesco, *tedeßko,* ich bin Deutscher, aber: sono tedeschi, *tedeßki,* sie (mehrere Personen) sind Deutsche, auch: es sind Deutsche; vengo, *wängo,* ich komme, von venire, *wenihre,* kommen; vengo dalla Germania, *dschermahnia* – ich komme aus Deutschland; sono per la prima volta in Italia, ich bin zum ersten Male in Italien; non ho molti soldi, *non o molti ßoldi,* ich habe nicht viel Geld; ma una grande ammirazione per l'Italia, *am-miratßiohne,* aber eine große Bewunderung für Italien; fin'ora, *finohra,* bis jetzt: finora purtroppo capisco soltanto poche parole d'italiano, *finohra purtrop-po kapißko ßoltanto pohke parohle ditaliahno,* bis jetzt verstehe ich leider nur wenige Worte Italienisch; mi manca la parola, *mi manka la parohla,* mir fehlt das Wort, besser: mir fehlen die Worte; ancora una volta: finora purtroppo capisco soltanto poche parole d'italiano, ma vorrei imparare – imparare, *imparahre,* lernen; perfettamente, *perfät-tamente,* vollkommen (als Adverb, Umstandswort), vorrei imparare perfettamente questa lingua tanto bella; la lingua bella, *lingua bäl-la,* die schöne Sprache, la lingua tanto bella, wörtlich: die so sehr schöne Sprache, tanto, *tanto:* so sehr; auch im Sinne von ganz besonders, also: questa lingua tanto bella, diese ganz besonders schöne Sprache.

Ecco perchè, *äk-ko perke,* etwa zu übersetzen: das ist's, warum: ecco perchè faccio un viaggio dal Brennero a Napoli, *fat-tscho un wiad-dscho dal Bren-nero a Napoli;* faccio, *fat-tscho,* ich mache; dagegen: faccia! *fat-tscha!* machen Sie! Il viaggio, *wiad-dscho,* die Reise; faccio un viaggio, ich mache eine Reise.

Bitte, meine Damen und Herren, jetzt brechen Sie sich einmal die Zunge ein bißchen ab: faccio hat zwei –cc– und wird also ganz scharf gesprochen; il viaggio dagegen hat zwei –gg– und wird also ganz weich gesprochen: faccio un viaggio, faccio un viaggio, faccio un viaggio!

Und nun alles noch einmal im Zusammenhang: Sono tedesco. Vengo dalla Germania. Sono per la prima volta in Italia. Non ho molti soldi, ma una grande ammirazione per l'Italia. Finora purtroppo capisco soltanto poche parole d'italiano, ma vorrei imparare perfettamente questa lingua tanto bella. Ecco perchè faccio un viaggio dal Brennero a Napoli. Adesso, *adäß-ßo,* jetzt, Signore e Signori, ripetiamo tutto questo discorso – il discorso, il *dißkorßo,* die Rede –, und bitte achten Sie genau auf die Aussprache, machen Sie es ganz genau! Sie haben sicher schon gemerkt, daß die Italiener viel weniger nachlässig sprechen als wir, und so möchte ich Sie bitten – di tutto cuore, *kuohre,* von ganzem Herzen: machen Sie Gymnastik mit Ihren Sprachwerkzeugen, genieren Sie sich nicht – das ist ganz besonders wichtig: in Italien geniert sich kein Mensch! La disinvoltura, *disinwoltuhra,* die Unbefangenheit, ist die erste Tugend dieses gesegneten Landes. Dunque, ripetiamo da capo, *da kahpo,* von vorne, prima molto lentamente, zuerst ganz langsam.

Und nun, ed ora, ein bißchen schneller: un po' più svelto, *swälto,* wörtlich: ein bißchen mehr schnell.

Und endlich ganz schnell, in italienischem Originaltempo – presto, *präßto.*

Hoffentlich meine lieben Leser, sind Sie alle mitgekommen.

NEUE WÖRTER

Lektion 12

oggi	*od-dschi*	heute
abbiamo	*ab-b^{i}ahmo*	wir haben
la lezione	*letß^{i}ohne*	die Lektion
la nostra lezione	*noßtra*	unsere Lektion
la ripetizione	*ripetitß^{i}ohne*	die Wiederholung
la nostra lezione di ripetizione		unsere Wiederholungslektion
oggi abbiamo la nostra lezione di ripetizione		heute haben wir unsere Wiederholungslektion
allora	*al-lohra*	also dann
la pazienza	*patß^{i}äntßa*	die Geduld
allora pazienza		laßt uns Geduld üben, fassen wir uns in Geduld
la cosa	*kohßa*	die Sache
una cosa indispensabile	*indißpenßabile*	eine unerläßliche Sache
portare	*portahre*	tragen
i bagagli	*bagalji*	die Koffer, das Gepäck
la camera	*kahmera*	das Zimmer
fare	*fahre*	machen
faccia	*fat-tscha*	machen Sie (wenn man einer einzelnen Person etwas aufträgt)
mi faccia		machen Sie mir
mi faccia portare i bagagli		lassen Sie mir das Gepäck bringen
dalla camera mia		von meinem Zimmer her, herunter
mi faccia portare i bagagli dalla camera mia		lassen Sie mir das Gepäck von meinem Zimmer herunterbringen
il portabagagli	*portabagalji*	der Gepäckträger
il facchino	*fak-kihno*	der Träger (gebräuchlicher)
la camera a un letto		das Einbettzimmer
il letto	*lät-to*	das Bett

la camera a due letti		das Zweibettzimmer
il bagno	*bahnjo*	das Bad
una camera a due letti con bagno		ein Zweibettzimmer mit Bad
il ragazzo	*ragat-tßo*	der Junge
la sigaretta	*ßigaret-ta*	die Zigarette
le sigarette		die Zigaretten
il ragazzo con le sigarette		der Zigarettenjunge
venire	*wenihre*	kommen
faccia venire il ragazzo con le sigarette		lassen Sie den Zigarettenjungen kommen
lasciare	*laschahre*	lassen, stehenlassen, sein lassen, verlassen *nicht:* veranlassen. Veranlassen heißt *immer:* fare!
preparare	*preparahre*	vorbereiten
mi faccia preparare il conto, per piacere		lassen Sie mir bitte die Rechnung vorbereiten
dunque	*dunk*^{u}*e*	also
volere	*wolehre*	wollen
vorrei	*wor-rä-i*	ich möchte
vuole	*w*^{u}*ohle*	er will
vuole prepararmi il conto?		wörtlich: Will er mir die Rechnung vorbereiten? Dem Sinne nach: Wollen Sie mir die Rechnung vorbereiten.
un tassì	*taß-ßi*	ein Taxi
chiamare	*k*^{i}*amahre*	rufen
vuole chiamarmi un tassì	*w*^{u}*ohle k*^{i}*amarmi uhn taß-ßi*	bitte, rufen Sie mir ein Taxi
chiamarsi	*k*^{i}*amarßi*	sich nennen, heißen
Lei	*lä*^{i}	Sie als Anrede in der Einzahl
come	*kohme*	wie
Lei, come si chiama?	*k*^{i}*ahma*	wie heißen Sie? Wörtlich: Sie, wie nennen sich?
mi chiamo	*mi k*^{i}*ahmo*	ich heiße

la polizia	*politßi-a*	die Polizei
chiamare la polizia		die Polizei rufen
il medico	*mähdiko*	der Arzt
chiamare il medico		den Arzt rufen
questa chiesa si chiama Santa Maria Maggiore	*mad-dschohre*	diese Kirche heißt Santa Maria Maggiore
la stazione	*ßtatßiohne*	der Bahnhof
alla stazione		zum Bahnhof, aber nicht ohne: prego, per favore, per piacere oder per gentilezza!
la gentilezza	*dschentilet-tßa*	die Höflichkeit, die Freundlichkeit
per gentilezza		eigentlich: wenn Sie so freundlich sein wollen
gentile	*dschentihle*	höflich, freundlich
gentili Signore e Signori		etwa in dem Sinne: meine wohlgeneigten Damen und Herren!
il treno	*trähno*	der Zug
partire	*partihre*	abreisen
quando parte il treno	*kuando*	wann fährt der Zug ab
il treno per Venezia	*wenetßia*	der Zug nach Venedig
ora	*ohra*	nun
siamo	*ßiahmo*	wir sind
ora siamo in treno		nun sind wir im Zug
la villa	*wil-la*	die Villa (Haus, Park und Mauer zusammengenommen)
sono	*ßohno*	ich bin
sono tedesco	*tedeßko*	ich bin Deutscher
sono tedesca		ich bin Deutsche
venire	*wenihre*	kommen
vengo	*wängo*	ich komme
vengo dalla Germania	*dschermahnia*	ich komme aus Deutschland

sono per la prima volta in Italia		ich bin zum ersten Male in Italien
non ho molti soldi		ich habe nicht viel Geld
ma		aber
l'ammirazione	*lam-miratß^{i}ohne*	die Bewunderung, die Begeisterung
una grande ammirazione per l'Italia		eine große Bewunderung für Italien
fino	*fihno*	bis
finora, fin'ora	*finohra*	bis jetzt
la parola	*parohla*	das Wort
le parole		die Worte
poche parole	*pohke parohle*	wenige Worte
mi manca la parola	*manka*	es fehlt mir das Wort, richtiger: mir fehlen die Worte, es bleibt mir die Luft weg
perfettamente	*perfät-tamente*	vollkommen
la lingua bella	*ling^{u}a bäl-la*	die schöne Sprache
questa lingua tanto bella		wörtlich: diese so sehr schöne Sprache; richtiger: diese ganz besonders schöne Sprache
ecco perchè	*äk-ko perke*	wörtlich: das ist's, warum, richtiger: das ist der Grund, warum
il viaggio	*w^{i}ad-dscho*	die Reise
faccio un viaggio	*fat-tscho*	ich mache eine Reise
il discorso	*dißkorßo*	die Rede
faccio un discorso		ich halte eine Rede
il cuore	*k^{u}ohre*	das Herz
di tutto cuore		von ganzem Herzen
la disinvoltura	*disinwoltuhra*	die Unbefangenheit, die Ungezwungenheit, die Ungeniertheit
svelto	*swälto*	schnell
un po' svelto, un po' più svelto		etwas schnell, etwas schneller
presto	*präßto*	bald, gleich, ziemlich schnell

ANKUNFT IN VENEDIG
Lektion 13

Benvenuti a Venezia, *benwenuhti a wenetßia,* willkommen in Venedig!

Was weiß der Mensch von Venedig? Il gondoliere, *gondolïähre,* der Gondelfahrer, la serenata, *ßerenata,* die Serenade, i mandolini, *mandolihni,* die Mandolinen, il tenore, *tenohre,* der Tenor, la piazzetta, *piat-tßet-ta,* der kleine Platz (gemeint ist die berühmte Lände von San Marco, auf der die Säule mit dem Markuslöwen steht); und endlich il Canal Grande, *kanalgrande,* der große Kanal.

Dunque, Signore e Signori, jeder von Ihnen kann, wenn er in Venedig ankommt, mit einiger Überzeugung von sich sagen: so, *ßo,* ich weiß, quasi tutto su Venezia, *kuasi tut-to ßu,* ich weiß beinahe alles über Venezia! Su – wörtlich: auf, oder: über.

Quasi ist ein Wort, das wir möglichst häufig anwenden sollten, weil sich mittels des Wortes quasi jeder gegebene Tatbestand auf eine nebulose und höchst angenehme Weise in Schall und Rauch auflöst. Wenn ich sage: sono musicista, *musitschißta,* ich bin Musiker, dann heißt das, ich bin ein professioneller Musiker, und wehe dem, der daran zweifelt! Wenn ich aber sage: sono quasi musicista, dann kann ich das auch behaupten, wenn ich auf dem Klavier nur mit zwei Fingern spielen kann. Und auf diese quasi-Weise lernen wir nun Venedig kennen, eine Stadt, in deren Natur es liegt, die harten Dinge dieser Welt mit einem leichten, verschwimmenden Nebel zu überziehen, eine Stadt, die anstatt auf festem Boden auf 1400 Jahre alten Eichenpfählen ruht und stets nur zwei Mächten in der Welt untertan war: dem Meer und dem Reichtum! Sowohl das Meer wie das Geld werden in Venedig auch heute noch, nachdem der Glanz der alten Republik versunken ist, auf besondere Weise behandelt. Das Meer, il mare, *il mahre,* das Meer, dessen Wasser wie ein tausendmaschiges Netz den Stadtkörper durchzieht, schaukelt in sanftem Wellenschlag die Fremden, gli stranieri, *ßtraniähri,* die Fremden, die Ausländer, in das Reich der Illusion, l'illusione, *lil-lusiohne* (übrigens hat es gar keinen Sinn, dieses Wort zu übersetzen, weil sein Wesen darin besteht, daß jeder sich etwas anderes darunter vorstellt). Dunque: il mare erzeugt in Venezia l'illusione! Das Geld hingegen, il denaro però, *pero,* aber, jedoch, wandert auf Grund dieser Illusion mit einer sagenhaften Leichtigkeit aus den Taschen der stranieri in die Taschen der Veneziani, *Wenetßiahni.* Das psychologische Argument dabei ist ganz einfach: wo steht es geschrieben, daß man sich Schönheit nicht bezahlen lassen darf? Und Schönheit, la bellezza, *la bel-let-tßa,* finden wir nun in Venedig wirklich überall.

Wir sind von der Landseite her über Mestre nach Venedig gekommen. Mestre heißt der Ort, der am Ufer der Lagune liegt, also auf der Festlandseite jenes weiten, vom Meer ausgespülten Salzwassersees, in dessen Mitte sich die Stadt Venedig aus den Wellen erhebt. In Mestre haben wir auf der linken Seite des Zuges die Mündung der Brenta gesehen, des kleinen Flusses, der von der Stadt Padova, Padua, kommt, von wundervollen alten Villen gesäumt ist und in früheren Zeiten vielen Reisenden als bequeme Route nach Venedig gedient hat. Auf der Brenta gibt es von alters her große, schwerfällige, rotbesegelte Barken, die die Güter der fruchtbaren Festlandsebene nach der Seestadt bringen. Auch Goethe hat eine von ihnen benützt. Von der Brentamündung aus führt ein großer Damm über die Lagune, den unser Zug überquert hat, und dann sind wir arrivati alla stazione Santa Lucia, *ar-riwahti* al-*la ßtatßiohne ßanta lutschi-a.*

Siamo arrivati, *ßiahmo ar-riwahti,* wir sind angekommen, in der Einzahl: sono arrivato, oder: sono arrivata in der weiblichen Form.

Meine lieben Leser, es darf Sie nicht wundernehmen, wenn der venezianische Bahnhof den Namen einer Heiligen trägt; hier in Italien sind die Heiligen eine Art jenseitiges italienisches Volk, und sie leben mit ihrer beschützenden und hilfreichen Gegenwart mitten unter den Menschen. Es ist jedenfalls poetischer, einen Bahnhof nach einer so unschuldigen und sympathischen Heiligen, wie der heiligen Lucia, zu benennen, als Ost- oder Westbahnhof zu sagen. Denken Sie aber dabei bitte nicht an das Lied »Santa Lucia«, denn darin wird die heilige Lucia nicht als Patronin des venezianischen Bahnhofs, sondern als Beschützerin des berühmtesten Stadtviertels von Neapel zitiert. Wir müssen uns also das Vergnügen versagen, Ihnen dieses Volkslied, das übrigens von einem

Mann aus Sachsen komponiert worden ist, jetzt schon zu zitieren. Anstatt dessen finden Sie hier eines der reizendsten venezianischen Lieder ...

MARIETA ...

Er: Marieta, steig in die Gondel ein
und fahr mit mir zum Lido!

Sie: Nein nein, ich trau dir nicht, du Schuft,
ich weiß schon, was du willst ...

Er: Aber mein Täuberl, was sagst du denn da?
Weißt nicht mehr die schattige Lichtung ...

Sie: Einen Kuß hast du mir dort abluchsen wollen
und probiert, mir den Kopf zu verdrehen!

Er: ja ticke-ticke-ti ... du sagst jetzt zwar »nein«,
aber hör nur, wie dir das Herz klopft ...
denn auch dein Herz weiß es ja ganz genau
in Venezia hat die Liebe nur einen Platz:
die gondoleta ...!

Sie: Ich sag nein, nein ich komm nicht, nein!!!

Chor: Hin und Her und Ja und Nein –
könnt ja auch einer nachgeben,
könnt ja auch einer nachgeben,
immer ja und immer nein,
macht schon Schluß und steigt halt ein!

Dieses Lied hat mit den Worten angefangen: »Marieta vien in Gondoja«, das heißt: Marieta, komm in die Gondel ... Das soll aber nicht heißen, daß wir vom Bahnhof aus auch gleich in die Gondel steigen. Meine Damen und Herren, Gondelfahren ist ein Luxus, und Luxus hat nur Sinn, wenn er mit Bedacht genossen wird. Weisen wir also bestimmt aber freundlich i gondolieri, *gondol*^{i}*ähri,* zurück, die sich mit einem großen Wortschwall anbieten.

In questo caso si dice, *in k^{u}eßto kahso ßi dihtsche:* – in diesem Falle sagt man; il caso – der Fall, auch: der Zufall; per caso, durch Zufall, zufällig; in questo caso, in diesem Falle; in ogni caso, *in onji kahso,* oder auch in ogni modo, *mohdo,* jedenfalls; dire, *dihre,* heißt: sagen; si dice, *ßi dihtsche,* man sagt; dunque: in questo caso si dice, in diesem Falle sagt man. Che cosa si dice al gondoliere? Che cosa, *ke kohßa,* wörtlich: was für eine Sache, was? Was sagt man zum Gondelfahrer? Mi dispiace, non ho bisogno di una gondola, prendo il vaporetto, *mi dißp^{i}ahtsche, non o bisonjo di uhna gondola, prändo il waporet-to;* avere bisogno, *awehre bisonjo,* nötig haben, brauchen; ho bisogno, ich brauche; Sie erinnern sich: ho mit dem stummen –h–; non ho bisogno di una gondola, ich brauche keine Gondel; es tut mir leid, für den Augenblick brauche ich keine Gondel; prendere, *prändere,* nehmen; prendo, *prändo,* ich nehme; prendiamo, *prend^{i}ahmo,* wir nehmen; il vaporetto, *il waporet-to,* das Dampfboot. Das Ganze heißt also: ich nehme das Dampfboot, das heißt in diesem Falle, in questo caso: die venezianische Straßenbahn! Allora: prendiamo il vaporetto e andiamo alla Piazza San Marco! Così vediamo tutto il Canal Grande con i suoi famosi palazzi; *al-lohra: prend^{i}ahmo il waporet-to e andiahmo al-la p^{i}at-tßa ßan marko! Koßi wed^{i}ahmo tut-to il kanalgrande* kon *i ß^{u}o^{i} famohsi palat-tßi;*

così, *koßi,* so, auf diese Weise;

vedere, *wedehre,* sehen; vedo, *wedo,* ich sehe;

vediamo, *wed^{i}ahmo,* wir sehen;

il palazzo, *il palat-tßo,* der Palast; i suoi palazzi, *i ß^{u}o^{i} palat-tßi,* seine Paläste. Bitte bemerken Sie, meine lieben Leser, im Italienischen sagt man nicht einfach: seine Paläste, suoi palazzi, man sagt, i suoi palazzi. Der Artikel wird also mitgesprochen. Famoso, *famohso,* heißt berühmt.

Das Ganze heißt also: Nehmen wir das Dampfboot und fahren zur Piazza San Marco. So sehen wir den ganzen Canal Grande mit seinen berühmten Palästen.

Hier möchte ich Sie auf etwas Wichtiges aufmerksam machen: in Venedig gibt es zwei Typen von vaporetti: der eine davon ist ein schnittiges, langes Motorboot, auf dem, weithin sichtbar, zwei große lateinische –D– geschrieben sind; das ist der sogenannte »direttissimo«. Vom Bahnhof nach San Marco kann man mit dem direttissimo ziemlich schnell fahren, sieht jedoch dann vom Canal Grande nur ein kleines Stück, weil das Motorboot einen Abkürzungsweg durch einen Seitenkanal fährt. Wer aber, wie wir, den ganzen Canal Grande sehen will, nimmt also das alte Töfftöff, das alle drei Minuten hält und nur ein »diretto« ist. Dieser »diretto« ist gekennzeichnet durch ein –D–; manchmal fehlt es auch, aber Sie sehen es ihm wohl auch so an.

Und da fahren wir nun ganz bequem und langsam den großen Kanal hinauf, über den ich Ihnen wohl nichts Besonderes zu erzählen brauche. Man kann mit einigem Recht sagen, daß er die schönste Straße der Welt ist. Aber bevor wir uns nun den träumerischen Schönheiten Venedigs überlassen, haben Sie ein Recht zu fragen: und was wird aus unseren bagagli? Nehmen wir die mit auf den Markusplatz? Und was machen wir dort mit ihnen? Befolgen Sie bitte meinen Rat: geben Sie das Gepäck am Bahnhof schon in das deposito, il deposito, *depohsito,* die Gepäckaufbewahrung. Und wenn Sie dann später in Ihr Hotel kommen, lassen Sie es durch den Hausdiener abholen. Das kostet vielleicht ein paar Lire mehr, als wenn Sie sich selbst abschleppen würden, aber Ihr Einzug in Venedig ist auf diese Weise von keinen äußeren Sorgen beschwert, und das ist bei einer Stadt wie dieser schon etwas wert.

Wer in Venedig keine Gondel oder kein Motorboot besitzt und nicht gerade einem Ziel zustrebt, das am Canal Grande liegt, geht zu Fuß. Und es ist sehr eigenartig, in dieser Stadt zu Fuß zu gehen.

Die Gassen sind kaum zwei Meter breit, die Häuser vier und mehr Stockwerke hoch. Man hört die Gespräche der entgegenkommenden Leute, wie wenn man sich in einem Salon oder im Foyer eines Theaters befände. Sich in diesen Gassen mit größerem Tempo fortzubewegen, erfordert eine doppelte Kunst: man muß ausweichen können und man muß die Durchschlupfe wissen, die immer wieder unter den Häusern durchführen, in andere Gassen münden, die man hier übrigens nicht »via«, sondern wie im Spanischen »calle« nennt. Fast immer hört man von fernher Glocken, deren Schall über die Dächer hinwegschwingt, ohne ganz auf den Grund der Gassen zu dringen.

Ausweichen können und verborgene Umwege finden, das hat man in Venedig stets geschätzt. Man muß sich einmal überlegen, wie dieses rätselhafte Stadtgebilde zustande kam. Als der Hunnenkönig Attila sich anschickte, über Italien hereinzubrechen, gab es noch kein Venedig. Die nachmaligen Venezianer lebten in kleinen Städten und Kolonien am Ufer der Adria, die große Lagune hatte noch keinen anderen Reiz als den des Fischfangs. Erst die Gefahren der Barbaren-Einfälle ließen jenen Plan aufkommen, auf der Lagune draußen eine Stadt zu gründen, der das Meer, von dem man lebte, auch die Sicherheit geben sollte. Besser die ständige Gefahr des vertrauten Elements, als die Eingriffe räuberischer Heiden – so entschied man damals, und aus den Fischern der Uferstädte wurden so schnell amphibische Meerwesen, daß der Minister Cassiodorus in seinem Brief an die Tribuni marittimi von Venetien schon den Charakter der künftigen Seestadt definieren konnte, kaum ein Jahrhundert nachdem Attila erschienen war. »Euch ist es gegeben«, schreibt Cassiodor, »im leichten Flügelschlag der Vögel über die Meere zu ziehen, die euere Heimstatt sind. Armut und Reichtum leben bei euch zusammen unter demselben Gesetz, und euerer Kunst ist alles anheimgefallen, was fließt und strömt.«

Aus diesem Element des Fließens und Strömens zogen die Venezianer durch vierzehnhundert Jahre ihre Einsichten. Auf die Bewegung, die Verwandlung, das Unsichere war stets ihr Sinn gerichtet, und deshalb war in Venedig eine Perle stets mehr wert als ein Landgut, ein Schiff voll Pfeffer wichtiger als ein Regiment von Landsknechten, eine Handelsniederlassung beim Großtürken interessanter als ein Vertrag mit dem Kaiser, Casanova faszinierender als Napoleon.

Das Verbotene hatte stets eine besondere Anziehungskraft. Die Venezianer scheuten sich nicht, aus den Kreuzzügen ein Geschäft zu machen, mit dem Sultan von Konstantinopel einen Vertrag zu schließen, während der Papst mit ihm im Kriege lag, sich zur Erweiterung und Sicherung ihrer Macht großer Feldherren zu bedienen, die man nach Erfüllung ihrer Aufgabe sogleich wieder stürzte. Selbst ihren eigenen Leuten haben sie in kühler Kalkulation den Prozeß gemacht, wenn es der »Gloria di Venezia« nützlich schien.

Im fünfzehnten Jahrhundert hatten die Venezianer einen Dogen namens Francesco Foscari, einen kühnen, energischen, hochbegabten Staatsmann. Eine der großen Familien der Stadt war seit langem mit den Foscaris tief verfeindet – die Loredan. Es ist ein fürchterliches Drama, das sich in den vierunddreißig Jahren unter der Herrschaft Francescos abspielte. Niemand von den Loredan konnte und wollte leugnen, daß Foscari ein überragender Geist war. Man verlegte sich also darauf, seine Staatsklugheit der Republik zu erhalten, während man daran ging, ihn menschlich zu ruinieren. Der Höhepunkt dieser jahrelang gesponnenen Großintrige war das Urteil, das die Loredan gegen den Sohn des Dogen bei der Signoria durchsetzten. Dieser Sohn wurde unter ziemlich fadenscheinigen Gründen aus der Stadt verbannt, und zwar auf die Lebenszeit des Vaters. Der junge Foscari ging zu seinem Vater in den Dogenpalast, umarmte ihn, bestieg ein Schiff, dessen oberster Herr sein Vater war, segelte davon, und beide haben sich nie wieder gesehen. Der alte Doge trug daran so schwer, daß er sein Amt zur Verfügung stellte. Diejenigen, die am meisten gegen die Abdankung protestierten, waren seine Feinde Loredan. Foscari mußte Doge bleiben – so lange, bis die Loredan es selbst für richtig fanden, ihn abzusetzen. Als dann eines Tages der Rat der Zehn bei dem Achtzigjährigen erschien, um ihm zu verkünden, daß er nun gehen könne, bäumte sich der ganze verletzte Stolz des Dogen auf. Doch es genügte eine einzige Nacht, um in ihm das uralte, düstere Gehorsamsgefühl übermächtig werden zu lassen, das jeden Venezianer gegenüber der Signoria beseelte. Foscari ging, lebte noch ein paar Tage und starb dann zur gleichen Stunde, in der sein Nachfolger in San Marco den Thron bestieg. Jacopo Loredan, das Haupt der feindlichen Familie, hatte über den Kampf der beiden Geschlechter ein Kontobuch geführt, in dem er mit unparteiischer Genauigkeit das Soll und Haben der Machtkonstellation eintrug. Als er hörte, daß Francesco Foscari gestorben war, zog er unter das Konto einen großen Strich und schrieb darunter: »Beglichen«. Dann ging er in die Signoria und erwirkte, daß man den alten Foscari begrub, »als ob er bis zu seinem Lebensende Doge gewesen wäre«.

Das Leben auf dem Gipfel des venezianischen Staates war so gefährlich, daß der Feldherr Francesco Morosini sich ein noch erhaltenes Gebetbuch anfertigen ließ, worin die Buchseiten erheblich schmäler waren als das Format des Buchdeckels. In dem so geschaffenen Raum lag stets eine kleine geladene Pistole. In der wunderbaren Bibliothek von San Marco fiel mir ein galantes, in feines Gold gebundenes Büchlein in die Hände, das ein venezianischer Senator seinem Sohn mit der Widmung geschenkt hatte: »Suche den Schlaf, wenn du liebst; scheue ihn, wenn du spielst; fürchte ihn, wenn du regierst.«

IN VENEDIG
Lektion 14

Meine Damen und Herren, wir schildern Ihnen jetzt ein Konzert auf dem Markusplatz in Venezia, ganz in Italienisch. Von den meisten Wörtern, die Sie noch nicht kennen, werden Sie den Sinn ohne weiteres erraten, weil sie ähnlich klingen wie Wörter, die Sie im Deutschen gebrauchen.

Siamo a Venezia in Piazza San Marco, è sera. Ascoltiamo un concerto dal titolo: »La notte« di Antonio Vivaldi, per flaute, violini, viole, violoncelli e contrabasso, diretto dal Maestro Roberto Fasano.

La facciata della chiesa di San Marco è illuminata. La luna si riflette sul mare e le stelle brillano. L'architettura della Piazza splende sotto le mille lampade delle arcate. Le armonie della serenata notturna fanno una grande impressione e arrivano al cuore di ognuno in questo magnifico e romantico salone. Ci sono molte persone eleganti, Veneziani e stranieri. È facile per la nostra fantasia vedere gli antichi cavalieri veneziani con le loro dame nel costume dell'epoca gloriosa della Repubblica di Venezia.

Es ist merkwürdig, welch eine phantastische Rolle im Leben

dieser Stadt der Schall spielt. Hier hört man, wie die Fußgänger mit eiligen Schritten in der Hast aufgescheuchter Marionetten die fondamenta entlangeilen, die Kais, die auf den 1400-jährigen Eichenrosten ruhen, worauf die Grundmauern Venedigs sich erheben. Der Schall läuft die Häuserfronten entlang, fängt sich an den spitzbogigen Fenstern und Loggien mit den weißen ziselierten Säulchen; das Licht nimmt ab und immer tiefer rudert der Gondoliere in die Stille.

Jetzt hört man nur noch das Tropfen des Wassers vom Ruder. Kein Fenster ist erleuchtet, überall sind die Läden dicht geschlossen.

Es ist ganz unangebracht, das Bild eines solchen verlassenen Kanals unheimlich oder gespenstisch zu finden. Wahrscheinlich bewohnen die Leute die Zimmer gegen den Hof zu. Aber man kann nicht gegen das Gefühl an, hier durch ein Reich der Vergangenheit zu gleiten, das durch nichts mehr lebendig erhalten wird als durch die kaum hörbaren Geräusche, die das Eintauchen des Gondelruders verursacht.

Inzwischen sind wir an dem palastartigen Gebäude des ehemaligen Ospedale della Pietà angekommen, in dem der große Meister Antonio Vivaldi im 18. Jahrhundert, dem letzten glanzvollen Jahrhundert der venezianischen Geschichte, seine Abendmusiken zur Aufführung brachte.

Der Präsident Charles de Brosses aus Dijon hat im Jahre 1739 diese Abendmusiken gehört und darüber in einem vertraulichen Brief an seine Freunde berichtet:

»Die beste Musik wird hier in den Hospitälern veranstaltet. Es gibt vier davon, alle ausschließlich für Waisen und illegitime Kinder, deren Eltern keine Möglichkeit haben, sie zu ernähren. Die jungen Mädchen werden auf Kosten des Staates erzogen und ausschließlich der Musik zugeführt. Sie singen wirklich wie die Engel, spielen Geige, Flöte, Oboe, Violoncello und Fagott, kurz, kein Instrument ist so schwer oder so groß, daß sie davor zurückschrecken würden. Sie leben in Klausur wie die Nonnen. Die Aufführungen werden nur von ihnen bestritten, so daß in jedem Konzert ungefähr vierzig junge Mädchen mitwirken.

Ich kann mich verbürgen, daß nichts auf der Welt graziöser ist, als so ein junges Mädchen zu sehen, das im weißen Kleid einer Novizin erscheint, mit einem Zweig von Apfelblüten im Haar, und das Orchester dirigiert und den Takt mit einer kaum glaublichen Präzision schlägt.«

Heute liegt die Stätte dieser galanten musikalischen Aufführungen in tiefem Schweigen. Aber immer noch erfüllen die Klänge der »Concerti Grossi« die Musiksäle der Welt, wenngleich niemand mehr daran denkt, welch eines Reichtums es bedurfte, um eine Staatsregierung zu veranlassen, die Insassen ganzer Waisenhäuser kostenlos zu Künstlerinnen auszubilden.

Überhaupt ist die Regierung Venedigs, wenn man sie mit den Anstrengungen der Gegenwart vergleicht, ein Wunder in der Weltgeschichte.

Im Dogenpalast wird die Abbildung eines Stiches aufbewahrt, die in der Form einer geometrischen Figur zeigt, auf welche Weise der Herr der Stadt, der Doge, gewählt worden ist. Es gab seit sehr alter Zeit in der unabhängigen See-Stadt einen Rat der Fünfhundert, den die aristokratischen Familien mit ihren Mitgliedern beschickten. Wer nicht zu diesen Familien zählte, war von vornherein von der Regierung ausgeschlossen. Er konnte in Venedig Handel treiben, ein reicher Mann werden, sich amüsieren, Geld im Spiel gewinnen, ein großes Haus führen, alle Welt mit seinem Ruhm erfüllen, nur auf die Geschicke des Staates hatte er keinerlei Einfluß. Die fünfhundert Ratsmitglieder aber, die dem seit vielen Jahrhunderten verschwägerten Clan der inneren Staatsfamilie angehörten, wählten, wenn ein Doge gestorben war, durch Würfel dreißig Männer aus ihrer Mitte. Um zu verhindern, daß bei dieser Würfelwahl mit falschen, im Ärmel verborgenen Würfeln gespielt wurde, war es Vorschrift, daß die auf einen Silberteller geworfenen Würfel nur mit dem ausgestreckten Zeigefinger einer kleinen goldenen Behelfshand verschoben werden durften. Waren die dreißig gewählt, so vollzog sich folgender weiterer Wahlvorgang: die dreißig wählten – stets aus dem Rat der Fünfhundert – neun, am nächsten Tag trat man wieder zusammen und die neun wählten vierzig. Am darauffolgenden Tag wählten die vierzig zwölf, die zwölf wählten fünfundzwanzig, die fünfundzwanzig wieder neun, die neun fünfundvierzig, die fünfundvierzig elf, die elf einundvierzig, und am neunten Tage der Wahl wählten die einundvierzig den Dogen mit wenigstens fünfundzwanzig zustimmenden Würfeln. Auf diese Weise war mit absoluter Sicherheit vermieden, daß irgendeine Familie, die dem großen Rate angehörte, Privatpolitik auf Kosten des Staates machen konnte.

Den Fremden wird heute im Dogenpalast anstelle dieses Stiches lieber die berühmte Öffnung gezeigt, durch die anonyme Denunziationen zur Kenntnis der gefürchteten venezianischen Staats-Inquisition gelangen konnten, ohne daß der Kläger die Pflicht hatte, mit Namen und Person aufzutreten. Dies hatte natürlich seinen Grund. Venedig war in den letzten Jahrhunderten seiner selbständigen Geschichte ein Sammelpunkt für die halb aristokratische, halb abenteuerliche gesellschaftliche Oberschicht Europas geworden, die in den Palästen, Kaufhäusern und Gassen der farbenreichen Stadt durch sechs Monate im Jahr Narrenfreiheit im Karneval genoß. Und da war es manchmal von Staats wegen kaum möglich, gegen Personen, die unter dem Schutze einer ausländischen Macht standen, aber falsche Spielkarten in der Tasche hatten, offiziell einzuschreiten. Der Staatsgerichtshof bediente sich in solchen Fällen meistens selbst der anonymen Anklage, die ihn berechtigte, die erwünschte Ausweisung ohne diplomatische Schwierigkeiten vorzunehmen. Und damit wären wir bei einem Gebiet angelangt, das die bewundernswerteste Leistung dieser bewundernswerten Stadt darstellt: die Diplomatie. Wenn man sich heute die Venezianer ansieht mit der halb singenden, an geschlossenen Vokalen reichen Sprache ihrer Vaterstadt, mit der stets kontrollierten Gebärde ihrer Rede, mit der polierten Höflichkeit ihrer Umgangsformen, der geduldigen und schwer durchschaubaren Verschleierungstaktik ihres Gesellschaftsgebahrens, dann kommt es einem selbst in den kleinen Dingen, in denen der Venezianer gegenüber dem Fremden seinen Vorteil sucht, manchmal vor, als habe diese merkwürdige Inselrasse von Diplomatie mehr begriffen, als man auf irgendeiner der dazu errichteten offiziellen Schulen lernen könnte. Diplomatie im venezianischen Sinn, das heißt, einem Gegner, selbst wenn er ein durch Haß und Leidenschaft intolerant gewordener echter Feind ist, an einem einzigen schwachen Punkt mit vollendeter Höflichkeit zu schmeicheln, um ihn dadurch vielleicht in sehr viel späterer Zeit einmal zum Freund zu haben. Venezianische Diplomatie hat sich niemals darauf eingelassen, Macht zu zeigen, sie hat immer nur versucht, die Machtmittel der anderen im eigenen Interesse zu lenken.

Der klassische venezianische Diplomat war niemals ein Mann, der durch persönlichen Einfluß die Weltgeschichte in eine andere Richtung zu lenken versuchte, sondern stets ein realistischer Kontorist, der das Für und Wider, das Soll und Haben der gegenwärtigen politischen Konstellation dazu benutzte,

einen kleinen, aber augenblicklichen Vorteil zu erringen, während er es den anderen überließ, über wahrscheinliche, aber zukünftige große Vorteile Kriege zu führen.
Dieser Diplomatie ist es zu verdanken, daß die Serenissima, die Republik Venedig, die auf dem schwankenden Grund des Meeresbodens aufgebaut war, länger gehalten hat als irgendeine andere staatliche Institution in Europa – denn wenngleich sich die Methoden der Politik sehr geändert haben, so sind doch einige Erkenntnisse in der Weltgeschichte gleichgeblieben und die Venezianer können den Ruhm für sich in Anspruch nehmen, schon sehr früh in den Besitz dieser Erkenntnisse gekommen zu sein, ohne sie ihren Handelspartnern oder ihren politischen Gegnern, am wenigsten aber ihren Freunden jemals verraten zu haben. Ich traf einmal einen alten venezianischen Aristokraten, der im ersten Stock seines Palastes, eine Felldecke über den Knien, in seiner von orientalischer Pracht erfüllten Wohnung die Winter in der Gesellschaft zweier Windspiele am Kaminfeuer zu verbringen pflegte. Er hat mir in sehr einfacher Art die Grundsätze dieser Staatskunst auseinandergesetzt: erstens, sagte er, rechneten wir immer damit, daß die Menschen an höhere Mächte glaubten als wir selber. Wir konnten also, als es an der Zeit war, die Reliquien des Evangelisten Markus aus seiner Kirche in Alexandria rauben, nach Venedig bringen – wir gaben damit dem Volk seinen Heiligen, der Republik ihren Patron, und wir ließen die Welt glauben, es sei ein Wunder geschehen. Zweitens, sagte er, war uns das Geld stets lieber als das Gut. Als unser Doge Tommaso Mocenigo einmal vor dem Volk den Besitz der Republik aufzählte, schätzte er das Gesamtvermögen der Serenissima auf 7 Millionen Golddukaten, was nicht einmal der Kaiser hatte, in dessen Reich die Sonne nicht unterging. Dabei hatten wir damals an Landbesitz nicht

mehr als ein durchschnittlicher Kleinstaat. Der Vorteil war nur, daß dieses Territorium in Form von Handelsniederlassungen über die ganze Welt verteilt war. Es lag uns nichts an kompaktem Besitz, Schuldscheine waren uns stets lieber als Ländereien, Kredite, die wir gaben, lieber als Privilegien, die wir empfingen. Drittens haben wir stets alle Indiskretionen der Welt ausgenutzt, alle Mächtigen gekauft, jede Korruption begünstigt, aber niemals selber ein Geheimnis preisgegeben. Viertens haben wir den Dogen stets für wichtiger gehalten als den Patriarchen. Fünftens haben wir stets Höflichkeit geübt und uns dabei klargemacht, daß die wahre Höflichkeit erst dort einsetzt, wo es einem selber gleichgültig ist, ob man Komplimente oder Grobheiten sagt. An letzteren war uns natürlich nie gelegen, weil man mit kostenloser Schmeichelei dasselbe erreicht. Der geringere Widerstand hat uns stets angezogen – ebenso wie der Verzicht auf allzu offensichtlichen Vorteil. Wir haben durch tausend Jahre nur eine Kunst zu üben getrachtet: reich zu sein, ohne Neid zu erregen. Deshalb haben wir unsere Stadt so sehr mit Schönheit angefüllt, daß die habgierige Welt über diesem Wunder vergaß, wieviel es sie selber gekostet hat. Eine Sünde haben wir nie verziehen: persönlichen Ehrgeiz, ein Verbrechen stets blutig unterdrückt: Tyrannei, eine menschliche Schwäche stets berücksichtigt: Bestechlichkeit. Wir glauben an die Magie des Goldes, weil wir sie ausprobiert haben. Mit der Dummheit haben wir bei anderen stets gerechnet, stellte sie sich aber in unseren eigenen Reihen ein, so haben wir sie mit dem Tode bestraft.

Als unser Handel zurückging, weil wir zu reich geworden waren, haben wir der Welt eine neue Art von Schönheit geschenkt, die Kunst der Farbe, als unsere Diplomatie zur Routine wurde, haben wir einen unserer besten Komponisten, Benedetto Marcello, zum Gesandten beim Großtürken gemacht, als die Territorialmächte uns habgierig bedrängten, haben wir die Spitzen ihrer Gesellschaft zu einem immerwährenden karnevalistischen Amüsement verführt – und heute?

NEUE WÖRTER
Lektion 15

Oggi ripetiamo tutto quello che abbiamo imparato nelle due ultime lezioni	*od-dschi ripet^{i}ahmo tut-to k^{u}el-lo ke ab-b^{i}ahmo imparahto nel-le du-e ultime letß^{i}ohni*	heute wiederholen wir alles, was wir in den beiden letzten Lektionen gelernt haben
ripetere	*ripetere*	wiederholen
ripetiamo	*ripet^{i}ahmo*	wir wiederholen
la ripetizione	*ripetitß^{i}ohne*	die Wiederholung
tutto quello	*tut-to k^{u}el-lo*	alles das
tutto quello che	*ke*	alles das, was
imparare	*imparahre*	lernen
abbiamo imparato	*ab-b^{i}ahmo imparahto*	wir haben gelernt
il gondoliere	*gondol^{i}ähre*	der Gondelfahrer
i gondolieri		die Gondelfahrer
la serenata	*ßerenata*	die Serenade
i mandolini	*mandolihni*	die Mandolinen
il tenore	*tenohre*	der Tenor
la Piazza San Marco	*p^{i}at-tßa ßan marko*	der Platz von San Marco
il Canal Grande	*kanalgrande*	der Canal Grande
so	*ßo*	ich weiß
so tutto		ich weiß alles
quasi	*k^{u}asi*	beinahe
so quasi tutto su Venezia		ich weiß fast alles über Venedig
sono musicista	*ßohno musitschißta*	ich bin Musiker (gemeint ist der professionelle Musiker)

sono quasi musicista		ich bilde mir ein, ein Musiker zu sein
il mare	*mahre*	das Meer
lo straniero	*ßtran^{i}ähro*	der Ausländer
gli stranieri		die Ausländer
l'illusione	*lil-lus^{i}ohne*	die Illusion
il denaro (auch: i soldi)	*denahro*	das Geld
i Veneziani	*wenetß^{i}ahni*	die Venezianer
la bellezza	*bel-let-tßa*	die Schönheit
arrivare	*ar-riwahre*	ankommen
sono arrivato	*ßohno ar-riwahto*	ich bin angekommen (männl.)
sono arrivata		ich bin angekommen (weibl.)
siamo arrivati	*ß^{i}ahmo*	wir sind angekommen
siamo arrivati alla stazione di Santa Lucia	*al-la ßtatß^{i}ohne di ßanta lutschi-a*	wir sind auf dem Bahnhof Santa Lucia angekommen
il caso	*kahso*	der Fall
in questo caso	*in k^{u}eßto kahso*	in diesem Falle
dire	*dihre*	sagen
si dice	*ßi dihtsche*	man sagt
in questo caso si dice		in diesem Falle sagt man
in ogni caso oder auch: in ogni modo	*in onji mohdo*	jedenfalls
che cosa	*ke kohßa*	was für eine Sache
che cosa si dice al gondoliere?		was sagt man dem Gondoliere?
avere bisogno	*awehre bisonjo*	nötig haben, brauchen
ho bisogno		ich brauche
non ho bisogno di una gondola	*gondola*	ich brauche keine Gondel, aber das sagt man nicht, man sagt:
mi dispiace, per il momento non ho bisogno di una gondola	*mi dißp^{i}ahtsche, per il momento*	es tut mir leid, für den Augenblick brauche ich keine Gondel
prendere	*prändere*	nehmen
prendiamo	*prend^{i}ahmo*	wir nehmen

il vaporetto	*waporet-to*	das Dampfboot
allora prendiamo il vaporetto e andiamo alla Piazza di San Marco		also nehmen wir das Dampfboot und fahren wir zur Piazza von San Marco
così	*koßi*	so, auf diese Weise
vedere	*wedehre*	sehen
vedo	*wedo*	ich sehe
vediamo	*wed^{i}ahmo*	wir sehen
così vediamo tutto il Canal Grande		so sehen wir den ganzen Canal Grande, auf diese Weise sehen wir den ganzen »Großen Kanal«
il palazzo	*palat-tßo*	der Palast
i palazzi		die Paläste
i suoi palazzi	*i ß^{u}o^{i} palat-tßi*	seine Paläste
famoso	*famohso*	berühmt
il Canal Grande con i suoi famosi palazzi		der Canal Grande mit seinen berühmten Palästen
il deposito	*depohsito*	die Aufbewahrung
deposito bagagli	*bagalji*	Gepäckaufbewahrung
la prossima volta	*proß-ßima*	das nächste Mal
ci vediamo	*tschi wed^{i}ahmo*	wir sehen uns

NEUE WÖRTER
Lektion 16

ascoltare	*aßkoltahre*	anhören, zuhören
ascoltiamo un concerto	*aßkolt^{i}ahmo uhn kontschärto*	wir hören ein Konzert
il titolo	*tihtolo*	der Titel
la notte	*not-te*	die Nacht
un concerto dal titolo »la notte«		wörtlich: ein Konzert vom Titel »Die Nacht«; besser: ein Konzert mit dem Titel »Die Nacht«
dirigere	*dirih^{dsch}ere*	leiten, dirigieren
diretto	*dirät-to*	geleitet

il maestro	*ma-äßtro*	der Meister, auch Titel für diplomierte italienische Musiker
la facciata	*fat-tschahta*	die Fassade
illuminare	*il-luminahre*	erleuchten
la facciata della chiesa di San Marco è illuminata		die Fassade der Kirche von San Marco ist beleuchtet
la luna	*luhna*	der Mond – im Italienischen ist der Mond weiblich, die Sonne dagegen männlich
il sole	*ßohle*	die Sonne
riflettere	*riflät-tere*	zurückwerfen
la luna si riflette sul mare	*ßul mahre*	der Mond spiegelt sich wider auf dem Meere
la stella	*ßtel-la*	der Stern
brillare	*bril-lahre*	glänzen, strahlen
le stelle brillano	*bril-lano*	die Sterne glänzen
brillante	*bril-lante*	glänzend
un uomo brillante	^{u}*ohmo*	ein geistreicher Mensch
l'architettura	*larkitet-tuhra*	die Architektur
splendere	*ßpländere*	glänzen, erglänzen
la lampada	*lampada*	die Lampe
sotto le mille lampade	*ßot-to*	unter den tausend Lampen
l'arcata	*larkahta*	der Bogen
le arcate		die Bögen, die Bogengänge
l'architettura della Piazza splende sotto le mille lampade delle arcate		die Architektur der Piazza erglänzt unter den tausend Lampen der Arkaden
notturno	*not-turno*	nächtlich
l'impressione	*limpreß-ß*^{i}*ohne*	der Eindruck
arrivano al cuore	*ar-rihwano al k*^{u}*ohre*	sie erreichen das Herz
ognuno	*onjuhno*	jeder
magnifico	*manjihfiko*	großartig
romantico	*romantiko*	romantisch

il salone	*ßalohne*	der Salon
fare	*fahre*	machen
fanno	*fan-no*	sie machen
le armonie della serenata notturna fanno una grande impressione e arrivano al cuore di ognuno in questo magnifico e romantico salone		die Harmonien der nächtlichen Serenade machen einen großen Eindruck und erreichen das Herz eines jeden in diesem großartigen und romantischen Salon
ci sono	*tschi ßohno*	es sind, es gibt, wenn man von der Mehrzahl spricht
la persona	*perßohna*	die Person
elegante	*elegante*	elegant
ci sono molte persone eleganti, Veneziani e stranieri		es gibt oder besser: da sind viele elegante Personen, Venezianer und Ausländer
la fantasia	*fantasi-a*	die Phantasie
la nostra fantasia		unsere Phantasie
facile	*fahtschile*	leicht
il cavaliere	*kawal*^{i}*ähre*	der Kavalier
antico	*antihko*	alt, altertümlich, ehemalig
gli antichi cavalieri veneziani		wörtlich: die alten venezianischen Kavaliere, besser: die venezianischen Kavaliere der Vergangenheit
la dama	*dama*	die Dame
le dame		die Damen
il cavaliere con la sua dama		der Kavalier mit seiner Dame
i cavalieri con le loro dame		die Kavaliere mit ihren Damen
il costume	*koßtuhme*	das Kostüm, die Tracht
in costume		in Kostüm
l'epoca gloriosa	*lepoka gloriohßa*	die glorreiche Epoche
è facile per la nostra fantasia vedere gli antichi cavalieri veneziani con le loro dame nel costume dell'epoca gloriosa della Repubblica di Venezia		es ist leicht für unsere Phantasie, die venezianischen Kavaliere der Vergangenheit mit ihren Damen zu sehen im Kostüm der glorreichen Epoche der Republik Venedig

IN VENEDIG
Lektion 17

Vielleicht haben wir Ihnen in den letzten Lektionen ein bißchen viel zugemutet, aber unsere Absicht dabei wird Ihnen wahrscheinlich einleuchten: es hat für Sie gar keinen Sinn, nur die italienischen Wörter zu lernen und nach einiger Zeit zu wissen, wie man sie verständlich hintereinander setzt – damit sprechen Sie noch kein Italienisch. Sicher haben Sie schon gemerkt, daß die Italiener gar nicht in unserem Sinne sprechen; eigentlich singen sie, und so muß gewissermaßen jedermann beim Italienischsprechen ununterbrochen sein eigener Komponist sein. Unterschätzen Sie die Wichtigkeit des Tonfalles in der italienischen Sprache bitte nicht: Sympathie und Antipathie können davon abhängen! Wenn der Strom von gesprochenen Tönen, den diese vokalreiche Sprache hervorbringt, nicht ein einheitliches und harmonisches Gefälle hat, wird in den Ohren italienischer Zuhörer etwas beleidigt, ohne daß Sie sich dessen bewußt werden, denn eine der Haupttugenden des italienischen Charakters neben der »disinvoltura«, der Unbefangenheit, die wir schon kennen, ist: la sensibilità, *ßenßibilit*a. Dieses Wort kann man nur sehr schwer ins Deutsche übersetzen, denn es bedeutet im Grunde weder »Empfindlichkeit« noch »Empfindsamkeit«, eher könnte man sagen: eine Art von »Resonanzfähigkeit«, ein feinstes Reaktionsvermögen, ein tiefes Harmonieempfinden; man kann sich vielleicht am besten mit dem deutschen Fremdwort »Sensibilität« helfen, wesentlich bleibt, daß wir dieser wunderbaren Eigenschaft des italienischen Charakters unsere Rücksicht und unsere Liebe entgegenbringen. Das Resultat von »sensibilità« können wir in einer Stadt wie Venedig an den Mauern ablesen: es ist »la sensibilità«, die die Erbauer Venedigs das Geheimnis gelehrt hat, ihre säulchengezierten, spitzbogigen Fensterreihen genau an den richtigen Platz in der Palastfassade zu setzen, nicht einem mathematischen Gesetz, sondern einer inneren Stimme folgend, die man eben nicht anders benennen kann.

Meine lieben Leser, es hat keinen Sinn, Ihnen innerhalb unserer kurzen Lektionen zu sagen, was alles Sie in Venedig sehen müssen – anstelle einer Aufzählung wollen wir heute nur an ganz wenige Orte gehen, die sozusagen stellvertretend den Geist und die Schönheit dieser Stadt in reinster Form repräsentieren. Wir nehmen also eine Gondel und lassen uns zuerst an die Kirche »Santa Maria Gloriosa dei Frari« rudern, Santa Maria Gloriosa dei Frari, *ßanta mar*i-*a glor*ioh*ßa de*i *frahri,* das Pantheon Venedigs, eine riesige, langgestreckte franziskanische Hallenkirche im gotischen Stil, die Grabeskirche für viele Dogengeschlechter und große Männer der alten Republik. Wenn wir die Kirche betreten, werden wir ihre Seitenwände mit einer verwirrenden Vielfalt von Monumenten angefüllt finden – alle in Stein und von großem Prunk. Das, was uns aber anziehen wird, ist inmitten all der grauen und braunen Farbtöne des riesigen Innenraumes ein einziger, leuchtend roter Fleck: der rote Mantel Mariens auf dem Tafelbild des Hauptaltares, der Himmelfahrt von Tizian. Neben der Frari-Kirche, kaum hundert Meter entfernt von ihrem Chor, finden wir die »Scuola di San Rocco«, la scuola, *ßk*u*o*h*la,* heißt die Schule: die Schule des heiligen Rochus ist aber kein Unterrichtsgebäude, sondern das Zunfthaus der Tuchweber, die im 16. Jahrhundert, als die Scuola di San Rocco ihre heutige Gestalt erhielt, über große Reichtümer verfügten. Im Parterre und im ersten Stock dieses wunderbaren Hauses finden wir je einen riesigen Saal, und beide Säle sind durch ein weites, herrschaftliches Treppenhaus miteinander verbunden. Die Wände und im oberen Saal auch die Decke sind vollständig bespannt mit riesigen Ölgemälden, die von einem einzigen Mann gemalt worden sind, Giacopo Tintoretto, *dschahkop-po tintoret-to.* Ein tiefes sattes Braun ist der Grundton dieser Bilder und in dieses fast abendliche Dunkel dringen aus dem Gewölbe des Himmels die Strahlen eines unfaßbaren, jenseitigen Lichtes ein. Wenn man überhaupt begreifen will, was Malerei ist, muß man die »Scuola di San Rocco« gesehen haben.

Wenn wir nun von hier aus dem Gondoliere sagen, er solle uns zum Colleoni rudern, werden wir ein bezauberndes Stück Venedig sehen, kleine, verschwiegene Kanäle mit Türen, die direkt ins Wasser gehen, so daß früher die Gondeln der glücklichen und reichen Hausbesitzer in die Häuser hineinfahren konnten.

Mein Gondoliere auf dem Heck lamentiert über die Gegenwart, die mit ihren Motorbooten das alte Handwerk der Gondelfahrer ruiniert, und wie eine ungerufene Antwort braust eine schwer beladene Barke mit röhrendem Motor um die Ecke, und das laut gerufene Hoy, der Warnruf der Gondolieri, hat keine Wirkung mehr.

Er hat recht, der Gondoliere, wenn er sagt, daß die Motorboote die alte Stadt zerstören. Der Wellenschlag, den sie werfen, frißt an den zernagten Fundamenten der Paläste und die alte aristokratische Kaste der Gondolieri kämpft verzweifelt um ihren Fortbestand. Den Männern in den kurzen schwarzen Jacken und den breitkrämpigen spanischen Hüten erscheint es fast hoffnungslos, noch immer mit der traditionellen Eifersucht und dem ererbten Stolz über die sachgemäße Ausübung ihres tänzerischen Handwerks zu wachen. Im 18. Jahrhundert gab es in Venedig über 12000 Gondeln, heute sind es nur noch etwa 450. Keine einzige der alteingesessenen Familien Venedigs hält es noch für notwendig, sich Hausgondeln zu halten. Wohl gibt es noch immer Ruderer in dieser Stadt, die ihr ganzes Leben darauf warten, in die hochmütige und geschlossene Zunft der Gondelfahrer aufgenommen zu werden, aber die Söhne dieser Gondelfahrer lernen, ihr Brot auf andere Weise zu verdienen. Noch ist jedes Jahr die große Regatta auf dem Canal Grande, deren Sieger das Recht erhält, ein Gondoliere zu werden, aber immer mehr wird sie ein Spektakulum für den Fremdenverkehr, immer weniger bleibt sie ein echter Wettkampf.

Indessen vergißt der Gondoliere, daß die Gondel unzerstörbar ist. Ich habe immer gefunden, daß zwischen den venezianischen Gondeln und den venezianischen Frauen einige bemerkenswerte Ähnlichkeiten bestehen: beide sind zum Beispiel nur mit abgefeimter Geschicklichkeit und List dazu zu bewegen, einen geraden Kurs einzuschlagen – beide haben die Leichtigkeit des Gleitenden und Flüchtigen, des Spielerischen und Unberechenbaren, schläfrige Grazie und zärtliche Durchtriebenheit. Eine Gondel hat keinen Kiel und kein Steuer und keinen Schwerpunkt in der Mitte. Sie erlaubt ihrem Lenker nur, sie mittels Ruderschlägen fortzutreiben, die dem Element des Wassers zugefügt werden, nicht ihr selbst. Widerstand ist ihr unbekannt, Gewalt schädlich und die rohe, der Intelligenz entbehrende Kraft kommt nicht mit ihr aus. Alles ist auf Feinheit, auf Sensibilität, auf eine tänzerische Kunst des Nachgebens abgestimmt, und im Bau der Gondel spiegelt sich das Komplizierte der venezianischen Seele. Eine Gondel besteht nicht einfach aus Holz, sie besteht aus neun verschiedenen Hölzern, die nach Gewicht, Alter und Trockenheit ausgelesen sind und bestimmten Aufgaben dienen. Eichenholz verwendet man für die beiden oberen Planken und für die Rippen am Leib der Gondel, Föhre für den Boden und das Vorderdeck, Lärche für die Seiten und das Hinterdeck, Nußbaum für den Sitz und die vordere Bank, Kirsche für die hintere Bank und für die schiefe Plattform, auf der der Gondoliere seine Wiegeschritte vollführt. Ulme dient für die Innenbretter, Linde für die Verzierung des Buges, die Wurzel des Nußbaums verwendet man für die Ruderstange, die Fläche des Ruders ist aus Buchenholz. Als Sinnbild dafür, daß jede Gondel das Wesen der Seestadt Venedig als ein Symbol vertritt, trägt der Bug des leichten Fahrzeugs einen Beschlag aus Metall, der oben in einer Art Horn endigt in der Form der Fischermütze, die die Dogen in ihrer Staatstracht als Kopfbedeckung trugen. Darunter springen sechs Zacken vor, die die sechs Quartiere von Venedig bedeuten: San Marco, die Insel Giudecca, San Paolo, Cannareggio, Castello und Santa Croce. Die Gondel bewegt sich nur, wenn der Gondoliere einen Ballettschritt auf dem nicht ganz geraden Heck vollführt – einen Tanzschritt, den niemand erlernen kann, der nicht von Kind auf das Ruder gehandhabt hat.

Seit dem Jahre 1562 sind diese wunderbaren und geschmeidigen Wesen nicht mehr bunt und von Gold strahlend wie vorher, sondern schwarz. Dies hat eine bemerkenswerte Geschichte: Die Bürger Venedigs haben sich seit den ältesten Zeiten stets aufs neue in die Dinge verliebt, die sie besaßen, die ihnen das karge, gefährliche und unbarmherzige Leben auf der Höhe des Meeres ließ und die sie mit einer Leidenschaft ohnegleichen zu vervollkommnen trachteten. Die Gondel war kurz vor dem besagten Jahre 1562 zum Objekt einer solchen Verschwendung an Zierat und echtem Schmuck geworden, daß der Senat sich gezwungen sah, ein Dekret zu erlassen, demzufolge von nun an nur noch schwarze Gondeln benutzt werden durften. Und dies nicht etwa aus dem Bestreben, Hoffart und Prunkseligkeit der Venezianer einzuschränken, sondern aus der ganz nüchternen Erkenntnis, daß der Mittelstand an seinen Gondeln sich zu ruinieren drohte. Es ist einer der geheimnisvollen Vorteile Venedigs, daß Einschränkungen Eleganz hervorrufen, daß eine Verminderung des Aufwandes eine Erhöhung der Grazie bewirkt. Und so haben auch die Gondeln ihre Vollkommenheit erst erreicht, als sie die Farbe der Nacht annahmen.

Allora diciamo al gondoliere: Ci porti al Colleoni, per cortesia! *Al-lohra ditschahmo al gondoliähre: tschi porti al kol-leohni, per kortesi-a! Wörtlich:* Uns bringen Sie zum Colleoni, durch Höflichkeit! Oder besser: Seien Sie so gut und bringen Sie uns zum Colleoni.

Dire, *dihre*, heißt, wie wir schon wissen: sagen; dico, *dihko*, ich sage; dice, *dihtsche*, er sagt; si dice, man sagt; diciamo, *ditschahmo*, wir sagen; dicono, *dihkono*, sie sagen; portare, *portahre,* bringen; ci, *tschi,* uns; porti, *porti,* bringen Sie! Il Colleoni, der Colleoni; ja, aber wer ist der Colleoni? Bartolomeo Colleoni, *bartolomäh-o kol-leohni,* war als Soldat ebenso geschickt wie als Diplomat, ein Mann, der sich aus kleinsten Verhältnissen zum Teil durch Fürstengunst und zum größeren Teil durch überragende Intelligenz und Geschicklichkeit im Kriegshandwerk bis an die Spitze der venezianischen Streitkräfte auf dem Festlande hinaufgedient hatte. In kritischer Situation war er der Retter der Republik in ihren langwierigen Kriegen um die sogenannte »terra ferma«, la terra, *tär-ra,* das Land, die Erde; fermo, *fermo,* fest, feststehend; la terra ferma, das Festland. In diesem Zusammenhang ist es interessant, daß Venedig fast 1000 Jahre ohne bedeutendere Festlandsbesitzungen gelebt hat, sein Reichtum war das Meer und der Handel, und erst, als durch die Türken die Blüte dieses Handels bedroht wurde, begann die Republik ihren Sinn auf Festlandsbesitzungen zu richten. Dem großen Feldherrn Colleoni hat die Stadt aus Dankbarkeit für seine phantastischen militärischen Leistungen ein Bronzedenkmal errichtet, das zu den berühmten Reiterstandbildern dieser Erde zählt. Auf einem hohen Sockel reitet der Condottiere Colleoni, aufrecht im Steigbügel stehend, über die Köpfe der Venezianer dahin, in den Abendhimmel hinein, und es scheint, als ob die Geräusche des täglichen Lebens nicht zu ihm hinaufdringen könnten. Nur die Glocken, le campane di Venezia, *kampahne,* die Glocken von Venedig, erreichen sein Haupt.

San Marco. Die Gewölbe sind eine Kruste von Gold. Kuppeln, die wie riesengroße dunkelglühende Sonnen über den Räumen schweben. Säulen aus Porphyr. Der Weihrauchduft von tausend Jahren. Der Marcus-Schrein, von Juwelen übersät. Der Fußboden hebt und senkt sich wie das Meer. Am

Triumphbogen steht: Schütze mit der Kraft des Löwen, o Marcus, den Orient, Italien und dein Venedig.
Seit vielen Jahrhunderten betrachten die Menschen die Seestadt Venedig als eine Stadt des Märchens. Märchenhaft erschien der Reichtum, der in ihren Schatzhäusern aufgehäuft war, unvorstellbar ihre Macht, unkontrollierbar ihre Politik, man warf der Republik Wortbruch und Treulosigkeit vor und bewunderte ihre Geschmeidigkeit, man wußte von der Grausamkeit ihrer Justiz Schandtaten zu berichten und lieferte sich ihr aus, um den Karneval zu feiern, man fürchtete ihre Rache und baute auf ihre Toleranz, man war sich niemals darüber klar, was Venedig übel nahm, was es verzieh, was es vergaß, was es behielt – es war ein Feenwesen, dem gegenüber die reale Welt sich hilflos und noch nicht ganz erzogen fühlte. Die Venezianer waren im ganzen Abendland verhaßt wegen ihrer Lügenhaftigkeit, und alle Welt vertraute ihnen Geld an, überall wurden sie für besitzgierige Räuber gehalten, aber jedermann war sich des Vorteils bewußt, den es bedeutete, mit ihnen ins Geschäft zu kommen.
Der Fondaco dei Tedeschi, *tedeßki,* das große Kaufhaus der Deutschen auf dem Rialto, brannte einmal aus, zu einer Zeit, als die großen Handelsfamilien der Fugger und der Welser schon längst eine scharfe Konkurrenz für Venedig geworden waren – und die Venezianer bauten den großen Handelspalast auf Staatskosten wieder auf und übergaben ihn – fertig eingerichtet – ihren Konkurrenten. Überall und in jeder Epoche schien Venedig ein Rätsel zu sein, eine nicht einzuordnende Größe im Spiel der Welt, etwas, womit man nicht rechnen konnte, von dem man aber wußte, daß es selber rechnete. Auf den Stichen, die im achtzehnten Jahrhundert von der Stadt angefertigt wurden, thront über ihr der Gott Merkur, der Gott des Handels und der Gott der Diebe, und Ve-

nedig machte nie ein Hehl daraus, daß es das eine von dem andern nur schwer trennen konnte.
Die Venezianer richteten ihre Segel stets nach den Winden – und sie wunderten sich nicht, wenn die Winde von Afrika, vom Orient, von Spanien und von Deutschland manchmal zu gleicher Zeit auf die Seestadt zustürmten. Sie hatten sich von der terra ferma, vom festen Lande, vom wohlgegründeten Boden unabhängig gemacht, und sie hielten sich von Anfang an nicht mehr für verpflichtet, den Gesetzen der materiellen, der moralischen und der religiösen Schwerkraft zu folgen. Wenn der Boden unter den Füßen wankt, weil er schwimmt, dann ist es eben kein Boden mehr, sondern nur noch eine Planke. Und was diese Planke an Sicherheit nicht bieten kann, wiegt sie durch Beweglichkeit auf. Niemals mehr hat es ein Stadtvolk gegeben, das in der Welt an soviel verschiedenen Orten zur gleichen Zeit und im gleichen Sinne am Schicksal mitgewirkt hat. Wenn eine Insel ein Stück Land im Meer ist, so ist Venedig ein Stück Gold im Meer. Deshalb war für die Venezianer die Natur niemals wichtig, die Kunst aber ein Lebenselement. Wenn die Menschen anderswo Gärten anlegten, malten die Venezianer Bilder. Das Licht war wichtiger als der Gegenstand, der Himmel wichtiger als die Erde, und der Wellenschlag des Meeres, der sie mit allen Küsten der Welt verband, lebt fort in ihrer Musik. Venedig wurde nicht geboren, um die Welt zu erobern, es trachtete niemals darnach, sie zu besitzen, aber heute, da es vollendet ist, erkennen wir, daß es geschaffen wurde, um die Welt zu bedeuten.

Besichtigen macht bekanntlich nicht nur müde, sondern auch hungrig; infolgedessen führen wir Sie zum Schlusse unserer heutigen Lektion in die Trattoria »La Fenice«, *fenihtsche,* der Phönix. Bekanntlich hat man dem Phönix im Altertum Unsterblichkeit zugeschrieben und die Gabe der Verjüngung. Die Venezianer haben sich dieses sagenhaften Vogels zur Benennung von zwei Dingen bedient: ihr wundervolles, in Rot und Gold strahlendes Theater heißt »La Fenice« und die von den Früchten des Meeres überquellende, daneben liegende Trattoria heißt auch »La Fenice« – im einen verjüngt man den Geist, im anderen den Leib. Ohne Ihnen die zahllosen Gerichte aufzuzählen, die aus den »frutti di mare« dort bereitet werden, möchte ich Ihnen eines besonders empfehlen: essen Sie, wenn irgend möglich, »scampi« am Rost, scampi arrosto, *ßkampi ar-roßto;* gli scampi, das ist eine Art Krebse, von denen man das weiße Fleisch der Schwänze, eingerieben mit zahlreichen Gewürzen, am Rost brät und dann mit Zitrone und grünem Salat serviert. Es schmeckt unbeschreiblich gut, besonders, wenn Sie dazu den kühlen, spritzigen weißen »Soave« trinken, der Ihnen bei »La Fenice« in kleinen buntglasierten Tonkrügen vorgesetzt wird. E allora, buon appetito, *b*[u]*ohn ap-petihto,* guten Appetit! Gesegnete Mahlzeit! Genießen Sie, was das venezianische Leben Ihnen zu bieten hat, perchè questa cena è il nostro addio da Venezia! *Perke k*[u]*eßta tschehna* ä *il noßtro ad-di-o da Wenetß*[i]*a.*

Perchè, denn; la cena, das Nachtessen; questa cena, dieses Nachtessen; l'addio, der Abschied, auch der Abschiedsgruß; da Venezia, von Venedig.

Perchè questa cena è il nostro addio da Venezia – denn dieses Abendessen ist unser Abschied von Venedig!

NEUE WÖRTER

Lektion 18

Oggi vogliamo completare la nostra lista di parole di gentilezza.

volere	*wolehre*	wollen
voglio	*woljo*	ich will
vuoi	*w*^{u}*o-i*	du willst, oder auch: willst du?
vuole	*w*^{u}*ohle*	er will, oder auch: wollen Sie? (im Sinne von Frage und Befehl)
vogliamo	*woljahmo*	wir wollen oder: wollen wir?
volete	*wolehte*	ihr wollt, oder: wollt ihr?
vogliono	*woljono*	sie wollen, oder: wollen Sie (in der Anrede an mehrere Personen)
completare	*kompletahre*	vervollständigen, ergänzen
la nostra lista di parole		unsere Wortliste der
di gentilezza	*dschentilet-tßa*	Höflichkeit
buona sera		guten Abend
piacere		Gefallen, und: es freut mich
molto piacere		es freut mich sehr, sehr erfreut
con piacere		mit Vergnügen
un grande piacere		ein großes Vergnügen
gentile	*dschentihle*	höflich
la gentile attenzione	*at-tentß*^{i}*ohne*	die freundliche Aufmerksamkeit
la Sua gentile attenzione		Ihre freundliche Aufmerksamkeit, zu einer Person gesprochen
la Loro gentile attenzione		wenn man zu mehreren Personen spricht
buon appetito	*b*^{u}*ohn ap-petihto*	guten Appetit, gesegnete Mahlzeit
per favore	*fawohre*	etwa: wenn Sie mir die Gunst erweisen wollen
per piacere		etwa: wenn ich Sie um den Gefallen bitten darf
per gentilezza		etwa: wenn Sie mir die Liebenswürdigkeit antun wollen

per cortesia	*kortesi-a*	etwa: bei Ihrer vollkommenen Höflichkeit
ed ora cominciamo ancora un'altra lista: lista numero due, espressioni indispensabili	*komintschahmo*	und nun fangen wir noch eine andere Liste an: Liste Nr. 2, unerläßliche Ausdrücke
l'altro	*laltro*	der andere
l'altra		die andere
un'altra lista		eine andere Liste
l'espressione	*leßpreß-ßiohne*	der Ausdruck
espressioni		Ausdrücke
indispensabile	*indißpenßabile*	unerläßlich
capisco	*kapißko*	ich verstehe
non capisco		ich verstehe nicht
capito	*kapihto*	verstanden
ho capito		ich habe verstanden (das kann man ohne weiteres auch sagen, wenn man nicht verstanden hat)
prego		bitte, die einfachste Form, die aber, wie wir gesehen haben, von den komplizierteren Formen weit überspielt wird
scusi	*ßkuhsi*	entschuldigen Sie
mi scusi		entschuldigen Sie mich
grazie		danke
grazie tante oder tante grazie		danke vielmals
permesso		mit Erlaubnis
s'accomodi	*ßak-komodi*	bitte, treten Sie näher, oder: bitte, nehmen Sie Platz, oder: bitte folgen Sie mir
s'accomodino	*ßak-komodino*	dasselbe in der Mehrzahlform
fuma?		rauchen Sie?
la ringrazio tanto	*ringrahtßio*	ich danke Ihnen vielmals
arrivederci		auf Wiedersehen
purtroppo		leider
vorrei	*wor-rä-i*	ich möchte
vorresti	*wor-reßti*	du möchtest und: möchtest du?
vorrebbe	*wor-räb-be*	er, sie möchte, und: möchten Sie?

vorremmo	*wor-rem-mo*	wir möchten
vorreste	*wor-reßte*	ihr möchtet
vorrebbero	*wor-räb-bero*	sie möchten, und: möchten Sie?
mi dispiace	*mi dißp^{i}ahtsche*	es tut mir leid
mi dispiace molto		es tut mir sehr leid
mi dispiace tanto		es tut mir ganz besonders leid
mi dispiace veramente tanto		es tut mir wahrhaftig ganz besonders leid
mi dispiace infinitamente	*infinitamente*	es tut mir unendlich leid
non ho capito		ich habe nicht verstanden
so	*ßo*	ich weiß
non so		ich weiß nicht
lo so		ich weiß es
non lo so		ich weiß es nicht
lo sa?	*ßa*	wissen Sie es?
non lo sa?		wissen Sie es nicht?
dove		wo
dov'è	*dohwä*	wo ist?
dove si trova		wo findet man, aber auch: wo befindet sich?
Lei, come si chiama? oder: Come si chiama Lei?	*kohme ßi k^{i}ahma läi*	wie heißen Sie?
vorrei chiamare un medico	*mähdiko*	ich möchte einen Arzt rufen
chiamo la polizia	*politßi-a*	ich rufe die Polizei
quando		wann?
quando parte il treno?		wann fährt der Zug?
quando parte il treno per Venezia?		wann fährt der Zug nach Venedig ab?
quando arriva il treno da Verona?		wann kommt der Zug aus Verona an?
quanto costa?		wieviel kostet?
quant'è		wieviel macht's?
basta per oggi		es reicht für heute, richtiger: für heute langt's.

VON PADUA NACH FLORENZ

AUFBRUCH NACH PADUA
Lektion 19

Oggi partiamo per Padova e vogliamo visitare il santuario del grande Santo francescano, Sant'Antonio di Padova. La città di Padova non è molto lontana da Venezia. Ci sono soltanto trenta chilometri di distanza. Per andare a Padova noi non prendiamo il treno, ma il pullman. A Venezia si parte dal Piazzale Roma, vicino alla stazione. La strada per Padova è molto buona, ben asfaltata e quasi sempre diritta. Già da lontano vediamo le numerose cupole della basilica di Sant'Antonio che splendono sotto il sole. Un po' più vicino sentiamo le campane.

Ed ora ripetiamo tutto quello che abbiamo detto, *det-to.* – Oggi partiamo per Padova – heute fahren wir nach Padua; oggi, heute; partire per – fahren nach; Padova, *padowa,* Padua.

Vogliamo, *woljahmo* – wir wollen; visitare, *wisitahre* – besuchen, vogliamo visitare – wir wollen besuchen; che cosa vogliamo visitare? Was wollen wir besuchen? Wörtlich: Welche Sache wollen wir besuchen? Il santuario *ßantuahrio* – das Heiligtum; del grande Santo – des großen Heiligen; il Santo, *ßanto* – der Heilige; francescano, *frantscheßkahno* – franziskanisch, dem Orden des heiligen Franziskus angehörend. Der heilige Antonius von Padua war ein portugiesischer Edelmann des 13. Jahrhunderts, der dem Orden des heiligen Franziskus beitrat. Er genießt heute in der ganzen Gegend und bis weit hinein nach Süditalien eine solche Verehrung, daß die Leute, wenn sie von ihm sprechen, meistens gar nicht »Sant'Antonio« sagen, sondern einfach: il Santo.

Hier ein Wort über die Heiligen in Italien. Meine lieben Leser, bitte wundern Sie sich nicht, wenn jeder zweite Italiener seinen Privatheiligen hat. Tun Sie es auch nicht als finsteren Aberglauben ab – denn die Heiligen sind harmlos. Ihre große Macht kommt aus einem der seltsamsten Charakterzüge der Italiener – aus ihrer Schutzbedürftigkeit. Beschützt zu sein, ist ein für die Italiener unvergleichlich wohltuender Zustand. Sie lieben es gar nicht, sich allein durchzuschlagen, sie haben nicht den geringsten Sinn für den Stolz eines Menschen, der sagt: ich habe alles, was ich bin, ganz allein gemacht und brauche niemand zu danken, sie danken gerne, wie sie gerne bitten. Sie sind von der Unvollkommenheit der menschlichen Natur überzeugt und deshalb suchen sie Schutz und Hilfe bei Mächten, von denen sie glauben, daß sie stark genug dazu sind, ihnen beides zu gewähren. Ich habe schon gesagt, daß die Italiener in erster Linie Menschen sind, die ihre Schwächen genau kennen und bei andern und bei sich selber stets mit ins Kalkül ziehen. Es ist ihnen ganz unmöglich, ein vollkommenes Wesen ohne die geringsten Schatten sich blutvoll vor Augen zu stellen. Deshalb reagieren auch die Heiligen in Italien auf eine menschliche, nicht auf eine himmlische Weise: man kann ihnen etwas versprechen, man kann mit ihnen kleine Händel anfangen, man kann auch einmal mit ihnen schimpfen und ihnen drohen: wenn du mir jetzt nicht gleich hilfst, dann zünd ich dir nie mehr eine Kerze an ... und so weiter. Die Beziehungen zwischen den Italienern und dem Himmel sind großen Schwankungen unterworfen, je nach-

dem, wie es dem Betreffenden gerade geht. Aber sie sind nie gespannt – sie sind immer vertraut, wie die intimen Verbindungen zwischen den Mitgliedern einer großen Familie, die auch niemand wirklich zerstören kann.
Für die Italiener setzt sich das Familienleben im Himmel einfach fort, und die Heiligen gehören mit dazu – der eine als näherer, der andere als entfernterer Verwandter. So verschafft sich das Bedürfnis nach einem sicher funktionierenden Schutz, der das Äußerste stets abwendet, einen greifbaren Patron, den vorstellbaren, realen Inhaber himmlischer Macht in der Gestalt des Heiligen. Und die Heiligen übernehmen, wie es scheint, diese Aufgabe sehr gern. Denn wirklich: es kommt kaum jemals in Italien zum Äußersten. Die Katastrophen gehen über Italien hinweg, ohne der tiefsten Lebenssubstanz dieses Landes bleibenden Schaden zuzufügen. Angesichts ernsthafter Bedrohung von Leben und Nahrung vergessen die Italiener jede andere gesetzliche Bindung, denn die Erhaltung des Lebens ist wichtiger als die Erhaltung von Grundsätzen. Damit sich das dann im einzelnen ein bißchen ausgleicht, sind die Heiligen da, die das Soll und Haben durch himmlische Garantien wieder in Ordnung bringen. Und was wollen sie schon dafür: hin und wieder einen Stoßseufzer, eine Kerze, das Gesetzchen eines Rosenkranzes, ein Feuerwerk und eine laute, farbige und begeisterte Prozession an ihrem Festtag, das ist schon genug.

So ein Heiliger ist auch der heilige Antonius von Padua. Und in seiner Stadt – aber halt, wir müssen ja erst noch lernen, was die Stadt heißt:
La città di Padova, *tschit-ta di padowa,* die Stadt Padua, wörtlich: die Stadt von Padua, la città di Padova non è lontana da Venezia.

Wir wissen schon: è lontano, es ist weit; la città, die Stadt, ist weiblichen Geschlechtes, infolgedessen verändert sich das Wort »lontano«, wenn es von einer città ausgesagt wird, in »lontana«; la città di Padova non è lontana da Venezia – die Stadt Padua ist nicht weit von Venedig entfernt.

Ci sono soltanto trenta chilometri di distanza; ci sono – die Mehrzahl von c'è, – ci sono, *tschi ßohno,* es sind, es gibt; soltanto, *ßoltanto,* nur; trenta chilometri, dreißig Kilometer, il chilometro, *il kilometro,* der Kilometer, i chilometri, die Kilometer; bitte, achten Sie auf die Schreibweise: wie Sie schon längst gemerkt haben, fehlt im Italienischen der Buchstabe »k«; das »c« wird vor »e« und »i« wie »tsch« gesprochen, vor »a«, »o« und »u« dagegen wie »k«; in dem Wort »chilometro« soll aber der Klang eines »k« vor einem »i« schriftlich ausgedrückt werden, deshalb schiebt man zwischen das »c« und das »i« ein »h« ein; dieses stumme »h« macht das »c« vor »e« und »i« zum »k«.

La distanza, *dißtantßa,* die Entfernung; trenta chilometri di distanza, 30 km Entfernung.

Ci sono soltanto trenta chilometri di distanza.

Per andare a Padova noi non prendiamo il treno, ma il pullman. Noi prendiamo, *no*[i] *prend*[i]*ahmo,* wir nehmen – meine lieben Leser, hier haben Sie ein Recht zum Protestieren; bisher haben wir Ihnen immer erzählt, daß eine Form wie »prendiamo« allein schon »wir« nehmen heißt, und das stimmt auch; warum also nun plötzlich nicht nur »prendiamo«, sondern: »noi« prendiamo? Die Erklärung ist ganz einfach. Der Satz, den wir sagen wollen, heißt auf Deutsch: wir nehmen, um nach Padua zu fahren, nicht den Zug, sondern den Autobus. Um nun auszudrücken, daß wir uns in diesem Falle im Gegensatz zu einer ganzen Menge anderer Leute befinden, die lieber den Zug als den Autobus nehmen, betonen wir das »wir« und sagen: per andare a Padova »noi« prendiamo il pullman. »Wir« nehmen, um nach Padua zu fahren, den Autobus. Dabei haben Sie ohne weiteres noch etwas anderes bemerkt: andare heißt nicht nur zu Fuß gehen, sondern überhaupt sich von einem Platz zum anderen bewegen, gleichviel auf welche Weise, also auch: fahren. Per andare a Padova – um nach Padua zu fahren.

Nun den ganzen Satz: Per andare a Padova noi non prendiamo il treno ma il pullman; wörtlich: um zu gehen nach Padua wir nicht nehmen den Zug, aber den Autobus. Ein Wort für »sondern« gibt es im Italienischen nicht, sondern heißt: ma, wie »aber«.

A Venezia si parte dal Piazzale Roma, vicino alla stazione. In Venedig fährt man ab vom Piazzale Roma, nahe beim Bahnhof.

Si parte, *ßi parte,* man fährt ab; a Venezia, *a Wenetßia,* in Venedig; dal Piazzale Roma, vom Piazzale Roma. Der Piazzale Roma ist der einzige mit dem Auto erreichbare Punkt in Venedig. Dort ist eine riesige Garage und ein Autobusbahnhof. Vicino alla stazione, *witschihno,* nahe beim Bahnhof, man kann nicht wie im Deutschen sagen: nahe dem Bahnhof, es muß heißen: vicino alla stazione!

La strada per Padova è molto buona, ben asfaltata e quasi sempre diritta. Die Straße nach Padua ist sehr gut; ben asfaltata, *bän aßfaltahta,* gut asphaltiert, e quasi sempre diritta, und beinahe immer gerade. Sempre, *ßämpre,* immer; diritto, *dirit-to,* heißt: gerade, tutto diritto, ganz gerade, sempre diritto kann auch heißen: geradeaus.

Ora viene una novità: ora, jetzt; viene, *wiähne,* kommt, es kommt (von venire, kommen); una novità, *nowita,* eine Neuheit; ora viene una novità: la parola – già, *dscha!* heißt – schon, bereits, und ich will Ihnen einmal vorführen, in wie-

viel verschiedenen Bedeutungen man bei uns das Wort »schon« braucht:
Der Steuerbrief ist angekommen: schon?
Ich habe doch schon bezahlt!
Wissen Sie schon, daß Elisabeth sich verlobt hat? Schon wieder?
Angeklagter, haben Sie dem Hinterhuber den Maßkrug an den Kopf geworfen? Ja, schon!
Also bitte, das ist schon, già! In questo nostro caso ist schon, già, aber ganz harmlos. Già da lontano, schon von weitem; vediamo, wir sehen, von vedere, sehen; vediamo le numerose cupole, *numeroße kuhpole;* la cupola, die Kuppel; numeroso, zahlreich; le numerose cupole della basilica di Sant'Antonio, die zahlreichen Kuppeln der Basilika des heiligen Antonius; che splendono sotto il sole, *ke ßpländono ßot-to il ßohle;* che, welche; splendono, sie erglänzen, von splendere, *ßpländere,* erglänzen; sotto il sole, unter der Sonne. Già da lontano vediamo le numerose cupole della basilica di Sant'Antonio che splendono sotto il sole.
Un po' più vicino, ein wenig näher – Sie wissen: vicino, nahe; più, *p*^{i}u, mehr; più vicino, wörtlich: mehr nahe, also: näher; un po' più vicino, ein wenig näher; sentiamo, *ßent*^{i}*ahmo,* wir hören, von sentire, *ßentihre* – hören, aber nicht »anhören«; »anhören«, besonders bei Musik, heißt: ascoltare! *aßkoltahre!* Hören, ohne daß man etwas dafür kann, einfach hören, was an das Ohr dringt, heißt: sentire; un po' più vicino sentiamo anche, *anke,* le campane, *kampahne,* ein wenig näher hören wir auch die Glocken.
Ed ora preghiamo i nostri gentili Signore e Signori di ripetere, *ripehtere,* tutto il nostro discorso molto lentamente.
Oggi partiamo per Padova e vogliamo visitare il santuario del grande Santo francescano, Sant'Antonio di Padova. La

città di Padova non è molto lontana da Venezia. Ci sono soltanto trenta chilometri di distanza. Per andare a Padova noi non prendiamo il treno, ma il pullman. A Venezia si parte dal Piazzale Roma vicino alla stazione. La strada per Padova è molto buona, ben asfaltata e quasi sempre diritta. Già da lontano vediamo le numerose cupole della Basilica di Sant'Antonio che splendono sotto il sole. Un po' più vicino sentiamo le campane.

Meine lieben Leser, wenn Sie in Italien sind, werden Sie sich erst langsam an die eigenartigen Geläute gewöhnen, die die italienischen Mesner auf ihren Kirchenglocken hervorbringen. Ein richtig wuchtiges, schwingendes Geläute gibt es nur selten – in Verona haben wir es noch gehört, aber je weiter wir nach Süden kommen, umso mehr ändert sich der Glokkenstil; normalerweise wird in Italien nicht zusammenhängend, sondern in einzelnen Rhythmen geläutet, die auch von Stadt zu Stadt verschieden sein können. Der Rhythmus zum Beispiel – eins zwei drei – eins zwei drei vier – eins zwei drei vier fünf – sechs – ist das Zeichen für den Angelus, er schleicht sich ganz zart und diskret in unser Ohr, bimmelt uns unaufdringlich das vergessene Avemaria ins Gewissen und stört sonst nicht. Besonders schön sind die italienischen Glocken, wenn man sie morgens im Bett hört; da kommen sie von allen Seiten mit ihren freundlichen Einzelschlägen daher geflogen, man hört, wie die Campanili, *kampanihli*, entfernterer Kirchen Antwort geben, und ein fröhliches Netz feiner leiser Glockenschläge webt sich über der Stadt. Es wäre schön, wenn Sie die Glocken Italiens lieb gewännen, le campane d'Italia, *le kampahne ditahlia.*

IN PADUA
Lektion 20

In Padua kann man viele Stunden lang unter Arkaden gehen, die Häuserzeilen der Straßen haben wenigstens in der Innenstadt kilometerlange Bogengänge, in deren kühlen Schatten Scharen von Studenten auf und ab flanieren. Die alten Gewölbe geben ein wunderbares Echo für den Lärm, den die Studenten, gli studenti dell'Università, *lji ßtudenti delluniwerßita*, im Hauptberuf erzeugen. Wenn man am Tag eines Universitätsfestes nach Padua kommt, dann kann man feststellen, daß die Studenten neben dem Krachmachen noch eine weitere Beschäftigung haben, die Zeit und Mühe kostet: das Ausschmücken ihrer traditionellen Hüte. Diese Hüte, il cappello, *kap-päl-lo*, der Hut – i cappelli, die Hüte, die an die Form von überdimensionalen Storchschnäbeln erinnern, haben je nach der Fakultät eine andere Farbe und sind mit kleinen, aus Messing oder Blech angefertigten Trophäen behängt; zum Beispiel findet man auf einem solchen Hut beieinander: einen kleinen Kanarienvogel vom Weihnachtsbaum, die Hörner von verschiedenen Rindviechern, in Korallen nachgebildet, einen goldglänzenden Potschamper, einen Schachterlteifi, Glöckchen und Schellen – die Italiener sind eben ein phantasiebegabtes Volk. Wenn man die Studenten fragt, warum sie diese Hüte aufsetzen, dann sagen sie nicht etwa: aus Tradition, oder weil diese Storchschnabelhüte aus dem 14. Jahrhundert stammen; sie erklären einem vielmehr, daß das Tragen eines solchen Hutes und das damit verbundene spinnöse Benehmen der unerläßliche Ausgleich für die Qualen des Studiums sei. Und im übrigen können die Studenten in Padua machen, was sie wollen, denn sie stehen unter dem unmittelbaren himmlischen Schutz des heiligen Antonius, und

der ist ein so großer Heiliger, daß er sogar, wie uns versichert wird, bei der Hilfe im Examen unfehlbar ist.
Wir erlauben uns also den Rat, meine lieben Leser, das Beispiel der Paduaner Studenten nachzuahmen und sich von dem Moment an, wo Ihnen dieser Sprachkurs zu blöd wird, an den heiligen Antonius zu wenden. Er wird Ihnen auf jeden Fall ein freundlicher Schutzpatron auf allen Ihren Italienfahrten sein.
Die Mönche der Basilika des heiligen Antonius singen einen mittelalterlichen Hymnus mit dem Text: Wenn du Wunder suchst, dann komm hierher! Und sie haben alles Recht dazu, denn überall in Italien wird der heilige Antonius ununterbrochen bemüht, besonders, wenn eine Sache krumm ausgeht oder hoffnungslos erscheint, zum Beispiel, wenn jemand etwas verloren hat und es trotz größter Anstrengung nicht mehr wiederfinden kann. Wir benützen die Gelegenheit, um uns über die italienischen Ausdrücke zu informieren, die wir nötig haben, wenn *wir* einmal etwas verlieren sollten. Im übrigen ist der heilige Antonius ein fabelhafter Mann, der einem auch auf Kredit hilft – ich empfehle aber, ihm auf jeden Fall vorsorglich eine dicke Kerze anzuzünden, und wenn Sie dann noch wissen, wie Sie sich auf Italienisch ausdrücken müssen, wenn Sie etwas verloren haben, kann eigentlich gar nichts mehr passieren.
Verlieren heißt: perdere, *pärdere;* ich habe verloren: ho perso, *pärßo,* wir haben verloren: abbiamo perso; la perdita, *pärdita,* der Verlust.
Finden heißt, wie wir schon wissen, trovare; wiederfinden: ritrovare; cercare, *tscherkahre* heißt: suchen, oder auch: versuchen im Sinne von probieren; ho cercato, *tscherkahto,* tanto di ritrovare il mio portafoglio, ich habe so sehr versucht wiederzufinden meine Geldbörse; il portafoglio, *portafoljo,* die

Geldbörse, die Brieftasche. La disperazione, *dißperatßiohne,* heißt: die Verzweiflung; sono disperato, *dißperahto,* ich bin verzweifelt; ho cercato disperatamente, *dißperatamente,* ich habe verzweifelt gesucht; rubare, *rubahre,* heißt eigentlich rauben, aber auch stehlen; mi hanno rubato, *an-no,* sie haben mir gestohlen, aber in dem Sinne gebraucht wie bei uns: man hat mir gestohlen; mi hanno rubato la mia borsa, *borßa,* man hat mir meine Handtasche gestohlen; mi hanno rubato una valigia; *walidscha,* ein Koffer, ein Handkoffer besser, im Gegensatz zu bagaglio, das wir schon kennen.

Il ladro, *lahdro,* heißt: der Dieb; und das ist ein sehr wichtiges Wort: man kann es auch gebrauchen, wenn noch gar nichts gestohlen worden ist, dann wird es eine Beschimpfung gegenüber jemand, von dem wir den Eindruck haben, er würde uns mit unschuldigem Gesicht schröpfen. Wenn Ihnen tatsächlich einmal etwas gestohlen werden sollte, was übrigens nicht nur in Italien vorkommt, dann empfiehlt es sich, für den Fall, daß irgendwelche Personen in Hörweite sein sollten, aus vollem Halse in den Ruf »ladri« auszubrechen. Sie werden dann das Vergnügen haben, einen Orkan entfesselt zu sehen, in dem der Dieb wundervoll entweicht. Eine Welle von Mitgefühl, von simpatia, la simpatia, *ßimpati-a,* das Mitgefühl, wird über Sie hereinbrechen, und Sie werden den Verlust über diesem Schauspiel leichter verwinden.

Ich muß noch sagen, daß der Diebstahl il furto, *furto* heißt, und damit wollen wir dieses trübe Kapitel verlassen und im übrigen auf die miracoli des heiligen Antonius vertrauen!

I miracoli, *mirahkoli,* die Wunder, il miracolo, das Wunder; fate miracoli sagt man, wenn man von jemand etwas scheinbar Unmögliches erbittet. Fate, *fahte,* heißt: macht, in diesem Falle besser: machen Sie, tun Sie Wunder. Weil wir schon von Wundern reden: Wunder tun heißt eigentlich immer: das Unmögliche tun, fare l'impossibile, *limpoß-ßihbile,* wörtlich: das Unmögliche machen, im Sinne aber von: das Unmögliche möglich machen! Abbiamo fatto, *fat-to,* l'impossibile, wir haben das Äußerste getan – eine herrliche Phrase für Entschuldigungen.

Nun sollen Sie aber noch zwei wichtige Hinweise für den Besuch in der Stadt Padua hören: von allen Kunstdenkmälern, die diese reiche Stadt uns anbietet, ist das wichtigste und eindrucksvollste die sogenannte Cappella, *kap-päl-la,* Scrovegni, die Privatkapelle einer Familie des 14. Jahrhunderts, die von dem Vater der europäischen Malerei, dem Maler Giotto, *dschot-to,* über und über mit Fresken bedeckt wurde. Kleine Gestalten, in sicherer, klarer Kontur, mit sorgfältig gefalteten Gewändern bewegen sich auf diesen Bildern in gemessener Ruhe dahin, sie heben ihre schlanken Hände zu zarten grüßenden Gesten, sie schlagen die Augen ihrer feingefurchten Gesichter in frommer Verehrung nieder, sie sind in eine kühle durchsichtige Luft getaucht, und die Häuser, in denen sie wohnen, und die Wege, auf denen sie wandeln, zeigen die freundliche Reinheit liebevoller Wartung. Für Giotto, den Zeitgenossen des heiligen Franziskus und des heiligen Antonius, war die Welt noch Gottes geordnete Schöpfung, und nur die Höllengeister auf dem Jüngsten Gericht an der Rückwand der Kapelle wirbeln in chaotischen Lufttänzen, von ihren Drachenflügeln getragen, über die Fläche der Malerei. Aber schon bewegt diese Gesichter die Leidenschaft des Augenblicks, schon spricht aus ihnen mehr ein persönlicher als ein allgemeiner Charakter, schon mischt sich auf diesen Zügen die Schwäche des Guten mit der Leidenschaft des Bösen zu tragischem Ausdruck, schon ist es nicht mehr die Haltung der Personen, sondern ihr Verhalten, was der Maler zeigen will. Wir haben ein sehr frühes Zeugnis der abendländischen Malerei vor uns, ein Werk, das am Anfang jener glorreichen sechs Jahrhunderte unserer Malerei steht, denen ein siebentes, ebenso glorreiches anzufügen uns so schwer fällt. Und wie immer, wenn wir den Anfang einer großen Geschichte sehen, überkommt uns die Rührung vor der Unschuld, vor der Heiligkeit und vor der kindlichen Kraft.

Die Fresken heißen: gli affreschi, *af-freßki,* das Wort kommt von fresco, frisch; bekanntlich besteht die Fresko-Malerei in einer besonderen Technik: die Mauer wird mit einem feuchten Stuck überzogen, und zwar nur so weit, als der Maler innerhalb einiger Stunden mit seiner Arbeit gelangen kann; in diesen frischen Stuck dringt nämlich die Farbe so gut ein, daß sie dann für Jahrhunderte als Bestandteil der Mauer erhalten bleibt. Auf diese Weise hat der Maler Giotto in rührend einfachen Szenen die Privatkapelle der Scrovegni ausgemalt. Malen heißt: dipingere, *dipindschere;* die Malerei: la pittura, *pit-tuhra;* der Maler: il pittore, *pit-tohre;* allora: con la tecnica dell'affresco Giotto ha dipinto le sue opere nella cappella Scrovegni di Padova.

La tecnica, *tähknika,* heißt: die Technik; la tecnica dell' affresco, die Freskotechnik; ha dipinto, *a dipinto,* er hat gemalt; l'opera, *lohpera,* das Werk, le opere, die Werke. L'arte, *larte,* die Kunst; le opere d'arte, die Kunstwerke; con la tecnica dell'affresco Giotto ha dipinto le sue opere nella cappella Scrovegni di Padova. Giotto hat seine Werke in der Scrovegni-Kapelle von Padua in Freskotechnik gemalt.

Zum Schluß der Anstrengung wollen wir in ein ausgezeichnetes Restaurant gehen, das den schönen Namen »Leone Bianco« trägt, il leone, *le-ohne,* der Löwe; bianco, *bianko,* weiß; »Der Weiße Löwe«. Und dazu wünschen wir Ihnen »Buon divertimento«, *diwertimento,* eigentlich gutes Vergnügen, gute Unterhaltung, viel Vergnügen!

NEUE WÖRTER

Lektion 21

partire per	*partihre*	fahren nach, abreisen nach
oggi partiamo per Padova	*part*^{i}*ahmo per padowa*	wir reisen heute nach Padua ab
visitare	*wisitahre*	besuchen
vogliamo visitare		wir wollen besuchen
che cosa vogliamo visitare?		welche Sache, oder besser: was wollen wir besuchen?
il santuario	*ßant*^{u}*ahr*^{i}*o*	das Heiligtum
il grande Santo francescano	*grande ßanto frantscheßkahno*	der große franziskanische Heilige
la città	*tschit-ta*	die Stadt
le città		die Städte

Sie sehen schon, die Einzahl und die Mehrzahl dieses Wortes sind gleich; ob es sich um eine oder mehrere Städte handelt, merkt man nur an der Veränderung des Artikels von: la zu: le.

la città di Padova non è molto lontana da Venezia		die Stadt Padua ist nicht sehr weit von Venedig entfernt
c'è	*tschä*	es gibt
ci sono	*tschi ßohno*	es sind,

wird gebraucht, wenn man von einer Mehrzahl – es gibt – sagt, per esempio, zum Beispiel, c'è il pullman, aber: ci sono molti passeggieri.

ci sono molti passeggieri	*paß-ßed-*^{dsch}*ähri*	es gibt viele Passagiere
ci sono 30 chilometri	*kilometri*	es sind 30 km
la distanza	*dißtantßa*	die Entfernung
30 chilometri di distanza		30 km Entfernung
e poi	*e po*^{i}	und dann
per andare a Padova		um nach Padua zu fahren
prendere	*prändere*	nehmen
prendiamo	*prend*^{i}*ahmo*	wir nehmen

noi prendiamo	*no^i*	wir nehmen (im Gegensatz zu anderen)
noi prendiamo per andare a Padova non il treno ma il pullman		wir nehmen, um nach Padua zu fahren, nicht den Zug, sondern den Autobus
ma	*ma*	aber, sondern
si parte	*ßi parte*	man fährt ab
si parte a Venezia		man fährt in Venedig ab
a Venezia si parte dal Piazzale Roma		man fährt in Venedig vom Piazzale Roma ab
vicino alla	*witschihno al-la*	nahe beim Bahnhof
stazione	*ßtatß^{i}ohne*	
la strada per Padova è molto buona, ben asfaltata e quasi sempre diritta	*bän aßfaltahta e k^{u}asi ßämpre dirit-ta*	die Straße nach Padua ist sehr gut, gut asphaltiert und fast immer gerade
sempre	*ßämpre*	immer
diritto, diritta	*dirit-to*	gerade
direttamente	*diret-tamente*	direkt, geradewegs
sempre diritto		geradeaus, immer geradeaus
tutto diritto		ganz gerade
venire	*wenihre*	kommen
viene	*w^{i}ähne*	er kommt, es kommt
la novità	*nowita*	die Neuheit
ora viene una novità		jetzt kommt eine Neuheit oder Neuigkeit
già	*dscha*	schon
già da lontano		schon von weitem
vedere	*wedehre*	sehen
vediamo	*wed^{i}ahmo*	wir sehen
le numerose cupole	*numeroße kuhpole*	die zahlreichen Kuppeln
splendere	*ßpländere*	glänzen, erglänzen
sotto	*ßot-to*	unter
splendere sotto il sole	*ßohle*	wörtlich: unter der Sonne besser: in der Sonne glänzen

già da lontano vediamo le numerose cupole della basilica di Sant'Antonio che splendono sotto il sole		schon von weitem sehen wir die zahlreichen Kuppeln der Basilika des heiligen Antonius in der Sonne glänzen
un po' più vicino	*un po p*^{i}u *witschihno*	ein wenig näher
più		mehr
più vicino		mehr nahe, näher
sentire	*ßentihre*	hören
sentiamo	*ßent*^{i}*ahmo*	wir hören
anche	*anke*	auch
le campane	*kampahne*	die Glocken
un po' più vicino sentiamo anche le campane		ein wenig näher hören wir auch die Glocken
lo studente	*ßtudente*	der Student, der Schüler, der Gymnasiast
gli studenti		die Studenten
l'università	*luniwerßita*	die Universität
il cappello	*kap-päl-lo*	der Hut
i cappelli		die Hüte
perdere	*pärdere*	verlieren
ho perso	o *pärßo*	ich habe verloren
abbiamo perso		wir haben verloren
la perdita	*pärdita*	der Verlust
ritrovare		wiederfinden
cercare	*tscherkahre*	suchen, auch versuchen im Sinne von probieren
il portafoglio	*portafoljo*	die Geldbörse
ho cercato tanto di ritrovare il mio portafoglio		ich habe so sehr versucht, meine Geldbörse wiederzufinden
la disperazione	*dißperatß*^{i}*ohne*	die Verzweiflung
sono disperato	*dißperahto*	ich bin verzweifelt (wenn es ein männliches Wesen von sich sagt)
sono disperata		ich bin verzweifelt (aus weiblichem Munde)
ho cercato disperatamente	o *tscherkahto dißperatamente*	ich habe verzweifelt gesucht

rubare	*rubahre*	eigentlich: rauben, aber auch: stehlen
mi hanno rubato	*mi an-no rubahto*	sie haben mir gestohlen
la mia borsa	*borßa*	meine Handtasche, meine Tasche
una valigia	*wali*dsch*a*	ein Handkoffer
il bagaglio	*bagaljo*	der große Koffer bzw. das Gepäck
il ladro	*lahdro*	der Dieb
ladri!		wörtlich: Diebe! im Sinne von: haltet den Dieb!
la simpatia	*ßimpati-a*	das Mitgefühl
il furto	*furto*	der Diebstahl
il miracolo	*mirahkolo*	das Wunder
i miracoli		die Wunder
fate miracoli		tun Sie Wunder!
fare l'impossibile	*fahre limpoß-ßihbile*	wörtlich: das Unmögliche machen
abbiamo fatto l'impossibile	*fat-to*	wir haben das Äußerste getan
fresco	*freßko*	frisch
gli affreschi	*af-freßki*	die Freskomalereien, die Fresken
la tecnica	*tähknika*	die Technik
dipingere	*dipin*dsch*ere*	malen
ha dipinto	a *dipinto*	er hat gemalt
l'opera	*lohpera*	das Werk, auch: die Oper
l'opera d'arte		das Kunstwerk
l'arte		die Kunst
il leone	*le-ohne*	der Löwe
bianco	*b*i*anko*	weiß
il leone bianco		der weiße Löwe
buon divertimento	*diwertimento*	gute Unterhaltung, viel Vergnügen.

IN PADUA
Lektion 22

Bevor wir uns von Padua verabschieden, müssen wir einer historischen Persönlichkeit unseren Respekt erweisen, deren Andenken mit der Geschichte der Universität eng verknüpft ist. Im 16. Jahrhundert lehrte auf dem Katheder von Padua der Astronom Galileo Galilei, der Mann, der das berühmte Wort: Eppur si muove! *ep-puhr ßi muowe!* »Und sie bewegt sich doch!« gesprochen hat, und damit die Erde meinte, die sich nach seinen Berechnungen um die Sonne drehte. Als Galilei in Padua die Studenten in der Wissenschaft der Physik und der Astronomie unterrichtete, hielt noch alle Welt die Erde, la terra, *tär-ra,* die Erde für den Mittelpunkt des Universums, und nur mit größter Vorsicht konnte ein Mann wie Galilei darangehen, diese scheinbar so selbstverständliche Ansicht zu untergraben. Der Lehrsaal des Astronomen ist heute noch in der alten Universität zu sehen, er ist kein Kunstwerk, aber doch ein sehr eindrucksvoller Ort. Die alten Holzbänke in aufsteigendem Halbkreis um den Lehrstuhl geordnet, die wurmstichigen Balustraden und das ehrwürdige Lesepult machen es uns leicht, uns den kleinen Raum mit gelehrten jungen Herren in schwarzer Tracht und weißer Halskrause angefüllt zu denken, am Munde des bescheidenen Mannes hängend, der wenig später um einer wissenschaftlichen Erkenntnis willen seine persönliche Existenz aufs Spiel setzen sollte. Es wäre jetzt von großem Reiz, aus den Schriften Galileis einen leicht verständlichen Satz auszuwählen und ihn sozusagen als Geste unserer Verehrung in diesem kleinen alten Lehrsaal zu interpretieren. Aber ich glaube, meine lieben Leser, daß der große Astronom zögernd und zweifelnd mit der Hand durch seinen wallenden Bart fahren und uns etwa sagen würde: »Habt Ihr denn gar nichts Besseres zu tun, als über den Umlauf der Gestirne zu reden, Ihr kennt ja noch nicht einmal die Uhr!«

Und damit, Signore e Signori, hätte er recht! Bescheiden wir uns also ein bißchen und versuchen wir, sein Wohlwollen dadurch zu gewinnen, daß wir unverzüglich auf Italienisch zu sagen lernen, wieviel Uhr es ist.

Die Uhr heißt: l'orologio, *lorolodscho,* und zwar sowohl die Turmuhr wie auch die Taschen- oder Armbanduhr. Dieses Wort orologio schaut ganz harmlos aus, aber ich bitte Sie, per l'amor di Dio, mißtrauen Sie ihm – es sieht nämlich dem Worte – orgoglio – zum Verzweifeln ähnlich, und l'orgoglio, *lorgoljo* heißt: der Stolz.

Als vor einigen Jahren ein ausländischer Diplomat, der auf seine Italienisch-Kenntnisse vertraute, bei irgendeiner Einweihung eine Rede halten sollte, begann er mit den Worten: »È il mio più grande orologio...« – Er wollte sagen: es ist mein größter Stolz – »orgoglio« – und hatte gesagt: es ist meine größte Uhr – »orologio«! So etwas darf uns natürlich nicht passieren. Das Wort Uhr wird übrigens nicht gebraucht, wenn man nach der Uhrzeit fragt; wie spät ist es, heißt: sa l'ora? Sa kommt von sapere, und sapere, *ßapehre* heißt: wissen; io so, *i-o ßo,* oder nur: so, ich weiß; sappiamo, *ßappiahmo,* wir wissen; sa, *ßa,* er weiß, oder: weiß er und auch wissen Sie, Sie wissen als sogenannte Höflichkeitsform; also: sa l'ora? weiß er die Stunde? Oder besser: wissen Sie die Uhrzeit? Wohlgemerkt, niemals ohne: per piacere, oder: per favore! Dunque: sa l'ora, per favore? Bitte, wieviel Uhr ist es, wie spät ist es?

Gebräuchlich ist auch die Mehrzahlform von – l'ora – in der Formulierung: che ore sono? wörtlich: welche Stunden sind es, wieviel Uhr ist es? Für Mitternacht haben die Italiener das Wort »mezzanotte«, *mäd-dsanot-te*, Halbnacht, è mezzanotte, es ist Mitternacht; gute Nacht heißt: buona notte, wird aber nur gebraucht, wenn man sich endgültig am sehr späten Abend verabschiedet, um zur Ruhe zu gehen. Die Italiener haben, ebenso wie wir, auch ein Wort für 12 Uhr Mittag: è mezzogiorno, *mäd-dsodschorno*, wörtlich, es ist Halbtag; mezzogiorno ist ein Wort, das uns ein wenig Schwierigkeiten machen wird in der Aussprache, das mezzo hat gar zwei zz, die ganz weich gesprochen werden, stimmhaft; mezzogiorno bedeutet übrigens auch das südliche Italien von Neapel an; il mezzogiorno d'Italia, wörtlich: der Mittag Italiens, oder besser: Süditalien.

Meine lieben Leser, wenn Ihnen das nachfolgende System, die Uhrzeit auszudrücken, etwas kompliziert erscheinen sollte, dann möchte ich Sie daran erinnern, wieviel Konfusion *wir* machen, wenn wir sagen sollen, wieviel Uhr es ist! Zum Beispiel: 13 Uhr 45 kann bei uns heißen 3/4 2, 1/4 vor 2, 1/4 auf 2, 15 vor 2; 14 Uhr 15 kann heißen: 1/4 nach 2, 2 1/4, anderswo auch 1/4 3! Und nun Mut gefaßt, so schlimm wird es nicht im Italienischen!

Es ist 1 Uhr: è l'una, von la una, gemeint ist: die eine, zu ergänzen: Stunde.

Das auf diese Weise zustandegekommene l'una dürfen wir nicht verwechseln mit: la luna, der Mond! (Sie erinnern sich noch, in Venedig: . . . la luna si riflette sul mare . . .)

Jetzt kommt: es ist 2 Uhr: sono le due, also wörtlich: es sind die 2, zu ergänzen: Stunden. Und nun wollen wir gleich weiterzählen: sono le tre, sono le quattro, sono le cinque, sono le sei, sono le sette, sono le otto, sono le nove, sono le dieci, sono le undici, sono le dodici.

Wenn man sagen will: es ist 1/2 8, so heißt das: sono le sette e mezzo, also: es sind die 7 und halb; eine halbe Stunde heißt: una mezz'ora, *mäd-dsohra;* $^1/_4$ Stunde ist: un quarto d'ora, $^1/_4$ nach 6 heißt aber nicht: sei e un quarto d'ora, sondern nur: sei e un quarto; $^1/_4$ vor 6 dagegen heißt: 6 meno, *mehno,* un quarto; meno, heißt weniger, also eigentlich: le sei meno un quarto, wörtlich: die 6 weniger $^1/_4$; $^3/_4$ 6.

Im übrigen sagt man bis zur Hälfte der gerade ablaufenden Stunden einfach die Minutenzahl hinter der Stundenzahl her, also: sono le tre e dieci, 3 Uhr 10; sono le tre e diciasette, 3 Uhr 17, sono le tre e ventinove, 3 Uhr 29; in der zweiten Hälfte der ablaufenden Stunde kann man auch von der nächsten Stundenzahl her zurückrechnen, also:

20 Minuten vor 9 heißt dann: sono le nove meno venti, es ist 9 Uhr weniger 20.

Jetzt können wir das noch ein bißchen üben:

wieviel Uhr ist es?	Sa l'ora? Oder: che ore sono?
$^1/_4$ vor 9	le nove meno un quarto
25 nach 4	le quattro e venticinque
halb 1 Uhr mittags	è mezzogiorno e mezzo,
	auch: le dodici e mezzo.
$^1/_4$ nach 12 Uhr nachts	è mezzanotte e un quarto
Es ist 16 Uhr 44:	sono le sedici e quarantaquattro,
oder auch	sono le diciasette meno sedici;
es ist 11 Uhr 07	sono le undici e sette;
es ist 3 Minuten vor 6	sono le sei meno tre;
es ist genau 10 Uhr	sono le dieci precise, *pretschihse.*

In Italien hat der Mensch nicht unbedingt das Gefühl, etwas Gutes zu tun, wenn er so genaue Zeitangaben macht. Erstaunlicherweise behandeln selbst die Reisenden aus dem Norden, kaum daß sie die Alpen hinter sich gelassen haben, die Zeit in einer anderen Weise, und über diese italienische Weise, mit der Zeit umzugehen, wollen wir jetzt eine kleine Betrachtung einfügen.

Für uns ist die Zeit eine Einteilung unseres Lebens, eine Ordnung, ein Richtmaß, ein Programm. Für die Italiener ist die Zeit eine menschliche Eigenschaft – und deshalb haben sie Zeit. Das ist nicht so gemeint, daß sie nicht pünktlich wären, nur: sie entscheiden darüber nicht grundsätzlich. Sie gehen mit der Zeit um, wie mit ihrem Leben. Was kommt, ist ungewiß, also ist es allein der Augenblick, der zählt. Wenn jetzt und hier die Sonne wärmend auf die Steine scheint und uns nach einem caffè zu Mute ist, kann keine Pflicht der Welt, keine noch so gute und charakterfeste Ordnung uns davon abhalten, unser Programm so zu dehnen, daß der caffè noch drin Platz hat. Wenn das Gespräch schön im Fluß ist und uns die Worte in unversieglichem Strom tönereich von den Lippen fließen, hat niemand das Recht, uns zu unterbrechen, um uns zu sagen, daß wir irgendwo anders pünktlich sein müssen. Bestenfalls ruft man dann halt den andern an, sagt, man sei verzweifelt, aber es würde eine halbe Stunde später werden, was der andere meistens mit dem Seufzer der Erleichterung quittiert, weil auch bei ihm einer sitzt, mit dem er noch nicht zu Ende ist. So ist das Leben in Italien ein Jonglieren mit Terminen, die man unausgesetzt verschiebt, damit noch etwas dazwischen paßt, worauf man unter keinen Umständen verzichten will.

Und worauf will man am wenigsten verzichten? Auf die Liebe natürlich. In keinem anderen Land der Welt nehmen es die Frauen den Männern so übel wie in Italien, wenn diese Männer behaupten, keine Zeit zu haben, arbeiten zu müssen, müde zu sein. Ein Mann, der für eine Frau nur dann Zeit hat, wenn es ihm und nicht wenn es ihr paßt, braucht sich nicht zu wundern, wenn die Versicherungen seiner Liebe keinen Glauben finden, denn niemand hat Verständnis dafür, daß Zeit etwas ist, was die Menschen daran hindern kann, ihren Gefühlen gemäß zu leben. Zeit als Entschuldigung wird nicht anerkannt. Andererseits nehmen es die Damen für sich in Anspruch, auch über die Zeit der Männer wie über ihr Eigentum zu verfügen. Und nachdem die Italiener im allgemeinen ein sympathisch ungeduldiges Volk sind, so pflegt sich an der verschiedenen Auffassung von Zeit der erste große Krach zwischen zwei amanti, *amanti,* zu entzünden – was aber wiederum der Zeit als ein Verdienst angerechnet wird, insofern nämlich ohne Krachmachen keine Versöhnung stattfinden könnte, welche bekanntlich den Gipfel der Liebe darstellt. Aus alldem läßt sich ableiten, daß Pünktlichkeit in Italien keine Tugend, und Saumseligkeit kein Laster ist. Im Grunde existieren beide nicht, weil die Pünktlichkeit voraussetzt, daß man die Zeit ernst nimmt, Saumseligkeit aber gerade ein Zeichen dafür ist, daß man die Zeit nicht ernst nimmt. Man kann sich in Italien der Zeit gegenüber nur auf zweierlei Weise verhalten: entweder sie geht einem auf die Nerven, dann arrangiert man sich am besten mit pazienza, oder man macht damit, was einem gerade einfällt, dann arrangiert sich der andere mit pazienza. Sie sehen, meine Damen und Herren, »pünktlich« ist in Italien ein ominöses Wort.

IN PADUA
Lektion 23

Soeben haben wir also den Geist des alten Galilei in Padua zitiert, und wie das immer geht, wenn man sich mit großen Geistern einläßt, wird man sie nicht wieder los. Jetzt haben wir uns mit der Uhr so sehr geplagt, aber es fehlen uns noch die Wochentage, die Monate und die Jahreszeiten; und ich kann Ihnen nicht helfen, meine lieben Leser, auch die müssen wir noch lernen.

lunedì	*lunedi*	Montag
martedì	*martedi*	Dienstag
mercoledì	*merkoledi*	Mittwoch
giovedì	*dschowedi*	Donnerstag
venerdì	*wenerdi*	Freitag
sabato	*ßahbato*	Samstag
la domenica	*domehnika*	Sonntag.

Die Wochentage sind immer männlichen Geschlechtes, also: il lunedì, usf.; nur der Sonntag heißt: la domenica. Hoffentlich haben Sie alle beim Lesen laut und deutlich mitgesprochen, so daß Sie jetzt mit einem italienischen Gesprächspartner schon ein appuntamento ausmachen können. L'appuntamento, *lap-puntamento* – die Verabredung; in dem Worte appuntamento steckt natürlich das Wort: il punto, der Punkt, der feste Punkt. Allerdings auch das Wort: puntuale, das wir schon kennen. Ein appuntamento sollte also zwei Eigenschaften haben, nämlich einen fest umrissenen Verabredungspunkt und Pünktlichkeit der Verabredeten. Beides ist bei einem italienischen appuntamento dem tiefeingewurzelten Hang zur »improvvisazione« unterworfen; l'improvvisazione, *limprow-wisatßiohne,* die Improvisation ist der erfindungsreiche Spieltrieb, die Unmöglichkeit, bei der Stange zu bleiben, das Lebensspiel aus dem Stegreif. Bitte, meine Damen und Herren, werden Sie nicht böse, wenn Ihre neugewonnenen italienischen Freunde zu einem appuntamento eine halbe Stunde zu spät kommen. Es existiert in Italien mehr oder weniger eine stillschweigende Vereinbarung zwischen allen Leuten, daß keiner sich über das Zuspätkommen des anderen aufregt und daß vage Entschuldigungen für voll genommen werden. Und weil wir schon beim appuntamento sind: auch Sie selber haben jede Entschuldigung für sich, wenn Sie ein appuntamento im Stich lassen, ohne abzusagen, besonders wenn es regnet.

»Ich stehe im Regen und warte auf Dich...« So etwas gibt es in Italien nicht. Die Italiener sind das Volk der Schirmträger, und das allein schon beweist, wie sehr sie verabscheuen, wenn es regnet. Natürlich nicht die Bauern oder andere Leute, die aus Berufsgründen genügend Vernunft haben, einzusehen, daß es auch einmal regnen muß, zum Beispiel die Schirmmacher. Aber die Stadtleute, ganz besonders die Damen! Für den Fall, daß sie einen Hut auf dem Kopfe tragen, geht nämlich bei den plötzlichen Sturzregen, die auf italienische Städte herniederzufallen pflegen, das künstliche Zittergras in die Binsen, das der letzte Schrei südlicher Modistinnen ist. Falls sie keinen Hut tragen, lösen sich die Wasserwellen in traurige Strähnen auf – und nachdem die italienischen Damen über ein Loch im Pullover anstandslos hinwegsehen, aber bei der geringsten Unordnung der Frisur sofort wieder zum Friseur eilen, ist der Regen wirklich eine unerquickliche Erinnerung. Selbst die Heiligen auf den Kirchendächern büßen an Würde ein, wenn es zu gießen anfängt – ich glaube, sie kommen sich lächerlich vor, ihre beschwörenden barocken Handbewegungen über einer Menschenmenge auszuführen, die von Pfütze zu Pfütze hüpft. Man muß auch zugeben, daß das Leben keinen Spaß macht in einem Lande, wo alles auf Sonne eingestellt ist, wenn man anstatt Wärme Nässe vorgesetzt bekommt. Das appuntamento können Sie also, wie gesagt, jederzeit als nicht getroffen betrachten, sobald die ersten Tropfen fallen.

Dunque, ci diamo per esempio un appuntamento, *tschi diahmo*, wir geben uns zum Beispiel eine Verabredung: martedì, alle 6 meno 20 (alle sei meno venti) al Caffè in Piazza; am Dienstag um 20 vor 6 im Café auf der Piazza;

ci diamo – wir geben uns; von dare, *dahre*, geben, do, *do*, ich gebe, dà, *da*, er gibt; altri appuntamenti, andere weitere Verabredungen:

Freitag, um 1/4 nach 12 Uhr mittag, venerdì, a mezzogiorno e un quarto; Sonntag um 1/2 9 Uhr früh, domenica alle 8 e mezzo di mattina; la mattina, *mat-tihna*, der Morgen. Ich möchte Sie aber alle warnen, jemand in Italien am Sonntag früh um 1/2 9 Uhr eine Verabredung vorzuschlagen – das ist einfach unhöflich – und daran eine Grundregel im Verkehr mit Italienern knüpfen: der Morgenschlaf ist heilig! Wenn Sie dagegen sabato a mezzanotte meno un quarto bei Freunden noch anrufen wollen, so wird niemand sich gekränkt fühlen. Bis 1/2 12 oder 12 Uhr nachts kann man in Italien ohne weiteres jedermann anrufen.

Noch schnell ein Wort zum Telefon: es ist in Italien viel verbreiteter als bei uns, auch der kleine Mann, wenigstens in den Städten, hat einen Apparat; manchmal teilen sich mehrere Familien in einen. Man liebt es, zu telefonieren. Die italienische Sprache eignet sich ganz besonders dafür. Richtig telefonieren, das heißt im Italienischen, daß der Mensch, der in die Muschel spricht, die Resonanz seiner eigenen Stimme im Hörer empfindet und ich sagte schon, daß die Italiener es lieben, sich an ihrer Sprache und deren Klang einen Schwips anzutrinken. Außerdem kommt das Telefon einer liebenswürdigen Eigenschaft dieses temperamentvollen Volkes sehr entgegen: man braucht nicht darauf zu achten, ob der Partner am anderen Ende zuhört. Beide können auch zur gleichen Zeit reden. Schließlich hat das Telefon noch einen Vorteil: es unterbricht jede Arbeit. Ein Mensch kann in den wichtigsten Geschäften stecken – wenn das Telefon läutet, hört er auf und telefoniert. Der anonyme Anrufer hat stets den Vorteil, zuerst empfangen zu werden, und nachdem die Italiener sowohl aus Mitteilungsbedürfnis wie aus anderen Gründen gerne schnell empfangen werden, telefonieren sie eben. Noch eine wichtige Regel, die wir uns für die Reise merken müssen: man kann kein italienisches Haus betreten, ohne vorher angerufen zu haben. Besucher, die unangemeldet vor der Türe stehen, lösen meistens interne Katastrophen aus, die schwer zu verbergen sind – und sei es nur, daß die padrona di casa die Lockenwickler noch nicht herausgenommen hat. So wird jedes appuntamento erst einmal durchs Telefon gemacht und wenn man sich mündlich verabredet hat, dann ist es üblich, nachher noch einmal anzurufen und es sich durchs Telefon bestätigen zu lassen. Erst wenn das geschehen ist, gilt die Verabredung.

Nun, meine Damen und Herren, müssen wir uns den Monaten zuwenden, die uns in die Lage setzen sollen, jedes beliebige Datum bis in die Einzelheiten auf Italienisch zu sagen. Doch bevor wir in die langweilige Lernerei zurückfallen, auch über die Monate noch ein Wort. Von Januar, Februar und März redet kein Mensch, weil es da kalt und windig ist und die Leute in den Häusern frieren. Sollte jemand von Ihnen, meine lieben Leser, seinen Urlaub gar nicht anders legen können als in einen dieser drei Monate, dann möge er meinen Rat nicht verschmähen und sich eine Menge warmer

Sachen mitnehmen. Man vergißt so leicht darauf, daß 15 Grad unter Null für einen Menschen, der ein durchwärmtes Haus mit gut schließenden Fenstern hat, nicht halbwegs so störend sind wie 5 Grad über Null bei Steinboden, schwachbrennenden Kaminen, dürftigen elektrischen Heizungen und Fensterläden, die den Wind durchlassen. April gilt als der Frühlingsmonat Italiens und hat etwa dieselbe Rolle wie bei uns der Mai. Ende Mai und Anfang Juni ist der Sommer in vollem Gange, im Juli wird es heiß und im August sehr heiß. Die zweite Septemberhälfte und der ganze Oktober gelten als die klassische Reisezeit, wenigstens für Mittelitalien, und in Sizilien kann man im November und Dezember noch baden.

Und nun, meine Damen und Herren, die Monatsnamen:

gennaio	*dschen-nahⁱo*	Januar
febbraio	*feb-brahⁱo*	Februar
marzo	*martßo*	März
aprile	*aprihle*	April
maggio	*mad-dscho*	Mai
giugno	*dschunjo*	Juni

nun aber nicht: giuglio, sondern:

luglio	*luljo*	Juli
agosto	*agoßto*	August
settembre	*ßet-tämbre*	September
ottobre	*ot-tohbre*	Oktober
novembre	*nowämbre*	November
dicembre	*ditschämbre*	Dezember

Ich bin am 10. März 1921 geboren heißt also: Sono nato il dieci marzo mille novecento ventuno; wenn es eine Frau sagt, heißt es: sono nata, bin geboren.

Nella prossima lezione, Signore e Signori, ci diamo un appuntamento davanti al Palazzo del Re Enzo a Bologna.

NEUE WÖRTER

Lektion 24

Nella nostra ripetizione cerchiamo oggi di ricordarci di tutte le parole delle due ultime lezioni.

Nella nostra ripetizione sollte eigentlich heißen: in la nostra ripetizione, in unserer Wiederholung; weil aber – in la – für italienische Ohren schauerlich klingt, haben die Italiener – nella – daraus gemacht. In unserer Wiederholung heißt also: nella nostra ripetizione.

cerchiamo	*tscherk*^{i}a*hmo*	versuchen wir
cercare	*tscherk*a*hre*	suchen
ricordare	*rikord*a*hre*	erinnern
ricordarci		uns erinnern
Cerchiamo oggi di ricordarci di tutte le parole delle due ultime lezioni		versuchen wir heute, uns aller Wörter der beiden letzten Lektionen zu erinnern
l'orologio	*lorol*o^{dscho}	die Uhr
per l'amor di Dio	*per lamohr di di-o*	um Gottes willen
l'orgoglio	*lorgoljo*	der Stolz
è il mio più grande orgoglio		es ist mein größter Stolz
sapere	*ßap*e*hre*	wissen
sa	*ß*a	er weiß, sie weiß, oder auch: weiß er, weiß sie, Sie wissen, wissen Sie (als höfliche Anredeform)
sappiamo	*ßap-p*^{i}a*hmo*	wir wissen
sa l'ora, per piacere?		wieviel Uhr ist es? Bitte, wie spät ist es?
mezzanotte	*mäd-dsan*o*t-te*	Mitternacht
buona notte		gute Nacht
è mezzogiorno	*mäd-dso*^{dsch}o*rno*	es ist Mittag
il mezzogiorno d'Italia		der Mittag Italiens, Süditalien
è l'una	*luhna*	es ist ein Uhr
la luna	*luhna*	der Mond
sono le due	*du-e*	es ist zwei Uhr

sono le tre	*tre*	es ist drei Uhr
sono le quattro	*k^{u}at-tro*	es ist vier Uhr
sono le cinque	*tschink^{ue}*	es ist fünf Uhr
sono le sei	*ßä-i*	es ist sechs Uhr
sono le sette	*ßät-te*	es ist sieben Uhr
sono le otto	*ot-to*	es ist acht Uhr
sono le nove	*nohwe*	es ist neun Uhr
sono le dieci	*d^{i}ähtschi*	es ist zehn Uhr
sono le undici	*unditschi*	es ist elf Uhr
sono le dodici	*dohditschi*	es ist zwölf Uhr
sono le sette		eigentlich: es sind die sieben
e mezzo	*mäd-dso*	und halb, es ist halb acht
una mezz'ora		eine halbe Stunde
un quarto d'ora		eine Viertelstunde
sei e un quarto		ein Viertel nach sechs
sei meno un quarto		ein Viertel vor sechs
sono le tre e dieci		es ist drei Uhr zehn
sono le tre e		es ist drei Uhr siebzehn
diciasette	*ditschaßät-te*	
sono le tre e ventinove		es ist drei Uhr neunundzwanzig
sono le quattro meno venti		es ist zwanzig Minuten vor vier,
		es ist drei Uhr vierzig
sono le nove meno un quarto		es ist ein Viertel vor neun
sono le quattro e venticinque		es ist fünfundzwanzig nach vier
è mezzogiorno e mezzo		es ist halb ein Uhr mittags
le dodici e mezzo		es ist zwölfeinhalb Uhr
è mezzanotte e un quarto		es ist ein Viertel nach zwölf
		nachts
è zero e quindici		es ist null Uhr fünfzehn
zero	*dsähro*	Null
sono le sedici e quarantaquattro		es ist sechzehn Uhr vierund-
oder gebräuchlicher:		vierzig
sono le diciasette meno sedici		eigentlich: es ist siebzehn Uhr
		weniger sechzehn Minuten
sono le undici e sette		es ist elf Uhr sieben
sono le sei meno tre		es ist drei Minuten vor sechs
sono le dieci		es ist genau zehn Uhr
precise	*pretschihse*	

preciso	*pretschihso*	genau
puntuale	*punt^{u}ahle*	pünktlich
sono arrivato	*ßohno ar-riwahto*	ich bin angekommen
sono arrivato puntualmente	*punt^{u}almente*	ich bin pünktlich angekommen
annunciare	*an-nuntschahre*	ankündigen
possiamo	*poß-ß^{i}ahmo*	wir können
possiamo annunciare		wir können ankündigen
da oggi in poi		wörtlich: von heute auf dann, besser: von heute an
esatto	*esat-to*	exakt, genau
l'ora esatta		die genaue Uhrzeit
lunedì	*lunedi*	Montag
martedì	*martedi*	Dienstag
mercoledì	*merkoledi*	Mittwoch
giovedì	*dschowedi*	Donnerstag
venerdì	*wenerdi*	Freitag
sabato	*ßahbato*	Samstag
domenica	*domehnika*	Sonntag

Alle Wochentage haben den Artikel –il–, nur der Sonntag heißt: **la** domenica.

il punto		der Punkt
l'improv-visazione	*limprow-wisatß^{i}ohne*	die Improvisation
l'appuntamento	*lap-puntamento*	die Verabredung
ci diamo un appuntamento	*tschi d^{i}ahmo*	wörtlich: wir geben uns eine Verabredung, besser: wir verabreden uns
alle sei meno venti		um zwanzig vor sechs
al gran caffè in Piazza		im großen Kaffee auf der Piazza
venerdì a mezzogiorno e un quarto		Freitag um ein Viertel nach zwölf Uhr Mittag
domenica alle otto e mezzo di mattina	*mat-tihna*	Sonntag um halb neun Uhr früh

sabato a mezzanotte meno un quarto		Samstag um ein Viertel vor zwölf Uhr nachts
gennaio	*dschen-nah^{i}o*	Januar
febbraio	*feb-brah^{i}o*	Februar
marzo	*martßo*	März
aprile	*aprihle*	April
maggio	*mad-dscho*	Mai
giugno	*dschunjo*	Juni
luglio	*luljo*	Juli
agosto	*agoßto*	August
settembre	*ßet-tämbre*	September
ottobre	*ot-tohbre*	Oktober
novembre	*nowämbre*	November
dicembre	*ditschämbre*	Dezember
sono nato il dieci marzo millenovecento ventuno		ich bin am 10. März 1921 geboren

IN BOLOGNA
Lektion 25

Benvenuti a Bologna, nella città che si chiama già da secoli »la Dotta« e »la Grassa«, *benwenuhti a bolonja, nel-la tschit-ta ke si k^{i}ahma dscha da ßähkoli »la dot-ta« e »la graß-ßa«*. Willkommen in Bologna, in der Stadt, die sich schon seit Jahrhunderten »die Gelehrte« und die »Fette«, beziehungsweise »die Üppige« nennt. Zum besseren Verständnis: il secolo, *ßekolo,* das Jahrhundert, jedermann bekannt aus dem Lateinischen: saecula saeculorum; già da secoli, schon seit Jahrhunderten; la dotta kennen wir aus dem lateinischen »doctus«, gelehrt; il dottore heißt also: der Gelehrte, der weise Mann. Der Beiname »la Grassa« ist uns schon einmal begegnet, grasso heißt fett, il grasso, das Fett, senza grasso, ohne Fett, anders gesagt: magro, mager; Bologna la Grassa, Bologna die Fette, besser

übersetzt: die Üppige. Im Mittelalter waren die Bologneser ein selbstbewußtes Volk mit einer eigenen Stadtrepublik und sie blickten auf die übrigen Menschen ein bißchen von oben herunter, aus zwei Gründen:
Erstens, weil sie die älteste Rechtsschule der Welt hatten, die schon bis ins 5. Jahrhundert zurückreicht und im 13. Jahrhundert zu einer heute noch bedeutenden Universität erhoben wurde. Die Spezialität: Jurisprudenz. Und zweitens, weil ihre Stadt schon damals berühmt war wegen ihrer Frauen, die ganz besondere Exemplare gewesen sein müssen. Nicht etwa an Üppigkeit, aber wegen der nicht gerade häufigen Mischung von Schönheit und Gelehrsamkeit. Im Mittelalter war es immerhin ungewöhnlich, wenn eine Frau einen Lehrstuhl an einer Universität innehatte. Man erzählt von der Bologneser Professorin Novella D'Andrea, die im 14. Jahrhundert den Studenten aus aller Welt die Rechtsgelehrsamkeit beibrachte, daß sie ihre Vorlesungen hinter einem undurchsichtigen Vorhang halten mußte, weil ihre ungewöhnliche Schönheit die armen Studiosi vollständig aus dem Konzept gebracht hätte! Auch heute haben die Frauen Bolognas ihrer Schönheit und ihrer Lebenslust wegen einen in ganz Italien verbreiteten Ruhm, der um so heller strahlt, als man mittlerweile auf die Vorhänge verzichtet hat. Und wenngleich Bologna ein solcher Ausbund an Gelehrsamkeit ist, so bleibt es doch eine italienische Stadt, eine Stadt mit Menschen, die nicht nur mit dem Geiste, sondern auch mit dem Leibe leben, und die Harmonie zwischen beiden stets herzustellen und zu bewahren trachten. In diesem Sinne ist der Beiname »la Grassa« ein gewisser Ausgleich für den Beinamen »la Dotta«, denn in Bologna wird nicht nur scharfzüngig diskutiert, sondern auch feinzüngig gegessen. Und die Bologneser Frauen haben den Vorteil, an beidem teilzunehmen.

Bologna ist eine Stadt, die, was die Berühmtheit ihrer Kunstwerke angeht, weder mit Venedig noch mit Florenz konkurrieren kann. Eher noch mit Padua, mit dem sie auch die Laubengänge in der Altstadt gemeinsam hat. Aber der Lebensstil in den beiden Städten ist ganz verschieden. Padua hat zwei Zentren: den heiligen Antonius mit seinen Pilgerscharen und Prozessionen und die Universität mit ihren Studenten. Sonst ist es eine stille, ein wenig im Schatten Venedigs bleibende, verträumte Stadt, deren Reiz mehr in einer romantischen Abgeschiedenheit als im brausenden Leben liegt. Bologna hingegen ist ein pulsierendes, vitales, optimistisches und von Lebensfreude überschäumendes Gebilde, voll von Lachen und Unbekümmertheit, ein Glanzpunkt der »disinvoltura«, der Unbefangenheit, und wenn man sich die Menschen, die so am Spätnachmittag unter den Lauben und Arkadengängen um die Piazza Maggiore herum flanieren, näher ansieht, so wird man bemerken, daß ihnen der Mutterwitz und die Brillanz auf den Gesichtern geschrieben stehen.

Was Bologna ist, das zeigt uns deutlich die Geschichte einer Gefangenschaft, die hier im 13. Jahrhundert gelebt worden ist: Die Bologneser waren mit dem Hohenstaufenkaiser Friedrich II. nicht sehr einverstanden und zogen gegen ihn ins Feld. Und es gelang ihnen, seine Truppen zu schlagen und seinen Sohn Heinrich, den berühmten »Re Enzo«, *re änzo,* gefangenzunehmen. Bei dieser Gelegenheit: il re, der König, Mehrzahl: i re, die Könige. Dieser Re Enzo war ein hochbegabter und künstlerischer Mann, und die Bologneser wußten, was sie an ihm hatten. Sie ließen ihn nicht mehr frei bis zu seinem Tode: 23 Jahre, von 1249 bis 1272, blieb er ihr Gefangener. Er bewohnte, frei von allen Sorgen, den schönen und romantischen Palast, der heute noch nach ihm »Palazzo di Re Enzo« heißt und sich mitten auf der Piazza Maggiore, dem Hauptplatz der Stadt, erhebt. Und weil der gute Re Enzo als ehemaliger König von Sardinien nichts anderes machen konnte, hat er angefangen zu dichten, und die Minnelieder, die von diesem Palast aus durch ganz Europa gegangen sind, geben heute noch Zeugnis davon, daß die Bologneser ihm die Gefangenschaft nicht allzu schwer gemacht haben. Kein Dichter seit dem Re Enzo hat die Frauen Bolognas so hinreißend besungen, und wenn Sie die rührende Geschichte anhören, die der custode, il custode, *kußtohde*, der Wärter, der Museumsdiener, im Palazzo Re Enzo erzählt, so werden Sie bestätigt finden, daß die Bologneserinnen den Kaisersohn zu schätzen wußten.

Der Custode setzt dabei nicht voraus, daß wir die Geschichte des Re Enzo genau kennen. Es genügt, wenn wir wissen, was heute noch in Bologna erzählt wird: daß der Re Enzo ein ungewöhnlich schöner Mann von adliger Gestalt und langen, bis zum Gürtel hinabreichenden blonden Locken war.

Als man ihn am Ende einer für ihn schon fast gewonnenen Schlacht im Zweikampf mit dem Bologneser Antonio Lambertazzi über das Schlachtfeld stürmen sah, glaubten die Kaiserlichen schon, des Sieges sicher zu sein. Da fiel der Re Enzo einer List zum Opfer: sein Gegner tötete in einem günstigen Augenblick das Pferd des Königs, und die Verwirrung, die entstand, als man plötzlich das goldene Haupt nicht mehr über den Reihen der Kämpfenden erblickte, war groß genug, um in letzter Minute das Kriegsglück zu wenden und den Sieg der guelfischen Stadt herbeizuführen. Im Triumphzug brachte man den jungen, glänzenden Herrscher zu seinem Kerker, und unser Custode weiß zu erzählen, die Frauen von Bologna seien von seiner Gestalt so beeindruckt gewesen, daß sie darauf vergessen hätten, einen Feind ihres Vaterlandes vor sich zu haben.

Die Schönste der Töchter Bolognas, Lucia Viadagola, verlor schon beim ersten Anblick ihr Herz hoffnungslos an den strahlenden Kaisersohn, und je mehr der Rat der Stadt auf einer harten Gefangenschaft bestand, um so größer wurde der Mut ihrer Liebe. Während Kaiser Friedrich II. mit den Bologneser Senatoren in einem demütigenden und vergeblichen Briefwechsel um die Freigabe seines Sohnes kämpfte, spannen sich durch Kerkertüren und feste Mauern die ersten Fäden einer bezaubernden Romanze.

Unter dem Einfluß dieser Liebe begann der gefangene König Sagen, Dichtungen und Lieder zu sammeln, zu erweitern und umzuschaffen. Aus dem düsteren Gefängnis wanderten seine Melodien in die Stadt Bologna und in die Länder Italiens hinaus – und auch die ärgsten Feinde des Königs waren von ihrem Schmelz und Charme bis zu Tränen gerührt.

So verdachte es niemand der schönen Lucia, die man als Grund für diese hinreißenden Dichtungen kannte, daß sie den Bürgern ihrer Heimatstadt voller Stolz die Kinder zeigte, die sie dem gefangenen König geboren hatte. Es gibt in der Geschichte der Stadt Bologna ein bedeutendes Geschlecht, das den Namen Bentivoglio führt, und dieser Name »bene ti voglio«, »Dir will ich wohl«, ist heute noch eine Erinnerung an die Liebe zwischen Re Enzo und der schönen Lucia.

Als Re Enzo 20 Jahre der Gefangenschaft hinter sich gebracht hatte – trotz vieler Leiden noch immer ungebrochenen Geistes – kamen auf manchem Wege Nachrichten in seinen Kerker, die ihn sehr erregten. Der letzte Hohenstaufensproß Konradin hatte Krone und Leben auf dem Marktplatze von Neapel eingebüßt, und nun existierte nur noch ein Mitglied des erlauchten Hauses, er selbst, Re Enzo. Die Kaiserkrone trat vor das geistige Auge des Gefangenen. Der alte Glanz der Hohenstaufen hing an seiner Person. Nichts schien unmöglich, wenn nur erst die Befreiung aus dem Gefängnis von Bologna gelänge. Enzo hatte unter den Bolognesern einen reichen, hochsinnigen Edelmann, Pietro Asinelli, zum Freunde gewonnen, und beide begannen den Plan zur Flucht der Verwirklichung näherzubringen. Damals gab es in Bologna ein Original, einen stadtbekannten Weinhändler namens Filippo, einen rauhen Spaßvogel von gewaltiger Körpergröße, der seine Fässer oftmals auf den eigenen Schultern zu transportieren pflegte. Längst hatten sich die Wachen des Königs Enzo an das Kommen und Gehen dieses Mannes gewöhnt, der jedesmal, wenn das große Weinfaß des Königs leer war, ein neues in seinen Kerker brachte und das leere forttrug. In einem dieser leeren Weinfässer versuchte Enzo die Flucht. Er kam glücklich durch alle Wachen und bis an das letzte Stadttor. Die in der Ferne wartenden Pferde waren schon zu sehen. Da war es das lange Haar, das dem König zum Verhängnis wurde. Eine blonde Locke schlüpfte durch das Spundloch, ein Soldat, der sie zufällig sah, rief sofort aus, dies könne nur das Haar des Königs Enzo sein, die Flucht wurde entdeckt, der König zurückgebracht und die Hoffnung auf die Freiheit war endgültig verloren.

Erst 46 Jahre alt, starb er in seinem Gefängnis am 14. März 1272 nach einer Gefangenschaft von 22 Jahren, 9 Monaten und 16 Tagen. Kaum war er tot, behandelten ihn die Bologneser als einen wahren König. Sie ließen seinen Leib einbalsamieren, hüllten ihn in ein weites, scharlachfarbenes Gewand, setzten eine von vielen Edelsteinen glänzende Krone auf sein Haupt und gaben ihm ein goldenes Zepter in die Hand. In feierlichem, pompösem Zug wurde der Sarg durch die trauernde Stadt getragen und in der Kirche des Hl. Dominikus mit königlichen Ehren beigesetzt: plötzlich wußten die Bologneser, daß dieser liebenswürdige Kaisersohn während der ganzen langen Zeit seiner Gefangenschaft der König ihrer Stadt gewesen war. Und durch 700 Jahre hielten sie sein Ansehen in hohen Ehren.

Man kann das Schicksal dieses romantischen Prinzen aus vielen Gründen beklagen, aber wenn es nun schon einmal so geschehen sollte, so gibt es eigentlich nur eine einzige Sache, worum man ihn bedauern muß: daß er nämlich von den Fenstern seines Palastes aus noch nicht den wunderbaren Brunnen sehen konnte, den man im 16. Jahrhundert auf dem Platz mit vollendetem Geschmack aufgestellt hat. La fontana di Nettuno, *fontahna di net-tuhno!* La fontana, der Brunnen; Nettuno, der Gott Neptun, der Gott des Meeres und der Wasser; la fontana di Nettuno, der Neptunsbrunnen. Dies ist einer der schönsten Brunnen Italiens, dessen tausendfältige Strahlen die wundervollen Erzplastiken Gian Bolognas sprühend umspielen, und wir benützen die Gelegenheit, ein Wort zu lernen, das Sie wahrscheinlich alle schon kennen und ohne das ein Brunnen kein Brunnen ist: l'acqua, *lak-k^{u}a,* das Wasser.

l'acqua potabile	*potahbile*	das Trinkwasser
l'acqua fresca	*freßka*	das frische Wasser
l'acqua calda	*kalda*	das warme Wasser
l'acqua fredda	*fred-da*	das kalte Wasser
l'acqua gelata	*dschelahta*	das Eiswasser

un bicchiere d'acqua, *bik-k^{i}ähre,* ein Glas Wasser; mi dia un bicchiere d'acqua, per favore! Bitte geben Sie mir ein Glas Wasser; mi dia, *mi di-a,* geben Sie mir, kommt von dare, *dahre,* geben.

Auf unseren Wegen durch die Altstadt von Bologna sehen wir immer wieder einmal in einer Straßendurchsicht zwei gewaltige Türme auftauchen, von denen der eine fast 100, der andere 47 Meter hoch ist. Sie sind das Wahrzeichen von Bologna, viereckige Geschlechtertürme aus dem hohen Mittelalter, die beide eine merkwürdige Eigenschaft haben: sie sind schief. Die »Torre degli Asinelli«, la torre, *tor-re*, der Turm, Asinelli ist der Name einer Patrizierfamilie, also der Turm der Asinelli, der höhere von den beiden, neigt sich nach Westen um 1 Meter 20 vor. Die »Torre Garisenda« aus dem Jahre 1110 weicht nach Nordosten stark von der Senkrechten ab. Sie sehen, meine lieben Leser, nicht nur Pisa hat einen schiefen Turm. Die Bologneser haben gleich zwei und sie bilden sich eine Menge darauf ein. Die Frage, »warum« diese Türme schief sind, kann kein Mensch genau beantworten, aber ich habe einen Verdacht: Italien ist das Land des Individualismus, l'individualità, *lindiwid^{u}alita*, die Individualität, die Unteilbarkeit der Einzelpersönlichkeit, das Unverwechselbare eines jeden von Gott erschaffenen Menschen gehört zu den wesentlichsten italienischen Tugenden, und ich könnte mir vorstellen, daß die Bauherren dieser beiden Türme einfach von der Überlegung ausgegangen sind: Gerade Türme kann jeder bauen, wir sind aber nicht jeder, infolgedessen bauen wir schief!

Und nun, meine lieben Leser, müssen wir uns durchfragen zu einem Lokal, ohne dessen Besuch man Bologna nicht gesehen hat, zum rauchgeschwärzten »Papagallo«. Das könnte etwa so vor sich gehen:

»Scusi, per favore – vorremmo andare al Papagallo!«

»Al Papagallo?«

»Sì«, – »è qui vicino!« – »Ma, dove, scusi?«

»Ah, Lei è straniero?« – »Sì, sono tedesco!«

»Dunque, Lei vuole andare al Papagallo? Vuole andare a piedi? Ecco, vada sempre diritto, poi in fondo a destra, alla prima via a sinistra, e poi domandi ancora a qualcuno!« – »Non ho ben capito, scusi?« – »Se Lei vuole, prenda l'autobus, arriva prima!« – »Come?« – »Arriva prima, Lei fa più presto, è meglio!« – »Ho capito, l'autobus, che numero, e dove?« – »Qui, ecco la fermata, davanti a Lei, autobus numero sessantaquattro!« – »Numero sessantaquattro, bene. Ci vuole molto tempo?« – »No, tre o quattro minuti appena! Ecco il Suo Autobus, lo prenda!« – »La ringrazio molto!« – »Prego, non c'è di che!« –

IN BOLOGNA
Lektion 26

Ci ricordiamo del nostro discorso a Bologna per andare al Ristorante Papagallo, wir erinnern uns unseres Gespräches in Bologna, um zu dem Restaurant »Der Papagei« zu gelangen. Zuerst haben wir gefragt: Scusi, per favore, vorremmo andare al Pagagallo. Vorremmo, *wor-rem-mo,* ist, wie wir uns erinnern, die Mehrzahlform von vorrei, also: wir möchten; darauf hat der Bologneser sinnigerweise zurückgefragt: Al Papagallo? und dann hat er gesagt: È qui vicino, **ä** *k*ᵘi *witschi***h***no,* es ist ganz nahe. Wir: Ma, dove, scusi? Poi il Bolognese: Ah, Lei è straniero! *ßtran*ⁱ**ä***hro!* – Das ist typisch: an dem Akzent und der Art zu fragen, hat er natürlich gemerkt, daß wir Ausländer sind, und jetzt muß er es ganz genau wissen, bevor er die innere Ruhe zurückgewinnt, um uns zu sagen, wo der Papagallo ist. Hier taucht eine weitere italienische Charaktereigenschaft auf, die man nicht unterschätzen darf: la curiosità, die Neugierde. Machen Sie sich darauf gefaßt, meine Damen und Herren – überall, wohin Sie in Italien auch kommen, werden die Leute Sie ausfragen. Obwohl Italien jährlich von Millionen von Ausländern überschwemmt wird, ist, weil wir doch im Lande des Individualismus sind, jeder einzelne Ausländer Gegenstand eines unerschöpflichen Interesses, eine Art exotisches Tier, das man genau betrachten muß, bevor man mit ihm umgeht. Geben Sie daher bitte stets bereitwilligst Auskunft über alles, was Ihr unbekannter Gesprächspartner von Ihnen wissen will, und wundern Sie sich nicht, wenn er fragt, aus welcher Stadt Sie sind, ob Sie verheiratet sind, wieviel Kinder Sie haben, ob Ihre Mutter noch lebt, wie es um Ihre Herzensangelegenheiten bestellt ist, und dann warten Sie bitte ab, bis er Ihnen von sich selber auch alles erzählt hat. Erst dann ist die Basis für ein sachliches Gespräch geschaffen: man kennt sich nun, weiß, was man voneinander zu halten hat, ist in die Privatverhältnisse eingeweiht, und kann infolgedessen ohne weiteres sagen, wo der Papagallo ist! Dies alles nur aus »curiosità«, dabei muß man noch sagen, daß in Italien die »curiosità« keineswegs nur eine Eigenschaft des weiblichen Geschlechtes ist, im Gegenteil, die Männer sind mitunter noch viel neugieriger, es rinnt ihnen sozusagen das Wasser im Munde zusammen in der Vorfreude, möglichst viel von Ihnen zu erfahren. Dann endlich setzt er an: Dunque, Lei vuole andare al Papagallo? Also, Sie wollen zum Papagallo gehen? Dies sagt er nur, um Zeit zu gewinnen! Als echter Einheimischer kennt er zwar den Papagallo, aber wie man am kürzesten hinkommt, das muß er genau überlegen, deshalb fragt er auch noch: Vuole andare a piedi? *a p*^{i}*ähdi,* wollen Sie zu Fuß gehen? Und ohne die Antwort abzuwarten, fährt er fort: Ecco, vada sempre diritto, poi in fondo a destra; in fondo heißt eigentlich: am Ende, im Hintergrund, gemeint ist: am Ende der Straße; alla prima via a sinistra, an der ersten Straße nach links; und dann kommt das Unausbleibliche: e poi domandi ancora a qualcuno! und dann fragen Sie noch jemanden! Qualcuno, *k*^{u}*alkuhno,* heißt: jemand; domandare a qualcuno, *domandahre a k*^{u}*alkuhno,* jemanden fragen. Er traut Ihnen nämlich nicht zu, erstens: daß Sie ihn verstanden haben, und zweitens, daß Sie es sich merken können.

Seine ganze Rede lautet also noch einmal:

Dunque, Lei vuole andare al Papagallo? Vuole andare a piedi? Ecco, vada sempre diritto, poi in fondo a destra, alla prima via a sinistra, e poi domandi ancora a qualcuno! – Und dann haben Sie ein Recht dazu, zu antworten: Non ho ben capito! – Dies veranlaßt den anderen aber, sofort aus dem Gedankengang auszubrechen: Se Lei vuole prenda l'autobus, arriva prima! das heißt wörtlich: se, *ße,* wenn; se Lei vuole, wenn Sie wollen; prendere kennen wir schon: nehmen; prenda, *prända,* nehmen Sie; prenda l'autobus, *la^{u}tobuß,* nehmen Sie den Autobus; und dann: arriva prima, arriva, *ar-rihwa,* heißt: er oder es kommt an oder Sie kommen an; prima, eher im Sinne von schneller; bitte, geben Sie gut acht: prima heißt nicht prima wie wir es im Deutschen sagen! Das ist ganz prima kann man im Italienischen nicht mit »tutto prima« übersetzen! Arriva prima heißt also: Sie kommen eher an. Se Lei vuole prenda l'autobus, arriva prima: wenn Sie wollen, nehmen Sie den Autobus, Sie kommen eher an! Da es sich im Dialog mit Italienern stets rät, noch einmal hinterher zu fragen, sagen wir jetzt: Come? wie bitte? Darauf er: Arriva prima, Lei fa più presto! Presto, *präßto,* bald, schnell; più presto, sehr bald, also: schneller; è meglio, *mäljo,* es ist besser; bene, *bäne,* ist gut, die Steigerung von bene heißt: meglio, besser; darauf wir: Ho capito, l'autobus, che numero, e dove? Ich habe verstanden, den Autobus, welche Nummer und wo? – Qui, ecco la fermata, la fermata, *fermahta,* die Haltestelle; wir erinnern uns an: fermo, *fermo,* fest, feststehend; la fermata, die Haltestelle, nicht: la stazione! La stazione heißt nur der Bahnhof! Also die Trambahnstation: la fermata del tram. Davanti a Lei, autobus numero sessantaquattro; davanti, vor (örtlich). Nun fragen wir: Ci vuole molto tempo? Das heißt: dazu es will viel Zeit? oder besser: braucht man dazu viel Zeit? dauert es lange? oder kürzer auch: Ci vuole molto? Unser Bologneser Freund darauf: No, tre o quattro minuti appena! Appena, *ap-pehna* heißt kaum und wird nachgestellt; tre o quattro minuti appena, also: 3 oder 4 Minuten kaum, kaum 3 oder 4 Minuten; wenn man appena vorausstellt, heißt es: sobald; also, per esempio: appena possibile, *poß-ßihbile,* so bald wie möglich; appena è arrivato il treno, sobald der Zug angekommen ist. Dagegen: il treno è appena arrivato, der Zug ist kaum angekommen!

Jetzt bleibt uns nur zu sagen: La ringrazio molto, ich danke Ihnen vielmals, worauf er, weil wir ja noch in Norditalien sind, sagen wird: Prego, non c'è di che! *prego non tsch*ä *di k*e, wörtlich: bitte, nicht es gibt von etwas, gemeint ist: bitte sehr, keine Ursache, nichts zu danken! In Rom und im südlicheren Italien würde man sagen: dovere! *dowehre!* Il dovere heißt: die Pflicht, also: es war meine Pflicht: prego, dovere! Dunque ripetiamo:

»Scusi, per favore – vorremmo andare al Papagallo!«

»Al Papagallo?«

»Sì«, – »è qui vicino!« – »Ma, dove, scusi?«

»Ah, Lei è straniero?« – »Sì, sono tedesco!«

»Dunque, Lei vuole andare al Papagallo? Vuole andare a piedi? Ecco, vada sempre diritto, poi in fondo a destra, alla prima via a sinistra, e poi domandi ancora a qualcuno!« – »Non ho ben capito!« – »Se Lei vuole, prenda l'autobus, arriva prima!« – »Come?« – »Arriva prima, Lei fa più presto, è meglio!« – »Ho capito, l'autobus, che numero, e dove?« – »Qui, ecco la fermata, davanti a Lei, autobus numero sessantaquattro!« – »Numero sessantaquattro, bene. Ci vuole molto tempo?« – »No, tre o quattro minuti appena! Ecco il Suo autobus, lo prenda!« – »La ringrazio molto!« – »Prego, non c'è di che!« –

Nachdem wir so viel Mühe aufgewendet haben, um zu diesem ersehnten Papagallo zu kommen, wollen wir uns jetzt zu einem echten Bologneser Mahle niederlassen. Die Küche des Papagallo mit ihrem enormen Herd und den großen kupfernen Kesseln und Pfannen macht einen mittelalterlichen, vertrauenswürdigen Eindruck, und wenn Sie das erste Gericht im Papagallo hinter sich haben, werden Sie mir zugeben: der Mann, der das gekocht hat, ist kein Koch, sondern ein Alchimist, ein Magier, ein Zauberer des Gaumens.

Als ersten piatto, Sie wissen noch: il piatto, der Teller, das Gericht, müssen wir natürlich lasagne verdi bestellen. La lasagna, *lasanja,* die breite Nudel, verde, *werde,* grüne: la lasagna verde, die grüne breite Nudel, le lasagne verdi, die grünen breiten Nudeln. Wieso grün? Sie werden es nicht glauben, meine Damen und Herren, die Nudeln sind grasgrün, so grün wie Salat. Man hat sie in einer komplizierten Prozedur in mit Gewürzen versetztem Spinatwasser gekocht, weil die grüne Farbe zu dem Gericht unerläßlich ist. Warum, weiß kein Mensch. Eine kremeartig zerfließende, den ganzen Nudelberg durchziehende Käselava macht das Ganze zu einem Genuß, bei dem einem die Tränen kommen können vor Rührung! Die Auswahl für den Rest des Mahles würde ich an Ihrer Stelle dem Oberkellner überlassen, ich gebe Ihnen offen zu, daß mir die Wahl schwer wird, Ihnen etwas zu empfehlen. Als ich zum ersten Male bei Papagallo aß, bestellte ich hintereinander Fisch und Hühnerfilet, durch eine Verwechslung in der Küche kam das Hühnerfilet zuerst, und es schmeckte so raffiniert und so wenig nach Huhn, daß ich es

für Fisch gegessen habe! Als der Oberkellner das herausbekam, erstarrte er zu Eis! Ich hatte mein Gesicht vollständig verloren und noch heute wirft er es mir vor, wenn ich nach Bologna komme. Der Wirt des Papagallo soll, wie die Sage geht, einmal 900 Köche aus der ganzen Welt zum Wettkochen eingeladen haben, was ein nicht weniger großes Unterfangen war als die Herausforderung des großen Gelehrten Pico della Mirandola im 15. Jahrhundert, der einmal 900 Wissenschaftler zu einer Diskussion über die Grundlagen der Philosophie eingeladen hat. Im einen wie im anderen Falle soll der Herausforderer den Sieg davongetragen haben, und wenigstens beim Papagallo glaubt man das nach dem Genuß eines ausgedehnten Abendessens ohne weiteres!
Wir verlassen Bologna, gesättigt und heiter, mit dem Rufe: Evviva il Papagallo! *ew-wihwa il papagal-lo!*

NEUE WÖRTER
Lektion 27

come sempre	*kohme ßämpre*	wie immer
ci vuole	*tschi wuohle*	wörtlich: dazu es will, man braucht, es ist nötig
come sempre per la nostra ripetizione ci vuole un po' di pazienza		wie immer braucht man ein wenig Geduld für unsere Wiederholung
benvenuto	*benwenuhto*	willkommen, und: der Willkommene, auch: Seien Sie willkommen, wenn man es einer einzelnen Person sagt
benvenuti		die Willkommenen, oder auch: Seid willkommen, zu mehreren
benvenuti a Bologna		seien Sie willkommen in Bologna
il secolo	*ßekolo*	das Jahrhundert
già da secoli	*dscha*	schon seit Jahrhunderten

dotto, dotta	*dot-to*	gelehrt
il dottore	*dot-tohre*	der Gelehrte, der weise Mann, der Doktor
la dotta		die Gelehrte
nella città che si chiama già da secoli la dotta e la grassa		in der Stadt, die schon seit Jahrhunderten die Gelehrte und die Fette heißt
il grasso	*graß-ßo*	das Fett
senza grasso	*ßentßa*	ohne Fett
magro	*magro*	mager
la disinvoltura	*disinwoltuhra*	die Unbefangenheit
il re	*re*	der König
la regina	*re*^{dsch}*ihna*	die Königin
la regina del cielo	*tschählo*	die Königin des Himmels
il cielo		der Himmel
enzo	*änzo*	Heinz
la fontana	*fontahna*	der Brunnen, die Fontäne
l'acqua	*lak-k*^{u}*a*	das Wasser
l'acqua potabile	*potahbile*	das Trinkwasser
l'acqua fresca	*freßka*	das frische Wasser
l'acqua calda	*kalda*	das warme Wasser

caldo heißt leider nicht kalt – es wäre so einfach! – tückischerweise heißt es das Gegenteil, nämlich: warm, kalt hingegen heißt freddo,

caldo		warm
freddo	*fred-do*	kalt
l'acqua fredda		das kalte Wasser

Auf den Wasserhähnen im Hotel steht also »F« = freddo bei einem Hahn für kaltes Wasser. »C« = caldo bei einem Hahn für warmes Wasser.

l'acqua gelata	^{dsch}*elahta*	das Eiswasser, wörtlich: das eisige Wasser
il gelato	^{dsch}*elahto*	das Speiseeis
il ghiaccio	*g*^{i}*at-tscho*	das Eis als gefrorenes Wasser
mi dia	*mi di-a*	geben Sie mir
il bicchiere	*bik-k*^{i}*ähre*	das Glas, der Becher
mi dia un bicchiere d'acqua, per favore		bitte, geben Sie mir ein Glas Wasser

la torre	*tor-re*	der Turm
l'individualità	*lindiwid^u^alita*	die Individualität, die Unteilbarkeit der Einzelperson
vorremmo	*wor-rem-mo*	wir möchten

Sie erinnern sich noch an die Formen von möchten:

vorrei	*wor-rä-i*	ich möchte
vorresti	*wor-reßti*	du möchtest
vorrebbe	*wor-räb-be*	er, sie möchte
vorremmo	*wor-rem-mo*	wir möchten
vorreste	*wor-reßte*	ihr möchtet
vorrebbero	*wor-räb-bero*	sie möchten
andare a piedi	*andahre a p^{i}ähdi*	zu Fuß gehen
il piede	*p^{i}ähde*	der Fuß
i piedi		die Füße
la pedicura	*pedikuhra*	die Fußpflege, zusammengesetzt aus: il piede und la cura, die Sorge, die Pflege
la cura	*kuhra*	die Sorge, die Pflege
il male di piedi	*il mahle di p^{i}ähdi*	die Fußschmerzen, wörtlich: das Schlechte von den Füßen
il male	*mahle*	das Schlechte, das Üble
ho male di piedi		ich habe Fußschmerzen
in fondo	*fondo*	im Grunde, im Hintergrund, hinten, aber nicht: hinter!
dietro	*d^{i}ähtro*	hinter

Wenn man im Italienischen nach rückwärts sagen will, sagt man:

indietro		wörtlich: nach hinten, rückwärts
il fondo		der Grund
in fondo		eigentlich: letzten Endes
il fondo del mare		der Grund des Meeres, der Meeresgrund
il fondo della bottiglia	*bot-tilja*	der Grund der Flasche
fin in fondo		bis auf den Grund
domandare	*domandahre*	fragen
domando	*domando*	ich frage

domanda	*domanda*	er fragt
la domanda	*domanda*	die Frage
la questione	*kueßtiohne*	die Frage im Sinne von: Problem
domandi	*domandi*	fragen Sie, als Befehlsform: fragen Sie!
qualcuno	*kualkuhno*	jemand
domandare a qualcuno		jemand fragen
se	*ße*	wenn
prendere	*prändere*	nehmen
prenda	*prända*	nehmen Sie
prenda l'autobus	*lautobuß*	nehmen Sie den Autobus!
prende una sigaretta?		nehmen Sie eine Zigarette?
prenda!		nehmen Sie!
prende?		nehmen Sie?
fare	*fahre*	machen, tun
fa		er macht
prima		eher, früher
fa prima	*prihma*	er macht eher, er macht schneller, es geht schneller
come		wie – auch als Frage
Lei fa più presto	*präßto*	wörtlich: Sie machen mehr bald, Sie schaffen es schneller
bene	*bäne*	gut
meglio	*mäljo*	besser
la fermata	*fermahta*	die Haltestelle
fermo	*fermo*	fest, feststehend
fermare	*fermahre*	anhalten
avanti		vorwärts, herein
davanti		vor, im Sinne von Ortsbezeichnung
davanti a Lei		vor Ihnen
davanti al Palazzo		vor dem Palast
è necessario	*netscheßßahrio*	es ist notwendig
ci vuole molto tempo		man braucht viel Zeit, oder auch: ist viel Zeit nötig? also: dauert es lange?

non c'è di che	*non tschä di ke*	es ist nicht von was, wörtlich: nicht es ist von was, also: keine Ursache! Gern geschehen!
la curiosità	*kur^{i}oßita*	die Neugierde
appena possibile	*ap-pehna*	so bald wie möglich
tre o quattro minuti appena	*minuhti*	kaum 3 oder 4 Minuten
dovere	*dowehre*	es war meine Pflicht
il dovere	*dowehre*	die Pflicht
lasagne verdi	*lasanje werdi*	grüne Nudeln, bolognesisches Leibgericht
il papagallo	*papagal-lo*	der Papagei
evviva il papagallo		es lebe der Papagei
evviva	*ew-wibwa*	es lebe, es lebe hoch!

IN FLORENZ

Lektion 28

Quant'è bella, giovinezza,
Che si fugge tuttavia!
Chi vuol esser lieto sia!
Di doman non c'è certezza!

In der großen und heiteren Mulde des Arnotales liegt vor uns ausgebreitet unter der toskanischen Sonne Firenze, die Stadt Florenz. Die Verse, die Sie gelesen haben, hat der glücklichste Fürst dieser Stadt, Lorenzo il Magnifico, Lorenzo der Prächtige aus dem Hause Medici, im 15. Jahrhundert auf der Höhe seines Lebens und seines Ruhmes gedichtet, und alles, was Florenz der Welt an Schönheit geschenkt hat, ist in ihnen.

Sehen wir uns diese Verse näher an, sie lohnen der Mühe:
Quant'è bella, giovinezza, che si fugge tuttavia!
Chi vuol esser lieto sia! Di doman non c'è certezza!
k^{u}ant ä bäl-la, dschowinet-tßa, ke ßi-fud-dsche tut-tawi-a!
ki w^{u}ohläß-ßer l^{i}ähto, ßi-a! di domahn non tchä tschertet-tßa!

Quant'è kennen wir schon in der Bedeutung: wieviel ist, wieviel macht, oder: was kostet es. Quant'è bello heißt aber wörtlich: wieviel ist es schön, oder: wie schön ist; la giovinezza, *dschowinet-tßa,* die Jugend, die Jugendzeit, also: quant'è bella giovinezza, wie schön ist Jugend, oder besser: wie schön ist es jung zu sein! Che si fugge tuttavia; fuggire, *fud-dschihre,* heißt: fliehen, entfliehen, fugge, *fud-dsche,* er, sie flieht; tuttavia, *tut-tawi-a* heißt: dennoch, die Zeile heißt also: che si fugge tuttavia, die ja flieht dennoch, die ja dennoch entflieht.

Chi vuol esser lieto, sia; chi *ki,* wer; vuol, *wuohl,* vuole, er will, chi vuol, wer will; essere, *äß-ßere,* sein; lieto, *liähto,* fröhlich; sia, *ßi-a,* er sei, oder auch: es sei; chi vuol esser lieto, sia: Wer fröhlich sein will, der sei es! di doman, non c'è certezza; domani, *domahni,* morgen; la certezza, *tschertet-tßa,* die Gewißheit, die Sicherheit, certo, gewiß, sicher; also di doman non c'è certezza, über das Morgen gibt es keine Gewißheit! Man weiß nicht, was die Zukunft bringen wird.

Der Mann, der diese Verse geschrieben hat, Lorenzo il Magnifico, Lorenzo der Prächtige aus dem Hause Medici, hatte so viel Geld, daß der Kaiser von Byzanz zu ihm nach Florenz kam, um seine finanzielle Hilfe gegen die anbrandenden Türken zu erbitten. Die byzantinischen Kaiser waren, als die unmittelbaren Nachfolger der antiken Imperatoren, die Herrscher auf dem ältesten Throne der Welt. Der Großvater Lorenzos des Prächtigen war noch ein zwar sehr reicher, aber einfacher Bürger gewesen, und so hat dieses Ereignis den ganzen Stolz des florentinischen Herrn auf den Plan gerufen. Im Palazzo Medici, mitten in der Stadt, gibt es eine kleine, lichtlose Kapelle, die man die Herzkammer des florentinischen Geistes nennen könnte: es ist die Hauskapelle der Medici, und die Ausdehnung des Raumes ist so

gering, daß an den Wänden nur 16 Personen Platz finden können. Diese Kapelle hat Lorenzo de' Medici im Andenken an den Besuch des byzantinischen Kaisers ganz mit Fresken ausmalen lassen. Der Meister, den er damit beauftragte, war Benozzo Gozzoli, dessen Wandbilder im Campo Santo in Pisa die Bewunderung seiner Zeitgenossen hervorgerufen hatten. Er wählte zum Thema den Zug der Heiligen Drei Könige – und die drei Könige sind der Patriarch von Konstantinopel, der dunkle Kaiser von Byzanz und Lorenzo – der Fürst von Florenz. Der Zug geht über Berge und Täler des sonnigen und geordneten toskanischen Landes, und es reiten viele berühmte Männer mit – Fra Angelico, Marsilio Ficino, Bessarion, Pico de la Mirandola, Verrocchio. Hinter Lorenzo reiten die ganzen Ahnen des mediceischen Hauses den Berg herunter – und da sind auch die jungen Leute, die Jugend von Florenz, lächelnd und gelassen auf ihren Pferden, die Gesichter zart gerötet, in goldbestickte Gewänder gekleidet. – Die Jugend der Primavera Fiorentina, die in den Gärten und an den Brunnen über der Stadt die Verse ihres Fürsten sang.
A Firenze, in Florenz, wird uns etwas auffallen, wenn wir die Leute sprechen hören: sie können kein »k« sagen! La casa heißt la hasa, die Toskana ist die »Toshana«, die einzige Provinz in Italien, wo das »h« stimmhaft gesprochen wird. Die Florentiner sind ein sehr bewegliches Volk von höchst lebendigem Geist und wacher Intelligenz, freundlich und verbindlich in den Umgangsformen und von einer kaum bezähmbaren Spottlust. Ihre Ausdrucksweise ist eine seltsame Mischung aus formeller Höflichkeit und einer Ironie, die man fast durchtrieben nennen könnte. Florentiner sind niemals verletzend, dazu haben sie zuviel Feingefühl. Aber sie sind immer ein bißchen auf der Lauer, den anderen merken zu lassen, daß es unmöglich ist, sie hereinzulegen. Ihre Intel-

ligenz ist so groß, daß die Wärme des Gefühlslebens sich an ihr immer ein bißchen abkühlt: sie sind die kontrolliertesten Menschen Italiens. Man sieht das auch an ihrer Kunst. Es gibt keine bewußtere, ausgeglichenere, aber auch keine kühlere Kunst als die der florentinischen Renaissance. Der Überschwang ist in Florenz niemals sehr hoch geschätzt worden, die aristokratische Lebensform dagegen immer sehr. Und so kommt es, daß der toskanische Dialekt eigentlich die Schriftsprache Italiens geworden ist. Die Florentiner haben im Lauf der Jahrhunderte die größte Präzision des Ausdrucks, die sicherste Unterscheidung der Sprachnuancen entwickelt, und der einzige Kummer dabei ist, daß sie ihre eigene, vollkommene Sprache nicht ganz vollkommen aussprechen können. Deshalb sagt ein italienisches Sprichwort, das vollkommene Italienisch sei: lingua toscana in bocca romana, *lingᵘa toßkahna in bok-ka romahna,* die toskanische Sprache in römischem Munde. La bocca, der Mund.

Das erste, was wir in Florenz tun, noch bevor wir uns daran machen, dieses Schatzhaus der Künste zu durchstreifen, ist eine Fahrt auf den Piazzale Michelangelo, einen von Gärten umgebenen, terrassenartigen Platz über der Stadt, von dessen Balustrade aus man vor allem am Abend einen hinreißenden Blick über die Kuppeln und Türme und über das Tal des Flusses Arno hat. Dort oben gewinnen die Verse des Lorenzo il Magnifico eine ganz besondere Durchsichtigkeit: Wer fröhlich sein will, der sei es – über das Morgen besteht keine Gewißheit. Es scheint, als ob dieser Stadt Florenz, die eines der vollkommensten Gebilde der Menschheit ist, gerade durch ihr Wissen von der Vergänglichkeit der Jugend der Zauber unsterblicher Schönheit verliehen sei. Erst wenn man in die Stadt hinuntertaucht, schwindet dieser Glanz. In den palastgesäumten Straßen verwehren spitzenstarrende, von

Eisenbeschlägen überkrustete Portale dem Fremden den Eingang, und selbst dort, wo sich die Plätze der Altstadt weiten, hat man nicht das Gefühl, daß diese Weite ein Zeichen der Freiheit sei. Aus dem Dunkel der Schatten, die von den Dächern über die Stadt geworfen werden, kommt heute noch eine Ahnung des dämonischen Florenz herauf, ein Hauch jener verbrecherisch lächelnden Anziehung, die das Gold und die Macht auf die Herzen der Florentiner stets ausgeübt haben. Als die Verschwörung der Familie Pazzi im fünfzehnten Jahrhundert der Herrschaft Lorenzos des Prächtigen ein Ende machen sollte, ging man auf sehr florentinische Weise vor: der Mord sollte während der Messe im Dom geschehen, vor dem Hochaltar unter der düsteren und grauen, zwölfeckigen Riesenkuppel, die der Architekt Brunelleschi wenig vorher über das kahle Kirchenschiff des Domes rätselhaft gewölbt hatte. Man berichtet, die Mörder hätten sich verabredet, beim ersten Schlag der Wandlungsglocke zuzustechen – und der Kardinal, der die Messe las, habe es gewußt. Und als es dann geschah, mißglückte das Attentat, weil der Mörder sich selber in den Oberschenkel stach und Lorenzo verfehlte. An seiner Statt starb Giuliano de' Medici, Lorenzos Bruder. Heute noch ist der Dom von Florenz nicht frei von diesem Morde – heute noch ist er eine unheimliche, kalte, großartige und unfromme Kirche, heute noch wirkt er wie von Leuten gebaut, die es sich etwas kosten lassen wollten, der Welt vorzumachen, daß eine Kirche nicht nur das Haus, sondern auch das Gefängnis des lieben Gottes sein kann. Gold – das haben sie immer geschätzt, schon seit den frühen Tagen, als sie die mosaikstrotzende Innenseite der Baptisteriumskuppel begannen, deren goldener Grund heute noch wie eine mathematisch geordnete Sonne auf uns herunterleuchtet. Der menschliche Geist, seine verborgenen Schätze, seine Spannkraft und seine Kühnheit waren stets das einzige wahrhafte Feld für die Erkundungen der Florentiner – sie haben Jahrhunderte darauf verwendet, ganz genau zu erfahren und mit den besten käuflichen Beweisen zu belegen, wieviel Grausamkeit, wieviel Skrupellosigkeit, wieviel Schönheit, wieviel Berechnung, wieviel Laster und wieviel Luxus der menschliche Geist sich zumuten kann, ohne daran zugrunde zu gehen. Die Balance am Abgrund des Verbrechens war in Florenz viel höher geschätzt als dessen geschickte Durchführung. Die Faszination des Möglichen anstelle des Wirklichen hat diese Stadt Schöpfungen von nie erreichter Reinheit und Taten von kaum nachahmbarer Unmoral in einem Leben, in einer Generation, in einer Person, in einem Augenblick hervorbringen lassen. Gelehrsamkeit, Zweifelsucht, Skepsis, Härte und Geduld mischten sich in der großen Zeit dieser Stadt zu einem Bilde, das uns heute noch unentwirrbar scheint. In Florenz ist alles ein Spiel, von Verstand und Leidenschaft kühl durchflochten, man hat das Gefühl, daß man hier mit Tugenden ebenso verfuhr, wie anderswo mit den Figuren des Schachbretts: man schob sie nach bestimmten Regeln, die man beherrschte, solange hin und her, bis man mit Ruhe und lächelnder Freundlichkeit das tödliche »Schach dem König« sagen konnte – und der König von Florenz war, wie auf dem Portal der Signoria zu lesen steht, Christus. Nirgends in Italien ist ein Ort, zu dessen Herrscher Christus so sichtbar proklamiert worden wäre. Und nirgends in Italien ist es schwerer, sich an den Dingen des Glaubens zu freuen. Nirgends ist es leichter, die unbekümmerte Anmut des bewußten Heidentums schätzen zu lernen. Diese Stadt mit ihren schönheitssüchtigen Künstlern, mit ihren Statuen, Mosaiken und Bildern, über denen der merkwürdige Hauch gefallener Engel leuchtet, ist das große Wunder unter den Städten Europas – eine Stadt, die schön sein wollte um den Preis der Güte, eine Stadt, die nobel sein wollte um den Preis der Demut, eine Burg des Hochmuts, in der man Rachsucht in Feinheit, Gewalt in Kredite, Macht in Kunstwerke einzuhüllen verstand, wohlig hingedehnt in der weiten Mulde des Arnotales, eines klaren, blauen und trockenen Himmels sicher. Michelangelo, ein Sohn dieser Stadt, schrieb einmal unter eine Zeichnung des Gekreuzigten: Man denkt nicht daran, wieviel Blut es kostet; Florenz hat daran gedacht – und hat gelächelt.

IN FLORENZ

Lektion 29

Le bellezze di Firenze ci fanno una grande impressione. Ecco perchè vorremmo oggi mandare qualche cartolina ai nostri amici in Germania. *le bel-let-tße di firäntße tschi fan-no uhna grande impreß-ßiohne, äk-ko perke wor-rem-mo od-dschi mandahre kualke kartolihna a-i noßtri amihtschi in dschermahnia.*

Le bellezze, *bel-let-tße,* die Schönheiten; la bellezza, die Schönheit, oder in der Anrede an ein junges Mädchen: Bellezza! etwa: schönes Kind! Also: le bellezze di Firenze ci fanno, *tschi fan-no,* machen uns, von fare, machen, una grande impressione, einen großen Eindruck. Ecco perchè, *äk-ko perke,* das ist warum, besser: deshalb, vorremmo oggi, *wor-rem-mo od-dschi,* möchten wir heute, mandare qualche cartolina, mandare, *mandahre* heißt: schicken, senden; ti mando via, *ti mando wi-a,* ich schicke dich weg, ich werfe dich hinaus; ti mando all'inferno, *al-linfärno,* ich schicke dich zur Hölle; mandare una cartolina, *kartolihna,* eine Karte schicken; wohlgemerkt, meine Damen und Herren, die Karte, die Postkarte, heißt auf Italienisch nicht: la carta. La carta heißt: das Papier; also zum Beispiel: Briefpapier: carta da lettere, *karta da lät-tere;* die Postkarte heißt: la cartolina postale, *poßtahle,* oder kürzer: la cartolina, die Karte; die Ansichtskarte, la cartolina illustrata, *il-lußtrahta.* Jetzt kommt das Wort: qualche, *kualke,* für das es keine genaue Übersetzung gibt; am besten, Sie merken sich seinen Gebrauch immer dann, wenn Sie im Deutschen: ein paar, einige sagen würden – also ein paar Mal, qualche volta, oder: ein paar Postkarten, qualche cartolina. Der Unterschied vom Deutschen zum Italienischen besteht nur darin, daß die Wendung: ein paar im Sinne von einige wenige bei uns im Deutschen die Mehrzahl regiert, wogegen qualche im Italienischen die Einzahl nach sich zieht. Also: qualche cartolina illustrata, ein paar Ansichtspostkarten, qualche volta, ein paar Mal oder auch manchmal; qualche cosa dagegen, oder kürzer: qualcosa, *kualkohßa,* irgend etwas; vogliamo mangiare qualche cosa, *woljahmo mandschahre kualke kohßa,* wollen wir irgend etwas essen? posso offrire qualcosa? *poß-ßo of-frihre,* kann ich etwas offerieren, kann ich etwas anbieten? Voremmo mandare qualche cartolina, wir möchten ein paar Karten schicken; ai nostri amici, an unsere Freunde; l'amico, *lamihko,* der Freund; l'amicizia, *lamitschihtßia,* die Freundschaft; il mio caro amico, *kahro,* mein lieber Freund; lieber Freund, als Anrede: caro amico, oder auch: carissimo amico, mein sehr lieber Freund! Mandiamo qualche cartolina al nostro carissimo Luigi, *kariß-ßimo luihdschi,* schicken wir eine Karte an unseren sehr lieben Ludwig; an unseren heißgeliebten Ludwig.

Also gehen wir Karten kaufen! Postkarten, und vor allem Ansichtskarten, bekommt man nicht nur im Schreibwarengeschäft, sondern bei jedem tabaccaio, *tabak-kahio,* der Tabakverkäufer; tabaccaio ist das erste Wort auf –aio–, und wir werden davon noch unendlich viele kennenlernen. –aio– wird immer dem Gegenstand nachgesetzt, mit dem der Betreffende sich beschäftigt, zum Beispiel: tabaccaio, der Tabakwarenhändler, oder: fioraio, *fiorahio,* der Blumenhändler, il fiore, *fiohre,* die Blume, die Blüte; i fiori, die Blumen; Santa Maria del Fiore, die heilige Maria von der Blume, der Name des Domes von Florenz.

Kaufen heißt: comprare, *komprahre;* vorrei comprare, ich möchte kaufen, vorrei comprare qualche cartolina, ich möchte ein paar Karten kaufen.

Das Kartenschreiben aus Italien ist eine Wissenschaft! Es gibt zwei verschiedene Möglichkeiten: entweder Sie schreiben eine Karte mit normalem Text, dann zahlen Sie, wenn die Karte ins Ausland geht, 35 Lire Porto; wenn aber auf dem Textteil der Karte nicht mehr als 5 Worte stehen – das Datum und die Unterschrift nicht mitgezählt – so genügen schon 12 Lire Porto. Sie können also beispielsweise um 12 Lire eine

Karte mit folgendem Text schreiben: sole splende vino buono saluti, *ßohle ßplände,* Sonne strahlt Wein gut Grüße! Und so fort. Die Briefmarke heißt: il francobollo, *frankobol-lo.* Jetzt brauchen wir nur noch: scrivere, *ßkrihwere,* schreiben; scrivo, *ßkrihwo,* ich schreibe, scriviamo, *ßkriwiahmo,* wir schreiben. Wenn Ihnen der Bleistift zum Schreiben fehlt, so verlangen Sie: per piacere, una matita, *matihta,* einen Bleistift, auch beim tabaccaio zu bekommen. Ebenso für den trockenen Füllfederhalter: l'inchiostro, *linkioßtro,* die Tinte; wollen Sie aber einen Füllfederhalter kaufen, la penna stilografica, *pen-na ßtilograhfika,* die stilographische Feder, den Füllfederhalter, dann gehen Sie besser in eine cartoleria, la cartoleria, *kartoleri-a,* das Schreibwarengeschäft. Auch die Wörter auf –ia– werden uns bis nach Neapel begleiten. Mit ihnen werden alle Geschäfte und Läden bezeichnet, die den Gebrauchsgütern des Lebens dienen. Wenn Sie die Karten durch Eilboten schicken wollen, dann schreiben Sie bitte zur Adresse: Espresso, *eßpräß-ßo,* das heißt expreß.

Außerdem müssen Sie vom tabaccaio un francobollo per espresso verlangen, eine Expreßbriefmarke, die zusätzlich zum Normalporto aufgeklebt wird. Das rote, kreuzweise Durchstreichen der Adresse ist nicht üblich. Expreßpost können Sie in jeden Normalbriefkasten einwerfen; es ist nicht notwendig, sie am Postschalter abzugeben. Der Briefkasten heißt la buca di lettere, *buhka di lät-tere;* il buco, *buhko,* das Loch, la buca di lettere heißt also eigentlich das Loch der Briefe, der Briefkasten. Auf die Post müssen Sie nur gehen, wenn Sie eine lettera raccomandata aufgeben wollen, der Einschreibebrief; raccomandare, *rak-komandahre,* heißt eigentlich: empfehlen; mi raccomando, *mi rak-komando,* eine sehr wichtige Redewendung, heißt wörtlich: ich empfehle mich, dem Sinne nach: ich lege es Ihnen sehr ans Herz; la raccomandazione, *rakomandatßiohne,* ist die Empfehlung, vor allem die persönliche Empfehlung. Eine persönliche Empfehlung wirkt in Italien Wunder. Dieses gesegnete Land ist Gott sei Dank noch heute in einem Lebensstadium, worin das persönliche Geradestehen für jemand ernst genommen wird. Ehrenhaftigkeit, Verlässigkeit, Unbestechlichkeit sind in diesem Lande noch persönliche Tugenden, nicht allgemeine Schlagworte. Vom Menschlichen her gesehen, ist es den Italienern durchaus verständlich, wenn einer seinen Vorteil sucht, und sei es auch ein wenig auf Kosten des anderen; von Natur aus, so sagen sie, ist der Mensch nicht für tugendreiche Anstrengungen gemacht, und man soll ihn nicht überfordern. Ist man aber sicher, daß einer es verdient, nicht übervorteilt zu werden, dann empfiehlt man ihn – mit einer Visitenkarte, mit einem Telefonanruf, mit einem Geschäftsbrief – und Tür und Tore öffnen sich.

Der Empfohlene bringt sozusagen die Garantie des Empfehlers mit und kann deshalb, auch wenn er unbekannt ist, so behandelt werden, wie wenn er der Empfehler selbst wäre. Der ganze Organismus des italienischen Lebens, der Staatsapparat, der Volkskörper, die soziale Schichtung, ja das ganze Leben Italiens, ist durchwoben von einem unentwirrbaren Netz persönlicher raccomandazioni. Wenn man heute den Versuch machen könnte, alle persönlichen Empfehlungen in Italien von einem Tage auf den anderen unwirksam werden zu lassen, so würde die Anarchie ausbrechen.

Jetzt bleibt uns nur noch zu sagen, daß die Post, la posta, *poßta,* ist; die Hauptpost: la Posta Centrale, *tschentrahle.* Luftpost heißt: posta aerea, *a-ährea,* das heißt wörtlich luftige Post, denn die Luft heißt: l'aria, *lahria,* auch der Luftzug, das Lüftchen; außerdem heißt: l'aria noch die Arie.

Lassen Sie mich, meine lieben Leser, hier noch ein Wort über

Singen und Gesang in Italien einfügen. Auf der ganzen Welt sind die Italiener bekannt und gesucht wegen ihrer glanzvollen Stimmen – die Primadonna ist eine italienische Erfindung. Der Chor in der Sixtinischen Kapelle in Rom war so berühmt, daß drei Jahrhunderte lang die ganze gebildete Welt eine Art Wallfahrt unternahm, um ihn zu hören. Die Opernhäuser aller europäischen Höfe waren im achtzehnten Jahrhundert mit italienischen Sängern besetzt, Italien war das Konservatorium des Abendlandes. Die italienischen Komponisten haben sich in einem unausgesetzten Kampf mit den Sängern einen Musikstil angewöhnt, der den Sängern die herrlichsten Melodien sozusagen von selber aus der Kehle rutschen ließ. Und heute noch – dagegen ist wenig zu machen – singen die Italiener besser als die übrigen Sterblichen. Das heißt nicht, daß sie musikalischer sind als alle anderen – vielleicht sind sie sogar weniger musikalisch. Aber sie leben in dem Wohllaut ihrer Stimmen, sie schwelgen in Koloraturen, sie verlieren den Verstand über einem endlos ausgehaltenen, makellosen hohen C, sie geraten in Verzückung über eine, wie Mozart sagt, »geläufige Gurgel«. Was der Sänger singt, wird erst in zweiter Linie beurteilt – wie er singt, darauf kommt es allein an. Die Stimme ist für die Italiener das vollkommenste Instrument für den Ausdruck ihrer Gefühle – und wenn sich natürliche Schönheit und menschliche Empfindung in ihr verbinden, dann spielt es fast keine Rolle mehr, ob der Dirigent mit dem Orchester inzwischen in Verzweiflung geraten ist, weil der Sänger über jeder dritten Note aushält und den Takt vergißt. Das Eigenartige dabei ist, daß die tragischen Gefühle die heiteren bei weitem überwiegen – Tränen sind gefragter als Lächeln –, selbst noch bei den modernen Canzonen. Nur wo sich, wie bei Rossini, die Heiterkeit mit Virtuosität und die Schalkhaftigkeit mit Liebe verbinden, vergessen sie aufs Weinen. Ist es nicht großartig, daß wir in Europa noch immer ein Volk haben, dem Tränen und Lächeln wichtig genug sind, sie in Gesang zu verwandeln?

NEUE WÖRTER
Lektion 30

quanto	*kuanto*	wieviel
quant'è	*kuantä*	wieviel kostet es, wieviel macht's
quant'è bello	*kuantä bäl-lo*	wieviel ist es schön, oder: wie schön ist
la giovinezza	*dschowinet-tßa*	die Jugend, die Jugendzeit
fuggire	*fud-dschihre*	fliehen, entfliehen
fugge	*fud-dsche*	er oder sie flieht
tuttavia	*tut-tawi-a*	dennoch
che si fugge tuttavia		die ja dennoch entflieht
essere	*äß-ßere*	sein
lieto	*liähto*	fröhlich
sia	*ßi-a*	es sei, auch: er sei, sie sei oder in der Ausrufung: seien Sie!
sia gentile	*ßi-a dschentihle*	seien Sie freundlich!
sia così gentile		seien Sie bitte so freundlich
così sia	*koßi ßi-a*	so sei es, das Wort, das im Italienischen bei Gebeten an Stelle von »Amen« gesagt wird
chi vuol esser lieto, sia	*ki wuohl äß-ßer liähto, ßi-a*	wer fröhlich sein will, der sei es
domani	*domahni*	morgen
dopodomani	*dopodomahni*	übermorgen
la certezza	*tschertet-tßa*	die Gewißheit
certo	*tschärto*	gewiß, sicher
di doman non c'è certezza		über das Morgen gibt es keine Gewißheit

Noch einmal den Vers von Lorenzo il Magnifico – *manjihfiko* –: quant' è bella giovinezza, che si fugge tuttavia! Chi vuol esser lieto, sia! Di doman non c'è certezza ...

rimanere: bleiben, übrig bleiben

lingua toscana in bocca romana		die toskanische Sprache in römischem Munde
la bocca	*bok-ka*	der Mund
la bocca aperta	*aperta*	der offene Mund
sono rimasto (oder rimasta, wenn es eine Frau sagt) a bocca aperta		mir ist der Mund offen geblieben
la bellezza	*bel-let-tßa*	die Schönheit
bellezza!		schönes Kind!
le bellezze di Firenze		die Schönheiten von Florenz
fanno	*fan-no*	sie machen
ci fanno		sie machen uns
ci fanno una grande impressione	*tschi fan-no uhna grande impreß-ßione*	sie machen uns einen großen Eindruck
mandare	*mandahre*	schicken, senden
ti mando via	*ti mando wi-a*	ich schicke dich weg
ti mando all'inferno	*infärno*	ich schicke dich zur Hölle
mandare una cartolina	*kartolihna*	eine Karte schicken
la carta	*karta*	das Papier
la carta da lettere		wörtlich: das Papier von Briefen, das Briefpapier
la cartolina postale oder la cartolina	*poßtahle*	die Postkarte
la cartolina illustrata	*il-lußtrahta*	die Ansichtskarte
qualche	*k*[u]*alke*	ein paar (klein geschrieben)
qualche cartolina		ein paar Karten
qualche volta		ein paar Mal
qualcosa	*k*[u]*alkohßa*	wörtlich: irgendeine Sache, besser: irgend etwas
vogliamo mangiare qualcosa?	*woljahmo*	wollen wir irgend etwas essen?

posso offrire qualcosa?	*poß-ßo of-frihre*	kann ich etwas offerieren, kann ich etwas anbieten
l'amico	*lamihko*	der Freund
l'amicizia	*lamitschihtß^{i}a*	die Freundschaft
il mio caro amico	*il mi-o kahro amihko*	mein lieber Freund
carissimo amico	*kariß-ßimo*	mein sehr lieber Freund
nostro carissimo Luigi	*l^{u}ih^{dsch}i*	unser heißgeliebter Ludwig
il tabaccaio	*tabak-kah^{i}o*	der Tabakverkäufer
il fioraio	*f^{i}orah^{i}o*	der Blumenhändler
il fiore	*f^{i}ohre*	die Blume, die Blüte
i fiori		die Blumen
Santa Maria del Fiore		die Heilige Maria von der Blume (der Name des Domes von Florenz)
comprare	*komprahre*	kaufen
vorrei comprare qualche cartolina	*wor-rä-i komprahre k^{u}alke kartolina*	ich möchte ein paar Karten kaufen
il francobollo	*frankobol-lo*	die Briefmarke
i francobolli		die Briefmarken
il francobollaio	*frankobol-lah^{i}o*	der Briefmarkenhändler
scrivere	*ßkrihwere*	schreiben
scriviamo	*ßkriw^{i}ahmo*	wir schreiben
scrivo	*ßkrihwo*	ich schreibe
la matita	*matihta*	der Bleistift
l'inchiostro	*link^{i}oßtro*	die Tinte
la penna	*pen-na*	die Feder
la penna stilografica	*ßtilograhfika*	der Füllfederhalter
la cartoleria	*kartoleri-a*	das Schreibwarengeschäft
la buca di lettere	*buhka di lät-tere*	wörtlich: das Loch der Briefe, der Briefkasten
la lettera raccomandata	*lät-tera rak-komandahta*	der Einschreibebrief

raccomandare	*rak-komandahre*	empfehlen
mi raccomando!	*mi rak-komando*	ich lege es Ihnen sehr ans Herz
la raccomandazione	*rak-komandatß*^{i}*ohne*	die persönliche Empfehlung
la posta	*poßta*	die Post
la posta centrale	*tschentrahle*	die Hauptpost
posta aerea	*a-ähr*^{e}*a*	wörtlich: luftige Post, Luftpost
l'aria	*lahr*^{i}*a*	die Luft, der Luftzug, das Lüftchen und, in der Sprache der Musik: die Arie

LIEDER UND CANZONEN
Lektion 31

Wir haben in der vorletzten Lektion schon darauf hingewiesen, welche Bedeutung der Gesang in Italien hat.

Italien ist nicht nur das Land der Sonne, des blauen Himmels, des Meeres und der Künste, Italien ist vor allem auch das Land der schönen Stimmen. Wer zum ersten Mal über die Alpen nach Süden herunterkommt, dem wird schon bald auffallen, wie das ganze Volk von einer Leidenschaft zum Gesang ergriffen ist, die sich in den vielfältigsten Formen äußert. Alle singen: der Schuhputzer, der Zeitungsausrufer, die Köchin, die Gemüsefrau, die Buben auf der Straße, die Bettler an den Kirchenstufen, und sie singen nicht nur, wenn ihnen besonders fröhlich ums Herz ist, sie singen in jeder Gemütslage, auch dann, wenn sie verzweifelt oder traurig sind – die schöne, entfaltete menschliche Stimme ist ihnen der sicherste Trost und die unschuldigste Freude. Dieses Singen der Italiener ist von Landschaft zu Landschaft sehr verschieden; in den Alpenprovinzen tönt es noch vielfach an unsere bayerische Volksmusik an, in Sizilien und auf Sardinien dagegen meint man oftmals, es mehr mit arabischer als mit europäischer Volksmusik zu tun zu haben. Ein Merkmal aber ist allen diesen Gesangsarten gemeinsam: sie sind nicht so sehr für einen Chor, ein gemeinsames Singen aller gemacht, sondern für den Einzelnen, den Solosänger, der sich zum Sprecher aller macht und von den anderen höchstens im Refrain begleitet wird. Die Italiener mit ihrer starken Neigung zur Ausbildung der eigenen Persönlichkeit legen auch in ihrer Volksmusik allenthalben Wert darauf, daß die Empfindungen, die der einzelne, schluchzende oder jubelnde Sänger zum Ausdruck bringt, sich zu einer möglichst eingängigen, dem Ohr schmeichelnden Melodie zusammenfinden.

Die Melodie ist im italienischen Volkslied immer das Wichtigste, erst viel später kommt der Rhythmus, und dann erst die Harmonie. Hierin sind sich Volks- und Kunstmusik Italiens übrigens einig – auch bei Verdi und anderen großen Komponisten treten alle anderen musikalischen Elemente oftmals bis zur Kargheit zurück, wenn die große, ausschwingende Melodie erscheint. Diese Melodie hat nun überall in Italien im Einzelgesang zwei wichtige Eigenschaften: sie geht ins Ohr, sie ist so natürlich, daß man sie schon nachsingen kann, wenn man sie auch nur einmal gehört hat, und sie läßt sich leicht verändern, so wie es die Bauern in der Toskana machen, die auf ein bestimmtes Melodie-Gerüst stundenlange Koloraturen singen. »Stornellate« nennt man diese Lieder. Sie haben unzählige Strophen, und man kann sie vor allem hören, wenn in der Gegend von Florenz die Bauern aus den Chianti-Weinbergen auf ihren großen zweirädrigen Karren abends nach Hause ziehen. Als Begleitinstrument zupfen sie dabei die Guitarre, die in ganz Italien die wichtigste Rolle in der Volksmusik spielt. Auch das ist merkwürdig, weil doch Italien das Land ist, in dem man ein so bedeutendes und herrliches Melodie-Instrument wie die Geige erfunden hat. In der Musik wird sie bis heute von der Stimme weitgehend verdrängt.

Überall auf unserer Reise haben wir diese schmelzenden und schmeichelnden Stimmen angetroffen, nicht nur aus vielen sangesfreudigen Kehlen, auch aus dem Radio drangen sie allerorten an unser Ohr, ungerufen und unbehindert bilden sie die tönende Kulisse einer jeden Italienfahrt; und auch in den Bars oder Kaffeehäusern ist niemand vor ihnen sicher. Manchmal ist es ein bißchen viel für ein nördliches Gemüt, diesen reißenden Strom von Gefühlen auszuhalten, der sich auf den Flügeln des Gesanges aus allen Fenstern über die beflissenen Besucher des Landes ergießt. Nehmen wir es leicht, Signore e Signori, bedenken wir, daß die Direktoren der italienischen Radiostationen sich gegen die unstillbaren Wünsche ihrer Hörer einfach nicht zur Wehr setzen können.

La maggior parte di questi desideri – la maggior parte, die Mehrzahl; il desiderio, *deßid*är*ʲo,* der Wunsch, i desideri, die Wünsche, also nicht, wie man nach desiderio erwarten würde: desiderii, sondern nur desideri; la maggior parte di questi desideri, der größte Teil dieser Wünsche, nämlich der Wünsche der italienischen Rundfunkhörer nach Canzonen, richtet sich – nicht anders als bei uns – auf Lieder, die aus Neapel stammen. Dort unten, in der großen Stadt, die unser Reiseziel ist, haben die Menschen nicht einmal in den schlechtesten Zeiten, während der Cholera oder der Bombenangriffe im letzten Krieg, aufgehört zu singen. Sie haben einen eigenen, zwischen ausgelassener Heiterkeit und traurig gerührter Resignation hin und her schwankenden Stil erfunden – und heute noch ist ein Mann, der eine neue Canzone erfunden hat, in Neapel höher im Kurs als der Bürgermeister. Und Jahr für Jahr werden die besten dieser neu erfundenen Canzonen auf dem großen Piedigrottafest preisgekrönt, sie dringen auf dem Weg über Schallplatte, Rundfunk und Film in das Bewußtsein aller Bewohner Italiens ein, und so können wir auf unserer ganzen Reise erleben, wie das Ziel unserer Fahrt auf dem Wege über die Musik uns seine bezaubernden Grüße entgegenschickt.

Meine lieben Leser, noch ist es nicht an der Zeit, daß wir uns näher mit dem Charakter Neapels und seiner Lieder beschäftigen, noch sind wir in der Toskana, und noch führen uns die Bauern auf den Feldern und die Weinhändler auf ihren Karren deutlich vor, welche Unterschiede Italien auch in seinen Liedern und Canzonen von Landschaft zu Landschaft aufweist.

Das Schöne an all diesen lebendigen, aus dem Volke aufsteigenden Sangesweisen ist, daß sie ohne Schwierigkeit auch in eine musikalische Gattung eindringen, die man bei uns »Schlager« nennen würde. Es gibt eine Canzone, die den Titel »Canto nella Valle«, Gesang im Tale, hat, und in dieser Canzone zeigt uns schon der Text, wie einfach und unmittelbar die Italiener selbst da noch empfinden, wo sie sich nur unterhalten wollen, wie weit sie noch von der sinnlosen Primitivität unserer nördlichen Schlagertexte entfernt sind und wieviel mehr bei ihnen das echte Volkslied auch noch in der leichtesten Muse lebendig ist.

Da singt ein junger Mann von einem Wald, dessen Blätter gelb geworden sind, »seitdem du abgefahren bist«. Und die Quelle ist vereist – und das Bächlein singt nicht mehr. Aber dieser Schnee, der das blühende Tal bedeckt, wird dahinschmelzen durch die Glut der Liebe, die eben jenen jungen Mann zum Singen veranlaßt. Und dann kommt der Refrain: Wenn du sehen wirst, wie die ersten Veilchen herauskommen auf dem Pfad, wo ich dir begegnet bin, komm zurück, amore, und du wirst mich finden. Wenn du hören wirst, wie man diese Canzone singt, die ich dir im Frühling gesungen habe, wirst du die Seufzer dieses Herzens spüren. In meiner kleinen Kutsche werde ich dich erwarten, und in mein Tal werde ich dich fahren, oh, oh, oh, und heiraten werde ich dich auch. Wenn du die Festglocken hörst, werde ich dir eine weiße Blume schenken und dich auf meinen Händen tragen.

Zweifellos ist der junge Mann ein Poet, un poeta, *p*^{o}**ä***ta,* und er ist ein sozusagen sitzengebliebener Poet, deshalb empfindet er in der Einleitung ein paar Gefühle, sentimenti, il sentimento, *ßentimento,* das Gefühl. Er entwickelt also eine Reihe von Gefühlen, die im Leben der Italiener eine sehr große Rolle spielen. Da ist erstens la tristezza, *trißtet-tßa,* die Traurigkeit, die Niedergeschlagenheit. Wir fragen uns: perchè il cuore del nostro poeta è così pieno di tristezza? Perchè, warum; il cuore, *k*^{u}**o***hre,* das Herz; del nostro poeta, unseres Poeten; è così pieno, ä *koßi p*^{i}**ä***hno,* ist so voll; è così pieno di tristezza, ist es so voll von Traurigkeit? Perchè il suo amore è partito, weil seine Liebste weggefahren ist. Sie erinnern sich, liebe Leser, partire, *partihre* heißt: wegfahren, abreisen; è partito, *partihto,* er ist abgereist, è partita, sie ist abgereist. Amore heißt, wie Sie sehen, nicht nur die Liebe, sondern im Italienischen auch der Liebste und die Liebste. La nostalgia, *noßtaldschi-a,* die Sehnsucht. Für alle diejenigen von Ihnen, die als cavalieri perfetti nach Italien reisen wollen, ist im gegebenen Moment la nostalgia, die Sehnsucht, una parola indispensabile, ein unerläßliches Wort. Denn la nostalgia ruft hervor la fantasia, *fantasi-a,* die Phantasie, und hiermit wären wir beim Refrain angelangt, der, wie die meisten Dinge der Phantasie, sich nicht in der konkreten Gegenwart, sondern in einer blumenreichen Zukunft bewegt. Da hat er sich nämlich, unser Poet, ausgedacht, auf welche Weise er das zurückkehrende Mädchen davon überzeugen wird, daß er den ganzen Winter über nichts anderes getan hat, als Gedichte auf sie zu machen. Eine kleine Kutsche wird er haben, und dann wird er sie, wenn die ersten Veilchen sprießen, in sein Tal fahren: lauter belle promesse, la promessa, *promeß-ßa,* das Versprechen; le promesse, die Versprechungen; le belle promesse, die schönen Versprechungen; von denen die Italienerinnen stets behaupten, daß sie sie nicht glauben, – was ihnen aber von den Männern ihrerseits nicht geglaubt wird.

Der Höhepunkt der belle promesse del nostro poeta ist zweifellos der Satz: ti sposerò, *ßposero,* ich werde dich heiraten. Meine lieben Leser, die Junggesellen unter Ihnen, die eventuell einen gewissen Wert darauf legen, diesen angenehmen Zustand noch eine Zeitlang weiter aufrecht zu erhalten, seien besonders herzlich gewarnt vor dem Wort »sposare«, heiraten, ja – heiraten.

Wenn eine bellissima ragazza an einem schönen südlichen Abend den cavaliere nordico, den Kavalier aus dem Norden, mit innigem Augenaufschlag fragt: Mi sposi? Heiratest du mich? *mi ßpohsi?* dann genügt das Wörtchen sì, und una promessa definitiva ist gemacht, oder, noch schlimmer – una promessa irrevocabile, *ir-rewokabile,* unwiderruflich, una promessa irrevocabile, ein unwiderrufliches Versprechen. Wenn einer hingegen, was wir von unserem Poeten nicht annehmen wollen, ein solches Versprechen macht und dabei genau weiß, daß er es im Grunde nicht halten will, dann ist er ein bugiardo, *un budschardo,* ein Lügner oder Heuchler oder Aufschneider. La bugia, *budschi-a,* die Lüge, und wenn er's ganz toll treibt, dann ist er un bugiardo tremendo, ein fürchterlicher Aufschneider, tremendo, tremenda, *tremändo,* fürchterlich.

Damit, meine lieben Leserinnen, haben vor allem Sie eine sehr hübsche Waffe in der Hand gegen alle glutäugigen Kavaliere, die versuchen werden, auf Ihrer Reise mittels einer canzone italiana in Ihr Herz einzudringen.

ÜBER LIEBE UND GESANG
Lektion 32

Meine süßen und verehrungswürdigen Damen (um Sie, liebe Leserinnen, einmal in der Ausdrucksweise des Giovanni Boccaccio anzusprechen), hiermit – nämlich mit der Schlußbemerkung der vorigen Lektion über die glutäugigen italienischen Kavaliere – wären wir wieder einmal bei l'amore angelangt. Und da dieses Thema sich doch mit unseren Vorstellungen von Italien, und im Grunde auch mit der italienischen Realität so trefflich verbinden läßt, so wollen wir für die heutige Lektion auch dabei bleiben. Ich sage Ihnen nichts Neues, wenn ich daran erinnere, daß in diesem glücklichen Lande nicht nur die Sonne und das Meer und der blaue Himmel, die Nachtigallen und der Sternenschimmer über romantischen Ruinen vorzügliche Requisiten für l'amore sind, auch so kleine und scheinbar unverbindliche Dinge wie una tazza di caffè, *tat-tßa,* haben, wie wir wissen, eine unmittelbare Verbindung mit der Liebe.

Können Sie das Sprichwort über den Kaffee noch? Wie muß er sein? Caldo come l'inferno, nero come il diavolo, puro come un angelo e dolce come l'amore. Caldo, *kaldo,* warm; come, wie; l'inferno, *linfärno,* die Hölle; nero, *nehro,* schwarz; il diavolo, *diawolo,* der Teufel; puro, *puhro,* rein; l'angelo, *landschelo,* der Engel; dolce, *doltsche,* süß; l'amore, die Liebe. Also das ganze Sprichwort: Heiß wie die Hölle, schwarz wie der Teufel, rein wie ein Engel und süß wie die Liebe. Gentili Signore e Signori, es wäre uns un grande piacere, wenn Sie die Güte hätten, jetzt einen Kaffeechor zu machen und alle laut mit uns die Antwort auf die Frage zu wiederholen: Come deve essere un buon caffè italiano? Caldo come l'inferno, nero come il diavolo, puro come un angelo e dolce come l'amore.

Um nun aber bei der Liebe zu bleiben – es gibt eine sehr schwungvolle italienische Canzone, die Sie vielleicht schon oft gehört haben: »Il primo viaggio«, »Die erste Reise« (natürlich eine Reise zu zweit) – und wenn wir Ihnen auch in diesem Buch die Melodie nicht vermitteln können, so genügt doch schon der Text allein, um uns zu vergnüglichen Studien über die italienische Komposition »Liebe – Reise – Erinnerung« zu verleiten. Zunächst begegnet uns in dieser Canzone ein junger Mann, der singt. Ohne den geht es nicht: un giovanotto, *dschowanot-to.*

Hier müssen wir schon einhalten, um zu erklären, was ein giovanotto ist: un giovanotto ist ein Mensch männlichen Geschlechts zwischen zwanzig und fünfunddreißig und dazu noch unverheiratet, mit einem Anflug von Leichtsinn und kleinen dunklen Stellen nel suo carattere, *karat-tere,* ein Mensch, welcher bei seriösen Leuten den nicht begründbaren

Verdacht erregt, ein Luftikus, ein lieber Augustin, ein Hans Dampf in allen Gassen zu sein. Einem giovanotto fehlt schrecklicherweise irgendwo der Ernst des Lebens, dafür beherrscht er aber den ganzen Wortschatz des romanticismo so gut, daß man ihn ein wenig für einen bugiardo, *budschardo,* hält. Ein giovanotto hat immer viele Freunde, eine brillante Art, sie anzupumpen, eine bemerkenswerte Generosität, sie einzuladen, auch wenn er nur noch 100 Lire in der Tasche hat. Er hat zahllose Pläne im Kopf und ist im Grunde nicht unglücklich darüber, daß er sich mit wichtigen Lebensumständen entschuldigen kann, wenn er sie nicht verwirklicht. Ein giovanotto kurz und gut ist ein Mensch, der wenigstens einmal täglich einen anderen Menschen dazu bringt, ihm zu sagen: giovanotto...!

Ein solcher giovanotto ist der Sänger unserer Canzone. Er besitzt ein Kästchen mit Liebesbriefen und da drin hat er zwei Eisenbahnbillette gefunden, von einer Reise, die er einmal con una bellissima ragazza gemacht hat, und indem er diese Billette betrachtet, sagt er melancholisch: È la storia della nostra gioventù. La gioventù, *dschowentu*, die Jugend; wir erinnern uns an giovinezza, *dschowinet-tßa,* was eigentlich dasselbe bedeutet. Der arme Mann von dreißig Jahren hat offenbar eine kleine Anwandlung von sentimentalismo, *ßentimentalismo,* Gefühlsüberschwang, Gefühlsduselei. Aber das dauert nicht lange, denn selbst in der Erinnerung an diesen primo viaggio, *prihmo wiad-dscho,* an diese erste Reise, ist er noch voll von allegria, *al-legri-a.* L'allegria – eigentlich ein unübersetzbares Wort, eine Mixtur aus Champagnerlaune, Witz, Schlagfertigkeit, Leichtsinn, Großmut, Vitalität, Lebensüberschuß und Temperament – und weil unser giovanotto eben ein carattere allegro ist, deshalb singt er:

Era il nostro primo viaggio,
era il nostro primo amore...
Con che dolce batticuore
lasciavamo la città!
Eravamo studentelli
senza voglia di studiare,
ma entusiasti di sognare,
come tutti a quell'età.
Quante cose ci dicemmo su quel treno,
quanti baci ci scambiammo in riva al mare!
Ma al tramonto quante lacrime sincere...
si doveva ritornar!
Da qual nostro primo viaggio
quanto tempo è ormai passato!
Ma non ho dimenticato
e vorrei rifar ancor
quel lontano primo viaggio d'amor!

Era il nostro primo viaggio; era, ä*hra,* ist eine Form von essere, sein, die wir noch nicht kennen, und heißt: er, sie, es war. Es heißt also wörtlich: War unsere erste Reise oder, wie wir sagen würden: Es war unsere erste Reise. Era il nostro primo amore, es war unsere erste Liebe. Con che dolce batticuore, *bat-tik*ᵘo*hre,* mit welchem süßen Herzklopfen; lasciavamo la città, *laschaw*a*hmo la tschit-t*a. Lasciavamo ist eine neue Form von lasciare, verlassen, oder lassen, aber, wie wir uns erinnern: niemals »veranlassen«; lasciavamo heißt: wir verließen. Es heißt also: wir verließen die Stadt. Und nun kommt la confessione del giovanotto, *konfeß-ß*ⁱo*hne,* das Geständnis, ernsthafter genommen heißt es auch die Beichte. Eravamo studentelli, *eraw*a*hmo ßtudent*e*l-li,* eravamo ist die Mehrzahl von ero, ich war; also: wir waren. Lo studente, *ßtud*e*nte,* der Student, auch der Gymnasiast; lo studentello, das Studentchen, der Sozusagen-Student. Senza voglia di studiare, *ß*e*ntßa w*o*lja di ßtud*ⁱa*hre.* Senza kennen wir schon,

es heißt ohne; la voglia ist ein herrliches Wort, es bedeutet den Zustand, wenn man etwas furchtbar gerne oder gar nicht will. In unserem Falle heißt es: senza voglia di studiare, ohne geringste Lust, etwas zu lernen. Eravamo studentelli senza voglia di studiare, wir waren kleine Studenten, ohne die geringste Lust, etwas zu lernen. Ma entusiasti di sognare, *entusiaßti di ßonjahre,* aber begeistert zu träumen. L'entusiasta, der Begeisterte; l'entusiasmo, die Begeisterung; sognare, träumen; il sogno, *ßonjo,* der Traum, und zwar sowohl der Wachtraum wie auch der Schlaftraum. Come tutti a quell'età, *eta,* das Alter, wie alle in diesem (jenem) Alter.
Dann geht es weiter: Quante cose ci dicemmo su quel treno. Quante cose, *kuante koße,* wieviele Dinge, wieviele Sachen; dicemmo, *ditschem-mo,* ist eine Vergangenheitsform von dire, *dihre,* sagen, und heißt: wir sagten; su quel treno, *ßu kuel trähno,* auf jenem Zuge, wir würden sagen: in jenem Zuge. Quante cose ci dicemmo su quel treno, wieviele Dinge sagten wir uns in jenem Zuge. Und jetzt, meine lieben Leser, brechen Sie sich die Zunge ein bißchen ab: quanti baci ci scambiammo in riva al mare. Il bacio, *batscho,* una cosa internazionale e molto importante per un viaggio di sogno; il bacio heißt: der Kuß; i baci, die Küsse; infolgedessen: mille baci, tausend Küsse. Aber wohlgemerkt: immer nur mit einem –c– zu schreiben! Bei dieser Gelegenheit ein Merksatz: (für den Fall, daß Sie kein Dach über dem Kopf haben, wenn Sie einer charmanten Dame einen Kuß geben) un bacio costa mille lire – nämlich Strafe an den Polizisten, der zufällig vorbeikommt. Ci scambiammo, cambiare, *kambiahre,* heißt wechseln, ein sehr wichtiges Wort, weil man es nicht nur zum Küssewechseln, sondern auch zum Geldwechseln braucht; il cambio, *kambio,* ist der Tausch; scambiare, auswechseln, austauschen, verwechseln; und nun kommt die bis-

her unbekannte Form: scambiammo, *ßkamb*^{i}**a***m-mo,* mit zwei m, die ebenfalls eine Erzählform der fernen Vergangenheit ist. Es heißt also: quanti baci ci scambiammo, wieviele Küsse haben wir ausgetauscht, wobei man im Deutschen, um die ferne Vergangenheit klarzumachen, ergänzen könnte: wieviele Küsse haben wir doch *damals* ausgetauscht. Bitte entschuldigen Sie, liebe Leser, wenn wir hier hochtrabend vom »Austauschen der Küsse« reden. Aber es ist einer der Unterschiede zwischen den beiden Sprachen, daß das bei uns geschraubt klingt, bei den Italienern aber natürlich. Nun kommt noch: in riva al mare. La riva, *rihwa,* das Ufer; al mare heißt natürlich: am Meer. Also: am Ufer des Meeres, wörtlich: am Ufer zum Meer.

Nun werden Sie, meine verehrten Leser, sagen: aber da stimmt ja der Rhythmus gar nicht mehr, das sind doch viel zu viele Silben in der Verszeile. Und Sie haben recht damit. Man muß nämlich, um es richtig zu lesen, die End- und Anfangsvokale aufeinanderfolgender Wörter ineinanderschieben. Und dann heißt der Vers: Quanti baci ci scambiamm' in riv' al mare – und der Rhythmus stimmt.

Dieses Verschlucken von End-Vokalen ist eine alte Manier, die auch in der Poesie eine große Rolle spielt. Wenn Sie italienische Verse lesen, müssen Sie die Regel des Zusammenziehens aufeinandertreffender Vokale von Wörtern, die einander folgen, stets beachten, sonst bekommen Sie den Rhythmus nie heraus. Und jetzt versuchen wir einmal, den Satz ein bißchen schneller zu sagen. Also bitte: Quanti baci ci scambiamm' in riv' al mare – ancora una volta, un po' più presto, per favore, – quanti baci ci scambiamm' in riv' al mare.

Ma al tramonto quante lacrime sincere. Il tramonto, *tramonto,* der Sonnenuntergang; al tramonto, beim Sonnen-

untergang; la lacrima, *lahkrima,* die Träne, le lacrime, die Tränen; sincero, *ßintschähro,* aufrichtig. Allora ripetiamo: ma al tramonto quante lacrime sincere, aber beim Sonnenuntergang wieviel aufrichtige Tränen. Den Grund, warum sie so geheult haben, sagt er dann nach einigen Pünktchen im Text: Si doveva ritornar, *ßi dowehwa ritornahr,* man mußte zurückkehren, si doveva ist eine Vergangenheitsform von dovere, *dowehre,* müssen, si doveva, man mußte; ritornare, zurückkehren, zurückgehen, zurückfahren. Und nun haben wir nur noch ein paar Zeilen: Da quel nostro primo viaggio, seit jener unserer ersten Reise. Da, vor oder seit. Quanto tempo è ormai passato, *k*^{u}*anto tämpo ä orma-i paß-ßahto,* wieviel Zeit ist nunmehr oder besser: schon, vergangen. Ormai heißt nunmehr; passare, *paß-ßahre,* eigentlich vorbeigehen, vorübergehen. Ma non ho dimenticato – das können wir schon übersetzen – aber ich habe nicht vergessen; e vorrei rifar ancor, *e wor-rä-i rifahr ankohr,* und ich möchte noch einmal machen. Vorrei, ich möchte; rifare kommt von fare machen, rifare, wörtlich: zurückmachen, wieder machen, wiederherstellen, noch einmal machen; ancora, noch; in unserer Canzone wird ancora zu ancor verkürzt und die Strophe endet: Quel lontano primo viaggio d'amor, *k*^{u}*el lontahno prihmo w*^{i}*ad-dscho damohr,* jene weit zurückliegende erste Reise der Liebe. Lontano, weit, weit entfernt.
Hier noch einmal das ganze Lied:

Era il nostro primo viaggio,
era il nostro primo amore . . .
Con che dolce batticuore
lasciavamo la città!
Eravamo studentelli
senza voglia di studiare,
ma entusiasti di sognare,
come tutti a quell'età.

Quante cose ci dicemmo su quel treno,
quanti baci ci scambiammo in riva al mare!
Ma al tramonto quante lacrime sincere . . .
si doveva ritornar!
Da qual nostro primo viaggio
quanto tempo è ormai passato!
Ma non ho dimenticato
e vorrei rifar ancor
quel lontano primo viaggio d'amor!

NEUE WÖRTER

Lektion 33

la maggior parte	*mad-dschor parte*	die Mehrzahl
il desiderio	*deßidärio*	der Wunsch
la maggior parte di questi desideri		der größte Teil dieser Wünsche
la valle	*wal-le*	das Tal
un poeta	*poäta*	ein Poet
il sentimento	*ßentimento*	das Gefühl
la tristezza	*trißtet-tßa*	die Traurigkeit, die Niedergeschlagenheit
perchè	*perke*	warum, weil
il cuore	*kuohre*	das Herz
pieno	*piähno*	voll
è così pieno	ä *koßi piähno*	ist so voll
partire	*partihre*	wegfahren, abreisen
è partito	ä *partihto*	er ist abgereist
l'amore	*lamohre*	die Liebe, aber auch die Liebste, der Liebste
la nostalgia	*noßtaldschi-a*	die Sehnsucht
la fantasia	*fantasi-a*	die Phantasie
la promessa	*promeß-ßa*	das Versprechen
le belle promesse		die schönen Versprechen (Versprechungen)
sposare	*ßposahre*	heiraten

una bellissima ragazza		ein sehr schönes Mädchen
il cavaliere nordico		ein Kavalier aus dem Norden
mi sposi?	*mi ßpohsi*	heiratest du mich?
una promessa definitiva	*definitihwa*	ein endgültiges Versprechen
irrevocabile	*ir-rewokabile*	unwiderruflich
un bugiardo	*budschardo*	ein Lügner
una bugiarda		eine Lügnerin
la bugia	*budschi-a*	die Lüge
tremendo, tremenda	*tremändo*	fürchterlich
un bugiardo tremendo		ein fürchterlicher Aufschneider
speriamo bene	*ßperiahmo bäne*	hoffen wir sehr, hoffen wir das beste
la tazza	*tat-tßa*	die Tasse
come deve essere un buon caffè italiano?		wie muß ein guter italienischer Kaffee sein?
caldo	*kaldo*	warm
l'inferno	*linfärno*	die Hölle
nero	*nehro*	schwarz
il diavolo	*diawolo*	der Teufel
puro, pura	*puhro*	rein
l'angelo	*landschelo*	der Engel
dolce	*doltsche*	süß
un giovanotto	*dschowanot-to*	ein junger Mann
suo carattere	*ßu-o karat-tere*	sein Charakter
la storia	*ßtohria*	die Geschichte
la gioventù	*dschowentu*	die Jugend
la giovinezza	*dschowinet-tßa*	die Jugend
il sentimentalismo	*ßentimentalismo*	der Gefühlsüberschwang, die Gefühlsduselei
l'allegria	*lal-legri-a*	die Fröhlichkeit
cosa canta questo giovanotto?		was singt dieser junge Mann?
era il nostro primo viaggio	*prihmo wiad-dscho*	es war unsere erste Reise
era il nostro primo amore		es war unsere erste Liebe

il batticuore	*bat-tik^{u}ohre*	das Herzklopfen
con che dolce batticuore		mit welchem süßen Herzklopfen
lasciare	*laschahre*	verlassen, oder lassen (niemals aber veranlassen)
lasciavamo	*laschawahmo*	wir verließen
la confessione	*konfeß-ß^{i}ohne*	das Geständnis, die Beichte
essere	*äß-ßere*	sein
ero	*ähro*	ich war
eri	*ähri*	du warst
era	*ähra*	er, sie, es war
eravamo	*erawahmo*	wir waren
eravate	*erawahte*	ihr wart
erano	*ährano*	sie waren
lo studente	*ßtudente*	der Student

Sie erinnern sich, meine lieben Leser, man sagt – lo – studente und nicht – il – studente, weil das Wort mit s und Konsonant beginnt.

lo studentello	*ßtudentel-lo*	das Studentchen, auch der Gymnasiast
la voglia	*wolja*	die Lust
senza voglia di studiare	*ßentßa wolja di ßtud^{i}ahre*	ohne geringste Lust etwas zu lernen
l'entusiasta	*lentus^{i}aßta*	der Begeisterte
l'entusiasmo	*lentus^{i}asmo*	die Begeisterung
sognare	*ßonjahre*	träumen
il sogno	*ßonjo*	der Traum
ma entusiasti di sognare		aber begeistert zu träumen, begeistert für das Träumen
l'età	*leta*	das Alter
quello, quella	*k^{u}el-lo*	jener, jene
come tutti a quell'età		wie alle in diesem Alter
dire	*dihre*	sagen
dicemmo	*ditschem-mo*	wir sagten (diese Form drückt eine ferne Vergangenheit aus)
quante cose ci dicemmo		wieviel Dinge sagten wir uns
su quel treno	*trähno*	in jenem Zuge

il bacio	*batscho*	der Kuß
i baci		die Küsse
cambiare	*kamb*^{i}*ahre*	wechseln
il cambio	*kamb*^{i}*o*	der Tausch
scambiare		auswechseln, austauschen, verwechseln
scambiammo	*ßkamb*^{i}*am-mo*	wir wechselten, wir tauschten aus
quanti baci ci scambiammo in riva al mare		wieviel Küsse haben wir doch damals ausgetauscht am Ufer des Meeres
la riva	*rihwa*	das Ufer
il tramonto	*tramonto*	der Sonnenuntergang
al tramonto		beim Sonnenuntergang
la lacrima	*lahkrima*	die Träne
sincero, sincera	*ßintschähro*	aufrichtig
ma al tramonto quante lacrime sincere		aber beim Sonnenuntergang wieviele aufrichtige Tränen
dovere	*dowehre*	müssen
il dovere		die Pflicht
si doveva	*ßi dowehwa*	man mußte
si doveva ritornare		man mußte zurückkehren
da	*da*	vor oder seit
da quel nostro primo viaggio		seit jener unserer ersten Reise
ormai	*orma-i*	nunmehr
quanto tempo è ormai passato		wieviel Zeit ist nunmehr vergangen
passare	*paß-ßahre*	vorbeigehen, vorübergehen
ma non ho dimenticato	*dimentikahto*	aber ich habe nicht vergessen
rifare	*rifahre*	wieder machen, wiederherstellen, noch einmal machen
e vorrei rifare ancora		und ich möchte noch einmal machen
quel lontano primo viaggio d'amor		jene weit zurückliegende erste Reise der Liebe

IN FLORENZ

Lektion 34

Wir befinden uns in der Kirche Santa Croce, *krohtsche,* in Florenz, in einer der schönsten dieser kirchenreichen Stadt Firenze, *firäntße,* Florenz. Über uns spannt ein kahles, weites Schiff seine gotischen Spitzbogen, und von der Stirnwand her fällt das späte Licht in reichen Farben durch die schmalen, überlangen, glasgemalten Fenster. Ähnlich wie in der Frari-Kirche in Venedig sind die Wände und Kapellen der Seitenschiffe bedeckt mit pathetischen Grabmälern, und vor den Namen, die hier versammelt sind, verstummt die Kritik über den künstlerischen Wert der Monumente. Michelangelo, *mikelandschelo,* liegt hier begraben, der erst als Toter den Weg in seine Heimatstadt zurückgefunden hat, Galileo Galilei und der heitere Gioacchino Rossini, *dscho-ak-kihno roß-ßihni,* haben hier ihre Ruhestätten. Unter all diesen Grabmälern zieht uns eine Inschrift besonders an, die den Namen Niccolò Machiavelli, *makiawel-li,* trägt. Der Mann, der den Geist der Stadt Florenz vielleicht am reinsten verkörpert hat in seiner Mischung aus Vaterlandsliebe, kühler Intelligenz, rechnerischem Wirklichkeitssinn und einer Phantasie, die sich über die Moral bedenkenlos hinwegsetzte – dieser Mann empfing im Sommer 1514 von seinem Freunde Vettori, dem florentinischen Gesandten beim Papst, einen Brief, worin der Satz steht: »Ich möchte gerne sehen, ob wir beide in unserer Phantasie die Welt nicht in Ordnung bringen könnten.« Sein ganzes Leben lang hat Machiavelli nichts anderes getan als die Welt geordnet – aber in seiner Phantasie. Sein Unglück war, daß diese Phantasie zu realistisch dachte, daß er zu scharfsichtig die Fehler und Schwächen der Menschen ins Kalkül gezogen hat, und daß die Mitwelt vor diesem durchdringenden Verstand und vor diesem entschleiernden Blick ebensoviel Angst hatte wie die Nachwelt. Während wir unter dem fünften Joch des südlichen Seitenschiffes von Santa Croce die allegorische Sitzfigur der politica storia, der politischen Geschichte betrachten, die das Profilbild von Machiavelli in der Hand hält und erst am Ende des 18. Jahrhunderts aufgestellt wurde, wollen wir uns an einen berühmten Gedanken erinnern, der aus der Feder dieses Mannes in die Welt gegangen ist: »Große Menschen bleiben in jeder Lebenslage sich selber gleich. Sie ändern sich nicht, mag das Glück sie erheben oder niederwerfen, sondern behalten ihren festen Sinn, der so eng verbunden ist mit ihrer Art zu leben, daß jedermann leicht erkennt, das Schicksal habe keine Macht über sie.« Vor einem solchen Geist scheint die Inschrift auf dem Sockel des Monuments angemessen: tanto nomini nullum par elogium – einem so großen Namen wird kein Lob gerecht.

Von Santa Croce aus führt uns unser Weg in eine andere Kirche, deren Kreuzgang der poetische Schauplatz einer berühmten Verabredung geworden ist. Nach dem Bericht des Dichters Giovanni Boccaccio, *dschowan-ni bok-kat-tscho*, trafen sich, wie er wörtlich schreibt: »im Pestjahr 1348 an einem Dienstag früh sieben junge Damen in der verehrungswürdigen Kirche zur Heiligen Maria Novella. Sie gingen in Trauer gekleidet und waren alle durch Freundschaft, Nachbarschaft oder Verwandtschaft unter sich verbunden. Keine von ihnen war älter als 28, noch jünger als 18 Jahre.« Und nun kommt der entscheidende, für die florentinische Lebenshaltung bezeichnende Satz: »Durchdringender Verstand, edles Gemüt, schöne Gestalt, artige Sitten und die anständigste Ehrbarkeit zierten alle.« Wie wir wissen, beschlossen diese schönen und liebenswerten jungen Damen, zusammen mit drei vertrauenswürdigen Kavalieren, der Pest durch einen gemeinsamen Ausflug auf ihre Landgüter in der Toskana zu entfliehen und sich dort über die allgemeine Bedrückung und Trauer damit hinwegzuhelfen, daß sie sich gegenseitig Geschichten erzählten. Die hundert Geschichten des Decamerone, *dekamerohne,* sind eines der wichtigsten Bücher der Weltliteratur geworden, und auch heute noch, wenn man in ihnen liest, kann sich niemand dem Charme dieser Dichtung entziehen.

Und nun, verehrte Leser, lassen Sie uns auf den Hauptplatz von Florenz, auf die Piazza della Signoria, *ßinjohri-a,* zurückkehren. Wir sollen des größten Florentiners gedenken und suchen uns dafür einen Ort aus, der es uns gestattet, das architektonische Bild von Florenz in wechselnder Vielfalt, aber in einem Blick zu umfangen. Dieser Ort ist der Umgang auf dem Dache des Palazzo Vecchio, *palat-tßo wäk-kio,* des »Alten Palastes«, des großen, hochragenden, zinnenbewehrten florentinischen Rathauses. Um auf die Galerie des Daches zu gelangen, müssen wir ein paar beschwerliche Treppen besteigen, aber ich empfehle Ihnen doch, es zu tun. Denn oben, unmittelbar hinter der Mauerkrone des Palastes, haben wir eine Aussicht auf die Türme und Kuppeln der Stadt, die sich mit keiner anderen vergleichen läßt. Und hier oben, im Angesicht der vollen florentinischen Herrlichkeit, wollen wir uns mit dem größten und unglücklichsten Sohn dieser rätselhaft schönen, kühlen Stadt Firenze beschäftigen: mit dem Dichter Dante.

Als der Palast, auf dessen Dach wir nun stehen, von dem Baumeister Arnolfo di Cambio 1298 begonnen wurde, war Dante in Florenz ein hochangesehener Mann. Er gehörte dem Collegium der sechs Prioren der Zünfte an und nahm an der Regierung der Republik an einflußreicher Stelle teil. Damals herrschte in Florenz eine Partei, die der alten Idee des Heiligen Römischen Reiches nahestand und dem Kaiser in seinen unablässigen italienischen Kämpfen ihre Unterstützung zur Verfügung stellte. Ihr gehörte Dante an. Vier Jahre später gelangte die florentinische Nationalpartei, die kaiserfeindlich war, an die Macht, und Dante geriet in die Mühle dieses Umsturzes. Er wurde von Florenz verbannt, sein Vermögen wurde eingezogen, und nie mehr hat sein Auge auf den Türmen seiner Stadt geruht. Der Palast, auf dem wir uns befinden, stand schon in seinen Mauern, als Dante Florenz verließ. Die stolze Nadel seines Turmes hat er nicht mehr gesehen. Fern von seiner heißgeliebten Heimat schrieb Dante in Verona und in Ravenna sein großes Gedicht, die »Divina Commedia«, *diwihna kom-mähdⁱa,* die »Göttliche Komödie«, eine Zusammenfassung des mittelalterlichen Weltbildes, die visionäre Wanderung seines schweifenden Geistes durch die Kreise der Hölle, die Gefilde des Fegefeuers und die Sphären des Himmels. Und er bediente sich dabei als einer der ersten Dichter seiner italienischen Muttersprache an Stelle des damals gebräuchlichen Latein. Niemand kann sagen, was aus Italien und der italienischen Sprache geworden wäre, hätte Dante nicht gelebt. Und so haben wir auf dem halben Wege unseres Sprachkurses guten Grund, seines Genies zu gedenken und dem Wohlklang seiner Verse zu lauschen:

Nel mezzo del cammin di nostra vita
Mi ritrovai per una selva oscura,
Che la diritta via era smarrita.

È quanto a dir qual' era è cosa dura
Questa selva selvaggia ed aspra e forte,
Che nel pensier rinnova la paura!

Tanto è amara, che poco è più morte;
Ma per trattar del ben ch'i' vi trovai,
Dirò dell'altre cose ch'io v'ho scorte.

I' non so ben ridir com' io v'entrai,
Tant' era pien di sonno in su quel punto
Che la verace via abbandonai.

Auf halbem Wege unsres Erdenlebens
Verirrt' ich mich in einem dunklen Wald,
Da ich vom rechten Wege abgekommen.

Ach, wie unsagbar hart erschien er mir,
Der Wald, in seiner kalten, rauhen Wildnis!
Gedenk ich sein, erneut sich mir die Qual.

So schrecklich war er wie wohl kaum der Tod.
Doch um das Heil zu schildern, das ich fand,
Will ich von anderm reden, was ich sah.

Ich weiß nicht mehr, wie ich hineingeraten,
So war in tiefem Traume ich befangen,
Als ich vom Weg der Wahrheit abgeirrt.

Qualche parola su Dante, *k^{u}alke parohla ßu dante*, ein paar Worte über Dante: Der Name Dante ist möglicherweise die Kurzform des Namens Durante. Im 15. Gesang seines »Paradieses«, del Paradiso, sagt der Dichter, der Name Alighieri, *alig^{i}ähri*, stamme von einer Lombardin, die Dantes Urgroßvater geheiratet hat. Man vermutet, daß sie Allagherìa hieß, und so wäre der Name demnach germanisch. Dante Alighieri è nato a Firenze nel milleduecentosessantacinque (1265), *dante alig^{i}ähri ä nato a firäntße nel mil-ledu-etschäntoßeß-ßantatschink^{u}e.* – Dante Alighieri wurde 1265 in Florenz geboren. Ed è morto a Ravenna nel milletrecentoventuno (1321), *ed ä morto a rawän-na nel mil-letretschäntowentuhno*, und er ist 1321 zu Ravenna gestorben. Così ha passato dicianove (19) anni della sua vita lontano dall'amatissima città paterna, Firenze, *koßi a paß-ßahto ditschanohwe an-ni del-la ßu-a* *wihta lontahno dal-lamatiß-ßima tschit-ta paterna, firäntße.* Così – auf diese Weise – ha passato – hat er verbracht, passare heißt also nicht nur vorübergehen, sondern auch verbringen, ha passato, er hat verbracht, dicianove anni della sua vita – neunzehn Jahre seines Lebens, – lontano, weit entfernt, fern von – lontano dall' amatissima città paterna – fern von der heißgeliebten Vaterstadt, paterno, paterna, *paterna,* väterlich. Della lingua italiana Dante è il più grande maestro, das heißt wörtlich: von der italienischen Sprache Dante ist der größte Meister. In tutte le sue opere esiste sempre un sentimento di profonda tristezza che sorge dalle sofferenze passate in esilio, *in tut-te le ßu-e ohpere esißte ßämpre un ßentimento di profonda trißtet-tßa ke ßordsche dal-le ßof-ferentße paß-ßahte in esihlio.* In tutte le sue opere, in allen seinen Werken, in tutte le sue opere esiste sempre, *esißte ßämpre* – existiert immer; esistere, *esißtere,* bestehen, existieren; un sentimento di profonda tristezza, *trißtet-tßa,* ein Gefühl tiefer Traurigkeit; che sorge, sorgere, *ßordschere* – entspringen, sich erheben, sorge, es erhebt sich, che sorge dalle sofferenze, *ßof-ferentße,* die sich erhebt von den Leiden; passate in esilio, l'esilio, *lesihlio,* das Exil, die Verbannung. In allen seinen Werken findet man ein Gefühl von tiefer Traurigkeit, das von seinen im Exil erfahrenen Leiden herrührt.

Und nun müssen wir Dante leider ein wenig verlassen und uns für den Rest dieser Lektion mit einem Wörtchen beschäftigen, das im letzten Satz einmal vorgekommen ist, nämlich mit dem Wörtchen »che«. Che bedeutet zunächst: welcher, welche, welches, ist also, wie die Grammatiker sagen, ein rückbezügliches Fürwort, also ein Wort, das sich auf etwas Vorhergehendes bezieht und dessen nähere Erläuterung den Nebensatz einleitet. Zum Beispiel: il signore che parla, der Herr, welcher spricht, oder besser: der Herr, der spricht. Dabei ist zu beachten, daß vor dem Wörtchen – che – im Italienischen kein Beistrich steht. Che kann aber nicht nur »welcher« heißen, sondern, was fast noch wichtiger ist, auch »daß«. So che è vero, *ßo ke* ä *wehro* heißt wörtlich: ich weiß, daß es wahr ist. In diesen beiden Funktionen haben wir das Wörtchen che im Verlaufe unserer Lektion ja schon oft gebraucht. Nun ist es aber damit noch nicht getan. Che kann man auch als Ausruf gebrauchen, dann heißt es »was!«. Che? È possibile? *poß-ßihbile,* heißt: was, ist es möglich? Wir kennen alle schon Ausrufe wie: Che bella cosa! Was für eine schöne Sache! Che bella ragazza! Was für ein schönes Mädchen! Che bellezza! wörtlich: was für eine Schönheit, wie schön! Sehr wichtig ist, wenn man in Italien auf der Straße geht und eine Ansammlung von Menschen, einen ganzen Knäuel von Personen um einen Mittelpunkt geschart sieht, von dem man nicht weiß, warum sie ihn betrachten, zu fragen: Che è successo? *ßut-tsch*äß-*ßo,* was ist passiert?

La prossima volta, gentili Signore e Signori, werden wir in Florenz uns wieder mehr den irdischen Dingen zuwenden, als da sind Florentinerhüte, Handtaschen, Schuhe und ähnliche Gegenstände, die dazu geschaffen sind, die nützlichen Lirescheine in den Portemonnaies der Männer in unnütze und vergängliche, aber charmante Capricen der Frauen zu verwandeln.

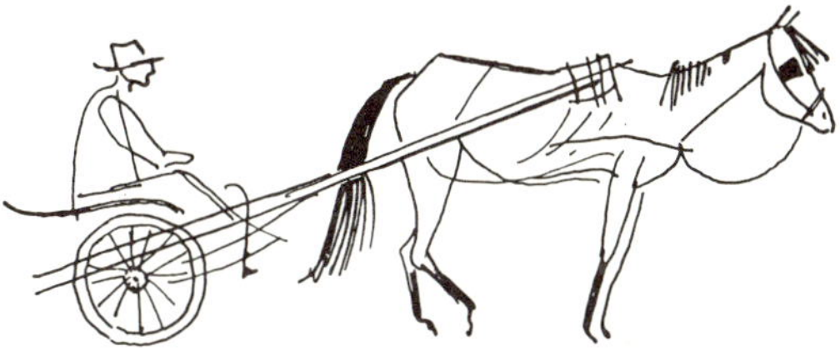

IN FLORENZ

Lektion 35

Oggi facciamo un po' di spese, *od-dschi fat-tschahmo un po di ßpehße* – heute machen wir ein paar Einkäufe: oggi, heute – facciamo, wir machen – un po', ein wenig – di spese, von Einkäufen, oder, was aufs selbe hinauskommt: Ausgaben. Per l'amor di Dio! *per lamohr di di-o!* denken sich die Männer; magari, *magahri,* denken sich die Damen. Per l'amor di Dio, das kennen wir schon – um Gotteswillen – aber das Wort magari ist uns neu, und in ihm treffen wir eines der schillerndsten und nützlichsten Wörter der italienischen Sprache an. Eigentlich heißt magari »schön wär's!« Wenn ein Mann seiner Frau bei der Betrachtung eines Juwelierschaufensters einen Solitär verspricht, obwohl beide wissen, daß dieser Stein außerhalb jeder Möglichkeit für sie liegt, dann sagt die Frau mit Recht und mit einem kleinen Seufzer »magari«. Wenn zwei Leute sich vor dem Theater verabreden und dem einen die festgesetzte Zeit ein wenig knapp bemessen erscheint, sagt er dem anderen: magari vieni un quarto d'ora prima, *wiähni* – das heißt: komm nach Möglichkeit eine Viertelstunde früher. Das »bitte«, das wir in solchen Fällen dazuzusetzen pflegen, ist hier in dem magari schon enthalten. Auch vor Gericht ist magari ein häufig gebrauchtes Wort. Ein starrköpfiger Prozessierer wird seinem Gegner im Laufe der Verhandlung sagen: magari faccio un salto mortale, ma non acconsento alla vostra proposta, *magahri fat-tscho un ßalto mortahle, ma non ak-konßento al-la woßtra propoßta* – eher mache ich einen Salto mortale, aber eurem Vorschlag stimme ich nicht zu. Il salto, *ßalto* – der Luftsprung, il saltarello, *ßaltarel-lo,* der Springtanz, il salto mortale der tödliche Luftsprung; consentire, *konßentihre,* einwilligen, acconsentire, *ak-konßentihre,* dasselbe: einwilligen; la proposta, *propoßta* – der Vorschlag; acconsentire alla proposta – in den Vorschlag einwilligen, dem Vorschlag zustimmen.

Zurück zu magari, das unsere Damen so seufzend gesagt haben, als sie unser Versprechen hörten, mit ihnen un po' di spese zu machen. Kleinigkeiten sind bekanntlich im Grunde teurer als Museumsstücke, und Florenz ist voll von herrlichen Kleinigkeiten. Da gibt es die berühmten guanti; i guanti, *guanti,* die Handschuhe, Einzahl: il guanto, *guanto,* der Handschuh; i guanti sind aus Leder; das Leder heißt il cuoio, *kuohio,* das Leder; aber il cuoio ist nur das derbe, grobe Leder, aus dem Koffer, Tragtaschen und Schuhsohlen gemacht werden. Das Handschuhleder dagegen ist la pelle, *päl-le,* und la pelle heißt eigentlich: die Haut; la pelle, die Haut. Aus derselben pelle werden auch die berühmten Florentiner Handtaschen gemacht, deren Eleganz an die Trägerin hohe Ansprüche stellt. Und Taschen und Handschuhe findet man in einem Geschäft, das sich pelletteria, *pel-let-teri-a,* nennt, eines der zahllosen Wörter auf -ia, die den Verkauf von Waren bezeichnen, pelletteria, Geschäft für feine Lederwaren. Meistens steht dann auch noch das Wort valigeria, *walidscheri-a,* dabei, das von la valigia, *walidscha,* der Koffer, abgeleitet ist und ein Geschäft bezeichnet, in dem Gepäckstücke aus Leder, aber auch sonstige Erzeugnisse der Sattlerei zu haben sind. Doch würde ich Ihnen empfehlen, in Florenz Ihre Aufmerksamkeit mehr den Handtaschen zuzuwenden, perchè le borsette sono una specialità di Firenze. La borsetta, *borßet-ta,* heißt die Handtasche, das Handtäschchen. Meistens ist in einer solchen borsetta auch noch ein borsellino, ein Geldtäschchen, il borsellino, *borßel-lihno,* das Geldtäschchen; nicht zu verwechseln mit il Borsalino, *borßalihno,* der weltberühmten italienischen Marke für Herrenhüte. Der Hut heißt übrigens, wie wir ja schon wissen, für Damen und Herren gleich il cappello, *kap-päl-lo,* Mehrzahl: i cappelli; wenn man dieses Wort cappello mit einem -p- schreibt, il capello, *kapel-lo,* heißt es: das Haupthaar, aber nur das einzelne Haupthaar. Die Haare auf dem Kopf heißen i capelli, wogegen die Haare eines Felles i peli heißen, von il pelo, *pelo,* das (kleine) Haar. Mancava un pelo, *mankahwa uhn pelo,* heißt: es fehlte ein Haar, um ein Haar; mancava von mancare, *mankahre,* fehlen. Il pelo darf man natürlich nicht verwechseln mit la pelle, *päl-le,* was, wie wir gehört haben, die Haut bedeutet. Sie sehen schon, es ist eine haarige Angelegenheit mit den Haaren im Italienischen. Aber die Grundregel, nämlich die Unterscheidung von capello mit einem oder mit zwei -p- ist ganz einfach: zuerst kommen die Haare, die schreibt man mit einem -p-, und was auf den Haaren draufsitzt, nämlich der Hut, bekommt zwei -p-, denken Sie an das Wort Kappe, also il cappello – mit zwei p – der Hut. Wir können das Kapitel der Hüte nicht verlassen, ohne an die seit alters in ganz Europa hochgeschätzten Florentinerhüte zu denken, i cappelli fiorentini, *fiorentihni,* die Florentinerhüte, die aus feinstem Stroh geflochten sind. Das Stroh heißt la paglia, *palja,* und der Strohhut ist ein cappello di paglia. Um einen Florentinerhut zu kaufen, gibt es zwei Möglichkeiten: entweder man bezahlt ihn teuer in einem Geschäft, wo die Qualität erstklassig ist, oder man kauft ihn billig auf dem Strohmarkt von Florenz, il mercato di paglia, *merkahto,* wo die Qualität vielleicht ein bißchen weniger gut, der Preis aber wesentlich niedriger ist. Außerdem hat der mercato di paglia von Florenz noch den Vorteil, ein farbenfreudiger, vom ganzen Lande beschickter Ort zu sein, wo Hoch und Niedrig sich kaufend und verkaufend mischt und wo es von italienischer Seite aus nur eine gemeinsame Idee gibt, die sonnenbebrillten, capriberockten, weißhäutigen Damen auf der Weltreise mit möglichst viel malerischen Florentinerhüten auszustatten. Und um den zahlenden Kavalieren, Reisebegleitern, Ehemännern einen Trost zu geben, möchten wir sie daran erinnern, daß die anbetungswürdigen Geschöpfe, die sich jetzt einen Florentinerhut um jeden Preis einreden, dieselben Wesen sind, denen wir Mannsbilder zur Nachtzeit die serenata d'amore zu bringen pflegen. Neben den Hüten gibt es auf dem mercato di paglia noch un'infinità, *linfinita*, die Unendlichkeit, un'infinità di borse; la borsa, *borßa,* heißt ursprünglich auch im Italienischen: die Börse, wird aber meistens für große Tragtaschen verwendet; la borsa di paglia, – die Strohtasche.

Damit Sie den Strohmarkt leichter finden, wollen wir Ihnen noch sagen, daß er ganz in der Nähe des Arno liegt, nur ein paar Schritte entfernt von der Piazza della Signoria. Am besten, Sie fragen nach der Loggia del mercato nuovo, *lod-dscha del merkahto nuohwo,* nach der Säulenhalle des Neuen Marktes, ein heiteres und luftiges Gebäude aus der Mitte des 16. Jahrhunderts, zusammengefügt nur aus Säulenbögen und Dach. Dort werden Sie auch einen Brunnen finden mit einem kleinen Wildschwein aus Bronze, das in Florenz »il porcellino«, *portschel-lihno,* Ferkel, genannt wird, und woran die Florentiner seit 400 Jahren manche schlüpfrige Bemerkung knüpfen. Dieser »porcellino« ist natürlich nicht der einzige Gegenstand, an dem die Florentiner ihr Mütchen kühlen. Das Volk von Florenz war schon von alters her für seine Schlagfertigkeit berühmt und für jene Art von leicht ätzendem Witz, dem man nicht zürnen kann, obwohl man sich darüber ärgert, weil seine Schadenfreude mit zu viel Charme verbunden ist. Im Singsang ihrer Redeweise, der sie von allen anderen italienisch-sprechenden Volksteilen unterscheidet, sagen sich die Florentiner den ganzen Tag mit einer Leidenschaft ohnegleichen geschliffene Sticheleien, die aber, das muß man zu ihrer Ehre sagen, meistens auf Kosten des Gegenübers und nicht auf Kosten dritter Personen gehen. Und nun wenden wir uns noch einem letzten Gegenstand zu, den Florenz in besonderer Qualität anzubieten hat: den Schuhen. Die Schuhe heißen le scarpe, *ßkarpe;* der Schuh, la scarpa, *ßkarpa;* wenn man in ein Geschäft kommt, um Schuhe zu verlangen, so ist die übliche Ausdrucksform: vorrei comprare un paio di scarpe. Il paio, *pah^{i}o,* das Paar; zwei Paar Schuhe heißen: due paia di scarpe. Wie Sie sehen, ist die Mehrzahl von il paio, das Paar, unregelmäßig, sie heißt: *le pah^{i}a.* Italienische Schuhe sind auf der ganzen Welt beliebt wegen ihrer Weichheit und ihrer graziösen Form, aber es kann natürlich trotzdem geschehen, daß ein Schuh zu eng ist, dann heißt das: questa scarpa è troppo stretta; stretto, stretta, *ßtret-to,* eng; man kann aber auch sagen: questa scarpa mi è troppo stretta – dieser Schuh ist mir zu eng, quella invece mi va bene, *k^{u}el-la inwehtsche mi wa bähne,* wörtlich: jener (Schuh) indessen mir geht gut; wir würden sagen: der andere da paßt mir dagegen; invece, *inwehtsche,* heißt dagegen oder indessen; wenn man in einem Satz eine Behauptung aufgestellt hat, deren Gegenteil man im nächsten Satz ausdrücken will, dann sagt man: invece. Per esempio: a te piacciono queste scarpe rosse, io invece le trovo orribili, *a te p^{i}at-tschono k^{u}eßte ßkarpe roß-ße, i-o inwehtsche le trowo or-ribili.* Merken wir uns also: invece, kommt immer dann dran, wenn man erklären will, daß man sich selbst im Gegensatz zu einer anderen Person oder Sache befindet. Invece hat auch noch eine weitere Bedeutung: an Stelle von, anstatt. Invece di perdere tempo sul mercato di paglia, dovremmo andare a vedere ancora qualche cosa d'importante, *inwehtsche di pärdere* *tämpo ßul merkahto di palja, dowrem-mo andahre a wedehre ankohra k^{u}alke kohßa dimportante,* anstatt Zeit zu verlieren auf dem Strohmarkt, müßten wir oder besser: sollten wir gehen um zu sehen noch eine Sache von Wichtigem. E che cosa rispondiamo a questa proposta? *e ke kohßa rißpond^{i}ahmo a k^{u}eßta propoßta?* Sì, professore, volentieri; *ßi profeß-ßore, wolent^{i}ähri;* ja, Herr Professor, sehr gern; ma il nostro viaggio è un viaggio di sogno e per sognare ci occorre tanto il mercato di paglia, quanto il Palazzo Pitti, *ma il noßtro w^{i}ad-dscho ä un w^{i}ad-dscho di ßonjo e per ßonjahre tschi ok-kor-re tanto il merkahto di palja, k^{u}anto il palat-tßo pit-ti.* Ma il nostro viaggio è un viaggio di sogno – ci sentiamo un po' come studentelli senza voglia di studiare, *tschi ßent^{i}ahmo un po kohme ßtudentel-li ßentßa wolja di stud^{i}ahre.* L'unica cosa che vogliamo ancora vedere di Firenze è il Piazzale Michelangelo con il suo panorama all' ora del tramonto, *luhnika kohßa ke woljahmo ankohra wedehre di firäntße ä il p^{i}at-tßahle mikel^{andsch}elo kon il ßu-o panorahma al-lohra del tramonto.*

Wenn Sie nach Florenz kommen, liebe Leser, so nehmen Sie bitte diesen Rat ernst. Der Piazzale Michelangelo liegt jenseits des Arno, auf der halben Höhe eines Hügels, der von dem wundervollen weiß und golden leuchtenden Kloster San Miniato gekrönt wird. Von diesem Platz aus hat man am Abend die schönste Aussicht über die Stadt, die mit ihren hundert Kuppeln und Türmen breit in die maßvoll gewölbte Schale dieses Tales eingelagert ist. Der Dichter Odoardo Spadavo, einer der liebenswürdigsten Florentiner, hatte den kühlen und bezaubernden Reiz dieser Stadt vor Augen, als er seine berühmte Canzone zum Preis der Stadt Florenz schrieb.

Mit dieser Lektion müssen wir leider Florenz verlassen – leider, weil die Zeit es uns nicht erlaubt, gemeinsam zu Michelangelos Mediceergräbern zu wandern, in die Läden auf dem Ponte Vecchio zu gehen und uns am Feuer der dort zum Verkauf ausliegenden Juwelen zu erfreuen; weil wir es versäumen müssen, bei Sabatini zu essen und die Pracht der florentinischen Küche über unseren entzückten Gaumen gleiten zu lassen; weil unsere anmutigen Damen nicht die Möglichkeit haben, in den Geschäften mit Spitzenwäsche ihre fachgerechte Wahl zu treffen und die Verkäuferinnen zur Verzweiflung zu bringen. Es zieht uns ein starker Magnet weiter nach Süden, und dieser Magnet heißt: Siena! Siena, wo das Fest des Palio uns erwartet. Allora diamo il nostro addio alla città di Firenze e rivediamoci la prossima volta in partenza per Siena.

NEUE WÖRTER
Lektion 36

il palazzo Vecchio	*palat-tßo wäk-k*^{i}*o*	der alte Palast
la Divina Commedia	*diwihna kommähd*^{i}*a*	die Göttliche Komödie
qualche parola	*k*^{u}*alke parohla*	einige Worte

Meine lieben Leser, bitte beachten Sie, daß qualche im Gegensatz zum Deutschen immer die Einzahl verlangt, also qualche parol-a und nicht qualche parol-e.

qualche parola su Dante	*ßu dante*	ein paar Worte über Dante
Dante Alighieri è nato a Firenze nel milleduecentosessantacinque	*dante alig*^{i}*ähri ä nato a firäntße mil-ledu-etschän-toßeß-ßantatschinkue*	Dante Alighieri wurde in Florenz geboren im (Jahre) 1265

ed è morto a Ravenna		und er ist zu Ravenna gestorben
nel milletrecentoventuno	*mil-letretschäntowentuhno*	im (Jahre) 1321
passare	*paß-ßahre*	vorübergehen, auch verbringen, zubringen
così ha passato diciannove anni della sua vita	*koßi a paß-ßahto ditschan-nohwe an-ni del-la ßu-a wihta*	auf diese Weise hat er 19 Jahre seines Lebens verbracht
lontano dall' amatissima città paterna	*lontahno dal-lamatiß-ßima tschit-ta paterna*	fern von der heißgeliebten Vaterstadt
paterno, paterna	*paterno*	väterlich
della lingua italiana Dante è il più grande maestro	*ma-äßtro*	wörtlich: von der italienischen Sprache Dante ist der größte Meister, richtig: Dante ist der größte Meister der italienischen Sprache
in tutte le sue opere	*ßu-e ohpere*	in allen seinen Werken
esiste sempre	*esißte ßämpre*	existiert immer
esistere	*esißtere*	bestehen
un sentimento	*ßentimento*	ein Gefühl
un sentimento di profonda tristezza	*di profonda trißtet-tßa*	ein Gefühl tiefer Traurigkeit
sorgere	*ßordschere*	entspringen, sich erheben
che sorge dalle sofferenze	*ke ßordsche da-le ßof-ferentße*	das sich erhebt aus den Leiden
l'esilio	*lesihlio*	das Exil, die Verbannung

Und nun wiederholen wir das Wörtchen »che«, dessen verschiedene Bedeutungen wir Ihnen in der 34. Lektion schon erklärt haben:

che	*ke*	welcher, welche, welches
il signore che parla		der Herr, welcher spricht

Wir erinnern Sie noch einmal daran, daß im Italienischen vor dem Wörtchen »che« kein Beistrich steht!
Wie Sie schon wissen, bedeutet »che« auch »daß«, zum Beispiel:

so che è vero	*ßo ke* ä *wehro*	wörtlich: ich weiß, daß es ist wahr, ich weiß, daß es wahr ist

Aber auch als Ausruf steht »che«, und dann bedeutet es »was«:

che? è possibile?	*poß-ßibbile*	was? Ist es möglich?
che bella cosa!	*bäl-la kohßa*	was für eine schöne Sache!
che bella ragazza	*bäl-la ragat-tßa*	was für ein schönes Mädchen!
che bellezza!	*bel-let-tßa*	wörtlich: was für eine Schönheit! wie schön!
che è successo?	*ßut-tschäß-ßo*	was ist passiert?
Oggi facciamo un po' di spese	*od-dschi fat-tschahmo un po di ßpehße*	heute machen wir ein paar Einkäufe
le spese	*ßpehße*	die Einkäufe oder die Ausgaben
per l'amor di Dio	*per lamohr di di-o*	um Gottes willen
magari	*magahri*	schön wär's

Wir haben Ihnen schon erzählt, daß mit dieser einen Bedeutung das Wort »magari« noch längst nicht erschöpft ist. Es kann auch heißen: lieber, eher.

magari faccio un salto mortale ma non acconsento alla vostra proposta	*magahri fat-tscho un ßalto mortahle ma non ak-konßento al-la woßtra propoßta*	lieber oder eher mache ich einen Salto mortale, aber eurem Vorschlag stimme ich nicht zu
il salto	*ßalto*	der Luftsprung
il saltarello	*ßaltarel-lo*	der Springtanz
il salto mortale	*ßalto mortahle*	der tödliche Luftsprung
consentire	*konßentihre*	einwilligen
acconsentire	*ak-konßentihre*	noch stärker: einwilligen
la proposta	*propoßta*	der Vorschlag
acconsentire alla proposta		in den Vorschlag einwilligen, dem Vorschlag zustimmen
il guanto	*guanto*	der Handschuh
i guanti		die Handschuhe

il cuoio	*k^{u}oh^{i}o*	das Leder
la pelle	*päl-le*	die Haut, das feine Leder
la pelletteria	*pel-leteri-a*	das Geschäft für feine Lederwaren
la valigeria	*wali^{dsch}eri-a*	das Koffergeschäft
la valigia	*wali^{dsch}a*	der Koffer
la borsetta	*borßet-ta*	die Handtasche, das Handtäschchen
il borsellino	*borßel-lihno*	das Geldtäschchen
il Borsalino	*borßalihno*	italienische Weltmarke für Herrenhüte
il cappello	*kap-päl-lo*	der Hut
i cappelli		die Hüte
il capello	*kapel-lo*	das einzelne Haupthaar
i capelli		die Haare
il pelo	*pelo*	das kleine Haar
i peli		die Haare (eines Felles)
mancava un pelo	*mankahwa uhn pelo*	wörtlich: es fehlte ein Haar, und bedeutet: »um ein Haar«
mancare	*mankahre*	fehlen
i cappelli fiorentini	*kap-päl-li f^{i}orentihni*	die Florentinerhüte
la paglia	*palja*	das Stroh
il cappello di paglia		der Strohhut
il mercato di paglia	*merkahto*	der Strohmarkt
l'infinità	*linfinita*	die Unendlichkeit
la borsa	*borßa*	ursprünglich: die Börse, auch die große Tragtasche
la borsa di paglia		die Strohtasche
la loggia	*lod-^{dsch}a*	die Säulenhalle
la loggia del mercato nuovo	*n^{u}ohwo*	die Säulenhalle des neuen Marktes
il porcellino	*portschel-lihno*	das Ferkel
la scarpa	*ßkarpa*	der Schuh
le scarpe		die Schuhe
il paio	*pah^{i}o*	das Paar
due paia di scarpe		zwei Paar Schuhe

Hier fällt Ihnen die unregelmäßige Mehrzahl auf. Man sagt: il paio, das Paar, aber: le paia, die Paare.

stretto	*ßtret-to*	eng
questa scarpa mi è troppo stretta		dieser Schuh ist mir zu eng
quella invece	*k^{u}el-la*	wörtlich: jener (gemeint ist der
mi va bene	*inwehtsche mi*	Schuh) indessen mir geht gut,
	wa bähne	richtig heißt es: der andere da paßt mir dagegen
a te piacciono	*a te p^{i}at-tschono*	dir gefallen diese roten Schuhe
queste scarpe	*k^{u}eßte ßkarpe*	
rosse	*roß-ße*	
io invece le		
trovo orribili	*trohwo or-ribili*	ich hingegen finde sie schrecklich

invece hat außerdem noch die Bedeutung: anstatt, per esempio:

invece di perdere il tempo sul mercato di paglia, dovremmo andare a vedere ancora qualche cosa d'importante		anstatt Zeit zu verlieren auf dem Strohmarkt, müßten wir (oder sollten wir) gehen um zu sehen etwas vom Wichtigen.
e che cosa	*e ke kohßa*	und was antworten wir auf
rispondiamo a	*rißpond^{i}ahmo*	diesen Vorschlag?
questa proposta?	*a k^{u}eßta propoßta?*	
sì, professore,		ja, Herr Professor, sehr gern
volentieri	*wolent^{i}ähri*	
ma il nostro viaggio è un		aber unsere Reise ist eine
viaggio di sogno	*ßonjo*	Traumreise
ci sentiamo un	*tschi ßent^{i}ahmo*	wir fühlen ein wenig uns wie
po' come studen-	*un po kohme*	Studentlein,
telli senza voglia	*ßtudentel-li*	ohne die geringste Lust etwas
di studiare	*ßentßa wolja*	zu lernen
	di ßtud^{i}ahre	
l'unica cosa che vogliamo ancora vedere di Firenze è il		das Einzige, was wir noch von Florenz sehen wollen, ist der
Piazzale	*p^{i}at-tßahle*	Piazzale Michelangelo
Michelangelo	*mikelan^{dsch}elo*	mit seinem Panorama zur
con il suo pano-	*kon il ßu-o*	Stunde des Sonnenunterganges
rama all'ora del	*panorahma*	
tramonto	*al-lohra del tramonto*	

SAN GIMIGNANO BIS ASSISI

VON FLORENZ NACH SIENA
Lektion 37

Die Fahrt von Florenz nach Siena wollen wir nicht mit der Bahn, sondern lieber mit dem Autobus machen, weil man auf der Straße noch wesentlich mehr von der Landschaft sieht. Da unserer Phantasie glücklicherweise keine Grenzen gesetzt sind, bleiben wir vor dem Orte Poggibonsi vor einer Straßenabzweigung stehen. Il bivio, *bihwio,* die Straßenabzweigung, denn der Name, der da auf dem Wegweiser steht, übt eine mächtige Anziehungskraft auf uns aus: San Gimignano, *ßan dschiminjahno.* Ich will Ihnen noch gar nichts Näheres über die seltsame und geheimnisreiche Stadt sagen, die diesen Namen trägt. Ich möchte Sie lieber überraschen. Sie werden es bestimmt nicht bereuen, einen Tag für San Gimignano zu opfern, schon allein deshalb nicht, weil die Landschaft der Toskana hier ihren ganzen zypressendunklen, herben Charme entfaltet. Von Florenz kommend, sind wir bisher geradewegs nach Süden gefahren, il sud, *ßuhd* – der Süden. Und weil wir nun schon auf einer Wegkreuzung stehen, lernen wir gleich die Himmelsrichtungen, die man ja doch auf Reisen ununterbrochen braucht.

Für uns Italienfahrer ist »il sud« stets verknüpft mit der Vorstellung von Wärme und Sonne und blauem Himmel und all dem, was man das mittelländische Klima nennt. Das Eigenartige ist, daß die Italiener sich selber durchaus als südlich fühlen, sie sagen aber für südlich nicht »sudico« sondern »meridionale«, *meridionahle* – südlich. Der rauhe Norden dagegen, den wir im Rücken haben, heißt il nord, *nord* – und wir selber sind i »settentrionali«, *ßet-tentrionahli* – die Nördlichen, die Nordmenschen; früher hat man auch barbari gesagt, aber das würden wir uns heute, nachdem wir so viel von der gentilezza gelernt haben, nicht mehr gefallen lassen. Nördlich heißt settentrionale, *ßet-tentrionahle.*

Am bivio di Poggibonsi wenden wir uns jetzt nach Westen, der Westen heißt l'ovest, *lohweßt;* westlich dagegen, dies ist leicht zu merken: occidentale, *ot-tschidentahle.* Nun bleibt uns noch der Osten: l'est, *leßt;* östlich heißt, wie schon zu erraten ist: orientale, *orientahle.*

Auf der Straße nach San Gimignano tauchen wir nun in die colli toscani, die toskanischen Hügel, ein. Il colle, *kol-le* – der Hügel, deutlicher gesagt: der Rund-Hügel, der Mittelgebirgshügel, i colli, die Hügel, i colli toscani, die toskanischen Hügel. Wenn es sich um einen kleineren Hügel handelt, oder um einen einzelnen in der Ebene, kann man auch sagen: la collina, *kol-lihna,* der Hügel. I colli toscani sind bedeckt mit großen Gärten, in denen Ölbaum und Zypresse einander abwechseln, die beiden charakteristischen toskanischen alberi. L'albero, *lalbero* – der Baum, – gli alberi, *alberi,* die Bäume. Mit diesen beiden Bäumen, die zusammen mit dem trockenen blauen Himmel und der sanften Prozession der colli die Grundelemente des toskanischen Landes bilden, müssen wir uns noch einen Augenblick beschäftigen. Der Ölbaum, l'olivo, *lolihwo,* hat ein wunderbares, feingeschnittenes Laub, dessen silbriges Grau ein zitterndes Glänzen über die Landschaft wirft. Die Ölbäume – gli olivi, stehen in großen Gärten zusammen, nicht eigentlich in Hainen. Sie müssen viel Luft um sich haben und wachsen in den merkwürdigsten knorrigen Formen, so unterschiedlich, daß sie darin den Italienern gleichen: ein jeder hat seine unverwechselbare Gestalt. Die Ölbäume sind die Individualisten in der Landschaft Italiens. So ein Ölbaumgarten heißt l'oliveto, *loliwehto,* und überall in der Toskana begegnen wir kleinen Heiligtümern und Klöstern, die den Namen »Monte Oliveto« tragen, nicht nur weil sie von Ölbergen und Ölgärten umgeben sind, sondern weil il monte oliveto jener gnadenreiche Ölberg ist, der den Beginn des Erlösungswerkes gesehen hat. Die Zypresse dagegen, il cipresso, *tschipräß-ßo,* ist ein ganz anderer Baum. Wie eine dunkle Lanzenspitze steigt sie in den Himmel auf und wirft in die durchsichtige Heiterkeit der Landschaft einen ernsten und dunklen Ton. Man darf aber deshalb nicht glauben, daß in Italien il cipresso l'albero della tristezza ist, der Baum der Traurigkeit und der Trauer. Wir im Norden, noi settentrionali, sind es gewöhnt, die Zypresse stets mit der Vorstellung des cimitero, *tschimitähro,* des Friedhofs zu verbinden. Auch in Italien stehen natürlich auf den cimiteri Zypressen, besonders dort, wo es sich um einen

campo santo – um einen gemauerten Friedhof, handelt. Il campo, *kampo*, heißt wörtlich: das Feld. Il campo santo – das heilige Feld, der Friedhof. Eigentlich kann man bei einem campo santo gar nicht mehr von einem Feld sprechen, denn er unterscheidet sich von einem cimitero hauptsächlich dadurch, daß die Grabsteine wie ein Pflaster nebeneinander in den Boden gelegt sind. Meistens ist da noch ein großer Kreuzgang außen herum geführt. Der berühmteste campo santo, den Italien hat – dies nebenbei gesagt –, steht in der unmittelbaren Nachbarschaft des schiefen Turmes in Pisa.

Wenn wir so durch die Landschaft der Toskana fahren und sie in ihrem Glanz und ihrem Frieden ringsherum ausgebreitet sehen, so fällt es uns schwer, uns vor Augen zu halten, daß diese Landschaft jahrhundertelang ein einziges campo di battaglia gewesen ist. Il campo di battaglia, *bat-talja,* das Schlachtfeld, la battaglia, die Schlacht. Durch diese Landschaft zogen die berühmten Condottieri, il condottiere, *kondot-t^{i}ähre,* der Heerführer, der Feldherr, die das Geschichtsbild des ausgehenden Mittelalters und der Renaissance in Italien vielfach bestimmen.

Heute noch finden wir überall in der Toskana die Spuren jener Zeit, in der das Lehenswesen, il feudalismo, *fe^{u}dalismo,* die Lebensform der Menschen gewesen ist. Damals war das ganze Land aufgeteilt in feudi, il feudo, *fä^{u}do,* das Lehngut, und die Kultur war una cultura feudale. Allerdings hat sich das Lehenswesen Italiens von dem Deutschlands in einem sehr deutlich unterschieden: i feudatari, die Lehensherren, il feudatario, *fe^{u}datar^{i}o,* der Lehensherr, bauten ihre befestigten Paläste nicht in das freie Land, sondern in die Stadt, und so haben wir vor uns am Beispiel von San Gimignano, das auf seinem Hügel wie eine altersgraue Krone am Horizont auftaucht, ein vollständig erhaltenes Gebilde dieser Zeit, das uns zeigt, wie kompliziert una fortezza, eine Burg, in Italien gewesen ist. La fortezza, *fortet-tßa,* die Burg.

Die alte Stadt mit Mauern, Gräben und Zinnen ist in Wirklichkeit die Burg vieler Herren, von denen jeder sich innerhalb des Stadtgebietes wieder eine eigene Burg angelegt hat, und weil der Raum eng und die Feindschaften groß waren, so konnten sich diese Geschlechterburgen in San Gimignano nicht ausbreiten. Also führte man sie in der Form ungeheurer Türme bis zu beträchtlicher Höhe auf. Weil wir gerade von fortezza sprechen, das Wort kommt von fortificare, *fortifikahre* – stärken, befestigen, und die Befestigung heißt la fortificazione, *fortifikatßiohne.*

In questa fortificazione di San Gimignano vediamo dietro la fossa una grande porta nel muro. La fossa, *foß-ßa* – der Graben; la porta, *porta* – das Tor, das Stadttor; il muro, *muhro* – die Mauer, mit der unregelmäßigen Mehrzahl – le mura, die Mauern. Dietro le mura, *diähtro le muhra,* heißt also: hinter den Mauern.

Davanti a questa porta ai nostri piedi abbiamo un panorama splendido. La valle di San Gimignano con i suoi colli, pieni di oliveti, ci presenta tutte le bellezze della Toscana. Fermiamoci allora un momento. A proposito delle bellezze toscane: il vino di San Gimignano è ottimo. Con un bicchiere di questo vino il panorama diventa ancora più bello. Adesso però dobbiamo ritornare alla porta principale della città di San Gimignano per cominciare la nostra visita di questo gioiello medioevale.

La porta, da müssen wir schon stehenbleiben. La porta heißt, wie wir wissen, das Tor, es heißt aber auch die Tür; ist die Tür an einem Haus, so heißt sie il portone, *portohne,* und weil wir schon gerade dabei sind, von Türen zu sprechen, so erlauben Sie mir bitte eine Bemerkung, die Ihnen selber durch italienische Erfahrungen reichlich bestätigt werden wird: es gibt in Italien Hunderttausende von Türen, aber es ist schwer, jemand zu finden, der sie zumacht. Die Italiener haben eine Leidenschaft für offenstehende Türen. Deshalb lernen wir hier den höchst wichtigen Satz: chiudi la porta, per piacere, *kⁱuhdi la porta* – den ich in verschiedenen, von der Sanftmut bis zur Drohung reichenden Tonfällen zu lernen bitte: chiudi la porta, per piacere! Bitte, mache die Türe zu! Wenn Sie ganz höflich sein wollen und von Ihrem Gegenüber sozusagen voraussetzen, es sei nur ein Zufall gewesen, daß die Türe offen blieb, dann sagen Sie: vuol chiudere la porta, per cortesia, *w^uohl kⁱuhdere,* seien Sie so freundlich, die Türe zu schließen. Chiudere heißt schließen, si chiude, *ßi kⁱuhde,* man schließt, ein Wort, das Ihnen der custode von Kirchen und Museen stets mit triumphalem Schlüsselrasseln zurufen wird. Der Verschluß heißt la chiusura, *kⁱußuhra,* und die fortificazione der modernen Damenkleidung, der Reißverschluß, heißt la chiusura lampo, *lampo.* Lampo hat dabei gar nichts mit reißen zu tun, es heißt der Blitz, il lampo, *lampo,* der Blitz, und weil wir schon gerade vom Blitz reden, lernen wir auch noch il temporale, *temporahle,* das Gewitter.

La città di San Gimignano ci presenta un quadro medioevale. Die Stadt San Gimignano bietet uns ein mittelalterliches Bild. Il quadro, *k^uahdro* – das Bild; il medioevo, *medi^oo-ähwo* – das Mittelalter; medioevale, *medi^oo-ewahle* – mittelalterlich; il quadro bedeutet eigentlich ein gemaltes Bild, so daß un quadro medioevale auch ein im Mittelalter gemaltes Bild bedeuten kann. Che cosa vediamo? – Cento torri – hundert Türme, la torre, *tor-re* (wohlgemerkt weiblich!) der Turm, heißt in der Mehrzahl le torri, die Türme und wenn auch San Gimignano nicht nach der Zahl genau hundert Türme hat, so trägt es doch mit Recht den Namen:

la città delle cento torri. Diese Türme stehen manchmal ganz dicht beieinander, viereckig, fensterlos, gedrungen und abweisend steigen sie in die Höhe. In der Blütezeit der Stadt sollen es nach verläßlichen Quellen 72 gewesen sein, heute stehen davon nur noch 13, davon 7 rings um die Piazza Principale. Wenn wir genau wissen wollen, wie hoch sie sind, müssen wir einen San Gimignaner fragen: Scusi, signore, quanto sono alte queste torri? Wie hoch sind diese Türme? Und dann wird er mit naturgesetzlicher Sicherheit antworten: non lo so, *non lo ßo*, ich weiß es nicht. Wobei wir lernen, daß es leichter und vergnüglicher ist, auf Reisen in Italien keine allzu pedantischen Fragen zu stellen.

Die Höhe heißt übrigens l'altezza, *laltet-tßa*. Ein Wort, das auch als Titel für die Mitglieder regierender Häuser gebraucht wird, so zum Beispiel Altezza Reale, *altet-tßa re-ahle*, Königliche Hoheit.

Die Besitzer und Verteidiger dieser Türme waren, wie wir schon wissen, i feudatari di San Gimignano, die man damals wie heute meistens mit il barone tituliert, il barone, *barohne*, der Baron, ein Mensch also, der im Besitz der nobiltà ist, la nobiltà, *nobilta*, der Adel, und einer famiglia nobile angehört, *familja nobile*. Nobile, adlig, vornehm, edel, una famiglia nobile, eine adelige Familie.

Im Mittelalter ist es in San Gimignano turbulent hergegangen. Es gab zwei Familien, die Ardinghelli, die der päpstlichen Partei angehörten, und die Salvucci, die dem Kaiser angehörten. Jahrelang tobte zwischen diesen beiden Familien, die gewissermaßen auf engstem Raum die Machtkämpfe zwischen Kaiser und Papst in die schattendunklen Gassen der Stadt hineinpreßten, ein blutiger Krieg. Durch einen Stadthauptmann, der mit einem Salvucci befreundet war, also einem Kaiserlichen, wurden zum Beispiel einmal unter dem

Vorwand des Hochverrates die beiden Brüder Ardinghelli, die der päpstlichen Partei angehörten, eingekerkert. Die benachbarten Florentiner, die ein Interesse daran hatten, daß die Sache der päpstlichen Parteigänger in San Gimignano nicht unterginge, wollten eingreifen, aber der Stadthauptmann ließ, als er von der Intervention der Florentiner erfuhr, die beiden Ardinghelli sofort enthaupten. Die Folge war, daß in der darauffolgenden Nacht die Häuser der Salvucci gestürmt und sämtliche vorfindbaren Familienmitglieder niedergemacht wurden. Gewalttätig und hemmungslos wüteten die Geschlechter gegeneinander, die Interessen internationaler Politik unentwirrbar mit dem avvenire der eigenen Familie ineinanderfügend.

L'avvenire, *law-wenihre,* wörtlich die Zukunft, aber auch das Fortkommen, das Aufwärtssteigen, die Karriere.

SAN GIMIGNANO

Lektion 38

L'ultima volta eravamo a San Gimignano per visitare le torri, le fortificazioni, le chiese e tutta l'atmosfera medioevale di questo gioiello toscano. Alla fine dell'ultima lezione abbiamo parlato delle grandi famiglie nobili, del loro orgoglio, della loro tradizione e di tutto quello che i baroni toscani hanno rischiato per la gloria e l'avvenire. Abbiamo detto che la parola avvenire vuol dire, die Zukunft, das Vorwärtskommen, ed abbiamo constatato che quest' avvenire è stato sempre collegato ad una infinità di lotte e guerre private.

La lotta, *lot-ta,* der Kampf – gemeint ist der Kampf zwischen Einzelpersonen, nicht etwa der Kampf zwischen Heeren, la lotta, der Einzelkampf. Der Kampf größerer Gruppen gegeneinander heißt dagegen la guerra, *gᵘär-ra,* der Krieg. Collegato ist, wie wir schon wissen, abgeleitet von collegare, *kol-legahre,* zusammenhängen.

Wir können also fortfahren: nel medioevo la lotta e la guerra erano sempre collegate ad una crudeltà tremenda. La crudeltà, *krudelta,* die Grausamkeit, gibt es leider nicht nur im Kriege, es gibt sie im persönlichen Leben und es gibt sie – wovon die italienischen Canzone zu singen wissen – auch in der Liebe. La crudeltà non esiste soltanto nella guerra ma purtroppo anche nell'amore.

Ti prego di non essere così crudele heißt: ich bitte dich, sei nicht so grausam, *krudähle,* grausam, wörtlich: dich ich bitte nicht sein so grausam. Credo che i San Gimignanesi ormai hanno superato questa crudeltà del loro passato perchè si presentano con la massima gentilezza. Nel campo dell'amore però le belle signorine conservano ancora oggi la crudeltà medioevale.

Conservare, *konßerwahre,* heißt erhalten, bewahren, instandhalten, am Leben erhalten. Il conservatorio, *konßerwatohrio* heißt im Italienischen ursprünglich das Waisenhaus, und nur, weil in diesen Konservatorien unter geistlicher Anleitung die Waisen zu hervorragenden Sängern und Musikern ausgebildet wurden, hat das Wort seine Bedeutung langsam in »Mu-

sikhochschule« gewandelt. Heute heißt il conservatorio also die Musikhochschule. Das Waisenhaus dagegen l'orfanotrofio, *lorfanotrofio.* Das Wort kommt von l'orfano, *lorfano,* der Waise oder die Waise oder das Waisenkind. Adesso, gentili Signore e Signori, vogliamo ripetere tutto quello che abbiamo detto finora.

L'ultima volta eravamo a San Gimignano per visitare le torri, le fortificazioni, le chiese e tutta l'atmosfera medioevale di questo gioiello toscano. Das letzte Mal waren wir in San Gimignano, um zu besichtigen die Türme, die Befestigungen, die Kirchen und die ganze mittelalterliche Atmosphäre dieses toskanischen Juwels. Alla fine dell'ultima lezione abbiamo parlato delle grandi famiglie nobili, del loro orgoglio, della loro tradizione e di tutto quello che i baroni toscani hanno rischiato per la gloria e l'avvenire. Am Schluß der letzten Lektion haben wir gesprochen von den großen adeligen Familien, von ihrem Stolz, von ihrer Tradition und von alledem, was die toskanischen Barone gewagt haben für den Ruhm und das Vorwärtskommen in der Zukunft. Abbiamo detto che la parola avvenire vuol dire: die Zukunft, das Vorwärtskommen – wir haben gesagt, daß das Wort avvenire die Zukunft, das Vorwärtskommen bedeutet, ed abbiamo constatato che quest'avvenire è stato sempre collegato ad una infinità di lotte e guerre private. Und wir haben festgestellt, daß dieses avvenire immer, wörtlich: zusammengehängt war, richtiger: zusammenhing mit einer infinità, wörtlich: Unendlichkeit, hier besser: Unzahl von Kämpfen und Privatkriegen.

Nel medioevo le lotte e le guerre erano sempre collegate ad una crudeltà tremenda – im Mittelalter waren Kampf und Krieg immer verbunden mit einer fürchterlichen Grausamkeit. La crudeltà non esiste soltanto nella guerra ma purtroppo anche nell'amore. Die Grausamkeit existiert nicht nur im Kriege, sondern leider auch in der Liebe. Credo che i San Gimignanesi ormai hanno superato questa crudeltà del loro passato perchè si presentano con la massima gentilezza. Ich glaube, daß die San Gimignaner diese Grausamkeit ihrer Vergangenheit nunmehr überwunden haben, denn sie präsentieren sich mit der größten Liebenswürdigkeit. Nel campo dell'amore però ancora oggi le belle signorine conservano la crudeltà medioevale. Auf dem Feld der Liebe aber noch heute die schönen signorine erhalten aufrecht die mittelalterliche Grausamkeit.

Ed adesso andiamo avanti; la città di San Gimignano è un simbolo della potenza umana – die Stadt von San Gimignano ist ein Symbol, il simbolo, *ßimbolo,* das Symbol, della potenza umana, la potenza, *potentßa,* die Macht. Davanti a questa potenza sentiamo ormai la necessità assoluta d'imparare fino in fondo la parola potere. Angesichts dieser Macht, dieser potenza, fühlen wir nunmehr die absolute Notwendigkeit, bis auf den Grund zu lernen das Wort potere, *potehre,* können.

posso	*poß-ßo*	ich kann
puoi	*puo-i*	du kannst
può	*puo*	er, sie, es kann
possiamo	*poß-ßiahmo*	wir können
potete	*potehte*	ihr könnt
possono	*poß-ßono*	sie können.

Ma con queste forme la parola potere non è esaurita per niente. Ma – aber, con queste forme – mit diesen Formen, la parola potere – das Wort »potere« – non è esaurita, *esaurihta* – ist nicht erschöpft, per niente, *per niänte* – für nichts, ist noch lange nicht erschöpft. Allora continuiamo, also fahren wir fort:

ho potuto	o *potuhto*	ich habe gekonnt
hai potuto	a*i* *potuhto*	du hast gekonnt
ha potuto	a *potuhto*	er, sie, es hat gekonnt
abbiamo potuto	*ab-bi*a*hmo potuhto*	wir haben gekonnt
avete potuto	*aw*e*hte potuhto*	ihr habt gekonnt
hanno potuto	a*n-no potuhto*	sie haben gekonnt.

Wie Sie schon gemerkt haben werden, verehrte Leser, befinden wir uns mitten in dem Dschungel der Hilfszeitwörter, deren es im Deutschen sechs gibt: wollen, können, müssen, sollen, mögen und dürfen, e ringraziamo il cielo che ha fatto la lingua italiana solo con tre Hilfszeitwörter – und wir danken dem Himmel, daß er die italienische Sprache nur mit drei Hilfszeitwörtern gemacht hat. Eins davon haben wir schon, das Wort können. Was unser dürfen betrifft, so heißt es auch potere, und wir können es mit einem einzigen Beispiel abtun: wenn Sie in einer Gesellschaft sind, in der die Leute stundenlang beieinandersitzen, ohne daß einer den Mut findet, eine Zigarette anzuzünden, und Sie es zum Schluß gar nicht mehr aushalten, dann fragen Sie die Dame des Hauses: scusi, signora, posso fumare – darf ich rauchen?

Die Leute, die die Türme von San Gimignano gebaut haben, ließen sich nicht träumen, daß diese wilden und abstrusen Zeugen della potenza einmal die Bewohner dieser Stadt recht brav ernähren würden. Wir, die wir in ihrem Schatten nicht nur unsere soldi ausgeben, sondern auch noch la parola potere lernen, haben keine Ahnung, was uns damit passieren wird, wir sagen vollständig richtig: posso partire – ich kann abreisen, wir sagen weiterhin vollständig richtig: potrei partire, *potr*ä*-i parti*h*re* – ich könnte abreisen, und auf diese Weise sicher gemacht, begeben wir uns in den San Gimignanesischen Hinterhalt und sagen: posso italiano – und das ist falsch, denn wenn wir es könnten, müßten wir sagen: so l'italiano, von sapere, wissen. Damit ist wieder ein Beweis geliefert, daß die brutale Gewalt, la potenza brutale, gar nichts hilft ohne das feine Wissen, il sapere sublime, *ßapehre ßublihme*. Was bleibt uns also übrig, als auch noch la parola sapere zu lernen, und das geht so:

so	*ßo*	ich weiß
sai	*ßa-i*	du weißt
sa	*ßa*	er, sie, es weiß
sappiamo	*ßap-p*^{i}*ahmo*	wir wissen
sapete	*ßapehte*	ihr wißt
sanno	*ßan-no*	sie wissen.

L'ho saputo, *lo ßapuhto,* ich habe es gewußt – und weil man noch viel öfter in die Lage kommt, zu sagen: wenn ich wüßte, so lernen wir auch noch se sapessi, *ße ßapeß-ßi,* wenn ich es wüßte, dann: non saprei, *non ßaprä-i,* ich wüßte nicht.

Und weil wir nun schon mitten in der heroischen Anstrengung drinstecken, lassen Sie uns auch noch la parola volere in Angriff nehmen, das wir ja schon zum großen Teil kennen: volere, *wolehre,* heißt: wollen; la volontà, *wolonta,* der Wille; la buona volontà, der gute Wille; volitivo, *wolitihwo,* willensstark, starkmütig. Volentieri, *wolent*^{i}*ähri* – ein Wort, das man ununterbrochen braucht, volentieri – sehr gerne. Prende una sigaretta? Nimmst du eine Zigarette? Antwort: sì, volentieri, ja, sehr gern. Und jetzt geht's los:

voglio	*woljo*	ich will
vuoi	*w*^{u}*o-i*	du willst
vuole	*w*^{u}*ohle*	er, sie, es will
vogliamo	*woljahmo*	wir wollen
volete	*wolehte*	ihr wollt
vogliono	*woljono*	sie wollen
ho voluto	*o woluhto*	ich habe gewollt
abbiamo voluto	*ab-b*^{i}*ahmo woluhto*	wir haben gewollt.

Für Frage und Antwort besonders wichtig ist die Formel: Vuole farmi il piacere – wollen Sie tun mir den Gefallen, bitte tun Sie mir den Gefallen, und ebenso: vuole essere così gentile – wollen Sie so freundlich sein. Con queste due parole potere e volere abbiamo in mano uno dei più importanti segreti della lingua italiana. Il segreto, *ßegrehto*, das Geheimnis. Con queste due parole potere e volere abbiamo in mano, *mahno* – wir haben in der Hand, uno dei più importanti segreti della lingua italiana, eines der wichtigsten Geheimnisse der italienischen Sprache. Das dritte Hilfszeitwort – dovere, *dowehre,* müssen – sparen wir uns noch ein bißchen auf. Schließlich sind wir auf einer Ferienreise und wollen nicht gern »müssen« lernen.

NEUE WÖRTER
Lektion 39

il bivio	*bihw^io*	die Straßenabzweigung
il sud	*ßuhd*	der Süden
meridionale	*merid^ionahle*	südlich
il nord	*nord*	der Norden
i settentrionali	*ßet-tentr^ionahli*	die Nördlichen, die Nordmenschen
settentrionale		nördlich
l'ovest	*lohweßt*	der Westen
occidentale	*ot-tschidentahle*	westlich
l'est	*leßt*	der Osten
orientale	*or^ientahle*	östlich
il colle	*kol-le*	der Hügel, der Rundhügel, der Mittelgebirgshügel
i colli		die Hügel
i colli toscani		die toskanischen Hügel
la collina	*kol-lihna*	der kleine Hügel
l'albero	*lalbero*	der Baum
gli alberi		die Bäume

l'olivo	*lolihwo*	der Ölbaum
gli olivi		die Ölbäume
l'oliveto	*loliwehto*	der Ölbaumgarten
il cipresso	*tschipräß-ßo*	die Zypresse
il cimitero	*tschimitähro*	der Friedhof
il campo santo	*kampo ßanto*	der gemauerte Friedhof, das heilige Feld
il campo di battaglia		das Schlachtfeld
la battaglia	*bat-talja*	die Schlacht
il condottiere	*kondot-t*^{i}*ähre*	der Heerführer, der Feldherr
il feudalismo	*fe*^{u}*dalismo*	das Lehenswesen
il feudo	*fä*^{u}*do*	das Lehngut
il feudatario	*fe*^{u}*datahr*^{i}*o*	der Lehensherr
i feudatari		die Lehensherren
la fortezza	*fortet-tßa*	die Burg
fortificare	*fortifikahre*	stärken, befestigen
la fortificazione	*fortifikatß*^{i}*ohne*	die Befestigung
la fossa	*foß-ßa*	der Graben
la porta	*porta*	das Tor, die Tür, das Stadttor
il muro	*muhro*	die Mauer
le mura		die Mauern, im Sinne von Stadt- und Umfassungsmauern
dietro le mura	*d*^{i}*ähtro*	hinter den Mauern
il portone	*portohne*	das Haustor
chiudi la porta, per piacere!	*k*^{i}*uhdi la porta*	bitte, mache die Türe zu!
vuol chiudere la porta, per cortesia!		seien Sie so freundlich, die Türe zu schließen!
chiudere	*k*^{i}*uhdere*	schließen
si chiude		man schließt
la chiusura	*k*^{i}*ußuhra*	der Verschluß, der Schluß, die Absperrung
la chiusura lampo		der Reißverschluß
il lampo	*lampo*	der Blitz
il temporale	*temporahle*	das Gewitter
il quadro	*k*^{u}*ahdro*	das gemalte Bild

il medioevo	*med^{i}o-ähwo*	das Mittelalter
medioevale	*med^{i}o-ewahle*	mittelalterlich
la torre	*tor-re*	der Turm
le torri		die Türme
alto, alta	*alto*	hoch
l'altezza	*laltet-tßa*	die Höhe
Altezza Reale	*altet-tßa re-ahle*	Königliche Hoheit
il barone	*barohne*	der Baron
la nobiltà	*nobilta*	der Adel
nobile	*nobile*	adelig
una famiglia nobile	*familja nobile*	eine adelige Familie
l'avvenire	*law-wenihre*	wörtlich: die Zukunft, aber auch: das Fortkommen, das Aufwärtssteigen, die Karriere
la lotta	*lot-ta*	der Kampf
la guerra	*g^{u}är-ra*	der Krieg
collegare	*kol-legahre*	verbinden, zusammenhängen
la crudeltà	*krudelta*	die Grausamkeit
ti prego di non essere così crudele	*ti prego di non äß-ßere koßi krudähle*	ich bitte dich, sei nicht so grausam
conservare	*konßerwahre*	erhalten, bewahren,
il conservatorio	*konßerwatohr^{i}o*	das Konservatorium
l'orfanotrofio	*lorfanotrof^{i}o*	das Waisenhaus
l'orfano	*lorfano*	das Waisenkind
umano	*umahno*	menschlich
il simbolo	*ßimbolo*	das Symbol
la potenza	*potentßa*	die Macht
potere	*potehre*	können, dürfen
posso	*poß-ßo*	ich kann
puoi	*p^{u}o-i*	du kannst
può	*p^{u}o*	er, sie, es kann
possiamo	*poß-ß^{i}ahmo*	wir können
potete	*potehte*	ihr könnt
possono	*poß-ßono*	sie können
ma	*ma*	aber

con queste forme	*kon k^u eßte forme*	mit diesen Formen
la parola potere		das Wort »potere«
non è esaurita	*non ä esaurihta*	ist nicht erschöpft für nichts,
per niente	*per n^i änte*	ist noch lange nicht erschöpft
allora		also fahren wir fort
continuiamo	*kontinu^i ahmo*	
ho potuto	*potuhto*	ich habe gekonnt
hai potuto		du hast gekonnt
ha potuto		er, sie, es hat gekonnt
abbiamo potuto		wir haben gekonnt
avete potuto		ihr habt gekonnt
hanno potuto		sie haben gekonnt
posso fumare?	*fumahre*	darf ich rauchen?
posso partire		ich kann abreisen
potrei partire	*poträ-i partihre*	ich könnte abreisen

Aber, meine lieben Leser, sagen Sie um Himmelswillen nicht »posso italiano«, das ist grundfalsch und kein Mensch würde verstehen, was Sie denn eigentlich damit sagen wollen. Die richtige Übersetzung von »Ich kann Italienisch« heißt:

so l'italiano		wörtlich: ich weiß das Italienische, richtig Deutsch also: ich kann Italienisch
sapere	*ßapehre*	wissen
la potenza brutale		die brutale Gewalt
il sapere sublime	*ßublihme*	das feine Wissen

»il sapere« heißt also das Wissen und »sapere« heißt »wissen«.

so	*ßo*	ich weiß
sai	*ßa-i*	du weißt
sa	*ßa*	er, sie, es weiß
sappiamo	*ßap-p^i ahmo*	wir wissen
sapete	*ßapehte*	ihr wißt
sanno	*ßan-no*	sie wissen
saputo	*ßapuhto*	gewußt
ho saputo		ich habe gewußt
l'ho saputo		ich habe es gewußt
se sapessi	*ße ßapeß-ßi*	wenn ich wüßte
se lo sapessi		wenn ich es wüßte

non saprei	*non ßaprä-i*	wörtlich: nicht ich würde wissen, richtig: ich wüßte nicht
volere	*wolehre*	wollen
voglio	*woljo*	ich will
vuoi	*w*^{u}*o-i*	du willst
vuole	*w*^{u}*ohle*	er, sie, es will
vogliamo	*woljahmo*	wir wollen
volete	*wolehte*	ihr wollt
vogliono	*woljono*	sie wollen
voluto	*woluhto*	gewollt
ho voluto		ich habe gewollt
abbiamo voluto		wir haben gewollt
la volontà	*wolonta*	der Wille
la buona volontà		der gute Wille
volitivo	*wolitihwo*	willensstark, starkmütig
volentieri	*wolent*^{i}*ähri*	sehr gerne
vuole farmi il piacere		wollen Sie tun mir den Gefallen? richtig: bitte tun Sie mir den Gefallen
vuol essere così gentile?		wollen Sie so freundlich sein?
il segreto	*ßegrehto*	das Geheimnis
abbiamo in mano	*mahno*	wir haben in der Hand

ANKUNFT IN SIENA

Lektion 40

Heute, gentili Signore e Signori, kann uns nichts mehr aufhalten, nach Siena hinüberzufahren, wo wir am Abend anlangen und die Stadt auf ihren drei Hügeln im letzten Licht des tramonto liegen sehen. Wenn man von einer Stadt sagen kann, sie sei hochgebaut, dann von Siena. Nach allen Seiten bietet sie ihr vom Alter verfärbtes, seltsam abenteuerliches Antlitz den Winden dar, die vom Apennin und vom Meer herüberkommen. Il vento, *wänto,* der Wind, i quattro venti, die vier Winde. Noch unterhalb der Stadt, in einem engen, aufgeklüfteten Tal, sehen wir die maßlosen Mauern des roten Baues von San Domenico liegen, eines berühmten Klosters, das durch viele Jahre der geistliche Zufluchtsort der heiligen Catarina von Siena gewesen ist. Il monastero, *monaßtero,* das Kloster. Il monastero di San Domenico, das Kloster des heiligen Dominikus, ist nur eines unter den vielen monasteri, i monasteri di Siena, *ßiähna,* unter den vielen Klöstern von Siena. Überall in dieser Stadt vermutet man verschwiegene Kreuzgänge – il chiostro, *kioßtro,* der Kreuzgang, i chiostri, die Kreuzgänge, die unbekannten Mönchen als Stätte des Gebetes dienen – il monaco, *mohnako,* der Mönch, i monaci, die Mönche, la monaca, die Nonne, le monache, die Nonnen. Überall sind über den Dächern der Stadt die Glocken zu hören, die zum Gottesdienst, zur funzione religiosa rufen, la funzione religiosa, *funtßiohne relidschoßa,* der Gottesdienst, die religiöse Funktion.

Und ich bitte Sie, sich jetzt schon darauf vorzubereiten, daß morgen dieselben Glocken schon zu sehr früher Stunde zur Messe läuten und Sie aufwecken werden. La messa, *meß-ßa,* die Messe, il prete, *prete,* der Priester. I preti di Siena dicono la messa molto presto la mattina, *dihkono la meß-ßa molto präßto la mat-tihna,* die Priester von Siena lesen die Messe – dicono la messa – von dire, sagen, molto presto la mattina, sehr früh am Morgen, und auch i confessori, *konfeß-ßohri,* die Beichtväter, il confessore, der Beichtvater, la confessione, *konfeß-ßiohne,* die Beichte, das Bekenntnis – und auch i confessori folgen dem Beispiel ihres großen mittelalterlichen Mitbürgers San Bernardino da Siena, dessen Nachtwachen berühmt waren.

Il servo di Dio, San Bernardino da Siena, der Knecht Gottes, der heilige Bernardin von Siena, ist neben der heiligen Catarina der größte Heilige dieser uralten Stadt, il servo, *ßärwo,* der Knecht; il servo di Dio, der Knecht Gottes, der Diener Gottes. Sein Andenken wird mit großem Prunk gefeiert, aber auch er hat es nicht fertiggebracht, dieser Stadt ein sanftes, mit christlicher Liebe durchtränktes Gepräge zu geben. Siena, das älter ist als Rom und im Mittelalter eine gewaltige Geschichte hatte, Siena wird von einer einzigen Eigenschaft regiert, und diese Eigenschaft ist la passione, *paß-ßiohne,* die Leidenschaft. Die Stadt war eine selbständige Republik, in der la potenza, *potentßa,* die Macht, la ricchezza, *rik-ket-tßa,* der Reichtum und la libertà, *liberta,* die Freiheit, sich zu einer seltenen Einheit verbanden.

Als die Stadt zum Beginn der Neuzeit nach jahrhundertelangen Kämpfen ihrer Erbfeindin Florenz endlich zum Opfer fiel, verschwanden potenza, ricchezza und libertà aus ihren Mauern, aber bis heute sind drei andere Eigenschaften in ihr erhalten geblieben, die alle mit passione gefühlt werden: l'orgoglio, der Stolz, l'odio, *lohdio,* der Haß und la cavalleria, *kawal-leri-a,* die Ritterlichkeit.

Cavalleria kommt natürlich von il cavallo, *kawal-lo,* das Pferd. Noch heute leben odio, orgoglio und cavalleria unvermischt in den Sienesen, und was sie am meisten lebendig erhält, ist ein jährlich zweimal wiederkehrendes Fest, dessen Zeugen wir in der nächsten Lektion sein werden, il Palio di Siena, *pahlio di ßiähna,* der Palio von Siena.

Il Palio heißt wörtlich: der Mantel, im übertragenen Sinne ein kostbares Tuch, das den Siegern gegeben wird, also eine Trophäe, in Siena die Prozessionsfahne, die als Preis an das Stadtviertel vergeben wird, dessen Pferd in dem großen, in mittelalterlichen Kostümen stattfindenden Pferderennen auf dem Marktplatz den Sieg davonträgt. So heißt il Palio in Siena: das Pferderennen auf dem Marktplatz. Geritten wird dieses Rennen – reiten heißt auf italienisch andare a cavallo, reiten, zu Pferde gehen, geritten wird dieses Rennen von fantini, leichten Reitern, il fantino, *fantihno,* der leichte Reiter, der Jockey. Dem Rennen voraus geht eine Zeremonie auf dem Domplatz, il duomo, *duohmo,* der Dom, die den Abschluß der preparazioni, der Vorbereitungen bildet, die drei Tage lang für dieses Fest in Siena getroffen werden und fast ebenso aufregend sind wie das Fest selber. La preparazione, *preparatßiohne,* die Vorbereitung, preparare, *preparahre,* vorbereiten. Schauplatz dieses Rennens ist die große piazza, auf der das municipio steht, il municipio, *munitschihpio,* das Rathaus, und es ist bezeichnend für den Charakter der Sienesen, daß sie es heute noch ablehnen, dieses Rathaus municipio zu nennen, sie sagen: il palazzo della Signoria – der Palast der Herrschaft. Siamo alla vigilia del Palio. La vigilia, *widschihlia,* die Vigil, die Nachtwache, der Tag vor dem Festtag. Allora preparìamoci con la massima passione per la festa di domani, *fäßta di domahni.*

Am anderen Morgen wird auf dem Marktplatz von Siena, den man hier il campo, das Feld, nennt, die letzte Probe gehalten, und damit erreicht die Spannung, die seit Tagen über der Stadt liegt, ihren Höhepunkt. Ich muß ein wenig über die Geschichte und über den Sinn des Festes erzählen, damit Sie verstehen, was uns bevorsteht.

Wir wissen schon, daß die Stadt Siena älter ist als Rom. Im Mittelalter war sie eine freie und reiche Republik, ständig im Kampf mit ihrer Todfeindin Florenz, aber oftmals siegreich und ungeheuer stolz. In der Schlacht von Montaperti im dreizehnten Jahrhundert gelang es den Sienesen sogar einmal, den geheiligten Fahnenwagen der Florentiner Armee zu erbeuten, und heute noch bewahren sie in ihrem Dom am Vierungspfeiler den Mast dieses Wagens auf – und wenn sie ihn den Fremden zeigen, geschieht es keineswegs mit der Abgeklärtheit, mit der man normalerweise über Ereignisse spricht, die siebenhundert Jahre zurückliegen, sondern mit einer »passione«, als ob die Florentiner immer noch drohend vor den Toren lauerten. In der Tat sind die Einwohner von Florenz heute noch nicht sehr gerne gesehen in Siena, die Bürger haben es noch nicht vergessen können, daß sie schließlich doch gegen Florenz verloren haben und einen florentinischen governatore, einen Gouverneur bekamen, dessen Herrschaft sie jahrhundertelang ertragen mußten. Schon seit dem späten Mittelalter hat man auf dem großen Platz von Siena, der wie ein riesiges, gegen die Front des Rathauses hin eingesenktes Amphitheater aussieht, Rennen aller Art abgehalten, vor allem von Stieren. Im Laufe des sechzehnten Jahrhunderts kamen die Pferderennen hinzu und verdrängten die roheren Wettläufe der Stiere. Und schließlich geschah etwas ganz Sonderbares. Am Anfang des achtzehnten Jahrhunderts zog die Prinzessin Violante Beatrice von Bayern, die mit einem toskanischen Großherzog verheiratet gewesen war, als Gouverneur nach Siena und sie war von dem lebendigen, leidenschaftlichen und ungebrochenen Geist der Sienesen so beeindruckt, daß sie die Gepflogenheiten der Rennen auf dem campo in einem Manifest zu einem großen städtischen Zeremoniell zusammenfaßte – und die Sienesen sind ihr heute noch dankbar dafür. Die Prinzessin aus Bayern ist die eigentliche Stifterin des Palio, und sie rief ihn ins Leben, um der Jugend Sienas ein Fest zu geben, bei dem sie beweisen konnte, daß sie den alten Mut, die weitgerühmte Tapferkeit und die ritterlichen Künste nicht vergessen habe. Die Bevölkerung der Stadt stürzte sich beinahe gewaltsam auf dieses Rennen und machte es zu einer Art rituellem Akt, der die Stadt jedes Jahr zweimal, im Juli und im August, wieder zur frohen mittelalterlichen Republik werden läßt.

Drei Tage vor dem Rennsonntag geht es los. Am Donnerstag früh öffnen sich die Tore des Rathauses, eine Schar von Notabeln tritt heraus und nimmt die Prüfung der Pferde vor, und von da an hört jede bürgerliche Ordnung in der Stadt auf und die alte Verfassung des Palio, die von der Prinzessin Violante unterzeichnet ist, tritt in Kraft. Überall an den Fenstern des Palastes hängt man bandiere auf, la bandiera, *bandiähra,* die Fahne, und es hängen von den Gesimsen große arazzi herunter, l'arazzo, *larat-tßo,* der Wandteppich, der gewebte Teppich, im Gegensatz zum geknüpften Teppich, der il tappeto, *tap-peto* heißt. L'arazzo, der gewebte Teppich, der Gobelin – und jeder dieser herrlichen alten Teppiche zeigt das große Wappen einer alten sienesischen Familie, lo stemma, *ßtäm-ma,* das Wappen. Lo stemma di una antica famiglia senese, das Wappen einer alten sienesischen Familie. Wir tun also gut daran, für unseren ersten Rundgang durch die verschachtelten Straßen der Stadt mit ihren prunkvoll behangenen Palastfassaden die Frage zu lernen: di che famiglia è questo stemma? – Von welcher Familie ist dieses Wappen? Und von den vielen Namen der stirpi senesi, la stirpe, *ßtirpe,* das Geschlecht, – von den vielen Namen der stirpi senesi werden uns vor allem zwei im Gedächtnis bleiben: die Chigi und die Piccolomini – beides Familien, die der Welt Päpste geschenkt haben. Besonders der erste Piccolomini-Papst, mit seinem geistlichen Namen Pius II., mit seinem weltlichen Enea Silvio Piccolomini, hat auf vielen Gebieten Berühmtheit erlangt, als geistlicher Politiker, als Autor eines geistreichen Reisebuches durch das spätmittelalterliche Deutschland und als Verfasser sehr geschliffener, hübscher Romane, die in der ganzen damaligen literarischen Welt mit Begeisterung gelesen wurden. Sein bewegtes Leben hat der Maler Pinturicchio in einem herrlichen, aus leuchtenden Farben komponierten Freskenzyklus in der Domsakristei festgehalten, den wir anzusehen nicht versäumen dürfen, wenn uns zwischen den aufregenden Ereignissen des Palio noch ein bißchen Zeit bleibt.

Das wichtigste Wort, das uns während des Palio begegnet, ist das Wort la contrada, *kontrahda,* das Stadtviertel, die Contrade. Damit ist nicht nur ein Quartier bezeichnet, sondern eine tiefgreifende, durch Jahrhunderte verbundene Lebensgemeinschaft. Im Grunde besteht dieses Siena heute noch aus siebzehn unabhängigen Republiken, die ein heimliches Bedürfnis nach Freiheit und Aufbegehren durch die Jahrhunderte wachgehalten haben.

Diese Contraden sind weit davon entfernt, sich als bloße Verwaltungsbezirke eines einheitlichen Stadtwesens zu fühlen. Jede von ihnen glaubt mit Unbeugsamkeit der Mittelpunkt Sienas zu sein, und jede von ihnen empfindet es als Ungerechtigkeit, nicht die Herrschaft in der Stadt zu haben. Der Palio ist ein Rennen, bei dem die vielfachen Rivalitäten und Feindschaften dieser Contraden zum Austrag kommen, denn für jede Contrade läuft ein Pferd – un cavallo, – und in dieses Pferd legt die Contrade alle ihre Wünsche und ihre unstillbare Ruhmsucht hinein – denn das Pferd siegt in diesem Rennen, nicht der Reiter.

Lassen Sie uns nun, gentili Signore e Signori, noch einen

Blick auf die siebzehn Contraden, ihre Farben und ihre Wappen werfen. Da ist zunächst die Contrade dell'aquila, die Contrade des Adlers, der der Kaiser Karl V. bei seinem Besuch in Siena am 24. April 1536 – il ventiquattro aprile 1536 – den Adelstitel verliehen hat. L'aquila, *lahkuila,* der Adler auf der bandiera dieser Contrade ist der alte kaiserliche Doppeladler, der einmal während der napoleonischen Herrschaft über Italien einen seiner zwei Köpfe verlor, um zum Kaiseradler der Franzosen zu werden. Diesen zweiten Kopf aber hat er wieder bekommen, als die Toskaner unter habsburgische Herrschaft zurückkehrten.

Dann kommt die Contrade bruco, die Raupe mit einer Krone über dem Haupt, die von König Umberto I. von Italien im vorigen Jahrhundert das Recht bekam, ihrem Wappenfeld das Wappen des Königreichs Italien einzufügen. Die Farben sind grün und gelb.

Das Königspaar Umberto und Margherita von Savoyen hat seine Spuren auch auf dem Wappen der Contrade von der Schnecke hinterlassen. Die Schnecke ist umgeben von den Buchstaben U und M in Erinnerung an den Besuch des Königspaares in Siena im Juli 1887. Die Farben sind gelb und rot, auf einem Netz von blauen Streifen. Schwarz und rot in weißer Einfassung sind die Farben der Contrade von der Eule, la civetta. In der Hauptkirche dieser Contrade erwählte sich der Oberfeldherr der sienesischen Streitkräfte die Kapitäne für die Schlacht von Montaperti, die den Sienesen den großen Sieg über die Florentiner brachte und heute noch als das wichtigste Ereignis in der Geschichte des Stadtvolkes von Siena angesehen wird. Die Contrade des Drachen in Rot und Grün mit gelber Umrandung zeigt einen großen Drachen mit einer Krone. Eine Giraffe, die von einem Mohren an einem Strick gehalten wird, bildet auf weiß-silbernem Feld das

Wappen der Contrade la giraffa. Die Mitglieder dieser Contrade werden heute noch in Siena i giraffini genannt, die kleinen Giraffen. Auf silbernem Grund erhebt sich das Wappentier der Contrade des Stachelschweines – istrice, i*ßtritsche* –, die Farben seiner bandiera sind weiß mit schwarzen, roten und blauen Rauten. Auch das Haupt aller mittelalterlichen Wappentiere, das Einhorn, findet sich auf dem Wappen einer sienesischen Contrade, liocorno, *liokorno,* die Farben seiner Fahne sind weiß und orange mit blauen Rauten. Die Hauptkirche dieser Contrade, la chiesa di San Giorgio, hat einen Campanile, dessen 38 Fenster nach der Tradition an die 38 Kompanien der Stadtmiliz erinnern sollen, die bei Montaperti siegreich waren.

Die römische Wölfin ist das Wappentier der Contrade la lupa, *lupa,* Wölfin, gekrönt von einer antiken Krone, die Fahne ist weiß und schwarz mit orangener Umrandung. Adelig ist neben l'aquila auch die Contrade der Muschel, deren Wappenzeichen von der großherzoglichen Krone der Toskana gekrönt ist. Die Farben sind blau mit gelben und roten Rauten. Eine der reichsten Contraden der Stadt ist die der oca, *oka,* Gans, ebenfalls adelig. Grün mit weißen und roten Rauten. L'oca mußte während der österreichischen Herrschaft über Italien einmal die Farben wechseln, weil grün-weiß-rot die Nationalfarben Italiens sind, kehrte aber nach der Fremdherrschaft sogleich zu den alten Farben zurück. Als Contradenkirche dient ihr ein Oratorium, das man in der Werkstatt des Färbers Jacopo Benincasa errichtete, der der Vater der heiligen Catarina von Siena war, der Patronin Italiens.

Ein schwimmender Delphin mit einer königlichen Krone ist das Wappentier der Contrade von der Woge, onda, *onda,* in weißen und blauen Farben. Rot und türkisgrün mit weißen Arabesken sind die Farben der Contrade vom Panther. Eine

dichtbelaubte Eiche erscheint auf dem Wappen der selva, *ßelwa,* und wenn wir genau hinsehen, so wächst dieser Baum auf dem Rücken eines Rhinozerosses. Die Farben sind grün und orange mit weißen Rauten.
Eine der ältesten Contraden ist die der Schildkröte, gelb und türkisgrün. Ein großer Elefant, der einen befestigten Turm auf seinem Rücken trägt, erscheint auf dem Wappen der Contrade la torre. Die Farben sind weinrot mit weißen und blauen Arabesken. Die letzte der siebzehn Contraden heißt val del montone, Tal des Widders, und zeigt einen gekrönten Widder in roten und gelben Farben mit weißen Arabesken. Diese Contrade ist als einzige privilegiert, ihren fantino in andere Farben zu kleiden als auf der Fahne erscheinen. Er reitet in einem rosa Kostüm mit weißen und blauen Säumen. Damit haben Sie eine schwache Vorstellung von dem Farbenspiel, dessen Zeugen wir im Verlauf des Palio sein werden.

DER PALIO VON SIENA
Lektion 41

Jede Contrade hat sich einen Anführer aus der nobiltà senese, aus dem sienesischen Adel, gewählt, der die unumschränkte Herrschaft über einen Stadtbezirk ausübt. Dieser Anführer trägt den Titel: Capitano. Il capitano, *kapitahno,* der Kapitän, der Anführer. Zu Beginn des Palio machen die capitani in ihrer Contrade eine große riunione, la riunione, *ri-uniohne,* die Versammlung. Alle Autoritäten der Contrade und die ganze männliche Jugend kommen hier zusammen, um über das Pferd zu beraten, und der Schauplatz dieser riunione ist il cortile del palazzo del capitano. Il cortile, *kortihle,* der Hof, der Palasthof. Ist das Pferd gewählt, so geht es für die Zeit des Palio in den Besitz der Contrade über. Der Besitz heißt il possesso, *poß-ßäß-ßo,* und der Besitzer il proprietario, *proprietahrio.* Il proprietario verliert jedes Recht auf das Pferd, il diritto, *dirit-to,* das Recht. Dann werden die Pferde aller Contraden auf dem campo zusammengerufen, durch die Notabeln der Stadt geprüft und in einem eigens dafür gebauten Stall im Rathaus untergebracht, der sonst das Jahr über verschlossen ist – und die Reitknechte müssen einen schweren Eid schwören, niemand an die Pferde zu lassen, damit man ihnen keine Drogen verabreichen kann; il giuramento, *dschuramento,* der Eid; giurare, *dschurahre,* schwören; giurare sul vangelo, *wandschälo,* auf das Evangelium schwören. Ti giuro, ich schwöre dir. Die Sienesen sind von der Heiligkeit dieser Bräuche so überzeugt, daß sie einen Verstoß gegen alle diese Gebote als glattes Sakrileg, als einen Frevel und eine Todsünde betrachten würden. Il sacrilegio, *ßakrilädscho,* der Frevel, das Sakrileg. Wenn die Pferde einmal in das Rathaus gebracht worden sind, gelten sie als consacrati – von consacrare, *konßakrahre,* weihen. Natürlich ist das alles für den Besitzer eines solchen zeitweise enteigneten Pferdes keine leichte Sache – er muß ein großes sacrificio bringen, ein persönliches Opfer. Il sacrificio, *ßakrifitscho,* das Opfer, und dazu gleich sacrificare, *ßakrifikahre,* opfern, Opfer bringen. Aber dieses Opfer ist zugleich eine Ehre, ein privilegio, il *priwilädscho,* das Privileg, das Vorrecht, und so sagt der proprietario del cavallo eletto, der Besitzer des ausgewählten Pferdes – sono privilegiato, *priwiledschahto,* ich bin bevorzugt. Eletto, *elät-to,* kommt von eleggere, *eläd-dschere,* auswählen, wählen; die Wahl heißt l'elezione, *leletßiohne,* und die Wahl der Pferde für den Palio wird, glaube ich, in Siena wichtiger genommen als die Wahl der Politiker, die auch l'elezione heißt. Außer den capitani gibt es jetzt in Siena nur zwei Körperschaften, die wirklich etwas zu reden haben: il magistrato, *madschißtrahto,* der Magistrat, und i poliziotti, *politßiot-ti,* die Polizisten, denn die müssen die kochende Volksseele einigermaßen im Zaume halten, was immer schwerer wird, je mehr wir uns dem Rennen nähern. Anstatt il poliziotto kann man übrigens auch il vigile, *wihdschile* sagen, der Wächter, oder besser: il vigile urbano, wörtlich, der Stadtwächter, der Polizist.

Von nun an ist der campo vor dem Municipio, oder wie die Sienesen sagen, vor dem Palazzo della Signoria, der Schauplatz allen Geschehens. Dreimal wird den Pferden vor dem Rennen hier die Bahn gezeigt. Die Piste ist kaum acht Meter breit und läuft am äußeren Rande des Platzes, an der Front der Fassade des Rathauses entlang, sie umzieht also die Konturen des ganzen Amphitheaters – und daraus ergeben sich zwei mörderische Kurven dort, wo der Halbkreis des Platzes mit den Flanken des Rathauses im rechten Winkel zusammentrifft. Da das Rathaus tiefer liegt, fällt die Bahn hier einmal steil ab, das andere Mal steigt sie heftig an. In diesen beiden Ecken ist die Bahn von großen Aufbauten aus Holzplanken gesäumt, denn man ist daran gewöhnt, daß hier die Pferde aus der Bahn getragen werden, oftmals auch stürzen und die Zuschauer gefährden. Übrigens muß ein Pferd, auch wenn es seinen Reiter verloren hat, in der Bahn gehalten werden, denn auch das herrenlose Pferd kann den Palio gewinnen – das Tier ist es, worin der Kampfgeist der Contrade sich verdichtet, der Reiter ist nur ein leichtes Lenkgeschöpf ohne Sattel und Bügel, Antreiber zu äußerster Schnelligkeit. Wenn am Abend vor dem großen Rennen der letzte Proberitt stattfindet, sind die Straßen bereits menschenleer. Ich kam einmal um diese Stunde in Siena an, und der Portier im Hotel konnte es nicht unterdrücken, mir seine Mißbilligung zu verstehen zu geben, daß ich mich zu dieser Stunde in

Siena anderswo als auf dem Marktplatz befand. Zu diesem letzten Proberitt wird auch schon die große Glocke auf dem Rathausturm geläutet, die auf der höchsten Zinne dieses hochmütig aufstrebenden, nadelspitzen Wahrzeichens befestigt ist und ohne schützendes Dach frei in den Himmel hineinläutet.
Überall im Land, dappertutto nella campagna, ist die Stimme dieser Glocke zu hören, si sente la voce di questa campana. Dappertutto, *dap-pertut-to,* überall; si sente, *ßi ßente*, man hört; la voce, *wohtsche,* die Stimme; la campagna, *kampanja,* das Land (im Gegensatz zur Stadt); la campana, *kampahna,* die Glocke. Dappertutto nella campagna della Toscana si sente la voce di questa campana – überall auf dem Land in der Toskana hört man die Stimme dieser Glocke.
Wir haben das Bild dieser sienesischen Landschaft vor uns, wie man es von den Terrassen der Stadt Siena auf ihren drei Hügeln immer wieder neu erfährt – le colline toscane con le loro vigne – la vigna, *winja,* der Weinberg; l'uva, *luhwa,* die Weintraube.
Und ich bitte Sie, liebe Leser, mir zu glauben, daß selbst die contadini in den Dörfern an diesem Abend an nichts anderes als an den Palio denken, wenn sie die Glocke hören. Il contadino, *kontadihno,* der Bauer, der Landmann. Il paese, *pa-ese,* der Flecken, das Dorf, im übertragenen Sinne auch das Land. Bei dieser Gelegenheit lernen wir gleich noch: il bel paese, wörtlich: das schöne Dorf oder das schöne Land, ein international bekannter Name für einen italienischen Schmelzkäse. Und weil wir jetzt schon beim Käse sind, sollen Sie auch noch den berühmtesten toskanischen Käse kennen lernen: il pecorino – wörtlich: das Schafböcklein, von la pecora, *päkora,* das Schaf, il pecorino, *pekorihno,* das Schafböcklein, der Schafkäse, ohne den kein toskanisches Essen denkbar ist, weil er eine ideale Ergänzung zum Chiantiwein

darstellt, der ja in der Umgebung von Siena seine besten Lagen hat.

Ein Wort über den Chiantiwein: Chianti ist ein kleiner Ort in der Toskana, aber glauben Sie bitte nicht, liebe Leser, daß jeder als Chianti deklarierte Wein von dort kommt. Man versteht unter Chianti heute ungefähr jeden toskanischen Wein, und ich möchte die Kenner unter Ihnen besonders darauf hinweisen, daß es nicht nur roten, sondern auch herrlichen weißen Chianti gibt – nur meist von anderen Hügeln als denen der Landschaft um das paese Chianti. Der in Siena bevorzugte Chianti ist allerdings rot und hat den Namen Brolio; er ist einer der besten schweren Rotweine Italiens. Einen etwas leichteren, aber immer noch tiefdunklen Rotwein zieht die Familie Antinori auf ihrem Gut S. Cristina. Auch die Serristori liefern ausgezeichnete Lagen, und endlich gibt es noch den herrlichen Rotwein vom Landgut des Florentiners Niccolò Machiavelli, den niemand von Ihnen, dafür garantiere ich, wenn Sie an eine Flasche kommen, stehen lassen wird.

Jetzt haben wir so viel gearbeitet, also wird es Zeit, uns der Leibesstärkung zuzuwenden – wir folgen dem Beispiel, das uns die Jugend Sienas gibt, die sich heute in den Palasthöfen der Contradenkapitäne versammelt und dort bei Liedern und Brolio ein einfaches, aber ausgezeichnetes Essen veranstaltet, das der Capitano bezahlt. Dort gibt es zwar kein pollo allo spiedo – Huhn am Spieß, wie wir es in den Restaurants Sienas um den Marktplatz finden, il pollo, *pol-lo,* das Huhn, lo spiedo, *ßpⁱädo,* der Spieß. Bei dem großen Contradenessen gibt es also kein Huhn am Spieß, aber es gibt neben den unvermeidlichen Spaghetti einen anderen herrlichen Genuß: rohen Schinken und frische Feigen, was eine der idealen Eßkombinationen zu toskanischem Wein ist. Il prosciutto, *proschut-to,* der Schinken; crudo, *kruhdo,* roh, im Gegensatz zu cotto, *kot-to,* gekocht. Prosciutto crudo, der rohe Schinken. Die Feige heißt il fico, *fihko* – auch der Feigenbaum, il fico; i fichi, die Feigen, die Feigenbäume, prosciutto con fichi – Schinken mit Feigen. Überall in den Höfen und auf den Straßen sehen wir heute abend die Sieneser sitzen und schmausen und zechen – es gibt eine große illuminazione, l'illuminazione, *lil-luminatßione,* die Festbeleuchtung, und auch in später Nacht macht noch niemand Miene nach Hause zu gehen – viele von den jungen Leuten bleiben wach bis zum Morgengrauen, und vielleicht läßt sich der eine oder andere von Ihnen, liebe Leser, auch einmal ganz ausnahmsweise zu einer solchen durchzechten sienesischen Nacht verführen, die – man kann es nicht leugnen – eine unvergleichliche Atmosphäre hat. Essere sveglio heißt: wach sein, *äß-ßere swehljo.* Svegliare, *sweljahre,* heißt wecken. Und weil wir schon beim Wachen und Wecken sind: gleich ein wichtiges Instrument für morgen früh, das uns recht nützlich sein wird, besonders wenn es heute spät werden sollte: la sveglia, *swehlja,* der Wecker. Einige von uns und einige von den Sienesen sind vielleicht von dem Brolio, der in großen Strömen fließt, so begeistert, daß sie einen großen Entschluß fassen: facciamo l'alba, – »machen wir die Morgenröte«, bleiben wir auf, bis es tagt – l'alba, *lalba,* die Morgenröte, fare l'alba, die Nacht durchmachen bis zur Morgendämmerung. Facciamo l'alba!

Meine lieben Leser, es wird mir schwer, Ihnen das alles so nüchtern und mit Sprachkurswörtern durchsetzt zu erzählen – denn wer einmal den Palio von Anfang an richtig mitgemacht hat, der wird an dieser Schilderung viel vermissen: die von Spannung geladene, von stolzer Siegeszuversicht geschwellte Stimmung, die aufgeregten Besuche, die die Sienesen den Hauptquartieren der Contraden und den kleinen

Museen machen, in denen – unmittelbar neben der Contradenkirche – der Schmuck früherer Siege aufbewahrt wird, das Lärmen der Lieder auf den festlich erleuchteten Straßen und in den Schenken, in denen man heute kaum eine Polizeistunde kennt – nehmen Sie all Ihre Phantasie zu Hilfe, um sich das vorzustellen, und freuen Sie sich mit uns auf die übernächste Lektion, denn da wird das Fest des Palio seinen Höhepunkt erreichen.

NEUE WÖRTER
Lektion 42

il vento	*wänto*	der Wind
i quattro venti		die vier Winde
il monastero	*monaßtero*	das Kloster
i monasteri		die Klöster
il chiostro	*k*^{i}*oßtro*	der Kreuzgang
i chiostri		die Kreuzgänge
il monaco	*mohnako*	der Mönch
i monaci		die Mönche
la monaca		die Nonne
le monache		die Nonnen
la funzione religiosa	*funtß*^{i}*ohne reli*^{dsch}*oßa*	der Gottesdienst
la messa	*meß-ßa*	die Messe
il prete	*prehte*	der Priester
i preti		die Priester
dire la messa		wörtlich: sagen die Messe richtig: die Messe lesen
il confessore	*konfeß-ßohre*	der Beichtvater
la confessione	*konfeß-ß*^{i}*ohne*	die Beichte
il servo	*ßärwo*	der Knecht, der Diener
il servo di Dio		der Knecht Gottes
la passione	*paß-ß*^{i}*ohne*	die Leidenschaft
la ricchezza	*rik-ket-tßa*	der Reichtum

la libertà	*liberta*	die Freiheit
l'orgoglio	*lorgoljo*	der Stolz
l'odio	*lohd*^{i}*o*	der Haß
la cavalleria	*kawal-leri-a*	die Ritterlichkeit
il cavallo	*kawal-lo*	das Pferd
il cavaliere	*kawal*^{i}*ähre*	der Ritter (wir haben das Wort schon als Kavalier früher einmal kennengelernt)
il palio	*pahlio*	Fest in Siena, wörtlich: der Mantel, kostbares Tuch, im übertragenen Sinne Wettlauf, Wettkampf
andare a cavallo		wörtlich: zu Pferde gehen, reiten
il fantino	*fantihno*	der Jockey, der leichte Reiter
il duomo	*d*^{u}*ohmo*	der Dom
la preparazione	*preparatß*^{i}*ohne*	die Vorbereitung
il municipio	*munitschihp*^{i}*o*	das Rathaus
il palazzo della Signoria	*palat-tßo del-la ßinjori-a*	der Palast der Herrschaft
la vigilia	*wi*^{dsch}*ihl*^{i}*a*	die Vigil, die Nachtwache, die Nacht vor dem Festtag
la bandiera	*band*^{i}*ähra*	die Fahne
l'arazzo	*larat-tßo*	der Wandteppich, der gewebte Teppich, der Gobelin
il tappeto	*tap-peto*	der geknüpfte Teppich
lo stemma	*ßtäm-ma*	das Wappen
una antica famiglia senese	*ßenehse*	eine alte sienesische Familie
di che famiglia è questo stemma		von welcher Familie ist dieses Wappen
la stirpe	*ßtirpe*	das Geschlecht
la contrada	*kontrahda*	das Stadtviertel, die Contrade
la nobiltà senese		der sienesische Adel
il capitano	*kapitahno*	der Kapitän, der Anführer
la riunione	*ri-un*^{i}*ohne*	die Versammlung
il cortile	*kortihle*	der Hof, der Palasthof
il possesso	*poß-ßäß-ßo*	der Besitz

il proprietario	*proprietahrio*	der Besitzer
il diritto	*dirit-to*	das Recht
il giuramento	*dschuramento*	der Eid, der Schwur
giurare	*dschurahre*	schwören
il vangelo	*wandschälo*	das Evangelium
giurare sul vangelo		auf das Evangelium schwören
ti giuro	*ti dschuhro*	ich schwöre Dir
il sacrilegio	*ßakrilädscho*	der Frevel, das Sakrileg
consacrare	*konßakrahre*	weihen
il sacrificio	*ßakrifitscho*	das Opfer
sacrificare	*ßakrifikahre*	opfern, Opfer bringen
il privilegio	*priwilädscho*	das Privileg, das Vorrecht
sono privilegiato	*priwiledschahto*	ich bin bevorzugt
sono privilegiata		(weibl. Form)
eleggere	*eläd-dschere*	wählen, auswählen
eletto	*elät-to*	gewählt, ausgewählt
l'elezione	*leletßiohne*	die Wahl
il magistrato	*madschißtrahto*	der Magistrat
il poliziotto	*politßiot-to*	der Polizist
il vigile	*wihdschile*	der Wächter
il vigile urbano		der Stadtwächter, Stadtpolizist
dappertutto	*dap-pertut-to*	überall
sentire	*ßentihre*	hören
si sente	*ßi ßente*	man hört
la voce	*wohtsche*	die Stimme
la campagna	*kampanja*	das Land (im Gegensatz zur Stadt)
la campana	*kampahna*	die Glocke
dappertutto nella campagna si sente la voce di questa campana		überall im Land ist die Stimme dieser Glocke zu hören
la vigna	*winja*	der Weinberg
l'uva	*luhwa*	die Weintraube
il contadino	*kontadihno*	der Bauer, der Landmann
il paese	*pa-ese*	das Land, das Dorf
il bel paese		wörtlich: das schöne Dorf oder das schöne Land, aber auch Name für einen bekannten italienischen Schmelzkäse

il pecorino	*pekorihno*	wörtlich: das Schafböcklein, aber auch der berühmteste toskanische Schafskäse
la pecora	*päkora*	das Schaf
il pollo	*pol-lo*	das Huhn
lo spiedo	*ßp*ⁱ*ädo*	der Spieß
pollo allo spiedo		Huhn am Spieß
il prosciutto	*proschut-to*	der Schinken
crudo, cruda	*kruhdo*	roh
cotto	*kot-to*	gekocht
il prosciutto crudo		der rohe Schinken
il prosciutto cotto		der gekochte Schinken
il fico	*fihko*	die Feige, auch der Feigenbaum
i fichi		die Feigen, die Feigenbäume
prosciutto con fichi		Schinken mit Feigen
l'illuminazione	*lil-luminatß*ⁱ*ohne*	die Festbeleuchtung
svegliare	*sweljahre*	wecken
essere sveglio,	*äß-ßere swehljo*	wach sein
la sveglia	*swehlja*	der Wecker
l'alba	*lalba*	die Morgenröte
facciamo l'alba		wörtlich: machen wir die Morgenröte; gemeint ist: die Nacht durchmachen bis zur ...

DER PALIO VON SIENA
Lektion 43

Die Tauben auf dem Marktplatz von Siena haben heute schon seit dem frühesten Morgen keine Ruhe mehr. La colomba, *kolomba,* – die Taube, le colombe – die Tauben. Mit dem Morgengrauen haben die Glocken der Stadt zu läuten begonnen und schon sehr bald füllt sich der Marktplatz mit tifosi; il tifoso, *tifohso,* der Parteigänger, i tifosi, die Parteigänger, die den ganzen Vormittag, die Mittagszeit und einen Teil des Nachmittages damit zubringen werden, Wetten abzuschließen. La scommessa, *ßkom-meß-ßa,* die Wette, scommettere, *ßkom-met-tere,* wetten. Che scommetti, *ke ßkom-met-ti?* was wettest Du? Meistens gehören sie verschiedenen Contraden an, die miteinander verfeindet sind. Dies bringt uns auf ein ernsthaftes Familienproblem der Stadt Siena, das in diesen Tagen des Palio zu erheblichen häuslichen Komplikationen führen kann. Die Stimmung in einzelnen sienesischen Familien ist immer dann schwierig, wenn Mann und Frau zufällig aus Contraden stammen, die miteinander im Rennen liegen. Es geht die Sage, daß die Ehegatten in der Zeit des Palio sich regelmäßig derartig zerstreiten, daß die Autorität eines neutralen Onkels oder Großvaters angerufen wird, um wenigstens nach außen hin den Familienfrieden aufrecht zu erhalten. Völlig hoffnungslos wird die Situation dann, wenn die oft gehörte Frage »che scommetti?« in das Familienleben eintritt. Zu Mittag sind die Trattorien der Stadt mit Menschen überfüllt, man ißt gut und reichlich und spart nicht mit Wein, damit nachher die nötige Kraft zu den bevorstehenden Auseinandersetzungen zur Verfügung steht. Erst der Klang der Trommeln und der Trompeten vertreibt die Schmausenden von den Tischen.

Und von da an strömen die Sienesen noch einmal vom Marktplatz weg, den Hauptquartieren der einzelnen Contraden zu. Es beginnt der letzte Abschnitt vor dem Rennen. Il tamburo, *tambuhro,* die Trommel, la tromba, *tromba,* die Trompete. Das Pferd der Contrade wird aus dem Stall geholt, Trommler und Trompeter versammeln sich, zusammen mit dem Capitano, den Notabeln und den Pagen, die schon alle in den mittelalterlichen Kostümen stecken, in der Kirche der Contrade; das Pferd wird hereingeführt und il prete si prepara per la benedizione del cavallo. La benedizione, *beneditßiohne,* die Weihe, die Segnung. Benedire, *benedihre,* segnen. Che Dio ti

benedica, *ke di-o ti benedihka,* daß Gott dich segne! Die Segnung des Pferdes, la benedizione del cavallo. Dies ist ein höchst dramatischer Augenblick: die Fahnenschwinger der Contrade werfen unter dem Wirbel der Trommeln ihre wundervollen vielfarbigen Fahnen bis an die Decke der Kirche, der Pfarrer steht da in großem Ornat mit dem Weihrauchfaß in der Hand. Er spricht ein lateinisches Gebet, das die katholische Kirche extra zu diesem Zweck verfaßt hat und fleht den Segen des Himmels auf die schnellen Hufe des Pferdes herab; aber das Eigenartigste an dieser Zeremonie ist, daß kein Mensch aufpaßt, weil alle damit beschäftigt sind, wie gebannt auf das Hinterteil des Pferdes zu starren. Es wäre zu schön, wenn es etwas fallen ließe, weil dies nach uraltem Aberglauben ein absolut sicheres Zeichen für den Sieg ist.
Je nachdem, ob dieses Ereignis eintritt oder nicht, richtet sich der Grad der Triumphstimmung, in der die Contrade nach vollzogener Segnung in einem kleinen Festzug ihr Hauptquartier verläßt, um sich, die wirbelnden Fahnenschwinger voraus, durch die verschatteten Straßen auf den Domplatz hinauf zu begeben, um gemeinsam mit den anderen Stadtvierteln die allgemeine Segnung des geistlichen Oberhauptes der Stadt entgegenzunehmen. Il vescovo, *weßkowo,* der Bischof. Il prelato, *prelahto,* der Prälat. Il capitolo, *kapitolo,* das Kapitel. L'arcivescovo, *lartschiweßkowo,* der Erzbischof, l'arcivescovo di Siena, der Erzbischof von Siena erwartet Pferde, capitani und fantini vor dem marmorüberkrusteten Portal des Domes und hebt unter dem Beifall der Menge die Hand zum letzten Segen. Und dann formiert sich der Festzug, der über den Domberg hinunter bald den campo erreichen wird. 17 Contraden ziehen auf, die große Ratsglocke wird von zwei Männern ununterbrochen geschlagen und vor einer Zuschauermenge von 50000 Personen entrollt Siena

den Prunk seiner Vergangenheit. La tradizione, *traditßiohne,* die Überlieferung, die Tradition. Tradizionale, *traditßionahle,* überliefert. La festa tradizionale – das althergebrachte Fest; la festa popolare, *fäßta popolahre,* das Volksfest.

Selbst wenn man von all dem Farbenspiel absieht, das sich hier entfaltet, selbst wenn man kein Auge hätte für die stolze Haltung der Sienesen, für die Künste der Fahnenschwinger, für die aristokratischen Gesten der Mitglieder der Signoria, würde man diese mittelalterliche Tradition, würde man das elementare, vitale Erlebnis dieses Festes an einem einzigen Eindruck zu spüren bekommen: am Geschrei.

Schon jetzt, während unter der gelben Sonne noch immer neue Scharen aus den Torbögen herausquellen, geht es nicht gerade leise zu. Da und dort bilden sich schon Gruppen, die in erregte Diskussion geraten, Gruppen, bei denen stets im rechten Moment eine merkwürdige Sorte finster blickender Männer aufzutauchen pflegt, die in aller Offenheit lange und sehr wohlgeglättete Stöcke zum Verkauf anbieten, damit jeder, dessen Contrade das Pech hat, nicht zu siegen, nach dem Rennen wohl gerüstet sei. Le grida, *grihda,* das Geschrei; gridare, *gridahre,* schreien. Aber dieses schon mit erheblicher Lautstärke verbundene Wort reicht noch lange nicht aus, um den Grad des langsam anschwellenden sienesischen Gebrülls zu kennzeichnen. Dafür genügt gerade noch das Wort urlare. Urlare, *urlahre,* schreien; l'urlo, *lurlo,* der Schrei. Man muß dabei beachten, daß es sich bei »urlo« um ein Gebrüll handelt, das bis zur letzten Ekstase, sozusagen bis zum Röcheln gehen kann. Und wenn er dann nur noch japsen kann, schlägt er natürlich zu, deshalb lernen wir gleich noch ein paar mit dem Rennen eng zusammenhängende Worte: 1) battere, *battere,* schlagen, 2) il bastone, *baßtohne,* der Stock, 3) la schiena, *ßkiähna,* der Rücken, 4) la testa, *täßta,* der Kopf.

Die »tifosi« einer verlierenden Contrade bringen uns das Wort »arrabbiarsi«, *ar-rab-biarßi,* nahe. Arrabbiarsi, sich ärgern, in Zorn geraten. M'arrabbio, *mar-rab-bio,* ich ärgere mich; la rabbia, *rab-bia,* der Zorn. Endlich, nachdem der Festzug schon über eine Stunde gedauert hat, ist der Start erfolgt. Von diesem Augenblick an ist jedes Mittel erlaubt, das Pferd anzutreiben. Es ist auch jedes Mittel erlaubt, das Pferd des Gegners am Sieg zu hindern. Wenn dabei gegen den nemico nur mit der Peitsche vorgegangen wird, kann man in Siena nur von einer sciocchezza reden. Il nemico, *nemihko,* der Gegner, der Feind; la sciocchezza, *schok-ket-tßa,* die Kleinigkeit. La sciocchezza ridicola, *ridihkola,* die lächerliche Kleinigkeit. Ridicolo, *ridihkolo,* lächerlich.

Das Tempo, das die leichten Reiter vorlegen, hält man wirklich nicht für möglich. Da stürzt auch schon der erste – der zweite gleich hinterher. Die übrigen jagen davon, die Menge schreit, es gibt ein Getöse, daß die Eisengitter der Tribüne, auf der wir sitzen, zu zittern beginnen. Vierzigtausend brüllende Stimmen, vierzigtausend Hände mit schwenkenden Fahnen – erste Runde. Ein Mann fängt an, mit geballten Fäusten auf den Rücken seines Vordermannes loszutrommeln, ein anderer reißt den Hut vom Kopf und wirft ihn dem zurückbleibenden Pferd seiner Contrade nach – zweite Runde. Die langen Stöcke fahren in die Höhe, die Straßenjungen klettern den Erwachsenen auf die Schultern, Kinder weinen, alte Männer murmeln unterdrückte Verwünschungen, Frauen stoßen gellende Pfifflaute aus, die würdigen Notabeln auf der Ehrentribüne sind aufgesprungen und fuchteln mit ihren Baretten herum, das dritte Mal jagt das Feld um die halsbrecherische Rechtskurve, die nach abwärts geht, das dritte Mal um die Zielkurve nach aufwärts, jetzt sind sie in der Endstrecke, kein Hindernis mehr, noch immer liegen zwei fast gleich an der Spitze.

Das Stachelschwein! Istrice, *ißtritsche*, Stachelschwein. Die Contrade der istrice hat gesiegt. Der Reiter wird umarmt, das Pferd fast zu Tode gedrückt, der Marktplatz gleicht einem tobenden Schlachtfeld. Die siegreiche Contrade zieht noch einmal, nunmehr mit dem Palio, der Prozessionsfahne, die die Siegestrophäe ist, um den Platz herum, und mit ihr die Bevölkerung des ganzen Stadtviertels und dann kehren

sie im Triumph in ihr Hauptquartier zurück, die Flüche und Verwünschungen und Racheschwüre der übrigen Contraden hinter sich lassend. Die Prinzessin Violante von Bayern, die das Rennen gestiftet hat, kannte offenbar das Temperament ihrer Sienesen sehr genau, denn sie ordnete glücklicherweise an, daß der siegreiche Reiter sich drei Tage lang nicht außerhalb seines Stadtviertels sehen lassen dürfe. Die tifosi von den Contraden, die verloren haben, reden natürlich von der corruzione. La corruzione, *kor-rutß*^{i}*ohne,* die Bestechlichkeit. Corrompere, *kor-rompere,* bestechen, während in der siegreichen Contrade la vittoria, *wit-tohr*^{i}*a,* der Sieg, gefeiert wird. Vincere, *wintschere,* siegen, – vinco, *winko,* ich siege, vinceremo, *wintscheremo,* wir werden siegen, ho vinto, o *winto,* ich habe gesiegt. Und damit kommen wir bei dem letzten Wort der heutigen Lektion an: il trionfo, *tr*^{i}*onfo,* der Triumph, trionfare, *tr*^{i}*onfahre,* triumphieren.
Man kann das, was sich am Abend nach dem Rennen in den Straßen und Gassen des siegreichen Stadtviertels abspielt, nicht anders als mit »trionfo« bezeichnen. Arm und Reich durcheinander drängt sich um riesige Weinfässer, bei denen man den Hahn gar nicht mehr zumacht, und innerhalb kurzer Zeit ist die Stimmung so hoch gestiegen, daß nur noch die Ankunft des siegreichen cavallo ihr einen weiteren Antrieb geben kann. Für diesen cavallo haben die Autoritäten der Contrade ein großes Festmahl ausgerichtet. An einem öffentlichen Platz oder auch im Palasthof des Contradenkapitäns ist eine hufeisenförmige Tafel gedeckt und den Ehrenplatz in der Mitte bekommt das Pferd, das heute zur Belohnung nicht Hafer bekommt sondern Spaghetti und dolci. Die ganze Nacht hindurch hört man überall in der Stadt Siena die jungen Leute das alte stolze Lied mit dem unvergeßlichen Refrain singen: Evviva la nostra Siena!

AUF NACH AREZZO
Lektion 44

Unser nächstes Ziel ist Arezzo, eine schöne alte Stadt am Rande der Ebene, in der das Flüßchen Chiana sich mit dem Hauptfluß der Toskana, dem Arno, verbindet. Von der Bevölkerung sagt ein altes Sprichwort »Aretini, cervelli fini«. Il cervello, *tscherwäl-lo,* das Gehirn, auch im Sinne von Denkvermögen. Fino, fina, *fihno* – fein. Aretini, – cervelli fini – die Leute von Arezzo mit dem feinen Köpfchen. Man sieht es dem mittelalterlichen Gesicht dieser Stadt nicht an, daß sie schon damals, vor 700 Jahren, als ihre wichtigsten Bauten begonnen wurden, ein zweitausendjähriges Gemeinwesen war. Es ist etruskischen Ursprungs, genau wie Siena, und so möge es uns vergönnt sein, ein paar Worte über dieses merkwürdige Urvolk Italiens hier zu sagen.
Die Etrusker hatten in Mittelitalien, hauptsächlich in der Toskana und in Latium, einen berühmten Bund von 12 festen Städten, die sich in die Herrschaft über das Gebiet teilten. Heute noch zerbrechen sich viele Gelehrte den Kopf über das Problem, was an der reichen, römisch-antiken Kultur alles etruskisch gewesen sein mag. Sicher ist, daß die sieben Könige, die die Herrschaft der Stadt Rom begründeten, aus etruskischen Familien stammten. Der berühmte Mäzenas, der Minister des Kaisers Augustus und Förderer vieler Dichter und Künstler, war stolz darauf, aus einem etruskischen Fürstengeschlecht zu stammen und hat das bei jeder Gelegenheit betont. Der Humusboden und die Felsentäler von Mittelitalien sind voll von Gräbern, in denen man die Todesmysterien dieser schwermütigen Rasse in unglaublich schönen Farben an die Wand gemalt finden kann. Ihre Schrift ist zwar lesbar, gibt aber noch keineswegs alle Geheimnisse preis. Wir wissen,

daß die Etrusker Handel trieben, daß sie mit den Griechen, den Kretern, den Phöniziern in Verbindung standen und an manchen Orten hat sich der geheimnisvoll lebensabgewandte Wesenszug, der den Kern ihres Charakters auszumachen scheint, auch noch bis heute in Italien erhalten. Arezzo, das im Altertum Aretium hieß, hatte zur Zeit der hannibalischen Kriege, also im 3. Jahrhundert vor Chr., schon die Herrschaft Roms anerkannt, war dann lange Zeit eine blühende Kolonie, geriet nach dem Fall des römischen Reiches in Vergessenheit und blühte wieder auf in jener bemerkenswerten Epoche, als die bürgerlichen Republiken als unabhängige und freie Gemeinwesen überall in Italien aus dem Boden schossen: im hohen Mittelalter. Und damals zeigte sich, daß sie wirklich „cervelli fini“ waren.

Der Mann, der die Reihe der berühmten Männer Arezzos, zu denen Petrarca, Vasari und Pietro Aretin gehören, einleitete, war Guido von Arezzo oder Guido Aretinus, dem es die Welt verdankt, daß wir Töne in Musiknoten umwandeln können – und zwar so genau, daß man das Aufgeschriebene fehlerlos wieder ablesen kann. Bis zum Auftreten Guidos war die Sangeskunst mehr oder weniger eine Sache der Tradition und die gängige Notenschrift diente lediglich der Gedächtnisstütze und gab nur ungefähr den Verlauf der Melodie an. Guido hat das Verdienst, mehrere Linien als Intervallträger zu verwenden, so daß jetzt leicht erkennbar ist, wieviel Zwischenraum der Komponist sich zwischen dem einen und dem andern Ton gedacht hat. Natürlich hat Guido von Arezzo noch keine Notenschrift in unserem Sinne gekannt. Man sang damals fast nur einstimmig, Akkorde wurden nicht verwendet, aber er hat das System erfunden und es gibt immerhin noch einen bedeutenden Zweig der abendlän-

dischen Musik, der sich unmittelbar jener von Guido erfundenen Notenschrift bedient: den Gregorianischen Choral.
Es gibt in Arezzo eine Kirche, die uns die ganze strenge und gebundene Ordnungswelt des Mittelalters in derselben Weise in Stein zeigt, in der sie uns aus diesen Tönen entgegentritt: Pieve di Santa Maria, vom Ende des 12. Jahrhunderts.
Pieve ist ein altes italienisches Wort für Pfarre, Pfarrkirche, heute würde man dafür sagen la parrocchia, *par-rok-kia*. Il parroco, *par-roko,* der Pfarrer. Der campanile, der Glockenturm dieser Kirche Pieve di Santa Maria, der im Jahre 1330 – nell' anno milletrecentotrenta – fertiggestellt wurde, zeigt 40 von einer Mittelsäule gestützte Doppelbögen in romanischem Stil. Questo campanile è chiamato dagli Aretini »il campanile delle cento buche«. La buca, *buhka,* das Loch. Il campanile delle cento buche, der Glockenturm von den 100 Löchern, der 100 Löcher.
Wir werden später in Assisi ein Fresko sehen, auf dem das Bild der Stadt Arezzo mit vielen solchen campanili dargestellt ist. Es ist eine Szene aus dem Leben des heiligen Franziskus, gemalt von Giotto, und auf diesem Bild tragen die Türme der Stadt Arezzo eine Besonderheit an sich: aus ihren »buche« und um sie herum in der freien Luft tanzen eine Menge gehörnter Teufelchen, die das kräftige Liebeswort des hl. Franziskus aus den dunklen Schlünden der Stadt und aus den schwarzen Seelen der Einwohner hervorgeholt hat. Zweifellos sind diese bösen Geister seit jenem glorreichen Exorzismus nicht mehr wieder nach Arezzo zurückgekommen, denn heute ist das Antlitz Arezzos heiter und dem dankbaren Genuß von Gottesgaben zugewandt. Den Beweis dafür liefert uns ein symbolhaftes Nebeneinanderleben des geistlichen und des weltlichen Arezzo an der kahlen und großartigen Kirche S. Francesco. Am Ende der weiten und leeren Halle dieser

Kirche leuchten die Fresken eines großen Aretiners: des Piero della Francesca, in denen der Maler die Geschichte des Kreuzes und seiner Wiederauffindung schildert. Großflächige, realistische Kompositionen von der Reinheit jener toskanischen Frühzeit, deren Spuren wir in der capella Benozzo Gozzoli in Florenz schon einmal begegnet sind. Die Malerei war damals noch eine junge Kunst, und Charme und Glanz dieser Jugend scheinen in die Fresken des Piero eingeflossen. Dieser Maler hat zweifellos auch ein »cervello fino« gehabt. Wir wissen, daß er mit seltener Ausdauer die Gesetze der Perspektive und der Anatomie wissenschaftlich zu ergründen suchte, ebenso wie die des Lichtes. Seinen Zeitgenossen schien er auf Grund dieser Studien fast mehr ein Mathematiker als ein Künstler zu sein. Uns aber, die wir seine Werke im Abstand von 600 Jahren betrachten, leuchtet nur noch das Bedächtige, Vernunftgemäße, die sorgfältige Ausgewogenheit und die geistige Harmonie in diesen Fresken entgegen.

Gleich neben der Kirche von San Francesco, immediatamente accanto alla chiesa di San Francesco – immediatamente, *immediatamente,* unmittelbar; accanto a, *ak-kanto a,* neben, immediatamente accanto alla chiesa di San Francesco c'è la grotta di San Francesco. La grotta, *grot-ta,* die Höhle. Si scende una piccola scala e si entra in un locale mezzo buio e senza il minimo aspetto religioso. Man geht eine kleine Treppe hinunter und man tritt ein in ein halbdunkles Lokal ohne das geringste religiöse Aussehen, oder besser: das nicht den geringsten Anschein des Religiösen erweckt.

Scendere, *schendere,* absteigen, aussteigen, heruntergehen, hier: hinuntergehen; la scala, *ßkahla,* die Treppe; entrare, *entrahre,* betreten, eintreten; il locale, *lokahle,* das Lokal, auch: der Raum; buio, *buhio* – dunkel; il buio, das Dunkel; mezzo buio, *mäd-dso buhio,* halb dunkel; l'aspetto, *laßpät-to,* das Aussehen, der Anblick. Immediatamente accanto alla chiesa di San Francesco c'è la grotta di San Francesco. Si scende una piccola scala e si entra in un locale mezzo buio e senza il minimo aspetto religioso. Und nun können Sie sich schon vorstellen, um welche Art Lokal es sich handelt. E adesso possono già immaginarsi di che specie di locale si tratta.

Immaginarsi, *im-madschinarßi,* sich vorstellen; la specie, *ßpähtsche,* die Art, der Typ, die Spezies; trattare, *trat-tahre,* behandeln, verhandeln. Sono trattato malissimo, ich werde sehr schlecht behandelt, ich fühle mich sehr schlecht behandelt. Trattarsi, sich handeln um, si tratta di, *ßi trat-ta di,* es handelt sich um.

E adesso possono già immaginarsi di che specie di locale si tratta. La grotta di San Francesco è un santuario dello stomaco; lo stomaco, *ßtomako,* der Magen, e ci ricordiamo di una frase che abbiamo imparato a Verona, quando siamo stati la prima volta in un ristorante italiano: qui si mangia veramente bene.

Und nachdem wir auf Reisen ja die Pflicht haben, unserem Gaumen qualitativ das gleiche zu bieten, was wir unserem Geiste durch den Genuß von Kunstwerken solchen Ranges zuführen, so schlage ich für diesmal einen piatto vor, zu dem wir bis jetzt, obwohl wir uns schon so lange in der Toskana herumtreiben, noch nicht gekommen sind: la bistecca alla fiorentina, *bißtek-ka al-la fiorentihna,* darunter versteht man ein ungeheures Stück Fleisch am Rost halb durchgebraten – die richtige bistecca alla fiorentina muß links und rechts über den Teller hinausstehen. Keine Angst meine Damen, die Linie wird dadurch nicht gefährdet, lediglich der Durst wird größer. Die bistecca ist nämlich ganz schön gewürzt. Gegen den Durst aber gibt es einen wunderbaren, in bemalten Terrakottakrügen servierten Wein, dessen Geist uns anfeuern wird, in Piero della Francesca den Maler aller Maler und im heiligen Franziskus einen Menschen mit unbegrenztem Verständnis für alle unsere Schwächen zu sehen.

Ich sagte vorhin, wir hätten auf Reisen die Pflicht, Leib und Geist gleicherweise mit Qualität zu versorgen. Bitte, liebe Leser, erwarten Sie darüber keine Philosophie. Es würde mir viel Spaß machen, an Hand der italienischen Möglichkeiten mich ausgiebig mit Ihnen darüber zu unterhalten, aber anstatt dessen muß ich mich auf ein einziges Wort meiner Behauptung beschränken, und dieses Wort heißt die Pflicht, il dovere. Dovere ist nicht nur ein Hauptwort – die Pflicht, sondern auch ein Zeitwort. Dovere, *dowehre,* heißt: müssen. Es ist das dritte jener Gruppe von Hilfszeitwörtern, aus der wir schon »volere« und »potere« kennen. Dovere heißt also müssen. Nun seine wichtigsten Formen:

debbo oder devo	*däb-bo* oder *dähwo*	ich muß
devi	*dähwi*	du mußt
deve	*dähwe*	er, sie, es muß
dobbiamo	*dob-biahmo*	wir müssen
dovete	*dowehte*	ihr müßt
debbono, devono	*däb-bono* oder *dähwono*	sie müssen

In der Vergangenheit heißt das:

ho dovuto	o *dowuhto*	ich habe müssen
hai dovuto	a-*i dowuhto*	du hast müssen
ha dovuto	a *dowuhto*	er, sie, es hat müssen
abbiamo dovuto	*ab-biahmo dowuhto*	wir haben müssen
avete dovuto	*awehte dowuhto*	ihr habt müssen
hanno dovuto	a*n-no dowuhto*	sie haben müssen.

NEUE WÖRTER
Lektion 45

la colomba	*kolomba*	die Taube
le colombe		die Tauben
il tifoso	*tifohso*	der Parteigänger
i tifosi		die Parteigänger
la scommessa	*ßkom-meß-ßa*	die Wette
scommettere	*ßkom-met-tere*	wetten
che scommetti	*ke ßkom-met-ti*	was wettest du?
il tamburo	*tambuhro*	die Trommel
la tromba	*tromba*	die Trompete
la benedizione	*beneditßiohne*	die Weihe, Segnung
benedire	*benedihre*	weihen, segnen
che Dio ti benedica	*ke di-o ti benedihka*	daß Gott dich segne
la benedizione del cavallo		die Segnung des Pferdes
il vescovo	*weßkowo*	der Bischof

il prelato	*prelahto*	der Prälat
il capitolo	*kapitolo*	das Kapitel
l'arcivescovo	*lartschiweßkowo*	der Erzbischof
l'arcivescovo di Siena		der Erzbischof von Siena
la tradizione	*traditß^{i}ohne*	die Überlieferung
tradizionale	*traditß^{i}onahle*	überliefert, althergebracht
la festa tradizionale	*fäßta*	das althergebrachte Fest
le grida	*grihda*	der Schrei, das Geschrei
gridare	*gridahre*	schreien
urlare	*urlahre*	schreien in verstärktem Maße
l'urlo	*lurlo*	starker Schrei, Brüllen, der Schrei, das Gebrüll
battere	*bat-tere*	schlagen
il bastone	*baßtohne*	der Stock
la schiena	*ßk^{i}ähna*	der Rücken
la testa	*täßta*	der Kopf
arrabbiarsi	*ar-rab-b^{i}arßi*	sich ärgern, in Zorn geraten
m'arrabbio	*mar-rab-b^{i}o*	ich ärgere mich
la rabbia	*rab-b^{i}a*	der Zorn
il nemico	*nehmihko*	der Feind
la sciocchezza	*schok-ket-tßa*	die Kleinigkeit, die Dummheit
ridicolo, ridicola	*ridihkolo*	lächerlich
la sciocchezza ridicola		die lächerliche Kleinigkeit
la corruzione	*kor-rutß^{i}ohne*	die Bestechlichkeit
corrompere	*kor-rompere*	bestechen
la vittoria	*wit-tohr^{i}a*	der Sieg
vincere	*wintschere*	siegen
vinco	*winko*	ich siege
vinceremo	*wintscheremo*	wir werden siegen
ho vinto	o *winto*	ich habe gesiegt
il trionfo	*tr^{i}onfo*	der Triumph
trionfare	*tr^{i}onfahre*	triumphieren
il cervello	*tscherwäl-lo*	das Gehirn, auch im Sinne von Denkvermögen
fino, fina	*fihno*	fein
la parrocchia	*par-rok-k^{i}a*	die Pfarrei
il parroco	*par-roko*	der Pfarrer

nell'anno milletrecentotrenta		im Jahre 1330
la buca	*buhka*	das Loch
le buche		die Löcher
il campanile delle cento buche	*kampanihle del-le tschänto buhke*	der Glockenturm von den 100 Löchern
immediatamente	*im-mediatamente*	unmittelbar, sogleich
accanto a	*ak-kanto a*	neben
la grotta	*grot-ta*	die Höhle
immediatamente accanto alla chiesa di San Francesco c'è la grotta di San Francesco		unmittelbar neben der Kirche S. Franziskus ist die Grotte des S. Franziskus
si scende una piccola scala e si entra in un locale mezzo buio e senza il minimo aspetto religioso		man geht eine kleine Treppe hinunter und man tritt ein in ein halbdunkles Lokal ohne das geringste religiöse Aussehen
scendere	*schendere*	absteigen, aussteigen, heruntergehen, hier: hinuntergehen
si scende		man geht hinunter
la scala	*ßkahla*	die Treppe
entrare	*entrahre*	betreten, eintreten
il locale	*lokahle*	das Lokal, auch: der Raum
buio	*buhio*	dunkel
il buio		das Dunkel
mezzo buio	*mäd-dso buhio*	halbdunkel
l'aspetto	*laßpät-to*	das Aussehen, der Anblick
immaginarsi	*im-madschinarßi*	sich vorstellen
la specie	*ßpähtsche*	die Art, der Typ, die Spezies
trattare	*trat-tahre*	behandeln, verhandeln
sono trattato malissimo	*ßohno trat-tahto maliß-ßimo*	ich werde sehr schlecht behandelt, ich fühle mich sehr schlecht behandelt
trattarsi		sich handeln um
si tratta di		es handelt sich um
ed adesso possono già immaginarsi di che specie di locale si tratta		und nun können Sie sich schon vorstellen, um welche Art Lokal es sich handelt

lo stomaco	*ßtomako*	der Magen
dovere	*dowehre*	müssen
debbo	*däb-bo*	ich muß
oder devo	*dähwo*	
devi	*dähwi*	du mußt
deve	*dähwe*	er, sie, es muß
dobbiamo	*dob-b[i]ahmo*	wir müssen
dovete	*dowehte*	ihr müßt
debbono	*däb-bono*	sie müssen
oder devono	*dähwono*	
ho dovuto	o *dowuhto*	ich habe gemußt
abbiamo dovuto	*ab-b[i]ahmo dowuhto*	wir haben gemußt

EINMAL GRAMMATIK
Lektion 46

Bisher haben wir Ihnen und uns die verhaßte Grammatik nach Möglichkeit erspart, aber jetzt geht es leider nicht mehr ganz ohne sie. Bitte haben Sie Geduld und kehren Sie mit uns zunächst zu dem nicht sehr unterhaltsamen Wort dovere zurück, das wir in der letzten Lektion behandelt haben. Wir wiederholen es Ihnen noch einmal, weil es eines der wichtigsten Worte der italienischen Sprache ist – wenngleich uns allen das Müssen auf der Ferienreise nach Neapel nicht besonders sympathisch ist. Dovere heißt also müssen. Seine wichtigsten Formen haben wir soeben gelernt.

Per dire la verità quèsta parola dovere ha un aspetto piuttosto antipatico. Piuttosto, *p[i]ut-toßto,* eher, mehr oder weniger; antipatico, *antipahtiko,* antipathisch, unsympathisch. Oltre di »müssen« la parola »dovere« vuol dire anche »schulden«. Quanto Le devo? *k[u]anto le dähwo,* wörtlich: wieviel ich Ihnen muß? heißt: was bin ich Ihnen schuldig? Die Schulden, die einer macht, bevor er das fragt, heißen: i debiti, *dehbiti,* die Schulden. Das ist ein sehr verbreitetes Wort in Italien. Kaufleute, besonders die Besitzer von bottiglierie, wehren sich dagegen mit einem Schild über dem Ladentisch, worauf geschrieben steht: »non si fa credito«, aber helfen tut das nicht viel. Dappertutto nella vita normale si fanno debiti, speculando sul credito, *krehdito,* del commerciante. Speculare, *ßpekulahre,* spekulieren, mit etwas noch nicht Eingetretenem rechnen. Das Wort kommt von speculum, lat. der Spiegel, also das Spiegelbild, das sich die eigene Phantasie von der Zukunft macht, zur Wirklichkeit erklären und danach handeln. Il commerciante, *kommertschante,* der Kaufmann.

Aus dem Wort speculare haben wir speculando, spekulierend, abgeleitet. Hier haben wir nun, liebe Leser, zum ersten Mal eine Wortform gebraucht, die auf »ando« endigt. Von dem »ando« bleiben also im Deutschen wenigstens das »n« und das »d« übrig. In allen lateinischen Sprachen wird diese Form sehr gerne gebraucht, weil man mit ihr einen Nebensatz einsparen kann.

Wir sagen im Deutschen, allerdings nur in einem ziemlich geschraubten Deutsch: seiend, habend, reisend usw. und finden das ziemlich schrecklich. Wenn einer in einem Gespräch bei uns sagen würde: reisend fühle ich mich wohl, so würden wir ihn bestenfalls vielleicht für geschwächt halten, denn bei uns heißt es nun einmal: auf Reisen fühle ich mich wohl. In Italien aber sagt man korrekt: viaggiando mi sento bene. Viaggiando kommt von viaggiare, *wiad-dschahre,* reisen; viaggiando, *wiad-dschando,* reisend; viaggiando mi sento bene, wörtlich: reisend fühle ich mich wohl, richtig: auf Reisen fühle ich mich wohl.

Die Italiener haben gleich uns das Sprichwort: mit dem Essen kommt der Appetit, mangiando viene l'appetito, *mandschando* *w^{i}ähne lap-petihto,* essend kommt der Appetit, richtig: der Appetit kommt beim Essen.

Ein anderes Beispiel: un altro esempio: un proverbio italiano dice »sbagliando s'impara«, *sbaljando ßimpahra,* irrend man lernt, irrend lernt man, auf Deutsch: durch Fehler wird man klug. Sbagliare, *sbaljahre,* irren, sich irren, etwas falsch machen; ho sbagliato, o *sbaljahto,* ich habe mich geirrt. Speriamo bene che nessuno di voi ci dica una volta il contrario: imparando si sbaglia, *ßper^{i}ahmo bähne ke neß-ßuhno di wo^{i} tschi dihka uhna wolta il kontrahr^{i}o: imparando ßi sbalja,* lernend irrt man sich, auf Deutsch: auch beim Lernen macht man Fehler.

Diese Form auf »ando«, die die Grammatiker das Gerundium nennen, verbindet sich in der Umgangssprache am liebsten mit drei Zeitwörtern, nämlich stare, stehen, mit andare, gehen und mit venire, kommen.

Von stare, stehen, wissen wir schon eine Menge. Wir benützen die Gelegenheit und prägen uns seine Formen ein:

stare	*ßtahre*	stehen
sto	*ßto*	ich stehe
stai	*ßta-i*	du stehst
sta	*ßta*	er, sie, es steht
stiamo	*ßt^{i}ahmo*	wir stehen
state	*ßtahte*	ihr steht
stanno	*ßtan-no*	sie stehen
stare in piedi	*ßtahre in p^{i}ähdi*	aufrecht stehen, eigentlich: auf den Füßen stehen.

Warum, werden Sie jetzt fragen, plagt er uns denn mit diesem Zeug – wir werden niemals in die Lage kommen, zu irgendjemand zu sagen: du stehst! Geduld, meine lieben Leser, Sie werden es doch. Come stai? *kohme ßta-i?,* wörtlich: wie stehst du, richtig: wie geht es dir? Come sta Lei? *kohme ßta läi?*, wie stehen Sie, wie geht es Ihnen? Come sta? *kohme ßta?*, wie geht's? Sto bene, *ßto bähne,* es geht mir gut.

In der Vergangenheit sagen wir:

sono stato	*ßohno ßtahto*	ich bin gewesen
sono stata		ich bin gewesen, wenn es sich um eine Frau handelt;
siamo stati	*ßiahmo ßtahti*	wir sind gewesen, wenn von männlichen Personen oder von männlichen und weiblichen Personen zusammen die Rede ist.

Frauen untereinander haben, wie immer, etwas besonderes: sie sagen: siamo state, wir sind gewesen.

In Verbindung mit dem Gerundium ist stare besonders wichtig. Wenn ich sage: fumo, *fuhmo,* ich rauche, dann kann das nur heißen: ich rauche im allgemeinen, ich bin ein Raucher. Wenn ich sagen will, ich rauche soeben, dann muß ich sagen: sto fumando, *ßto fumando,* ich stehe rauchend, ich rauche gerade. Prende una sigaretta? Nimmst du eine Zigarette? No, grazie, sto fumando, nein, danke, ich rauche schon, ich bin schon dabei, zu rauchen.

Ein zweites Zeitwort, mit dem sich das Gerundium verbindet, ist das Wort: andare, gehen. Wir wissen schon, daß es unregelmäßig ist, lassen Sie, liebe Leser, sich deshalb nicht verdrießen, wenn wir die Formen kurz durchgehen:

vado	*wado*	ich gehe
vai	*wa-i*	du gehst
va	*wa*	er, sie, es geht
andiamo	*andiahmo*	wir gehen
andate	*andahte*	ihr geht
vanno	*wan-no*	sie gehen.

Dabei ist es wichtig, daß andare nicht nur gehen, sondern jede Art menschlicher Fortbewegung bedeutet, auch fahren:

vado in macchina, *mak-kina,* ich fahre mit dem Auto; andare a cavallo, wie wir schon wissen: zu Pferde gehen, richtig: reiten; è andato bene, ä *andahto bähne,* es ist gut gegangen. Vada, *wada,* ist die Befehlsform: vada a destra, gehen Sie, oder auch fahren Sie nach rechts. Und in der Verbindung mit dem Gerundium: la mia salute va sempre migliorando, *miljorando,* meine Gesundheit geht immer sich bessernd, richtig: meine Gesundheit bessert sich zusehends.

Für venire, das dritte Wort, das sich mit dem Gerundium verbindet, haben wir schon ein Beispiel: L'appetito viene mangiando, der Appetit kommt essend, mit dem Essen kommt der Appetit. Zusammenfassend kann man also sagen, daß die Formen auf – ando – und – endo – wie sie sich aus den italienischen Zeitwörtern ergeben, stets einen gegenwärtigen Zustand bezeichnen, einen Zustand, in dem man sich gerade befindet.

Und nun, liebe Leser, wollen wir die Formen des Wortes »venire« behandeln, die uns noch fehlen:

vengo	*wängo*	ich komme
vieni	*w*^{i}*ähni*	du kommst
viene	*w*^{i}*ähne*	er, sie, es kommt
veniamo	*wen*^{i}*ahmo*	wir kommen
venite	*wenihte*	ihr kommt
vengono	*wängono*	sie kommen
sono venuto	*ßohno wenuhto*	ich bin gekommen
sei venuto	*ßä-i wenuhto*	du bist gekommen
è venuto	ä *wenuhto*	er, sie, es ist gekommen
siamo venuti	*ß*^{i}*ahmo wenuhti*	wir sind gekommen
siete venuti	*ß*^{i}*ähte wenuhti*	ihr seid gekommen
sono venuti	*ßohno wenuhti*	sie sind gekommen
vieni	*w*^{i}*ähni*	komm!
venite	*wenihte*	kommt!

Wenn Ihnen Italiener etwas erzählen, müssen Sie auch versuchen, aus wenigen Worten alles zu erraten. So wollen wir Ihnen anschließend einen kurzen italienischen Text geben und lediglich sagen: es handelt sich nach einer kurzen Einleitung in der Hauptsache um die Geschichte einer berühmten Schlacht zwischen den alten Römern und ihrem großen karthagischen Feind Hannibal. Wir verlassen also die toskanischen Berge und haben vor uns den großen blauen Spiegel des Trasimenischen Sees. An diesem See fand im Jahre 217 v. Chr. diese Schlacht statt.

Oggi abbiamo davanti a noi il famoso lago Trasimeno, il più grande specchio d'acqua dell'Italia peninsulare; heute haben wir vor uns den berühmten Trasimenischen See, den größten Wasserspiegel der Halbinsel Italiens. Davanti a noi, vor uns; il lago, *lahgo,* der See; lo specchio, *ßpäk-kio,* der Spiegel; lo specchio d'acqua, der Wasserspiegel; la penisola, *penihsola,* die Halbinsel; peninsulare, *peninßulahre,* wörtlich: halbinselhaft; l'Italia peninsulare, das halbinselhafte Italien, gemeint ist Italien, soweit es auf der Halbinsel liegt.

Al nord di questo lago si estende una pianura enorme. In questa pianura, nel duecentodiciasette avanti Cristo, si svolgeva una delle più importanti battaglie della storia romana. Dal nord erano venute le forze armate dei Cartaghi sotto il comando di Annibale, dal sud erano accorsi i Romani sotto il Console Gaio Flaminio per difendere la patria. Annibale, venuto dai deserti dell' Africa, aveva già attraversato vittoriosamente tutta la Spagna, il sud della Francia ed aveva superato sotto gli occhi di mille nemici sconosciuti la barriera delle Alpi. Brillantissimo nell'inventare nuovi modi per sorprendere l'avversario, Annibale rischiava anche questa volta la battaglia, appena s'incontrava con l'esercito romano. Ed anche questa volta è stato fortunato. I Romani che aspettavano nella pianura l'attacco di Annibale si trovavano impediti nel loro movimento dalla nebbia che sorgeva di mattina dalle acque del Trasimeno. Così Annibale con il suo esercito poteva avvicinarsi fino ad una minima distanza senza essere visto dall'avversario. Ne risultava che i Romani, completamente sorpresi, perdevano testa e nervi e finivano in una confusione mortale. Annibale andava avanti con tranquillità e audacia e così spingeva quasi tutto l'esercito romano nelle onde del lago. La vittoria era perfetta. Per la repubblica di Roma questa data della battaglia sul Trasimeno rimaneva per secoli un cosidetto »dies ater« – un giorno nero.

DIE SCHLACHT AM TRASIMENISCHEN SEE

Lektion 47

Nun, liebe Leser, wollen wir uns diese Geschichte von Hannibal und seinem Heer einmal näher ansehen. Was die Landschaft angeht, so kann man sich heute noch recht gut vorstellen, wie die beiden Streitkräfte sich zueinander verhalten haben müssen. Wer von Ihnen etwas Näheres darüber erfahren will, dem sei empfohlen, die römische Geschichte aufzuschlagen, die uns der römische Schriftsteller Titus Livius hinterlassen hat. Da wird in aufregenden Kapiteln geschildert, wie der Zusammenstoß der beiden Heere erfolgte und die Schrecken der Niederlage steigen heute noch aus dem ehrwürdigen Text zu uns empor. Wenn wir vor dem sonnenbeglänzten Trasimenischen See stehen und der Römer und ihres einäugigen, genialen Feindes Hannibal gedacht haben, dann überkommt uns viel eher die Lust, baden zu gehen, als Grammatik zu lernen. Ich muß Sie aber doch um die Geduld bitten, mit mir das kleine Kapitel, das Sie vorhin über die Schlacht am Trasimenischen See gehört haben, noch einmal durchzugehen, denn wir werden manches Neue darin finden. Wie war doch der erste Satz? Al nord di questo lago si estende una pianura enorme – das ist noch verhältnismäßig einfach, wir haben nur ein paar neue Wörter: al nord, – das kennen wir schon, heißt: im Norden. Bei dieser Gelegenheit: gegen Norden würde heißen – verso il nord, *wärßo,* aber nur, wenn es mit einer Bewegung verbunden ist, also »gegen« im zielhaften Sinne. Ich fahre gegen Norden, heißt: vado verso il nord. Gegen Norden sind Berge, heißt: al nord ci sono delle montagne. Il lago heißt, wie wir schon wissen, der See. Dann kommt: si estende una pianura enorme. Estendersi, *eßtenderßi,* sich ausdehnen, dehnen; la pianura, *pianuhra,* die Ebene; so heißt also der ganze Satz: al nord di questo lago si estende una pianura enorme – im Norden dieses Sees dehnt sich eine enorme Ebene aus. In questa pianura, nel duecentodiciassette avanti Cristo, – in dieser Ebene, im Jahre zweihundertsiebzehn vor Christus, si svolgeva una delle più importanti battaglie della storia romana. Svolgersi, *ßwoldscherßi,* heißt wörtlich: sich entwickeln, entstehen, si svolgeva, *ßi ßwoldschehwa,* entwickelte sich. Dies ist die erste Vergangenheitsform von si svolge – entwickelt sich. Sie werden im Nachfolgenden diese Vergangenheitsformen ununterbrochen antreffen, weil es sich um eine Erzählung handelt. Merken Sie sich bitte eine einfache Regel: wenn Sie von einem Zeitwort die Gegenwartsform nehmen, zum Beispiel: parla, *parla,* er spricht, dann hängen Sie –v–a an und es heißt: parlava, *parlahwa,* er sprach; in der Mehrzahl wird es etwas komplizierter, da heißt es in der Gegenwartsform: parlano, *parlano,* sie sprechen, in der Vergangenheit aber nicht »parlanova«, sondern: parlavano, *parlahwano,* sie sprachen. Mit dieser Faustregel kommen Sie zunächst ohne weiteres aus, wenngleich wir später sehen werden, daß sie den

Namen Regel kaum verdient, so zahlreiche Ausnahmen gibt es. Si svolgeva una delle più importanti battaglie della storia romana – heißt also: es entwickelte sich eine der wichtigsten Schlachten der römischen Geschichte.

Nun weiter im Text: dal nord erano venute, ä*hrano wenuhte*, von Nord waren gekommen; le forze armate dei Cartaghi, die bewaffneten Streitkräfte der Karthager; la forza, *fortßa*, die Macht; armato, *armahto*, bewaffnet; sotto il comando, *ßot-to il komando*, unter dem Kommando; di Annibale, *an-nihbale*, von Hannibal. Dal nord erano venute le forze armate dei Cartaghi sotto il comando di Annibale, dal sud erano accorsi i Romani; accorsi kommt von accorrere, *ak-kor-rere*, herbeilaufen, herbeieilen; in diesem Wort accorrere steckt wiederum das Zeitwort correre, laufen, eilen; corro, *kor-ro*, ich eile, ich laufe; corre, er eilt; correvo, *kor-rehwo*, ich eilte; correvano, *kor-rehwano*, sie eilten; sono corso, ich bin gelaufen; ero corso, ä*hro korßo*, ich war gelaufen; era corso, er war gelaufen; erano corsi, ä*hrano korßi*, sie waren geeilt, erano accorsi, sie waren herbeigeeilt.

Dal sud erano accorsi i Romani, von Süden waren die Römer herbeigeeilt, sotto il Console Gaio Flaminio, unter dem Konsul Gaius Flaminius, per difendere la patria, *difändere la patria*, um das Vaterland zu verteidigen. Annibale, venuto dai deserti dell'Africa, *dai desährti*, Hannibal, gekommen aus den Wüsten von Afrika, aveva già attraversato vittoriosamente, hatte, aveva, *awehwa*, – aveva già attraversato, *at-trawerßahto*, hatte schon durchquert, vittoriosamente, *wit-torioßamente*, siegreich; vittorioso, *wit-toriohßo*, siegreich; tutta la Spagna, *ßpanja*, ganz Spanien; il sud della Francia, *frantscha*, den Süden Frankreichs; ed aveva superato, *ßuperahto*, und er hatte überwunden, sotto gli occhi di mille nemici sconosciuti, *ßot-to lji ok-ki di mihl-le nemihtschi (ßko-*

noschuhti, unter den Augen von tausend unbekannten Feinden; la barriera delle Alpi, *bar-r^{i}ähra del-le alpi,* die Barriere der Alpen. Brillantissimo nell'inventare nuovi modi, *n^{u}ohwi mohdi,* höchst glänzend in der Erfindung neuer Arten; per sorprendere l'avversario, *per ßorprändere law-werßar^{i}o,* um den Feind zu überraschen; sorprendere, *ßorprändere,* überraschen; la sorpresa, *ßorprehßa,* die Überraschung; la bella sorpresa, die schöne Überraschung; che bella sorpresa, im negativen Sinn gebraucht, kann auch heißen: das ist ja eine schöne Bescherung.

Vielleicht haben es die Römer am Trasimenersee auch schon in diesem Sinne gebraucht.

Annibale rischiava anche questa volta la battaglia, *an-nihbale rißk^{i}ahwa,* Hannibal riskierte auch dieses Mal die Schlacht; appena s'incontrava con l'esercito romano, *ap-pehna ßinkontrahwa kon lesärtschito romahno,* sobald er dem römischen Heer begegnete; incontrarsi con, *inkontrarßi kon,* sich treffen mit, jemand begegnen. Ed anche questa volta è stato fortunato, *ä ßtahto fortunahto,* und auch dieses Mal ist er gewesen glücklich, richtig: und auch dieses Mal ist er glücklich gewesen; i Romani che aspettavano nella pianura l'attacco di Annibale, *aßpet-tahwano lat-tak-ko,* die Römer, welche erwarteten in der Ebene den Angriff von Hannibal, si trovavano impediti nel loro movimento, *trowahwano impedihti nel loro mowimento,* sie fanden sich behindert in ihrer Bewegung; dalla nebbia che sorgeva di mattina, *neb-b^{i}a ke ßor^{dsch}ehwa,* von dem Nebel, der sich am Morgen erhob, dalle acque del Trasimeno, von den Wassern des Trasimeno.

I Romani che aspettavano nella pianura l'attacco di Annibale, si trovavano impediti nel loro movimento dalla nebbia che sorgeva di mattina dalle acque del Trasimeno. Così Annibale con il suo esercito poteva avvicinarsi, *potehwa aw-*

witschinarßi, so Hannibal mit seinem Heer konnte sich nähern, fino ad una minima distanza, *minima dißtantßa,* bis auf eine geringste Distanz; senza essere visto dall'avversario, *ßentßa äß-ßere wißto dal law-werßario,* ohne zu sein gesehen vom Gegner. Così Annibale con il suo esercito poteva avvicinarsi fino ad una minima distanza senza essere visto dall'avversario. Ne risultava, *ne rißultahwa,* daraus ging hervor; ne, davon; risultare kommt von il risultato, *rißultahto,* das Ergebnis; risultare also: hervorgehen; ne risultava che i Romani, completamente sorpresi, *kompletamente ßorprehßi,* daraus ging hervor, daß die Römer, vollständig überrascht, perdevano testa e nervi, verloren Kopf und Nerven; perdere, *pärdere,* verlieren; la testa, *täßta,* der Kopf; il nervo, *närwo,* der Nerv; i nervi, die Nerven; perdevano testa e nervi, sie verloren den Kopf und die Nerven, e finivano in una confusione mortale, und endeten in einem tödlichen Durcheinander; finire, *finihre,* beenden; la confusione, *konfusiohne,* das Durcheinander; ne risultava che i Romani, completamente sorpresi, perdevano testa e nervi e finivano in una confusione mortale.

Annibale andava avanti, Hannibal ging vorwärts, rückte vor; con tranquillità ed audacia, *kon trankuil-lita ed audahtscha,* mit Ruhe und Kühnheit; e così spingeva quasi tutto l'esercito romano, *lesärtschito,* und so trieb er fast das ganze römische Heer; spingeva von spingere, *ßpindschere,* schieben, treiben; nelle onde del lago, in die Wellen des Sees; l'onda, *londa,* die Welle; Annibale andava avanti con tranquillità ed audacia e così spingeva quasi tutto l'esercito romano nelle onde del lago.

La vittoria era perfetta, der Sieg war vollständig. Per la repubblica di Roma, für die Republik von Rom, für die römische Republik; questa data della battaglia sul Trasimeno, dieses Datum der Schlacht am Trasimenischen See; rimaneva per secoli, blieb für Jahrhunderte; rimaneva von rimanere, *rimanehre,* verbleiben, bleiben; per secoli, *ßekoli,* für Jahrhunderte; un cosidetto, *koßidet-to,* »dies ater«, – un giorno nero, *dschorno nehro,* ein sogenannter »dies ater«, ein schwarzer Tag. Dies ater, lateinisch: ein schwarzer Tag. Per la repubblica di Roma questa data della battaglia sul Trasimeno rimaneva per secoli un cosidetto »dies ater« – un giorno nero.

NEUE WÖRTER
Lektion 48

Per dire la verità la parola dovere ha un'aspetto piuttosto antipatico.

piuttosto	*p^i^ut-toßto*	eher, mehr oder weniger
antipatico	*antipahtiko*	antipathisch, unsympathisch

Oltre di »müssen« la parola »dovere« vuol dire anche »schulden«. Außer »müssen« heißt das Wort »dovere« auch »schulden«, was ebenso unsympathisch klingt wie »müssen«.

quanto Le devo?	*k^u^anto le dähwo?*	wörtlich: wieviel ich Ihnen muß? heißt: was bin ich Ihnen schuldig?
i debiti	*dehbiti*	die Schulden, dieses Wort kommt – und nicht nur grammatikalisch – meist in der Mehrzahl vor
speculare	*ßpekulahre*	spekulieren, mit etwas noch nicht Eingetretenem rechnen
il commerciante	*kom-mertschante*	der Kaufmann
speculando	*ßpekulando*	spekulierend, abgeleitet von speculare. In allen lateinischen Sprachen wird diese Form sehr gerne gebraucht, weil man mit ihr einen Nebensatz einsparen kann

Wir sagen also:

dappertutto nella vita normale si fanno debiti, speculando sul credito del commerciante	*dap-pertut-to nel-la wihta normahle ßi fan-no dehbiti, ßpekulando ßul krehdito del kom-mertschante*	überall im normalen Leben werden gemacht Schulden, spekulierend auf den Kredit des Kaufmanns, oder besser: überall im normalen Leben werden Schulden gemacht, indem man auf den Kredit des Kaufmanns spekuliert
viaggiando mi sento bene	*wiad-dschando mi ßänto bähne*	wörtlich: reisend fühle ich mich wohl, wir sagen: auf Reisen fühle ich mich wohl
mangiando viene l'appetito	*mandschando wiähne lap-petihto*	essend kommt der Appetit, richtig: beim Essen kommt der Appetit
sbagliando s'impara	*sbaljando ßimpahra*	irrend man lernt, richtig: irrend lernt man; dem entspricht im Deutschen: durch Fehler wird man klug
sbagliare	*sbaljahre*	irren, etwas falsch machen
ho sbagliato	o *sbaljahto*	ich habe mich geirrt
imparando si sbaglia	*imparando ßi sbalja*	lernend irrt man sich, auf Deutsch: auch beim Lernen macht man Fehler
stare	*ßtahre*	stehen
sto	*ßto*	ich stehe
stai	*ßta-i*	du stehst
sta	*ßta*	er, sie, es steht
stiamo	*ßtiahmo*	wir stehen
state	*ßtahte*	ihr steht
stanno	*ßtan-no*	sie stehen
stare in piedi	*stahre in piähdi*	auf den Füßen stehen, richtig: aufrecht stehen
come stai	*kohme ßta-i*	wörtlich: wie stehst du, richtig: wie geht es dir?
come sta Lei	*kohme ßta läi*	wie geht es Ihnen?

Wenn man Lei dazu sagt, heißt das, daß man die Person, die man anspricht, besonders betonen will, sonst nur: come sta.

sto bene	*ßto bähne*	es geht mir gut
sono stato	*ßohno ßtahto*	ich bin gewesen
sono stata		ich bin gewesen (weibl. Form)
siamo stati	*ß^{i}ahmo ßtahti*	wir sind gewesen, in der Mehrzahl von männlichen oder von männlichen und weiblichen Personen zusammen
siamo state		wir sind gewesen, Mehrzahl der weiblichen Form
sto fumando	*ßto fumando*	ich rauche (eben, jetzt gerade)
andare	*andahre*	gehen oder fahren
vado	*wado*	ich gehe
vai	*wa-i*	du gehst
va	*wa*	er, sie, es geht
andiamo	*and^{i}ahmo*	wir gehen
andate	*andahte*	ihr geht
vanno	*wan-no*	sie gehen
vado in		ich fahre mit dem Auto
macchina	*mak-kina*	
andare a cavallo		reiten
è andato bene	ä *andahto bähne*	es ist gut gegangen
vada!	*wada*	gehen Sie! (Befehlsform)
vada a destra		gehen Sie (oder auch: fahren Sie) nach rechts
migliorando	*miljorando*	bessernd, sich bessernd, das Gerundium von migliorare, bessern
la mia salute va sempre migliorando		meine Gesundheit bessert sich zusehends

Und nun die Formen des Wortes:

venire	*wenihre*	kommen
vengo	*wängo*	ich komme
vieni	*w^{i}ähni*	du kommst
viene	*w^{i}ähne*	er, sie, es kommt
veniamo	*wen^{i}ahmo*	wir kommen
venite	*wenihte*	ihr kommt
vengono	*wängono*	sie kommen
sono venuto	*ßohno wenuhto*	ich bin gekommen

sei venuto	*ßä-i wenuhto*	du bist gekommen
è venuto	*ä wenuhto*	er, sie, es ist gekommen
siamo venuti	*ßiahmo wenuhti*	wir sind gekommen
siete venuti	*ßiähte wenuhti*	ihr seid gekommen
sono venuti	*ßohno wenuhti*	sie sind gekommen
vieni	*wiähni*	komm!
venite	*wenihte*	kommt!
la penisola	*penihsola*	die Halbinsel
peninsulare	*peninßulahre*	wörtlich: halbinselhaft
l'Italia peninsulare		das halbinselhafte Italien (gemeint ist Italien, soweit es auf der Halbinsel liegt)
al nord		im Norden
verso il nord	*wärßo il nord*	gegen Norden, aber nur, wenn es mit einer Bewegung verbunden ist, also gegen im zielhaften Sinne
vado verso il nord		ich fahre gegen Norden

Jedoch sagt man:

al nord ci sono delle montagne	*montanje*	gegen Nord sind Berge
il lago	*lahgo*	der See
estendersi	*eßtenderßi*	sich ausdehnen
si estende	*eßtende*	dehnt sich aus
la pianura	*pianuhra*	die Ebene
svolgersi	*swoldscherßi*	sich entwickeln, entstehen
si svolge	*swoldsche*	entwickelt sich, entsteht
si svolgeva	*swoldschehwa*	entwickelte sich

Sie hängen also an die dritte Person der Gegenwartsform einfach die Buchstaben –v–a an und haben dann die erste Vergangenheit des Zeitwortes:

parla	*parla*	er spricht
parlava	*parlahwa*	er sprach
dal nord erano venute	*ährano wenuhte*	von Norden waren gekommen (weibl. Form)
la forza	*fortßa*	die Macht
armato	*armahto*	bewaffnet

la forza armata		die Streitmacht
le forze armate dei Cartaghi		die bewaffneten Streitkräfte der Karthager
sotto il comando di Annibale	*ßot-to il komando di an-nihbale*	unter dem Kommando von Hannibal
accorrere	*ak-kor-rere*	herbeilaufen, herbeieilen
accorro	*ak-kor-ro*	ich eile herbei
accorre	*ak-kor-re*	er, sie, es eilt herbei
accorso	*ak-korßo*	herbeigeeilt
erano accorsi	*ährano ak-korßi*	sie waren herbeigeeilt
correre	*kor-rere*	laufen, eilen
corro	*kor-ro*	ich laufe, eile
corre	*kor-re*	er eilt
correvo	*kor-rehwo*	ich eilte
correvano	*kor-rehwano*	sie eilten
sono corso	*ßohno korßo*	ich bin gelaufen
ero corso	*ähro korßo*	ich war gelaufen
era corso		er war gelaufen
erano corsi	*ährano korßi*	sie waren gelaufen, geeilt
dal sud erano accorsi i Romani		von Süden waren die Römer herbeigeeilt
sotto il Console Gaio Flaminio	*ßot-to il konßole*	unter dem Konsul Gaius Flaminius
per difendere la patria	*per difändere la patr*^{i}*a*	um das Vaterland zu verteidigen
Annibale, venuto dai deserti d'Africa	*da*^{i} *desährti*	Hannibal, gekommen aus den Wüsten von Afrika
aveva	*awehwa*	hatte
attraversare	*at-trawerßahre*	durchqueren
vittorioso	*wit-tor*^{i}*ohßo*	siegreich
vittoriosamente		siegreich als Adverb
aveva già attraversato vittoriosamente		er hatte schon siegreich durchquert
tutta la Spagna	*ßpanja*	ganz Spanien
il sud della Francia	*il ßuhd del-la frantscha*	den Süden Frankreichs

aveva superato	*ßuperahto*	er hatte überwunden
sotto gli occhi	*sot-to lji ok-ki*	unter den Augen von tausend
di mille nemici	*di mihl-le*	unbekannten Feinden
sconosciuti	*nemihtschi ßkonoschuhti*	
la barriera	*bar-r^{i}ähra*	die Barriere der Alpen
delle Alpi	*del-le alpi*	
l'avversario	*law-werßar^{i}o*	der Feind, der Gegner
sorprendere	*ßorprändere*	überraschen
la sorpresa	*ßorprehßa*	die Überraschung
la bella sorpresa		die schöne Überraschung, kann aber im negativen Sinne auch heißen: das ist ja eine schöne Bescherung! Es kommt auf den Tonfall an
rischiare	*rißk^{i}ahre*	riskieren, wagen
rischiava	*rißk^{i}ahwa*	er riskierte
incontrarsi con	*inkontrarßi kon*	sich treffen mit
s'incontrava con	*ßinkontrahwa kon*	er begegnete sich mit, er traf sich mit
essere fortunato	*äß-ßere fortunahto*	begünstigt sein, glücklich sein
impedito	*impedihto*	behindert
si trovavano impediti	*ßi trowahwano*	sie fanden sich behindert
il movimento	*mowimento*	die Bewegung
nel loro movimento		in ihrer Bewegung
la nebbia	*neb-b^{i}a*	der Nebel
la mattina	*mat-tihna*	der Morgen
di mattina		am Morgen
avvicinarsi	*aw-witschinarßi*	sich nähern
la distanza	*dißtantßa*	die Entfernung
minimo, minima	*minimo*	gering
ne risultava	*ne rißultahwa*	daraus ging hervor
ne	*ne*	davon, darüber
risultare	*rißultahre*	hervorgehen
il risultato	*rißultahto*	das Ergebnis
che i Romani		daß die Römer

completamente	*kompletamente*	vollständig überrascht
sorpresi	*ßorprehßi*	
perdevano	*perdehwano*	sie verloren
il nervo	*närwo*	der Nerv
i nervi		die Nerven
perdevano		sie verloren den Kopf und die
testa e nervi	*täßta e närwi*	Nerven
finire	*finihre*	beendigen, enden
finivano	*finihwano*	endeten
in una confusione	*konfus^{i}ohne*	in einem tödlichen
mortale	*mortahle*	Durcheinander
la tranquillità	*trank^{u}il-lita*	die Ruhe
l'audacia	*a^{u}dahtscha*	die Kühnheit
spingere	*ßpin^{dsch}ere*	schieben, treiben
spingeva	*ßpin^{dsch}ehwa*	er, sie, es trieb
l'esercito	*lesärtschito*	das römische Heer
romano		
il secolo	*ßekolo*	das Jahrhundert
i secoli		die Jahrhunderte

ANKUNFT IN ASSISI

Lektion 49

La meta del nostro viaggio attraverso l'Umbria è la città di Assisi. La meta, *meta,* das Ziel; attraverso, *at-trawärßo,* quer durch. La città di San Francesco è situata a mezza altezza di una montagna. La città di San Francesco, die Stadt des heiligen Franziskus; è situata, ä *ßit^{u}ahta,* liegt, ist gelegen; a mezza altezza, *a mäd-dsa altet-tßa,* auf halber Höhe; di una montagna, *montanja,* eines Gebirgszuges; la montagna, das Gebirge, der Gebirgszug; il monte, *monte,* der Berg. Entrando in questa città vediamo numerosi alberghi e pensioni per i pellegrini che vengono da tutto il mondo. L'albergo, *lalbärgo,* das Hotel, das Gasthaus; la pensione, *penßiohne,* die Pension; il pellegrino, *pel-legrihno,* der Wallfahrer; i pellegrini, die Wallfahrer; pellegrinare, *pel-legrinahre,* wallfahren; il pellegrinaggio, *pel-legrinad-dscho,* die Wallfahrt.

Tutta la città vive delle migliaia di fedeli che oggigiorno non arrivano più a piedi, come una volta, ma in grandi treni, autopulmann oppure macchine private. Il pelegrinaggio di oggi è completamente differente da quello dei tempi di San Francesco, ma lo scopo è rimasto sempre lo stesso – venerare uno dei più grandi Santi del Cristianesimo ed uno dei più ammirevoli uomini della cultura occidentale.

Migliaia, *miljahia,* tausende; la macchina privata, *mak-kina priwahta,* das Privatauto; differente, *dif-ferente,* unterschiedlich, unterschieden; la differenza, *dif-ferentßa,* der Unterschied; unterscheiden dagegen heißt: distinguere, *dißtinguere;* la distinzione, *dißtintßiohne,* die Unterscheidung im Gegensatz zu: la differenza, der Unterschied. Un carattere distinto, *karat-tere dißtinto,* eigentlich: ein wohl unterschiedener Charakter (dem Sinne nach: ein Mensch, der sich durch die Besonderheit seiner Charaktereigenschaften von anderen Menschen leicht unterscheiden läßt), im übertragenen Sinne: ein vornehmer Charakter. Lo scopo, *ßkohpo,* der Zweck, das innere Ziel, der Sinn; venerare, *wenerahre,* verehren; la venerazione, *weneratßiohne,* die Verehrung; l'adorazione, *ladoratßiohne,* die Verehrung im religiösen Sinne, die Anbetung, ein Wort, das man streng theologisch auf den heiligen Franziskus nicht anwenden kann, weil er nicht jemand ist, den man anbeten kann, sondern nur Gegenstand der Verehrung; ammirevole, *am-mirehwole,* bewunderungswürdig; ammirare, *am-mirahre,* bewundern; l'ammirazione, *lam-miratßiohne,* die Bewunderung.

La strada principale che conduce al centro di Assisi prosegue poi, sempre salendo o scendendo, fino alla Basilica di San Francesco. Vista da lontano questa basilica ci sembra piuttosto una fortezza con le sue gigantesche arcate che portano il monastero e la chiesa.

Nun die Wörter: Condurre, *kondur-re,* führen; condurre a, führen nach, zu; conduco, *konduhko,* ich führe; conduci, *konduhtschi,* du führst; conduce, *konduhtsche,* er, sie, es führt; conduciamo, *kondutschahmo,* wir führen; conducete, *kondutschehte,* ihr führt; conducono, *konduhkono,* sie führen. È condotto, ä *kondot-to,* ist geführt.

Il centro, *tschäntro,* das Zentrum, der Mittelpunkt; proseguire, *proßeguihre,* weiterführen, weiterfahren, weitermachen, weitergehen; prosegue, *proßägue,* geht weiter; salendo, *ßaländo,* kommt von: salire, *ßalihre,* hinaufgehen, aufsteigen; salgo, *ßalgo,* ich steige auf; sali, *ßali,* du steigst auf; sale, *ßale,* er, sie, es steigt auf; saliamo, *ßaliahmo,* wir steigen auf; salite, *ßalihte,* ihr steigt auf; salgono, *ßalgono,* sie steigen auf; sono salito, *ßohno ßalihto,* ich bin hinaufgestiegen; wenn es eine Frau sagt: sono salita, ich bin hinaufgestiegen. La salita, *ßalihta,* der Anstieg, der Berganstieg (la salita ist auch eine enge Gasse, die den Berg hinaufsteigt). Tutta Assisi è piena di salite – ganz Assisi ist voll von Berganstiegen, voll von engen Gassen, die den Berg hinaufsteigen; gigantesco, *dschiganteßko,* gigantisch.

Davanti alla chiesa c'è un vasto cortile, circondato di arcate trecentesche. Vasto, *waßto,* weit, breit; il cortile, *kortihle,* der Hof, der Innenhof; circondare, *tschirkondahre,* umgeben; circondato, *tschirkondahto,* umgeben (im Sinne von: ist umgeben); die Umgebung aber heißt, besonders wenn man von einer Stadt spricht – i dintorni, *dintorni,* ein Wort, das nur in der Mehrzahl existiert.

Wenn Sie also einen Führer von der Umgebung von Assisi

haben wollen, dann gehen Sie in die nächste cartoleria, *kartoleri-a,* das nächste Schreibwarengeschäft, oppure alla prossima libreria, oder auch in die nächste Buchhandlung, chiedendo una guida d'Assisi e dintorni. La libreria, *libreri-a,* die Buchhandlung; la cartoleria, *kartoleri-a,* das Schreibwarengeschäft; chiedere, *kiähdere,* verlangen, erbitten; io ti chiedo un piacere, *i-o ti kiähdo un piatschehre,* ich erbitte von dir einen Gefallen; tu mi chiedi soldi, *tu mi kiähdi ßoldi,* du verlangst Geld von mir; il cavaliere chiede scusa, *il kawaliähre kiähde ßkuhsa,* der Kavalier bittet um Entschuldigung; chiediamo perdono, *kiediahmo perdohno,* wir bitten um Verzeihung; chiedete troppo, *kiedehte trop-po,* ihr verlangt zuviel; chiedono credito, *kiähdono krehdito,* sie erbitten Kredit; chiedendo una guida, *kiedendo uhna guihda,* verlangend einen Führer; ho chiesto mille volte, *kiäßto,* ich habe tausendmal verlangt; l'hai chiesto inutilmente, *inutilmente,* du hast es umsonst erbeten; l'ha chiesto per forza, er hat es unbedingt verlangt (per forza – wörtlich: durch Kraft, durch Gewalt, dem Sinne nach: unbedingt); hanno chiesto pace, *pahtsche,* sie haben um Frieden gebeten.

La prossima volta entreremo nella Basilica. Entreremo, *entrerehmo,* wir werden eintreten; nella basilica, in die Basilika; imparando nello stesso tempo il futuro della lingua italiana. Das nächste Mal werden wir in die Basilika eintreten, nicht ohne dabei die Zukunftsform in der italienischen Sprache zu lernen. Che San Francesco ci aiuti, *tschi aiuhti,* daß der heilige Franziskus uns helfe!

DER HEILIGE FRANZISKUS

Lektion 50

L'ultima lezione abbiamo chiuso con un sospiro al Patrono della Umbria – San Francesco d'Assisi. Il sospiro, *ßoßpihro,* der Seufzer. Che San Francesco ci aiuti! Daß doch der heilige Franziskus uns helfe! aiuti, *aiuhti,* ist zwar der Konjunktiv von »aiutare«, aber wir lernen ihn noch nicht.

Invece d'imparare il congiuntivo preferiamo accendere una candela, sperando più nell'aiuto celeste che nelle nostre proprie forze. Che San Francesco ci aiuti, niente paura, gentili Signore e Signori! La paura, *pauhra,* die Angst; pauroso, *paurohßo,* schrecklich, fürchterlich; fare paura, Angst machen; avere paura, Angst haben; niente paura, *niänte,* nichts Angst, richtig: keine Angst!

Aiutare, *aiutahre,* helfen; che San Francesco ci aiuti! daß der heilige Franziskus uns helfe! Invece d'imparare il congiuntivo, *inwehtsche dimparahre il kondschuntihwo,* anstatt den

Konjunktiv zu lernen; preferiamo, *preferiahmo,* ziehen wir vor, von: preferire, *preferihre,* vorziehen; accendere, *attschändere,* anzünden; la candela, *kandela,* die Kerze; sperando più, *ßperando piu,* mehr hoffend; nell'aiuto celeste, *nel-laiuhto tschelläßte,* in die himmlische Hilfe; che nelle nostre proprie forze, als in die eigenen Kräfte.

Schnell noch die Formen von preferire: preferisco per esempio il vino bianco al vino rosso, ich ziehe z. B. den weißen Wein dem roten vor; preferisco, *preferißko,* ich ziehe vor; preferisci, *preferischi,* du ziehst vor; preferisce, *preferische,* er, sie, es zieht vor; preferiamo, *preferiahmo,* wir ziehen vor; preferite, *preferihte,* ihr zieht vor; preferiscono, *preferißkono,* sie ziehen vor; preferito, *preferihto,* vorgezogen; il bambino preferito, das Schoßkind, wörtlich: das bevorzugte Kind.

Entrando nell'ingresso al fianco della facciata, ci troviamo nella chiesa inferiore, di struttura gotica, di un aspetto severo e mistico.

L'ingresso, *lingräß-ßo,* der Eingang; il fianco, *fianko,* die Seite, die Flanke; al fianco, an der Seite; la facciata, *fattschahta,* die Fassade; inferiore, *inferiohre,* der oder die untere, im Gegensatz zu: superiore, *ßuperiohre,* der oder die obere; la struttura, *ßtrut-tuhra,* die Struktur; gotico, *gohtiko,* gotisch; severo, *ßewäro,* streng; mistico, *mißtiko,* mystisch.

Ci accorgiamo che questa basilica è divisa in tre parti: la chiesa inferiore, la chiesa superiore ed una cripta con la tomba del Santo. Come tutti i fedeli del mondo, promettiamo anche noi davanti ad un Santo così importante un'infinità di belle cose per la nostra vita futura.

Diviso, divisa *diwihso,* geteilt; dividere, *diwidere,* teilen; la cripta, *kripta,* die Krypta; accorgersi, *ak-kordscherßi,* inne werden, sich bewußt werden; io m'accorgo, *i-o mak-korgo,* ich werde inne, ich bemerke, ich werde mir bewußt; ci accorgiamo, *tschi ak-kordschahmo*, wir bemerken; la tomba, *tomba*, das Grab; il fedele, *fedehle*, der Gläubige; la fede, *fehde*, der Glaube; promettere, *promet-tere*, versprechen; la promessa, *promeß-ßa*, das Versprechen; promettiamo, wir versprechen; la vita futura, das künftige Leben; futuro, futura, *futuhro*, zukünftig, künftig.

Allora diciamo: sarò sempre buono, *ßaro ßämpre b*[u]*ohno*, ich werde immer gut sein; avrò sempre pazienza, ich werde immer Geduld haben; parlerò sempre bene della gente, ich werde immer gut von den Leuten reden; dirò sempre la verità, ich werde immer die Wahrheit sagen; non dirò più una bugia, *budschi-a*, ich werde niemals mehr lügen; non prenderò mai più in giro mia moglie, *non prändero mai piu in dschihro mi-a molje*, ich werde nie mehr meine Frau an der Nase herumführen; prendere in giro, an der Nase herumführen, hochnehmen, sich lustig machen; vedrò sempre il bene nel prossimo, ich werde immer das Gute im Nächsten sehen; aber wir können sagen: imparerò sul serio l'italiano, ich werde ernsthaft italienisch lernen; ripeterò tutte le lezioni, ich werde alle Lektionen wiederholen; non mi lamenterò mai più degli sbagli che fanno nel corso di lingua italiana, ich werde mich nie mehr beklagen über die Fehler, die Sie im italienischen Kurs machen.

Wer von Ihnen, liebe Leser, hat jetzt noch nicht gemerkt, daß uns der heilige Franziskus sanft und edelmütig das italienische Futur beigebracht hat? Lassen wir es heute bei der ersten Person, merken Sie sich bitte nur, daß man das Futur für eben die erste Person mit einem ò bildet, auf das man einen Akzent macht. Lernen müssen Sie es ja doch für jedes Wort extra, deshalb fangen wir mit unserer Litanei jetzt noch einmal von vorne an:

Sarò sempre buono; avrò sempre pazienza; parlerò sempre

bene della gente; dirò sempre la verità; non dirò più una bugia; non prenderò mai più in giro mia moglie; prendere in giro; vedrò sempre il bene nel prossimo; imparerò sul serio l'italiano; ripeterò tutte le lezioni; non mi lamenterò mai più degli sbagli che fanno nel corso di lingua italiana.

Wir erinnern uns an den Weg von Arezzo zum Trasimenischen See, da haben wir auf der Kuppe eines Hügels die Stadt Cortona liegen sehen, eine etruskische Gründung wie Arezzo, voll von Kirchen, Klöstern und Museen. In dieser Stadt wurde im 13. Jahrhundert von einem unbekannten Mönch ein großer Foliant geschrieben, eines jener herrlichen Pergamentbücher, die mit feinsten Malereien ausgeziert sind und unschätzbaren Wert haben. Dieses Buch ist in der ganzen Welt berühmt unter dem Namen »Laudarium von Cortona«, das Buch der Lobgesänge von Cortona. Es ist eine handschriftliche Sammlung bezaubernder Gesänge, die durch den heiligen Franziskus ins Leben gerufen wurden und die Geburt der Melodie in Italien eingeleitet haben.

Versetzen wir uns ins 13. Jahrhundert, in jene Zeit, in der der Gregorianische Choral überall in Italien die einzige musikalische Ausdrucksform gewesen ist. Sie müssen sich vorstellen, daß damals alle Musik, die man im Lauf eines Lebens hören konnte, alle Volksgesänge, alle Liebeslieder, alle Jahrmarktsrufe und natürlich auch alle Kirchenmusik den unverwechselbaren einstimmigen Charakter trugen, den der Gregorianische Choral uns heute noch zeigt. In dieser Zeit trat der heilige Franziskus mit ganz neuen Ideen von Frömmigkeit und Volksandacht auf. Er hat die Menschen eine neue Art des Betens gelehrt, er hat sie über das große, zeitlos erhabene Drama des liturgischen Geschehens hinausgeführt, er hat ihnen gezeigt, auf wie vielfältige Weise man in der Betrachtung der Natur, in der Begeisterung für die Schönheiten der Schöpfung die Liebe Gottes vorfinden kann – und weil es ihm um die Rettung der einzelnen Seele ging, so war ihm jedes Mittel willkommen, um eine echte religiöse Rührung in dem einzelnen Menschen heraufzurufen. So ist es gar nicht schwer verständlich, daß in seinem Gefolge plötzlich neue Lieder auftauchten, Lieder, die man vorher niemals gehört hatte, Lieder, die der Hingabe an Gott und die Heiligen gewidmet waren. Und diese Lieder wuchsen auch in ihren Melodien über die traditionellen liturgischen Gesangsformen hinaus, sie wurden zu geistlichen Volksliedern mit einem einfachen, leicht singbaren Refrain, zu Prozessionsgesängen, in denen ein Vorsänger die wechselnden Strophen übernahm, während die Gemeinde eine Kernstrophe stets aufs neue wiederholte. Und so kann man sagen, daß San Francesco d'Assisi der Vater eines neuen italienischen Volksliedes ist, und selbst die Canzonen, die man heute in den Landschaften Mittelitaliens singt, leben noch von seinem Erbe. In dem besagten »Laudarium von Cortona« hat ein Zeitgenosse die wichtigsten dieser neuen franziskanischen Gesänge, die man »Laudi« nannte, zusammengestellt, und so haben wir hier ein Gut vor uns, dessen Einfluß auf die tönende Welt Italiens kaum überschätzt werden kann.

NEUE WÖRTER
Lektion 51

come di solito	*ßolito*	wie üblich, gewöhnlich
la meta	*meta*	das Ziel
attraverso	*at-trawärßo*	quer durch
sopra	*ßohpra*	über
la pianura	*p^{i}anuhra*	die Ebene
una valle enorme	*wal-le enorme*	ein weites Tal
situata	*ßit^{u}ahta*	gelegen
a mezza altezza	*mäd-dsa altet-tßa*	auf halber Höhe

la montagna	*montanja*	das Gebirge, der Gebirgszug
il monte	*monte*	der Berg
l'albergo	*lalbärgo*	das Hotel, das Gasthaus
la pensione	*penß^{i}ohne*	die Pension
il pellegrino	*pel-legrihno*	der Wallfahrer
i pellegrini		die Wallfahrer
pellegrinare		wallfahren
il pellegrinaggio	*pel-legrinad-^{dsch}o*	die Wallfahrt
il migliaio	*miljah^{i}o*	das Tausend

die Mehrzahl dieses Wortes ist unregelmäßig und heißt:

le migliaia		die Tausende
la macchina privata	*mak-kina priwahta*	das Privatauto
differente	*dif-ferente*	unterschiedlich, unterschieden, verschieden
la differenza	*dif-ferentßa*	der Unterschied
distinguere	*dißting^{u}ere*	unterscheiden
la distinzione	*dißtintß^{i}ohne*	die Unterscheidung
un carattere distinto	*karat-tere dißtinto*	ein vornehmer Charakter
lo scopo	*ßkohpo*	der Sinn, der Zweck
venerare	*wenerahre*	verehren
la venerazione	*weneratß^{i}ohne*	die Verehrung
l'adorazione	*ladoratß^{i}ohne*	die Anbetung
ammirevole	*am-mirehwole*	bewunderungswürdig
ammirare	*am-mirahre*	bewundern
l'ammirazione	*lam-miratß^{i}ohne*	die Bewunderung
condurre a	*kondur-re*	führen nach
condurre		führen
conduco	*konduhko*	ich führe
conduci	*konduhtschi*	du führst
conduce	*konduhtsche*	er, sie, es führt
conduciamo	*kondutschahmo*	wir führen
conducete	*kondutschehte*	ihr führt
conducono	*konduhkono*	sie führen
condotto	*kondot-to*	geführt
è condotto		ist geführt

il centro	*tschäntro*	das Zentrum, der Mittelpunkt
proseguire	*proßeg^{u}ihre*	weiter führen, weiter fahren, weiter machen, weiter gehen
prosegue	*proßäg^{ue}*	er, sie, es geht weiter
salire	*ßalihre*	hinaufgehen, aufsteigen
salendo	*ßaländo*	aufsteigend
salgo	*ßalgo*	ich steige auf
sali	*ßali*	du steigst
sale	*ßale*	er, sie, es steigt
saliamo	*ßal^{i}ahmo*	wir steigen
salite	*ßalihte*	ihr steigt
salgono	*ßalgono*	sie steigen
sono salito	*ßohno ßalihto*	ich bin hinaufgestiegen
salito		gestiegen
la salita	*ßalihta*	der Anstieg, der Berganstieg
gigantesco	*^{dsch}iganteßko*	gigantisch
vasto	*waßto*	weit
il cortile	*kortihle*	der Hof, der Innenhof
circondare	*tschirkondahre*	umgeben
circondato	*tschirkondahto*	umgeben (im Sinne von »ist umgeben«)
i dintorni	*dintorni*	die Umgebung (dieses Wort gibt es italienisch nur in der Mehrzahl)
la libreria	*libreri-a*	die Buchhandlung
la cartoleria	*kartoleri-a*	das Schreibwarengeschäft
chiedere	*k^{i}ähdere*	verlangen, erbitten
io ti chiedo un piacere	*i-o ti k^{i}ähdo un p^{i}atschehre*	ich erbitte von dir einen Gefallen
tu mi chiedi soldi	*tu mi k^{i}ähdi ßoldi*	du verlangst Geld von mir
il cavaliere chiede scusa	*il kawal^{i}ähre k^{i}ähde ßkuhsa*	der Kavalier bittet um Entschuldigung
chiediamo perdono	*k^{i}ed^{i}ahmo perdohno*	wir bitten um Verzeihung
chiedete troppo	*k^{i}edehte trop-po*	ihr verlangt zuviel

chiedono credito	*k^{i}ähdono krehdito*	sie erbitten Kredit
chiedendo	*k^{i}edendo*	verlangend
ho chiesto mille volte	*o k^{i}äßto mil-le wolte*	ich habe tausendmal verlangt

Und zum Unterschied:

l'ho chiesto mille volte		ich habe *es* tausendmal verlangt
l'hai chiesto inutilmente		du hast es umsonst erbeten
l'ha chiesto per forza		er hat es unbedingt verlangt
per forza	*per fortßa*	wörtlich: durch Kraft, durch Gewalt, richtig: unbedingt
hanno chiesto pace	*pahtsche*	sie haben um Frieden gebeten
entreremo	*entrerehmo*	wir werden eintreten
il sospiro	*ßoßpihro*	der Seufzer
che San Francesco ci aiuti!	*a^{i}uhti*	daß der hl. Franziskus uns helfe!
niente paura	*n^{i}änte p^{a}uhra*	keine Angst
la paura		die Angst
pauroso	*p^{a}urohßo*	schrecklich, fürchterlich
fare paura		Angst machen
avere paura		Angst haben
aiutare	*a^{i}utahre*	helfen
preferire	*preferihre*	vorziehen
accendere	*at-tschändere*	anzünden
la candela	*kandela*	die Kerze
sperando	*ßperando*	hoffend
nell'aiuto celeste	*nel-la^{i}uhto tschеläßte*	in die himmlische Hilfe
nelle proprie forze		in die eigenen Kräfte

Und hier die Formen der Gegenwart von »preferire«:

preferisco	*preferißko*	ich ziehe vor
preferisci	*preferischi*	du ziehst vor
preferisce	*preferische*	er, sie, es zieht vor
preferiamo	*prefer^{i}ahmo*	wir ziehen vor
preferite	*preferihte*	ihr zieht vor
preferiscono	*preferißkono*	sie ziehen vor

preferito	*preferihto*	vorgezogen
il bambino preferito		das Schoßkind, wörtlich: das bevorzugte Kind
l'ingresso	*lingräß-ßo*	der Eingang
il fianco	*f^{i}anko*	die Seite, die Flanke
al fianco		an der Seite
la facciata	*fat-tschahta*	die Fassade
l'inferiore	*linfer^{i}ohre*	der oder die untere
il (la) superiore	*ßuper^{i}ohre*	der oder die obere
la struttura	*ßtrut-tuhra*	die Struktur
gotico	*gohtiko*	gotisch
severo	*ßewäro*	streng
mistico	*mißtiko*	mystisch
diviso, divisa	*diwihso*	geteilt
dividere	*diwidere*	teilen
la cripta	*kripta*	die Krypta
accorgersi	*ak-kor^{dsch}erßi*	inne werden, sich bewußt werden
io m'accorgo	i-o *mak-korgo*	ich werde inne, ich bemerke, ich werde mir bewußt
ci accorgiamo	*ak-kor^{dsch}ahmo*	wir bemerken
la tomba	*tomba*	das Grab
il fedele	*fedehle*	der Gläubige
la fede	*fehde*	der Glaube
promettere	*promet-tere*	versprechen
promettiamo	*promet-t^{i}ahmo*	wir versprechen
la promessa	*promeß-ßa*	das Versprechen
futuro	*futuhro*	zukünftig
la vita futura		das zukünftige Leben
sarò sempre buono	*ßaro ßämpre b^{u}ohno*	ich werde immer gut sein
avrò sempre pazienza		ich werde immer Geduld haben
parlerò sempre bene della gente	*parlero ßämpre bähne del-la ^{dsch}änte*	ich werde immer gut von den Leuten reden
dirò sempre la verità		ich werde immer die Wahrheit sagen

non dirò mai più una bugia	*bu*^{dsch}*i-a*	ich werde niemals mehr lügen, eine Lüge sagen
non prenderò mai più in giro mia moglie	*non prändero ma*^{i} *p*^{i}*u in* ^{dsch}*ihro mi-a molje*	ich werde nie mehr meine Frau an der Nase herumführen
prendere in giro		an der Nase herumführen
vedrò sempre il bene nel prossimo	*wedro ßämpre il bähne nel proß-ßimo*	ich werde immer das Gute im Nächsten sehen
imparerò sul serio l'italiano		ich werde ernsthaft italienisch lernen
ripeterò tutte le lezioni		ich werde alle Lektionen wiederholen
non mi lamenterò mai più		ich werde mich nie mehr beklagen

AUF DER STRASSE NACH ROM
Lektion 52

Der in Italien reisende Ausländer findet zunächst mit den Italienisch-Kenntnissen, die aus einem Sprachkurs wie dem unseren wirklich haften bleiben, eine höchst eigenartige Beziehung zu den Einheimischen. Er befindet sich in der Position des unentwegten Fragers. Auf der anderen Seite, nämlich auf der italienischen, steht dieser Fragerei eine unentwegte Neugierde gegenüber, so daß sich sehr oft folgende klassische Situation ergibt: der eine fragt etwas, was er zu seinem Fortkommen im Lande wissen muß, der andere aber findet die erbetene Auskunft nicht so wichtig und von italienischer Seite wird also die Kunst des Hinhaltens geübt, während von ausländischer Seite, durch ausgiebig fuchtelnde Gebärden unterstützt, unentwegt der Versuch gemacht wird, sichere Informationen zu erhalten.

Ich weiß nicht, meine lieben Leser, wie weit normalerweise die Reisenden in Italien sich klarzumachen pflegen, daß die erstaunlich vagen Auskünfte, die die Menschen dieses Landes über ihre eigenen Dinge geben, weniger von der Unwissenheit herrühren, als von der Übermacht der curiosità. La curiosità, die Neugier, die Wißbegierde. Per esempio, ci fermiamo ad un bivio, z. B. wir halten – mit unserem Traumauto natürlich – an einer Wegkreuzung.

Abbiamo lasciato Assisi e proseguiamo il nostro viaggio verso il sud. In un certo momento ci troviamo ad un bivio. La meta del nostro viaggio è Roma. Come si vede ci sono due possibilità di andare a Roma. Possiamo prendere la Via Flaminia ed andare verso Todi e Narmi oppure possiamo prendere la via verso Orvieto per proseguire il nostro viaggio su la Via Cassia. Todi o Orvieto ognuna di queste due città ci offre un grande numero di monumenti storici e di bellezze naturali collegate con un'atmosfera di sogno. Siamo fortunati e incontriamo a questo bivio una macchina che fermiamo e così abbiamo la possibilità di domandare. In Deutsch: Wir haben Assisi verlassen und setzen unsere Reise nach Süden fort. In einem bestimmten Augenblick befinden wir uns an einer Kreuzung. Das Ziel unserer Reise ist Rom. Wie man sieht, gibt es zwei Möglichkeiten, nach Rom zu fahren. Wir können die Via Flaminia nehmen, und über Todi und Narmi fahren, oder nach Orvieto, um unsere Reise auf der Via Cassia fortzusetzen. Todi oder Orvieto – jede dieser beiden Städte bietet uns eine große Zahl von historischen Bauwerken und von natürlichen Schönheiten an, die mit einer verträumten Atmosphäre verbunden sind. Wir haben Glück und begegnen an dieser Kreuzung einem Auto, das wir anhalten, so haben wir die Möglichkeit, zu fragen.

Natürlich, liebe Leser, nehmen wir an, daß aus diesem Auto

eine Dame aussteigt, – ein Fall, der fast niemals passiert – alleinreisende Damen sind nämlich in Italien nur anzutreffen, soweit es sich um Ausländerinnen handelt, aber immerhin: siamo fortunati – wir sind vom Glück begünstigt und haben die Möglichkeit, die charmante Dame um Auskunft zu bitten.

Bitte übersetzen Sie nun die folgenden deutschen Sätze, die kursiv gesetzt sind, ins Italienische. In der nächsten Lektion finden Sie, liebe Leser, die Lösung der Aufgabe.

Entschuldigen Sie, Signora, wir wollen nach Rom fahren und wissen nicht, welche Straße die schönere ist, die nach Todi oder die nach Orvieto? Und welche Straße ist die kürzere? Wir möchten hier in der Nähe zu Mittag essen und gegen Abend in Rom ankommen. Darauf wird die Signora zunächst einmal wahrscheinlich zurückfragen: Ma, voi – da dove venite? Worauf wir zu antworten haben: *Wir sind Deutsche und kommen aus Bayern.* Die Signora: Ah! Dalla Baviera, che bel paese. Nun müssen wir höflich sein und sagen: *Ja, es ist sehr schön in Bayern, aber wir sind begeistert von Italien.* Darauf die Signora, (ohne noch daran zu denken, welche Straße wir nehmen sollten): Perchè siete così entusiasti dell' Italia? Darauf wir: *Das ist sehr einfach, wir lieben die Sonne und den blauen Himmel und den Wein und die Freundlichkeit der Italiener.* Die Signora: Ed adesso volete andare a Roma. Wir: *Ja! – und wir wissen nicht, welche Straße wir nehmen sollen.* Die Signora: Andate a destra perchè Orvieto è una delle più caratteristiche città d'Italia. Però voglio domandarvi una cosa. Wir: *Prego signora.* Die Signora: Ho una amica tedesca che mi fa una visita ogni anno. Si chiama Francesca Depfermeier. La conoscete per caso? Wir: *Es tut uns furchtbar leid, aber wir kennen die Dame nicht.* Die Signora – ihrer Sache ganz sicher –: È molto, molto simpatica. Wir: *Das glauben wir gerne, Signora, aber wohin sollen wir jetzt fahren?* Die Signora: Sono belle tutte e due le strade, fate quella che vi piace di più.

Genug mit der Aufgabe – wenn Sie diese Fragen alle richtig stellen können, dann haben Sie unserem Kurs wirklich genügend Aufmerksamkeit geschenkt. Die Signora setzt sich nämlich auf Grund der letzten, außerordentlich präzisen Auskunft wieder in ihr kleines, schnittiges Sportauto und braust in unbekannte Fernen davon. Und wir hatten das seltene Glück, mit einer Dame reden zu können, ohne die Dazwischenkunft eines Kavaliers – was in Italien, wie ich Ihnen versichern kann, zu den ganz seltenen Zufällen gehört.

Erlauben Sie mir, meine lieben Leser, an diese Tatsache einige Betrachtungen zu knüpfen. Wer lange in Italien lebt, begreift eher als ein Tourist, daß die Italiener im Grunde wenig Sinn für Anbiederung haben. Man muß das richtig verstehen: eine ungewöhnlich schöne Frau wird in Italien immer rasanten Erfolg haben. Aber eine Reisegesellschaft oder irgendeine Gruppe normaler Menschen sollte nicht erwarten, daß die Italiener Freudentänze aufführen, nur weil man ihr Land besucht. Die italienische Gastfreundschaft ist sehr groß. Aber sie will erworben sein. Immerhin enthält auch bei uns das Wort Gastfreundschaft zwei verschiedene Begriffe: den Begriff des Gastes (der allein schon dadurch gegeben ist, daß man sich in einem Land befindet, in dem man ein Fremder ist) und den Begriff der Freundschaft, der sich nicht ohne weiteres verlangen läßt. Ich lebe seit fünf Jahren in Italien und es gibt eine Menge Menschen, von denen ich mit einigem Recht sagen kann: sono amici miei. Aber viele, um nicht zu sagen die Mehrzahl von ihnen haben niemals auch nur den Gedanken gehegt, mich in ihr Haus einzuladen. Das Leben in Italien ist ein Leben in der Öffentlichkeit und deshalb soll der straniero nicht erwarten, daß die Italiener ihn sofort in die Familie aufnehmen.

Zweifellos lebt es sich in Italien leichter als in Deutschland. Aber das hängt nicht damit zusammen, daß die Italiener die ganze Welt von vornherein umarmen. Im Gegenteil: gerade weil sie sich einen persönlichen und privaten Bezirk, in den niemand ohne weiteres eindringen kann, bewahren, haben sie die Möglichkeit, auf der Ebene unverbindlicher Höflichkeit dem Gast das Gefühl eines leichten Kontaktes zu geben. Was ich sagen will, ist: wir sollen die Italiener nicht überfordern. Das freundschaftliche Verhalten, das sie uns entgegenbringen, ist mehr eine Angelegenheit natürlichen Taktes als eine Demonstration unendlicher Sympathie. Man darf nicht vergessen: der sogenannte Drang nach Süden ist, gebunden durch die Geschichte, im deutschen Charakter eine Art unerläßlichen Gewürzes geworden. Aber es ist eben der *Drang* nach Süden, und nirgends steht geschrieben, daß dem auf italienischer Seite ein Drang nach Norden entsprechen muß. Wenn man sich, ohne beleidigt zu sein, einmal klargemacht hat, daß unsere Liebe zu Italien auf Grund von Geschichte, Klima, Wein und Sonne eine einseitige bleiben muß, wird man nichts dabei finden, wenn die Italiener eine andere Art von Enthusiasmus gegenüber den Deutschen zeigen, als wir sie ihnen entgegenzubringen gewohnt sind. Die Differenzen auf Reisen beginnen immer dort, wo wir erwarten, daß die Menschen eines anderen Landes sich verhalten wie in den aus nebeligen Alpträumen geborenen Filmmärchen vom sonnigen Süden.

Sie werden es mir verzeihen, meine lieben Leser, wenn ich mir erlaube, auf dieses schwierige Problem etwas näher einzugehen. Die von uns erfundene Situation der Begegnung mit einer Signora an der Wegkreuzung gibt mir genügend Anlaß dazu. Deshalb bitte ich Sie, sich die folgenden Regeln zu Herzen zu nehmen:

1. Erwarten Sie nicht, daß alle Italiener von vornherein von den Deutschen begeistert sind.
2. Vergessen Sie nicht, daß der Charakterunterschied zwischen den Menschen nördlich und südlich der Alpen tiefer ist, als der zwischen den Italienern und den – sagen wir, Persern oder Indern.
3. Fühlen Sie sich nicht beraubt, wenn Sie mehr bezahlen als ein Einheimischer.
4. Bedenken Sie, daß die Menschen, denen Sie auf Ihrer Reise begegnen, nicht ebenfalls Urlaub haben wie Sie selber.
5. Befreien Sie sich von der Illusion, daß die italienischen Frauen nur auf Sie gewartet haben. Die Geschichte vom leichten und heißen südlichen Blut ist ein Märchen.
6. Besonders für die Herren: bedenken Sie, daß kurze Hosen in Italien nur am Strand, aber nicht in Kirchen oder Museen als chic empfunden werden.
7. Für die Damen: halten Sie sich vor Augen, daß Dekolleté in Italien stets willkommen ist – wenn es nur oben ist und nicht an den Beinen.

Meine lieben Leser, ich habe Ihnen sieben Regeln gegeben. Das nächste Mal werden wir diesen sieben Regeln sieben Charaktereigenschaften der Italiener gegenüberstellen. Es geschieht nicht ohne Absicht, daß wir diese Betrachtungen anstellen, noch bevor wir Rom erreicht haben. Umbrien ist immerhin das Herz Italiens und in der Stadt Rom werden wir tausendfältig Gelegenheit finden, alles das, was in dieser und in der nächsten Lektion unser Thema ist, in der Praxis vorzufinden.

IMMER NOCH VOR ROM

Lektion 53

Haben Sie versucht, die aus dem Gespräch mit unserer charmanten alleinreisenden Signora resultierenden Fragen auf italienisch zu stellen? Wir wollen dies jetzt noch einmal gemeinsam versuchen, so daß Sie die Möglichkeit haben, Ihren Text mit dem unseren zu vergleichen. Die Situation ist, wie Sie sich erinnern, die, daß wir an einer Straßenkreuzung stehen und gerne wissen möchten, ob wir, um nach Rom zu kommen, den Weg über Todi oder den Weg über Orvieto nehmen sollen. Wir haben das Auto aufgehalten, um zu fragen. Ja, und nun fragen wir einmal:

Entschuldigen Sie, Signora, wir wollen nach Rom fahren und wissen nicht, welche Straße die schönere ist, die nach Todi oder die nach Orvieto? *Scusi, signora, vogliamo andare a Roma e non sappiamo, che strada sia la più bella, quella verso Todi o quella verso Orvieto.* Und welche Straße ist die kürzere? *E che strada è la più corta?* Wir möchten hier in der Nähe mittagessen und gegen Abend in Rom ankommen. *Voremmo mangiare quì vicino ed arrivare a Roma verso sera.* Darauf sagt die Signora: *Ma voi – da dove venite?* Aber, Ihr, von wo kommt Ihr? – Und nun müssen wir antworten: Wir sind Deutsche und kommen aus Bayern: *Siamo tedeschi e veniamo dalla Baviera.* Die Signora: *Ah! – dalla Baviera, che bel paese!* Ah, von Bayern, was für ein schönes Land! Nun müssen wir höflich sein und sagen: Ja, es ist sehr schön in Bayern, aber wir sind begeistert von Italien. *Sì, la Baviera è veramente bella, ma noi siamo entusiasti dell'Italia.* Darauf die Signora: *Perchè siete così entusiasti dell'Italia?* Warum seid Ihr von Italien so begeistert? Worauf wir antworten: Das ist sehr einfach, wir lieben die Sonne und den blauen Himmel und den

Wein und die Freundlichkeit der Italiener. *È molto semplice; il sole ed il cielo blu ed il vino e la gentilezza degli Italiani – tutto questo ci piace moltissimo.* Sie sehen, daß man den ganzen Satz umstellen muß, da wir mit piacere arbeiten müssen, amare ist nur möglich bei Liebe zwischen Menschen. Die Signora: *Ed adesso volete andare a Roma?* Und nun wollt Ihr nach Rom fahren? Wir: Ja und wir wissen nicht, welche Straße wir nehmen sollen. *Sì, e non sappiamo, che strada dovremmo prendere.* Die Signora: *Andate a destra perchè Orvieto è una delle più caratteristiche città d'Italia.* Fahrt nach rechts, denn Orvieto ist eine der am meisten charakteristischen Städte Italiens. *Però voglio domandarvi una cosa:* Aber ich möchte Euch eine Sache fragen; vi heißt Euch und wird direkt angehängt. Wir: *Prego, signora. – Ho una amica tedesca che mi fa una visita ogni anno. Si chiama Francesca Depfermaier. La conoscete per caso?* Ich habe eine deutsche Freundin, die mir jedes Jahr einen Besuch macht. Sie heißt Franziska Depfermaier, kennt Ihr sie zufällig? – Wir: Es tut uns furchtbar leid, aber wir kennen diese Dame nicht. *Ci dispiace molto ma questa signora non la conosciamo,* wörtlich: aber nicht wir sie kennen. Die Signora im Tone der Überzeugung: *È molto, molto simpatica.* Sie ist sehr, sehr sympathisch. Wir: Das glauben wir gerne, Signora, aber wohin sollen wir jetzt fahren? *Lo crediamo, signora, però dove dovremmo andare adesso?* Worauf sich die Signora verabschiedet mit der blendenden Auskunft: *Sono belle tutte e due le strade, fate quella che vi piace di più.* Es sind beide Straßen schön, nehmt die, die Euch besser gefällt.

Das letzte Mal haben wir uns einige Regeln für das Verhalten in Italien zu Herzen genommen und ich habe Ihnen versprochen, heute einige Charaktereigenschaften der Italiener dagegen zu setzen. Die Italiener haben, wie wir schon wissen, bei den verschiedensten Gelegenheiten das Wort pazienza im Munde. Das heißt, daß sie »keine« Geduld haben. Es ist ihnen gräßlich, einem Gesprächspartner den Gedanken Wort für Wort herausziehen zu müssen. Sie denken nämlich alle sehr rasch und sind infolgedessen längst bei der Schlußfolgerung angekommen, wenn der unbeholfene straniero sich noch auf halbem Wege befindet. Diese Ungeduld führt, wenn Italiener miteinander reden, zu dem häufig beobachteten Resultat, daß sie alle zu gleicher Zeit reden. Jeder hört dabei dem anderen genau zu, während er selber redet. Da man bei dieser Technik des Gesprächs stets Gefahr läuft, übertönt zu werden, ist ein gewisser Aufwand an Lautstärke notwendig, um sich vernehmbar zu machen. Für einen Ausländer läßt sich daraus ohne weiteres die Empfehlung ableiten, wenn schon nicht fließend, so doch auf jeden Fall laut zu reden. Eine zweite wichtige Eigenschaft der Italiener ist, daß sie nicht stillhalten können. Ein Mensch, der eine halbe Stunde lang in einem Sessel sitzt und sich darauf beschränkt, beim Reden nur den Mund zu bewegen, gerät in Gefahr, ein carattere duro – ein harter Charakter – genannt zu werden. Nachdem die Italiener, wie wir schon wissen, alle Individualisten sind und die Entfaltung der Persönlichkeit über alles schätzen, haben sie wenig Verständnis für Leute, denen die Zurückhaltung eine Tugend bedeutet. In Italien empfindet man Zurückhaltung eher als etwas dem menschlichen Wesen Widersprechendes – wenn einer dagegen im Ausdruck dessen, was ihn bewegt, über das Gewohnte hinaus schießt, so wird er bei den Italienern mit dem Wort entschuldigt werden: è tanto umano – er ist so menschlich. Das Gegenteil von Menschlichsein liegt, glaube ich, für Italien im Begriff der Disziplin. Sich einer Regel fügen, Persönliches unterdrücken, nach einer vorgeplanten Ordnung leben, alles das ist nicht menschlich.

Denn im Grunde schließen Disziplin und Freiheit einander aus. Und in Italien ist jeder Mensch ein Freiheitskämpfer, wenn auch nur für sich selbst. Ein italienischer Pädagoge, der etwas von seinen Landsleuten verstand, Aristide Gabelli, schrieb im vorigen Jahrhundert den bemerkenswerten Satz: »Jeder Italiener übt seinen Beruf aus wie einer, der dazu verurteilt ist.« Auch dies hängt mit der Liebe zur Freiheit eng zusammen.

Was nun gar die Frauen angeht, so machen wir Nordländer uns im allgemeinen nur einen schwachen Begriff von dem, was eine Italienerin über die Männer denkt. Das wichtigste an der italienischen Frau ist zweifellos nicht das, was wir in gewissen Filmen kurvenreich auf der Leinwand zu sehen bekommen. Man sollte nicht vergessen, daß inmitten aller dieser graziösen Rundungen ein sehr empfindliches, leicht zu begeisterndes und leicht zu verletzendes Herz schlägt, das übervoll von Gefühlen ist und sich eigentlich um gar nichts anderes kümmert, als um die menschlichen Beziehungen im Leben. Das Sachliche, Materielle, roh ausgedrückt das Geld, wird ja gerade deshalb so schonungslos und erbarmungslos verlangt, weil sein Mangel die Menschen und sonderlich die Frauen daran zu hindern pflegt, ihren Gefühlen freien Lauf zu lassen. Die italienischen Frauen haben eine sehr große Kraft der Empfindung, aber gerade weil sich ihr ganzes Leben auf die Seite des Gefühls konzentriert, sind sie nicht sehr verständnisvoll, wenn man das von ihnen erwartet, was wir Kameradschaft zu nennen pflegen. Im Gegenteil, Kameradschaft ist eine Angelegenheit zwischen Männern, die Frauen erwarten Ritterlichkeit, erstklassige Formen und absolutes Schweigen der Männer über ihre beruflichen Sorgen. In Italien wird es noch als liebenswert und anbetungswürdig empfunden, wenn ein Mann sich für eine schöne Frau finanziell ruiniert, ohne daß sie das geringste davon merkt. Kräftig, tüchtig, respektvoll und vertrauenswürdig soll ein Mann sein und darüber hinaus jeden Gedanken, den er an seine Dame hegt, in kleine Zeichen der Verehrung umsetzen, zum Beispiel in kandierte Veilchen, in eine Rose zum Anstecken an das Kleid, in eine Schachtel Pralinés, in tausend billige und unnütze Dinge, die der sichtbare Beweis dafür sind, wie sehr und wie ausschließlich er seiner Dame gedacht hat. Meine lieben Leser, ich erzähle Ihnen das alles so ausführlich, weil ich glaube, daß daraus hervorgehen kann, wie stark unterschieden das Leben in Italien von dem Leben nördlich der Alpen ist. Wir werden in Italien mit erhöhtem Vergnügen reisen und den Italienern in erhöhtem Maße sympathisch sein, wenn wir uns immer wieder vor Augen halten, daß das Menschliche auch in seinen fehlerhaften Seiten die einzige wirklich anerkannte Tugend dieses Landes ist.

DIE ITALIENER UND DIE TECHNIK

Lektion 54

Meine lieben Leser,
nun trennen uns nur noch wenige Stunden von unserer Ankunft in Rom. Wir haben in der vorigen Lektion schon eine Menge über den italienischen Volkscharakter gehört, aber ich möchte doch nicht versäumen, auch als Einleitung für unseren römischen Aufenthalt und zugleich als Zeitvertreib für das letzte Stück der Fahrt, währenddessen unsere Spannung in ständigem Steigen begriffen ist, Ihnen aus meinen eigenen Erfahrungen ein wenig zu erzählen von jenem unzähmbaren Trieb der Italiener, der neben all den erwähnten Charaktereigenschaften das ganze temperamentvolle Leben des Landes weitgehend beherrscht, von dem Trieb zum Spielen.

Wenn wir die Autos betrachten, die rings um uns auf der Straße schwirren und regellos der Hauptstadt zueilen, dann sehen wir eine lebendige Wirkung der Tatsache, daß in Italien nicht nur die bambini mit dem Spielzeug spielen, sondern nicht weniger leidenschaftlich die Erwachsenen mit der Technik. Bitte, hören Sie folgende Geschichte:

Eines Tages setzte ich mir in den Kopf, jemand eine Spieldose zu schenken. Es war ein kleines Abenteuer, bis ich sie gefunden hatte; die Antiquare behaupteten der Reihe nach, das gäbe es nicht mehr. Endlich versicherte mir ein ungeheuer dicker Mann, der im Kreise einer vielköpfigen Familie inmitten einer staubumwölkten Ansammlung von Trödel saß, er entsinne sich, irgendwo eine zu haben. Wir begannen alle miteinander in dem Laden zu suchen, rückten die verstaubten Bettladen der Paolina Borghese und die Gipsbüste von Napoleon dem Dritten und den Kanarienvogelkäfig mit dem Bilde der Duse zur Seite und endlich fand man sie – aber dann war es gar keine Spieldose, sondern ein kleines Gebilde aus Metall mit Rollen und Federn, das einmal das Spielwerk einer Dose *gewesen* sein mochte. Mit der Würde eines römischen Senators zog der Padrone eine kleine Zange aus der Tasche, drehte den Zapfen um und das Ding begann tatsächlich zu spielen, einen Ländler und eine Gavotte – und ich war begeistert. Er zog aus irgendeiner Schublade ein flaches Kästchen von persischem Holz und überreichte mir beides strahlend – da haben Sie Ihre Spieldose! Ich erlaubte mir einzuwenden, das sei ja nun ganz schön, aber erstens gehe das Werkl gar nicht richtig in die Dose hinein, und zweitens sei kein Schlüssel da, um es aufzuziehen, und ich könne es doch nicht immer mit der Zange machen. Er sah mich verständnislos an – aber Signore, sagte er, das können Sie doch selber machen, man muß ja nur zwei Löcher bohren und einen alten Schlüssel ein bißchen zurechtfeilen, und dann geht es doch ganz wunderschön – bitte, zehntausend Lire, weil Sie es sind.

Ich erspare mir die Schilderung der folgenden Verhandlungen über den Preis, in deren Verlauf die politische Lage des öfteren, die Zahlungskraft der bewunderungswürdigen deutschen Nation im besonderen und die schlechten Zeiten in Italien im einzelnen behandelt wurden.

Warum ich die Geschichte erzähle, ist, weil der dicke Mann ganz beispielhaft italienisch reagiert hat. Hierzulande ist technische Geschicklichkeit und Freude am Basteln eine Selbstverständlichkeit. Man hat manchmal sogar den Eindruck, daß die Fabriken dieses Moment schon in ihren Herstellungsplan einkalkulieren, denn viele der italienischen Gebrauchsprodukte, die technischen Ursprungs sind, geraten bald nach ihrer Lieferung in einen merkwürdigen Zustand. Sie sind nicht mehr ganz in Ordnung, sie funktionieren nur noch unter bestimmten Behandlungsweisen, aber wenn man sich mit ihnen abgibt, haben sie eine längere Lebensdauer, als man billigerweise von ihnen verlangen kann. In Italien laufen zum Beispiel zahllose Autos, die kaum *einen* Teil an sich haben, der nicht im Laufe der Zeit schon einmal repariert worden wäre; aber sie laufen trotzdem, fast möchte man sagen, mit Vergnügen, und der scheinbare Defekt ist vielleicht eine Art Tugend, die die Technik in diesem zur Improvisation so außerordentlich begabten Lande entwickelt hat, um ein bißchen menschlicher zu sein, als man es von Maschinen schlechthin erwarten kann. So ist auch das Wort »macchina« ein Allerweltswort der italienischen Sprache geworden, ein Wort, das immer etwas Sich-Bewegendes oder Bewegliches bezeichnet, und immer etwas, worauf man ein bißchen stolz ist. »Ho la macchina«, sagt der nach letzter Mode gekleidete junge Mann, wenn er seiner Angebeteten zum ersten Male imponieren will, ich habe meine Maschine hier, Signorina, bitten steigen Sie ein – und das Mädchen schmilzt dahin, wobei es wenig wichtig ist, ob der junge Mann die macchina dem Vater ausgeführt hat oder sie selber besitzt. Macchina, das ist aber nicht nur *ein* Auto, das ist zunächst einmal *jedes* Auto, vom Fernlastzug bis zum Topolino, jenem kleinen Wunderding der Fiat-Werke, das für halb Italien als Fortbewegungsmittel dient. Aber auch der weniger bemittelte junge Mann, der kein Auto, sondern nur einen Motorroller, eine Vespa hat, spricht stolz von seiner macchina. Der Mann, der von früh bis spät in der Bar hinter der Theke steht, hat auch eine macchina, die Espresso-Maschine, auf der er den Kaffee macht – und es ist ein deutliches Zeichen dafür, wie sehr er sie liebt, daß sie sich immer im strahlenden Glanz ihres Nickelgehäuses präsentiert: in einem Lande, wo man sonst für Patina das größte Verständnis hat, habe ich noch nie eine Espresso-Maschine gesehen, auf der der geringste Fleck oder Spritzer gewesen wäre. Auch das Spielzeug ist macchina, und der Badeofen und das mit Knattermotor versehene Fahrrad und der Feueranzünder für den Herd, der Staubsauger und die Schreibmaschine, die Filmapparatur und die Nähmaschine. Nicht macchina ist der Flugzeugmotor und der Wecker, der Radioapparat und der Aufzug – Dinge also, von denen man ein absolut sicheres Funktionieren erwartet.

Als ich vorgestern abends nach Hause kam, saß die ganze Inwohnerschaft meiner Pension einträchtig beisammen vor dem Kamin und ließ die Köpfe hängen. Man informierte mich sofort, daß man im höchsten Grade besorgt sei – der neapolitanische Barone, der mein Zimmernachbar ist und von dem niemand weiß, was er eigentlich macht, habe sich eine macchina gekauft, wurde mir erzählt, und er sei schon vor drei Stunden ausgegangen, um die erste Probefahrt zu machen und immer noch nicht zurückgekehrt. Man sah ihn schon, wie er mit seinem neuen Auto die Trajanssäule zu rammen versuchte – ach, der arme Barone, er hat sich so auf sein neues Glück gefreut. Wenig später ging ich zum Essen und sah unten vor dem Haus eine kleine Volksversammlung. Eine nagelneue kleine glitzernde macchina, und darum herum eine Traube von Menschen. Eine lebhafte Auseinandersetzung war im Gange. Inmitten des Gedränges stand der Barone, in höchster Aufregung, und redete mit wilder Geste auf einen brillantinierten Jüngling ein – man konnte an einen Unfall glauben, aber es war etwas ganz anderes. Der Barone war schon vor längerer Zeit mit seinem neuen Auto stolz vor dem Hause vorgefahren, hatte durch Zufall den jungen Mann getroffen und ihm die macchina gezeigt. Der war im Grunde seines Herzens sehr begeistert und versuchte, den Barone zu der Erlaubnis für eine Probefahrt zu überreden. Als er nicht zum Ziel kam, begann er, die Qualitäten der macchina in Zweifel zu ziehen, sagte, der Barone solle nur aufpassen, die Kurvenlage sei nicht besonders und außerdem sei es bekannt, daß der Tachometer falsche und übertriebene Geschwindigkeiten anzeige. Das war dem Barone zuviel, er setzte den giovanotto, *dschowanot-to*, den jungen Mann, neben sich und brauste los, die Via Cavour auf und ab. Da gibt es eine Straßenkreuzung mit einem beleuchteten Richtpfahl, und der Barone kurvte um das Ding herum, daß die Reifen quietschten, dann wieder mit neunzig zurück, bis zum Forum Romanum, dort kehrt, es war eine wahre Freude – und dann hätten sie um ein Haar einen dicken Autobus über den Haufen gefahren – und um die Bremsen zu demonstrieren, hielt der Barone vor dem Haus so scharf an, daß ein schon dastehender alter Ford in Mitleidenschaft gezogen wurde und verbogene

Stoßstangen bekam. Der Motor rauchte, der giovanotto entstieg bleich und gefaßt dem Wagen, der Schutzmann kam mit gezücktem Block; die Strafe war dem Barone ganz wurscht, wie er sagte, es ging um die macchina, die das simbolo für seine persönliche Ehre geworden zu sein schien. Während sie noch verhandelten, und während der Schutzmann den Strafzettel schrieb, sammelten sich die Leute um das Auto und waren bald ihrerseits in erregte Auseinandersetzungen geraten, ob der Wagen etwas wert sei oder nicht. Insuperabile, schrie der Barone, insuperabile, *inßuperahbile*, unübertrefflich; und nachdem er zweitausend Lire widerspruchslos gezahlt hatte, zog er erhobenen Hauptes als Sieger ab.

Am selben Abend setzte das Gas aus. Lange Diskussion im Hause, woran das liegen könne. Man rief die Stadtwerke an, die aber versicherten, an ihnen liege es keinesfalls. Wenn man den Gasofen anzündete, kamen nur winzige Flämmchen heraus, die offenbar bereit waren, sich beim geringsten Luftzug sofort wieder in den schwarzen Bauch des Badeofens zurückzuziehen. Come si fa? sagte der Hausherr – wie machen wir das jetzt, daß wir heißes Wasser kriegen? Niemand dachte an einen Installateur – ein absurder Gedanke, bei einem technischen Defekt einen Fachmann kommen zu lassen, der den Schaden gleich gründlich beheben könnte. Nein, zuerst probieren wir es einmal selber aus. Der padrone ließ seine Spaghetti kalt werden, er saß im Bad, hatte das Fenster aufgerissen, damit er durch das vielleicht anderswo ausströmende Gas keinen Schaden nehme, und reparierte. Als er triumphierend ins Zimmer zurückkam, funktionierte der Ofen keineswegs, aber er hatte eine Möglichkeit gefunden, durch Drosselung des Wasserhahnes auf tropfenweises Fließen doch noch heißes Wasser zu erzeugen. Resultat: die ganze Pension wollte ausgerechnet an diesem Abend noch ein Bad nehmen. Bis heute ist der Badeofen nicht repariert worden, warum – weil er funktioniert. Es dauert zwar jetzt eine Stunde, bis die Badewanne zu einem Viertel mit Wasser voll ist, und das ist nur lauwarm, aber man kann nicht leugnen, der Badeofen funktioniert.

Vor einigen Tagen lud man mich ein, der Einweihung des Fernsehapparates zuzusehen. Die Dame des Hauses kündigte an, es gäbe den berühmten japanischen Film Rashomon zu sehen, und die Televisione sei überhaupt die idealste Erfindung des Jahrhunderts, und das Glück ihres Lebens sei wiederhergestellt, seit sie den Apparat im Hause habe. Als ich hinkam, fand ich zahllose Leute, die sich auf Kissen auf dem Boden placiert hatten, und in lebhaftem Gespräch begriffen waren. Unterdessen begann der Film, der wirklich ein Kunstwerk ist, und zehn Minuten lang hatte es den Anschein, als ob alle davon sehr ergriffen wären. Dann öffnete sich die Tür und es erschien die Köchin mit einer Riesenplatte voll Wiener Würstel und Kraut, es wurden Weingläser ausgeteilt und man begann, die abenteuerliche Geschichte auf dem Fernsehschirm sehr bald zu vergessen. Plötzlich hörte die Übertragung auf; der Ton lief weiter, aber das Bild war weg. Wie *ein* Mann erhoben sich alle, scharten sich um den Apparat und fingen an zu probieren. Die Wiener Würstel, die vorher die Aufmerksamkeit vom Film weg auf sich gezogen hatten, wurden ihrerseits besiegt durch den Defekt. Was das Kunstwerk nicht fertiggebracht hatte, brachte der Defekt zustande: alle kümmerten sich ums Fernsehen. Es dauerte eine Viertelstunde, auf dem Schirm waren tolle Schwarzweißmuster in wilder Flucht zu sehen, alle waren ganz Konzentration: die Hausfrau probierte, der Onkel probierte, der Sohn probierte, die Tante probierte, der Großvater erteilte Ratschläge, der

Avvocato ging dem Problem intellektuell zu Leibe, die Frau des Avvocato war einfach für Drehen an sämtlichen Knöpfen, nur drei waren bei den Wiener Würsteln geblieben, der fünfjährige figlio, *fihljo,* der Sohn, der Hauskater – und ich. Eccola! schrien sie plötzlich und das Bild war wieder da. Sie hatten es geschafft. Und alsbald begab sich dieselbe Verschiebung der Werte wie vorhin, man kehrte zu Gesprächen, zu Leibesstärkung und Privatsachen zurück, im Hintergrund rollte das japanische Drama ab, aber das Interessanteste war vorbei – vorbei war die herrliche Gelegenheit, mit einem technischen Wunder zu spielen, wie wenn es ein giocattolo per i bambini, *dschokat-tolo per i bambihni,* ein Spielzeug für Kinder wäre.

Wer zum ersten Male nach Italien kommt, wird unter vielen überraschenden Dingen auch finden, daß es erstaunlich ist, mit welcher graziösen Sicherheit sich die jungen Damen auf dem Rücksitz der Vespa verhalten. Sie sitzen bekanntlich darauf im Damenreitsitz, halten sich mit der einen Hand leicht an der Schulter ihres Freundes und balancieren so durch die Straßen, wobei ihnen die Geschwindigkeit, je höher sie ist, um so mehr Vergnügen zu machen scheint. In dieser vollkommenen Gelassenheit werden sie von dem kleinen ratternden Motorroller durch den turbulenten Verkehr getragen, diesen einmalig regellosen Verkehr, bei dem *alles* Improvisation und *nichts* Gesetz ist, und der nirgends mit größerer Noblesse, mit mehr Charme und mit sichtbarerer Freude an der eigenen technischen Geschicklichkeit gemeistert wird wie in der verkehrsmäßig unmöglichsten Stadt Italiens, in Rom. Die Polizei in Rom versucht alles Mögliche. Heute sperrt man eine Straße, morgen erhofft man sich die Lösung vom Kreiselverkehr, übermorgen stellt man an jede Ecke einen Hilfsschutzmann. Wenn das nichts nützt, zieht man auf dem

Asphalt ein Labyrinth von weißen Strichen mit Pfeilen, die zeigen sollen, wohin man zu fahren hat. Und wie immer sind auch hier die Römer weiser als die ihnen gegebenen Vorschriften. Sie wissen – es geht einfach nicht, wenigstens theoretisch nicht. Wenn man angesichts der engen Gassen Roms und der Flut von Verkehrsteilnehmern, angesichts der Autos, Omnibusse, Vespafahrer, Taxis, Fußgänger, Zeitungsverkäufer, Eismänner und Diplomaten eine Regel für den Verkehr, eine Theorie für die reibungslose Fortbewegung aufstellen wollte – sie könnte noch so raffiniert sein, sie würde zu nichts anderem führen als zu einem grandiosen Durcheinander – und das existiert sowieso schon. Also arrangiert man sich. Man fährt rechts vorbei, obwohl es verboten ist, man läßt die Fußgänger noch über die Straße, auch wenn die Ampel schon rotes Licht zeigt, man hält und winkt höflich dem anderen zu, auch wenn er von der falschen Seite kommt, man bremst mit Elan und man fährt mit größter Geschwindigkeit an, man läßt die Motoren heulen – auch wenn es nicht notwendig ist, man schlängelt sich durch, man freut sich an einem Spiel, das täglich viele Stunden lang von Tausenden gespielt wird, an dem Spiel mit der Technik, die in Italien nicht eine kalte, nüchterne, nervenaufreibende Macht geworden ist, sondern ein willkommenes giocattolo, ein Spielzeug, mit dem man sich unterhält, genau wie Kinder, die wissen, daß sie mit ihren Sachen besser spielen können als die Erwachsenen, die sie erfunden haben.

ROM

ANKUNFT IN ROM
Lektion 55

Oggi siamo al momento glorioso del nostro viaggio in Italia: l'arrivo a Roma. Benvenuti a Roma, Signore e Signori, tutta la città è ai vostri piedi, willkommen in Rom, meine Damen und Herren, die ganze Stadt ist zu Ihren Füßen. Ehe wir uns aber dem ungetrübten Genuß, dem unvergleichlichen Wohlgefühl, dem bezaubernden Rhythmus des römischen Lebens hingeben können, müssen wir Probleme lösen, die bei der Ankunft in Rom für jedermann dieselben sind. Wir wollen die Sache systematisch angehen und dort anfangen, wo der Mensch zumeist in Rom anzukommen pflegt: alla stazione Termini.

Termini ist der Name für die römische Bahnhofstation, abgeleitet von den Thermen des Kaisers Diokletian, riesigen Badeanlagen, die sich in der Antike auf dem Gebiet erstreckten, wo jetzt die Gleise der Eisenbahn in den großartigen, aus Beton und Glas konstruierten Kopfbahnhof einmünden. Il treno arriva al binario numero quattro – der Zug kommt auf dem Gleis Nummer vier an. Il binario, *binahrio,* das Gleis. Wenn wir das Glück haben, daß uns jemand erwartet, dann können wir sicher sein, daß dieser unser römischer Freund sich vorher an der Sperre erkundigt hat: il treno di Monaco, a che binario arriva? *mohnako.* Der Zug von München, auf welchem Gleis kommt er an? Hier gleich eine wichtige Regel für den italienischen Satzbau: das Hauptwort – oder besser, die Hauptsache steht vorne! Also nicht: a che binario arriva il treno di Monaco? – sondern: il treno di Monaco, a che binario arriva? Der Bahnsteig heißt il marciapiede, *martschap*ⁱ*ähde.* Also könnte man auch sagen: il treno di Monaco, a che marciapiede arriva? oder aber, wenn es sich um eine Abreise dreht: il treno per Napoli, da che marciapiede parte?, der Zug nach Neapel, von welchem Bahnsteig fährt er ab? Wir erinnern uns: partire, abreisen, abfahren.

Appena il treno si è fermato, sobald der Zug sich angehalten hat, sobald der Zug stillsteht, sentiamo le grida di numerosi passegieri, sentiamo, hören wir, le grida, das Geschrei, di numerosi passeggieri, von zahlreichen Passagieren: Facchino! Facchino! Träger! Träger! Wir erinnern uns, daß der Träger im allgemeinen facchino heißt, auch wenn er »porta bagagli«, »trägt Koffer« auf der Mütze geschrieben haben sollte! Also – alles brüllt facchino! Damit ist die Sache aber nicht getan. Wenn wir zum Fenster unseres Abteils hinausschauen, sehen wir eine lange Reihe von facchini auf dem marciapiede stehen, und jeder bedient die Passagiere des Abteils, unter dessen Fenster er sich befand, als der Zug hielt! Dies ist eine sehr streng eingehaltene Ordnung, die auch wir respektieren müssen. Noi chiamiamo, *k*ⁱ*am*ⁱ*ahmo,* wir rufen, von chiamare, rufen, oder auch sich nennen – noi chiamiamo il facchino che si trova, der sich befindet, von trovarsi, sich befinden, il facchino che si trova più vicino a noi, den Träger, der sich mehr nah an uns, oder, uns am nächsten, befindet. Perchè solo lui, denn nur er – lui, *lu*ⁱ heißt: er, und zwar wenn man es betont, ha il diritto, denn nur er hat das Recht, di portare via i nostri bagagli, unsere Gepäckstücke wegzutragen. Solo lui heißt also: nur er, nur sie hieße: solo lei, *läi*.

Nun, liebe Leser, kommt ein höchst vielseitiges und unterhaltsames Wort, das Wort via. Via heißt weg, la via, wie wir schon wissen, der Weg, auch die Straße. Via ohne den Artikel also weg, fort. Portare via, etwas forttragen, wegtragen, portare via i nostri bagagli, unsere Gepäckstücke wegtragen – zu ergänzen ist, wegtragen von dem Platz, wo sie sich gerade befinden. Damit sind aber die Möglichkeiten des Wortes via noch keineswegs erschöpft. Wenn einen jemand auf der Straße belästigt und kein frommes Zureden nützt, kann man schließlich grob werden und sagen: adesso basta! via!, jetzt ist's genug! fort! dann heißt via! geh mir aus den Augen! Wenn es sich nicht um so Unangenehmes handelt, sondern um eine Situation, in der wir den Ausruf los! (auf los, geht's los – los!) verwenden würden, sagen die Italiener via! Eins, zwei, drei – los! heißt: uno, due, tre – via! Es kann aber auch mit einem leicht ungläubigen Unterton oder mit dem Tonfall der Versöhnlichkeit bei Meinungsverschiedenheiten heißen: geh weiter, geh zu! Wenn man jemand in der Sie-Form wegschicken will, sagt man: vada via, gehen Sie! Vada heißt gehen Sie, eine unregelmäßige Befehlsform von andare, gehen (andare ist überhaupt so ein Wort, bei dem ungefähr alles unregelmäßig ist, schrecklich, una parola tremenda, ein fürchterliches Wort). Sind es mehrere, die wir wegschicken wollen, dann sagen wir: vadano via! Gehen Sie weg, gehen Sie fort!, jeweils wieder nach dem Tonfall verschieden anzuwenden.

Schließlich heißt via noch »über« im Sinne von »auf dem Weg über«. Also zum Beispiel: andare a Roma via Todi, nach Rom fahren über Todi, auf dem Weg über Todi. Schließlich kann einer, der die Autorität hat, einem anderen den Beginn einer Tätigkeit anzuschaffen, zu ihm sagen: ti do il via! ich gebe dir das Startzeichen, ich sage zu dir los!

Welche Überlegungen, die sich von unserem noch immer nicht abtransportierten Gepäck am Bahnhof ableiten lassen! Damit wir's nicht vergessen: portare via heißt also: wegtragen, forttragen, abtransportieren. Ja, aber das Gepäck steht immer noch auf seinem Platz, der Gepäckträger hat es schon brav zusammengestellt auf dem Bahnsteig, wartet nun, bis wir aus dem Abteil ausgestiegen sind, und dann sagt er nur: dove? Wo? das heißt: Wohin soll ich dir dein Zeug jetzt bringen? Und da müssen wir innehalten. Perchè? Perchè ci conviene d'accordarci subito sul prezzo, weil es sich für uns lohnt, uns sogleich über den Preis zu einigen. Perchè, weil, ci conviene, ein sehr wichtiges Wort, es kommt von convenire, sich lohnen. Es ist gut für uns, es lohnt sich für uns heißt: ci conviene. Mi conviene heißt demgemäß: es paßt mir, es lohnt sich für mich. D'accordarci subito sul prezzo, d'accordarci, uns zu einigen. Accordarsi, *ak-kord*ar*ßi,* heißt sich absprechen, sich in Übereinstimmung bringen, sich einigen. Das Wort hängt natürlich mit einem Ausdruck zusammen, den wir aus der Musik längst kennen, mit dem Wort Akkord! Der Akkord, die Übereinstimmung, ist in italiano l'accordo. Sul prezzo wörtlich: auf dem Preis, richtig: über den Preis! Anstatt ci conviene könnte man in diesem Falle auch noch sagen è opportuno, *op-port*u*hno,* es ist nützlich, aber das ist mehr theoretisch. Noch einmal zurück zum Wort l'accordo, die Übereinstimmung. L'accordo hängt sinnigerweise zusammen mit la corda, *k*o*rda,* die Saite. Und so ist es leicht einzusehen, daß das Wort stimmen im Sinne von ein Instrument in Einklang, in die richtige Stimmung zu bringen, auch accordare heißt. Zurück zu unserem Satz: ci conviene d'accordarci subito sul prezzo, es lohnt sich, wenn wir uns gleich über den Preis einigen. Diesen Satz kann man dem facchino auch direkt sagen, wenn er nämlich ohne weitere Vorbereitungen

Miene macht, mit dem Gepäck davonzuwandern. (Er hat alles Interesse daran, nicht vorher über den Preis zu reden. Denn wenn die Arbeit schon geleistet ist, hat er eine weit bessere Verhandlungsposition, weil man die Sache nicht mehr rückgängig machen kann.)

La tariffa dei facchini romani è molto bassa. La tariffa, *tarif-fa,* der Tarif. Basso, bassa, *baß-ßo,* ist ein Wort, das wir ebenfalls aus der Musik kennen. Wenn einer eine tiefe Stimme hat, ist er ein Baß, un basso, ein Tiefer. La tariffa è molto bassa, der Tarif ist sehr tief, also besser: sehr niedrig.

Si capisce, wörtlich: sich versteht, richtig: man versteht, man begreift. Si capisce senz'altro, man versteht ohne weiteres. Senz'altro heißt wörtlich: ohne anderes, ohne weiteres. Also: man versteht ohne weiteres – was? Che non vogliono essere pagati secondo la loro legge, *led-dsche,* das Gesetz, daß sie nicht wollen sein bezahlt gemäß dem ihrigen Gesetz, daß sie nicht nach ihrem Gesetz bezahlt sein wollen.

Im Gegenteil – sie wollen natürlich möglichst gut bezahlt sein, die Schwierigkeit ist nur: sie dürfen offiziell nicht mehr verlangen, als ihr Tarif ausmacht. Abgesehen davon, daß es am römischen Bahnhof Schilder gibt, worauf dieser Tarif genau angegeben ist, sind die facchini auch heimlichen Kontrollen unterworfen – Kontrollen durch jene übelwollenden Arme des Gesetzes, die für ein kleines persönlich und ohne Aufhebens aufgeschlagenes Privatsteuerchen keinerlei Verständnis haben. Allora dicono normalmente, also sagen sie normalerweise: faccia Lei, machen Sie es! Faccia, *fat-tscha* heißt: machen Sie – aber um das Sie zu betonen (da ist inbegriffen: nicht ich, ich armer bescheidener Transportarbeiter, nein, Sie, Sie großer, reicher, freigebiger, ausländischer Signore: Lei!!) also sagt er, der facchino: faccia Lei, machen Sie es bitte, Sie können es viel besser, was kann ich mit meinem schäbigen Tarif schon sagen, wieviel meine Arbeit wirklich wert ist – ich vertraue mich Ihrem Verständnis und Ihrer unerschöpflichen Großmut an – faccia Lei!

Das ist immer ein gefährlicher Punkt in der Unterhaltung über Preise. Bevor wir darauf noch näher eingehen – ein Wort über die parola faccia. Faccia heißt machen Sie! La faccia (ebenso scharf ausgesprochen) dagegen heißt das Gesicht. Non ti guardo più in faccia, ich schaue Dir nicht mehr ins Gesicht; gemeint ist: ich schau dich nicht mehr an! Non ti guardo von guardare, beachten, schauen.

Der facchino sagt also, indem er die Hände auswärts spreizt und den Kopf zwischen den hochgezogenen Schultern fast verschwinden läßt – eine typisch römische Bewegung – der facchino sagt also zu uns, sobald wir über den Preis etwas Näheres erfahren wollen: Signore, faccia Lei, mein Herr, machen Sie's, geben Sie mir, was Sie wollen!

Questo – che cosa vuol dire? Das – was für eine Sache will sagen – oder wie wir sagen würden: das – was soll das heißen – che cosa vuol dire, was soll (will) das heißen? Questo vuol dire, das will heißen, das soll heißen: che aspettano una cifra enorme per un lavoro minimo, daß sie eine enorme Ziffer, Zahl, Summe für eine sehr geringe Arbeit erwarten.

La cifra, *tschihfra,* heißt die Ziffer. Ci sono molti stranieri, es gibt viele Ausländer, che s'arrabbiano sul serio per questa proposta, die sich ernsthaft ärgern über diesen Vorschlag. Arrabbiarsi heißt, wie wir schon wissen – sich aufregen, sich ärgern. Sul serio, das ist sehr wichtig: im Ernst. Serio ist ernst, ernsthaft, ernst gemeint, una cosa seria, eine ernst zu nehmende Sache, eine Sache, mit der man nicht spaßen darf. Sul serio, wörtlich: auf dem ernsthaften – richtig: im Ernst. M'arrabbio sul serio, ich rege mich ernsthaft auf. Wenn der Kofferträger zum Beispiel trotz Tarif und Kontrollen gewagt hat, eine Zahl zu nennen, die sein Gewissen kaum vertreten kann, dann wird er auf unseren Protest vielleicht sagen: non si arrabbi, signora, regen Sie sich nicht auf, meine Dame, worauf wir sehr wirkungsvoll erwidern können: ma sì – m'arrabbio sul serio, aber ja, ich rege mich ernsthaft auf – zu ergänzen: wenn du so etwas von mir verlangst. Dieser unser Protest kann sich im übrigen in verschiedene wirkungsvolle Formen kleiden – z. B.: roba da pazzi! Das ist ein herrlicher, vielfach anwendbarer Ausdruck, dem Schutze des Publikums empfohlen. Roba, *rohba,* heißt Zeug; il pazzo, *pat-tßo* ist der Verrückte, der Übergeschnappte – also roba da pazzi, Zeug von Übergeschnappten, verrücktes Zeug. Roba da pazzi heißt also: das ist doch völlig verrückt, bilde dir doch nicht ein, daß ich dir das abkaufe usw. Um die Sache zu variieren, kann man auch sagen: roba da matti. Il matto, *mat-to,* der Narr, der Spinner, roba da matti, Zeug von Narren, närrisches Zeug, Blödsinn. Wenn es ganz schlimm wird, empfiehlt sich – aber nur unter Personen, mit denen man schon vertrauteren Umgang pflegt: sei matto? bist du verrückt, bist du närrisch, spinnst du komplett? Sei matta – würde man zu einem weiblichen Wesen sagen, doch ist dies, auch bei innigstem Umgang, streng verboten und kann berechtigte Ohrfeigen zur Folge haben.

Die Unterhaltung mit dem facchino wird sich nun mehr oder weniger in die Länge ziehen, denn die Worte roba da pazzi und roba da matti verraten ihm, daß er es hier nicht mit Ahnungslosen, sondern mit stranieri informatissimi zu tun hat, und infolgedessen wird er versuchen, die Tradition altrömischer Schauspielkunst mit der Beredsamkeit eines Cicero zu verbinden, um sich wenigstens mit einem kleinen Gewinn aus der Affäre zu ziehen.

GESPRÄCH MIT DEM FACCHINO
Lektion 56

Immer noch haben wir den römischen Bahnhof, die Stazione Termini, nicht verlassen. Sie erinnern sich, daß wir am Schluß der letzten Lektion in eine endlose Diskussion mit unserem facchino gerieten, nachdem wir ihm gesagt hatten, wir wollten »accordarci sul prezzo«.

Das Ganze endete in einem langen Redeschwall, zu dem wir – wie wir lernten – höchst wirkungsvolle, aber nicht allzu oft anwendbare Redewendungen wie roba da pazzi und roba da matti beisteuern konnten. Man muß aber mit solchen Ausdrücken sehr delikat umgehen – ihre Wirkung wird durch allzu häufige Wiederholung sehr abgeschwächt, während sie durch die glückliche Wahl des richtigen Momentes unendlich gesteigert werden kann. Ich empfehle also, das musikalische Prinzip des crescendo, der Steigerung, unbedingt auch in der Auseinandersetzung mit dem facchino zur Anwendung zu bringen.

Wir könnten zum Beispiel auf sein: faccia Lei, zunächst folgendes antworten: No, no, ci dica Lei il prezzo giusto. Weil es betont ist: nicht wir, Sie müssen es sagen, sagt man nicht ci dica, sondern ci dica Lei il prezzo giusto, *prät-tßo dschußto,* den gerechten, den richtigen Preis. Darauf der facchino: Facciamo mille lire. Wir: Come? Wie bitte? Il facchino: Dico mille lire – ich sage: tausend Lire. (Wir haben drei Gepäckstücke, die Hälfte wäre also schon mehr als genug. Das sagen wir aber noch nicht, sonst ist der Genuß weg.) Wir – mit dem Ton überraschter Ungläubigkeit: Che cosa ha detto? Was haben Sie gesagt? oder auch nur: Cosa ha detto? Was haben Sie gesagt? Er, schon etwas eingeschüchtert: Mille lire. Wir: Ah, mille lire, ma va! Ah, tausend Lire, aber geh zu! Er (bestimmt): Sì, signore, mille lire è proprio giusto, ja, mein Herr, tausend Lire sind wirklich gerecht. Wir: Ma no – questo è un prezzo assolutamente esagerato, das ist ein Preis vollständig übertrieben. Esagerato, *esadscherahto,* kommt von esagerare, übertreiben. Un prezzo assolutamente esagerato, ein vollständig übertriebener Preis. Der facchino: No, signore, è il prezzo secondo la tariffa. Wir (es macht sich bei solchen Diskussionen immer sehr gut, wenn man das letzte Wort des anderen aufgreift und wiederholt. Er hat gesagt: secondo la tariffa): La tariffa? Noi conosciamo la tariffa. Der Tarif? Wir kennen den Tarif. Il facchino: Voi? Ihr? Voi siete stranieri, come potete conoscere la tariffa? Ihr seid Ausländer, wie könnt ihr den Tarif kennen? Io ho quattro bambini a casa, ich habe vier Kinder zu Hause!

Dies ist ein ganz neues Argument – höchst wirkungsvoll auf den Zweifel draufgesetzt, den der facchino über unsere wirkliche Tarifkenntnis hegt. Ich habe vier Kinder zu Hause: che vogliono mangiare, die essen wollen. Er hat es fertiggebracht, die ganze Unterhaltung auf die Sphäre der privaten Hilfsbedürftigkeit abzuschieben, weil er sich mit dem Tarif nicht wohl fühlt. Darauf wir – (um seine Gunst zu gewinnen): Ah, che bellezza, ach, welche Schönheit, quanti anni hanno, wieviel Jahre haben sie? wie alt sind sie? Diese Kinder nämlich. Nun ist er aufs Glatteis geführt; kein Italiener kann einer Erkundigung über seine bambini widerstehen, denn die bambini sind ihm das Höchste und Heiligste und das, worauf er am allermeisten stolz ist. Jetzt kann es uns passieren, daß er seine verschmierte Geldbörse herauszieht und die bambini in gefühlvollen Fotografien herzeigt. Dann sagen wir: Ma come sono belli, aber nein, wie schön sind sie. Però il prezzo è assolutamente esagerato! aber der Preis ist absolut übertrieben!

Jetzt haben wir ihm eine schreckliche Enttäuschung bereitet: Ma signore, sagt er, non capisce che devo lavorare per i miei bambini? Verstehen Sie nicht, daß ich arbeiten muß für meine Kinder? Wir: Sì, lo capiamo senz'altro, ja das verstehen wir ohne weiteres, ma non siamo tanto ricchi come pensa Lei, aber wir sind nicht so reich, ricco, *rik-ko,* reich, come pensa Lei, wie Sie denken! Darauf der facchino: L'ho detto – faccia Lei il prezzo, ich habe es (doch) gesagt: Machen Sie den Preis. Hier meine lieben Leser, haben wir schon einen kleinen Sieg errungen, wenn wir jetzt die Geduld nicht verlieren, wird von den tausend Liren nicht mehr die Rede sein. Der größte Fehler aber wäre, sogleich einen Gegenvorschlag zu machen. Va bene, sagen wir, va bene – però Lei deve capire, aber Sie müssen verstehen, che non siamo stranieri ricchi, daß wir nicht sind Ausländer reiche, daß wir keine reichen Ausländer sind. Darauf il facchino: Come non capisco, wie nicht ich verstehe – gemeint ist, wie sollte ich das nicht verstehen – ich verstehe das recht gut. Wir: Allora facciamo quattrocento lire, also machen wir vierhundert Lire; cento lire per ogni bagaglio, fanno trecento, e cento lire di mancia, hundert Lire für jedes Gepäckstück macht 300 Lire, und hundert Lire Trinkgeld.

Gentili Signore e Signori, questa parola »la mancia« è una parola indispensabile per un soggiorno a Roma, für einen Aufenthalt in Rom. La mancia, *mantscha,* das Trinkgeld. Wir erinnern uns noch, daß wir am Anfang unseres Kurses einmal gelernt haben: ohne Trinkgeld geht es nicht. Das würde, wie wir jetzt schon wissen, auf italienisch heißen: senza mancia non si fa niente, ohne Trinkgeld nicht sich macht nichts, ohne Trinkgeld geht es nicht. Bisogna imparare molto bene questa parola. Bisogna, *bisonja,* kommt von bisognare, brauchen, nötig sein. Bisogna che impariamo heißt: es ist nötig, daß wir lernen, bisogna che impariamo sul serio la parola la mancia, es ist notwendig, daß wir ernsthaft das Wort la mancia, das Trinkgeld, lernen. Man kann bisogna auch einfacher mit müssen übersetzen: bisogna che impariamo, wir müssen lernen, es ist nötig, daß wir lernen.

Con questa parola la mancia, das Trinkgeld, erklären wir jetzt dem facchino unsere Rechnung: Allora facciamo cento lire per ogni bagaglio, fanno trecento. E cento lire mancia. Es würde den Stolz des signore facchino schwer verletzen, wenn er jetzt sofort klein beigeben würde. Er sagt zunächst: Signore, ma abbia pazienza, haben Sie Geduld, io non lo posso fare per questo prezzo, ich nicht es kann machen zu diesem Preis, für diesen Preis kann ich es nicht machen. Wir: Ma sì, lo può fare senz'altro, Sie können es ohne weiteres machen. Darauf wird unser facchino mit seinen quattro bambini a casa so traurig, daß uns die pure misericordia überkommt, deshalb lenken wir ein und sagen: Allora, ultima parola: cinquecento lire per tutto – va bene? Also, letztes Wort, fünfhundert Lire für alles, geht das? Va bene, signore.

Così il nostro facchino rimane molto soddisfatto, so unser Träger bleibt sehr befriedigt, rimanere soddisfatto, *rimanehre ßod-dißfat-to,* befriedigt bleiben (nach einer Diskussion wie der unseren). Das kommt von soddisfare befriedigen, zufriedenstellen. Così il nostro facchino rimane molto soddisfatto, e noi abbiamo fatto bella figura, und wir haben eine gute Figur gemacht. Abbiamo fatto bella figura, das ist etwas vom wichtigsten, was man überhaupt in Italien machen kann: fare bella figura, gute Figur, das heißt: guten Eindruck machen. Abbiamo fatto bella figura, wir haben guten Eindruck gemacht. Das Gegenteil wäre: abbiamo fatto brutta figura, wir haben einen schlechten Eindruck gemacht.

Dabei leben wir in dem Wahn, eine Menge gespart zu haben

– risparmiare, *rißparmiahre* heißt sparen – bis uns ein alter Einheimischer aufklärt, daß der facchino bei unserem Handel immer noch ein brillantes Geschäft gemacht hat. Daraufhin tröstet uns nur die Einsicht: sparen kann man besser zu Hause als in Italien – è meglio risparmiare a casa che in Italia, es ist besser, zu Hause zu sparen als in Italien. Bei dieser Gelegenheit lernen wir noch schnell la cassa di risparmio, *kaß-ßa di rißparmio,* die Sparkasse, die wir aber nur in dem unglaubwürdigen Fall brauchen können, wenn uns auf dieser Reise noch Geld übrig bleiben sollte.

Und nun, meine lieben Leser, bitte ich Sie, unser Gespräch mit dem facchino nach dem folgenden deutschen Text zur Übung ins Italienische zu übersetzen:

Es lohnt sich für uns, uns sogleich über den Preis zu einigen.

Machen Sie's!

Nein, nein, sagen Sie uns den richtigen Preis.

Tausend Lire.

Wie bitte?

Tausend Lire.

Was haben Sie gesagt?

Ich sage: tausend Lire.

Ah, tausend Lire, aber geh zu!

Ja, mein Herr, tausend Lire sind wirklich gerecht!

Aber nein, das ist ein vollständig übertriebener Preis.

Nein, mein Herr, das ist der Preis gemäß dem Tarif.

Der Tarif, wir kennen den Tarif!

Ihr! Ihr seid Ausländer, wie könnt Ihr den Tarif kennen? Ich habe vier Kinder zu Hause, die essen wollen.

Oh wie schön, wie alt sind sie denn?

(Darauf zeigt er die Fotografie).

Aber nein, wie schön sie sind! Aber der Preis ist vollständig übertrieben.

Aber mein Herr, verstehen Sie nicht, daß ich für meine Kinder arbeiten muß?
Ja, das verstehen wir ohne weiteres, aber wir sind nicht so reich, wie Sie denken.
Ich habe gesagt: machen Sie den Preis.
Nun gut, aber Sie müssen verstehen, daß wir keine reichen Ausländer sind.
Wie sollte ich das nicht verstehen?
Also machen wir dreihundert Lire, für jedes Gepäckstück hundert, und hundert Lire Trinkgeld.
Aber mein Herr, haben Sie Geduld. Für diesen Preis kann ich es nicht machen.
Aber ja, Sie können es ohne weiteres machen, es ist gut bezahlt.
Letztes Wort: fünfhundert Lire für alles zusammen, gut?
In Ordnung.

NEUE WÖRTER

Lektion 57

Als erstes, liebe Leser, vergleichen Sie bitte Ihre Übersetzung des facchino-Dialoges, den Sie, wie ich hoffe, gehorsam gemacht haben, mit unserer Fassung:

Ci conviene d'accordarci subito sul prezzo.
Faccia Lei!
No, no, ci dica Lei il prezzo giusto.
Mille lire.
Come?
Mille lire.
Che cosa ha detto?
Dico mille lire.
Ah, mille lire, ma va . . .
Sì, signore, mille lire è proprio giusto.
Ma no, questo è un prezzo esagerato!
No, signore, questo è il prezzo secondo la tariffa.
La tariffa? Noi conosciamo la tariffa.

Voi? Voi siete stranieri, come potete conoscere la tariffa? Io ho quattro bambini a casa che vogliono mangiare.

Ah che bellezza, quanti anni hanno?

Ma quanto sono belli! Però il prezzo
è assolutamente esagerato.
Ma, signore, non capite che devo lavorare per i miei bambini?
Sì, questo lo capiamo senz'altro – ma non siamo tanto ricchi come pensa Lei.
L'ho detto: faccia Lei il prezzo.
Va bene – ma Lei deve capire che non siamo stranieri ricchi.
Come non capisco!

Allora facciamo quattrocento lire, cento lire per ogni bagaglio, e cento lire di mancia.

Ma, signore, abbia pazienza, abbia pazienza. Per questo prezzo non lo posso fare.
Ma sì, lo può fare senz'altro – è pagato bene.
Ultima parola, cinquecento lire per tutto quanto. Va bene?
Va bene.

Und nun die einzelnen Wörter der beiden letzten Lektionen:

il binario	*binahr*^{i}*o*	das Gleis
il marciapiede	*martschap*^{i}*äde*	der Bahnsteig, Fußsteig, Trottoir
le grida	*grihda*	das Geschrei
il passeggiero	*paß-ßed-*^{dsch}*äro*	der Fahrgast, der Passagier
lui	*lu*^{i}	er
lei	*lä*^{i}	sie
portare via	*portahre wi-a*	wegtragen, forttragen
la via		der Weg, die Straße
via! via!		fort! los!
va via	*wa wi-a*	geh fort, geh weiter
vada via!		gehen Sie weiter!
vadano via		gehen Sie weiter! (in der Mehrzahl)
andare a Roma via Todi		nach Rom fahren über Todi
il via		das Abfahrtszeichen (los)
ti do il via		ich gebe dir das Zeichen zum Start, zur Abfahrt, zum Beginn
convenire		sich lohnen
si conviene	*ßi konw*^{i}*ähne*	es lohnt sich
mi conviene		es paßt mir, es lohnt sich für mich
è opportuno	ä *op-portuhno*	es ist nützlich
accordarsi	*ak-kordarßi*	sich absprechen, in Übereinstimmung bringen, sich einigen
l'accordo	*lak-kordo*	der Akkord, die Übereinstimmung
d'accordo		so stimmt's (entspricht etwa dem amerikanischen o.k.), wir sagen: in Ordnung
la corda	*korda*	die Saite
le corde		die Saiten
accordare	*ak-kordahre*	stimmen
la tariffa	*tarif-fa*	der Tarif
basso	*baß-ßo*	tief, niedrig

senz'altro	*ßentßaltro*	wörtlich: ohne anderes, richtig, ohne weiteres
faccia Lei	*fat-tscha lä*^{i}	wörtlich: machen Sie's richtig: nach Belieben
la faccia	*fat-tscha*	das Gesicht
non ti guardo più in faccia	*g*^{u}*ardo*	wörtlich: nicht dir schaue ich mehr ins Gesicht, ich schau dich nicht mehr an
la cifra	*tschihfra*	die Ziffer, die Zahl
arrabbiarsi	*ar-rab-b*^{i}*arßi*	sich ärgern, in Wut geraten
m'arrabbio sul serio	*mar-rab-b*^{i}*o ßul ßär*^{i}*o*	ich ärgere mich ernsthaft
sul serio		im Ernst
la roba	*rohba*	das Zeug
il pazzo	*pat-tßo*	der Verrückte, der Übergeschnappte
il matto	*mat-to*	der Narr
roba da matti		närrisches Zeug
sei matto?		bist du verrückt?
esagerare	*esa*^{dsch}*erahre*	übertreiben
il prezzo esagerato	*prät-tßo esa*^{dsch}*erahto*	der übertriebene Preis
ho bisogno di	*bisonjo*	ich brauche
bisogna		man muß
bisogna che impariamo		wir müssen lernen
il soggiorno	*ßod-*^{dsch}*orno*	der Aufenthalt
la mancia	*mantscha*	das Trinkgeld
soddisfatto	*ßod-dißfat-to*	befriedigt, zufrieden
soddisfare		zufriedenstellen
fare bella figura		wörtlich: schöne Figur machen, richtig: guten Eindruck machen
risparmiare	*rißparm*^{i}*ahre*	sparen
la cassa di risparmio	*kaß-ßa di rißparm*^{i}*o*	die Sparkasse

KLEINE RATSCHLÄGE FÜR ROM
Lektion 58

Fortsetzung des Einzuges in die Ewige Stadt – er dauert jetzt eigentlich schon ein bißchen lange – aber bitte verlieren Sie die Geduld nicht. Heute werden wir endlich unser Quartier erreichen – und in dem Augenblick, wo wir ein Dach über dem Kopf und unsere Koffer ausgepackt haben, kann unsere Eroberung Roms beginnen – friedlich, mit den nötigen Erholungspausen, vielen mezzo-litri und einer Menge kleiner römischer Geschichten, die ich, ehrlich gesagt, kaum erwarten kann, Ihnen zu erzählen.

Il nostro facchino ci ha portato fino al marciapiede dei tassì, *taß-ßi*, unser Träger hat uns – nun nicht getragen, sondern gebracht, portare heißt auch bringen – bis zum marciapiede, das heißt in diesem Falle nicht Bahnsteig, sondern Gehsteig, il marciapiede dei tassì, der Gehsteig, wo die Taxi halten. Qui bisogna avere pazienza, hier muß man Geduld haben, perchè ci sono già molti passeggieri che aspettano l'arrivo del prossimo tassì, weil schon viele Reisende da sind, die die Ankunft des nächsten Taxi erwarten. Noi incontriamo per caso un ragazzo che ci offre di chiamare un autista, wir treffen zufällig, per caso, einen jungen Mann, un ragazzo che ci offre, der uns anbietet, di chiamare un autista, zu rufen einen Chauffeur, molto amico suo, wörtlich: viel sein Freund – gemeint ist, der sein guter Freund ist. Molto amico mio, mein sehr guter Freund.

Diesem jungen Mann trauen wir zunächst nicht ganz, dann wird uns die Warterei auf das nächste freie Taxi doch zu lange und wir geben ihm ein zustimmendes Zeichen. Darauf saust er los und kommt nach kurzer Zeit auch wirklich mit einem Taxi zurück, in das wir unsere Sachen einladen lassen.

Wir entlohnen unseren Träger – und da steht nun der ragazzo und wartet auf – ja worauf? Auf la mancia. Sie erinnern sich, liebe Leser, senza mancia non si fa niente, ohne Trinkgeld geht es nicht! Wir geben ihm also 30 Lire – er darauf: Ma signori, è troppo poco! Das können wir zurückweisen, indem wir einfach sagen: No, no, trenta lire bastano senz'altro, nein, nein, dreißig Lire genügen ohne weiteres, genügen vollständig. Nach weiteren Protesten sitzen wir dann endlich im Auto und fahren in unser albergo und wiederholen dabei ganz schnell die wenigen soeben gehörten Wörter: il tassì ist das Taxi; der Taxifahrer aber ist l'autista, *lautißta,* Autofahrer, der Chauffeur. Bastare, genügen – basta kennen wir ja schon lange – bastano trenta lire heißt: es genügen dreißig Lire.

Und nun, meine lieben Leser, darf ich Ihnen einige Ratschläge für Ihren römischen Aufenthalt, per il vostro soggiorno romano, geben:

Wenn wir mit unserem Gepäck glücklich vor dem Hotel angekommen sind, werden wir vielleicht eine neue Diskussion mit dem Taxichauffeur haben. Denn er wird das Gepäck, das wir mitgebracht haben, extra berechnen. Außerdem kann es sein, daß die Uhren im Taxi nicht stimmen, wenn nämlich gerade wieder einmal der Tarif erhöht worden ist. Dann muß der Taxichauffeur umständlich auf einer Liste nachsehen, bevor er Ihnen den richtigen Preis sagt. Benutzen Sie ein Taxi vor 7 Uhr morgens oder nach 10 Uhr abends, dann schlägt der Taxischauffeur 150 Lire, also 1.– DM Nachttarif auf. Bitte, nicht ärgern. Bitte überhaupt nicht ärgern; wenn Sie die Sprache nicht kennen, wird jedermann das ein bißchen zu seinem Vorteil ausnützen, aber schließlich sind Sie auf Urlaub, und der andere muß arbeiten, und da ist doch ein kleiner Ausgleich nur gerecht. Hoffentlich haben Sie sich Ihr Quartier rechtzeitig bestellt. Bitte, verlassen Sie sich nicht darauf, daß Sie etwas finden. Im Hotel oder in der Pension, in der Sie wohnen, empfiehlt sich der Versuch, den Portier davon zu überzeugen, daß Sie sein Freund sind. Wenn Sie das ihm zugedachte Trinkgeld teilen und ihm die Hälfte davon schon bei der Ankunft geben, wird er z. B. bereit sein, Ihnen in einer hoffnungslos ausverkauften Opernvorstellung im letzten Moment noch eine Karte herbeizuzaubern und ähnliche angenehme Dinge.

Es rät sich nicht sehr, im Hotel auch zu essen. Selbst frühstücken sollte man außerhalb in einer der zahllosen Bars, in denen der Kaffee weit besser ist als im feinsten Hotel und vor allem auch bedeutend billiger. Womit wir bei den Dingen des Leibes angelangt wären.

Überall in Rom ißt man gut, wenn man nicht unbedingt auf Schweinernem mit Kraut und Knödeln besteht. Dieses bekommt man nur in einigen wenigen spezialisierten Lokalen; aber man fährt ja nicht nach Rom, um zu essen wie zu Hause. »Gemütliche« Lokale gibt es nur ganz wenige. Das klassische Gasthaus ist vollständig unbekannt. Die Römer, auch wenn sie Heim und Familie haben, essen selber sehr häufig in den vielen Trattorien, die zumeist ganz einfach eingerichtet sind, von denen aber jede ihre eigenen Spezialitäten hat. Wer Freude daran findet, unbekannte Gerichte zu entdecken, dem sei empfohlen, einfach die specialità della casa zu verlangen. Er wird in jedem Falle ausgezeichnet bedient werden.

Nachdem wir uns auf diese Weise leiblich gestärkt haben, lassen Sie uns ein paar Bildungsprobleme behandeln. Rom steckt voll von Museen, deren Öffnungszeiten nicht immer gleich bleiben. Es empfiehlt sich also, bei der Ankunft das gerade erschienene Heft der Zeitschrift »La Settimana a Roma« zu kaufen. Darin finden Sie das jeweilige Wochenprogramm Roms vollständig zusammengestellt. Man findet neben den Öffnungszeiten der Museen auch alle Theater- und Filmanzeigen und selbstverständlich auch alle Nachrichten über besondere kirchliche Ereignisse. Die kapitolinischen Museen und das Thermen-Museum sind außerhalb der normalen Öffnungszeiten auch am Samstag und Sonntag abends von 21–23 Uhr geöffnet, und ein solcher abendlicher Besuch der großen antiken Kunstwerke empfiehlt sich sehr. Bei den vatikanischen Museen, die ja die am meisten besuchten in der Stadt Rom sind, empfiehlt sich ein kleiner Trick. Bekanntlich ist die berühmte Sixtinische Kapelle mit den Fresken von Michelangelo nur von den vatikanischen Museen aus zu besichtigen. Der Eingang zu den Museen liegt aber so, daß man durch die ganze Sammlung durchgehen muß, bis man die Sixtinische Kapelle erreicht; wenn also ein Besucher um 9 Uhr vormittags die vatikanischen Sammlungen betritt und mehr oder weniger langsam die wichtigsten Kunstwerke betrachtet, kommt er nicht vor 11 Uhr in der Sixtina an. Dann allerdings wird er die wundervolle Papstkapelle von einem tobenden Völkerschwarm angefüllt finden, so daß an eine ruhige Betrachtung der Fresken nicht mehr zu denken ist. Man sollte also bisweilen umgekehrt verfahren und, ohne rechts und links zu sehen, gleich um 9 Uhr früh bis zur Sixtina durchgehen, um in dem heiligen Raum noch einigermaßen Ruhe zu haben. Man kann von der Sixtina aus nicht unmittelbar in die Peterskirche gelangen, sondern muß den ganzen Weg zurückmachen und dann um die halbe Vatikanstadt herumgehen, und dies ist vor allem einzurechnen, wenn man etwa die Absicht hat, zu einem bestimmten Augenblick zum Papstsegen den Petersplatz zu erreichen. Die Zulassung zu Papstaudienzen wird auf Ansuchen ohne Schwierigkeit erteilt, natürlich auch für Nichtkatholiken. Wenn Sie nicht gerade in einem geistlichen Hause wohnen, wo Ihnen Ihre Gastgeber das Billet der Anticamera besorgen, empfiehlt es sich, an der Pforte der deutschen Nationalkirche Sa. Maria dell'Anima in der Via della Pace 20 nachzufragen, und dort werden die Karten zur allgemeinen Audienz vermittelt. Es ist zwar, seit die Anzahl der Audienzen so gestiegen ist, keine besondere Bekleidungsvorschrift mehr gegeben; aber man erwartet natürlich, daß kniefreie Hosen oder ähnliche allzu sportliche Bekleidungsarten vermieden werden, wenn es sich nicht gerade um richtiggehende Sportgruppen handelt. Für Damen ist es schon beim Besuch der vatikanischen Museen nicht erlaubt, in Hosen zu erscheinen, selbst wenn sie lang sind.

Die Garderobe spielt im Leben Roms eine sehr große Rolle, nicht nur bei den Premieren der Oper, wo für die Damen Abendkleid und für die Herren Smoking oder Frack Vorschrift ist. Man erkennt übrigens eine Opernpremiere auf dem Plakat dadurch, daß der Titel des gegebenen Werkes in gro-

ßen roten Buchstaben gedruckt ist; wenn die Schrift des Plakates schwarz ist, so heißt das, es ist keine Premiere, sondern eine normale Vorstellung, und da ist der dunkle Anzug, zur Not auch der Straßenanzug, durchaus angemessen. Man kann den Römern vielleicht Prüderie vorwerfen, weil sie so viel Wert darauf legen, immer tip-top angezogen zu sein, aber nachdem es nun einmal Sitte ist, wird man sich in Rom wohler fühlen, wenn man sich anpaßt, als wenn man die Augen des Publikums beim Spazierengehen unausgesetzt kritisch auf sich ruhen fühlt. Für den Abend empfiehlt es sich stets, irgend etwas Dunkles mitzuhaben. Man soll nie nach Rom fahren in der klaren Absicht, sich irgendwelchen gesellschaftlichen oder offiziellen Ereignissen zu entziehen. Denn wenn man einmal hier ist, bieten sie sich verführerisch an, und man ärgert sich, wenn man nicht die richtige Garderobe mithat.

Was die Besichtigung der Stadt betrifft, so möchte ich jedem Romfahrer raten, möglichst viel zu Fuß zu gehen. Bei dem gegenwärtigen Verkehr in der Stadt ist es beinahe sinnlos geworden, sich die Schönheiten Roms im Auto anzusehen. Man muß, wenn man im Wagen fährt, in der Innenstadt manchmal weite Umwege machen, um zu einem bestimmten Ziel zu gelangen, weil immer mehr Straßen, selbst die großen, zu Einbahnstraßen gemacht werden. Wem es zuviel wird, zu Fuß zu gehen, der möge sich in eine Kutsche, in eine carrozzella setzen. Sie ist für den Genuß der Altstadt das einzig richtige Gefährt. Öffentliche Verkehrsmittel, die sogenannten Filobusse, sind besonders in der Mittags- und Abendzeit sehr voll. Man tut am besten, dem Schaffner gleich zu sagen, an welchem Punkt man aussteigen will, weil die Stadt in Zonen eingeteilt ist, und wenn man, ohne es zu wissen, eine Zone überschritten hat und das Billet nicht mehr gilt, muß man bei den Kontrollen eventuell Strafe zahlen.

Für das Einkaufen gibt es in Rom ein ganz bestimmtes System. Wer in der Mode und Kleidung das Neueste in der besten Qualität sucht, gehe in die Via Condotti, die von der Spanischen Treppe in Richtung des Tibers verläuft. Dort gibt es ganz kleine Läden, in denen unerhört elegante und luxuriöse Dinge, allerdings zu entsprechenden Preisen, zu haben sind. Wem es nicht so sehr darauf ankommt, das Allerneueste zu haben, wer sich damit begnügt, daß seine Eleganz vielleicht schon ein halbes Jahr oder vielleicht ein Jahr alt ist, findet die gleichen Dinge, oder mindestens fast die gleichen, in den Geschäften der Via del Tritone und der Via Nazionale, und zwar manchmal um die Hälfte des Preises. Die Volkskaufhäuser Jim neben dem Grand-Hotel und Upim an der Piazza Argentina bieten zu sehr billigen Preisen tausend hübsche Dinge.

Zum Schluß habe ich noch eine persönliche Bitte. Ich lebe seit fünf Jahren in Rom und glaube, diese Bitte deshalb im Namen aller Deutsch-Römer aussprechen zu dürfen: Liebe Romfahrer, wenn Sie nach Rom kommen, befinden Sie sich auf Urlaub, deshalb: Sie haben Zeit. Bedenken Sie bitte, daß Ihre deutschen Landsleute, die in Rom leben, nicht immer Urlaub haben, und haben Sie Verständnis, wenn Ihnen einmal ein Anliegen oder eine Bitte von deutsch-römischer Seite abgeschlagen wird. Es geschieht bestimmt nicht aus schlechtem Willen und vor allem dann nicht, wenn Sie in Not geraten oder Hilfe brauchen sollten. Und bedenken Sie bitte eins – die Römer sind ein sehr gastfreundliches Volk mit einem ungewöhnlichen Maß an Verständnis für Menschliches und mit einem wirklich erfreulichen Sinn für Toleranz – bitte, lassen Sie die Kritik zu Hause. Sehen Sie sich das Leben in Rom unbefangen und heiter an, seien Sie großzügig, und wenn Sie um Preise handeln, was man durchaus kann, so begnügen Sie sich bitte, wenn Ihnen Ihr italienischer Partner etwas nachläßt: erwarten Sie nicht, daß es die Hälfte ist. Wenn der Lärm Sie stört, so denken Sie daran, daß Sie ihn ja nicht das ganze Jahr aushalten müssen. Rom hat viele – wie man italienisch sagt: difetti – Defekte, aber es ist eine heitere Stadt, eine lebensfreudige Stadt, eine Stadt, die man mit allen Sinnen genießen soll, und es ist besser, sich's drei Tage lang in Rom so gut gehen zu lassen wie nur irgend möglich ist, als acht Tage in der Angst zu leben, die Reisekasse könnte ein Loch haben. Und bitte schimpfen Sie nicht, wenn es regnet. Auch in Rom, von dem jedermann erwartet, daß es seinen blauen Himmel zeigt, muß es manchmal regnen, und wenn Sie den Baedeker aufmachen, werden Sie finden, daß es unzählige Dinge gibt, die Sie auch bei Regen mit Freuden betrachten können.

Ed adesso, gentili Signore e Signori, prepariamoci per il nostro primo giro in città. Und nun, meine Damen und Herren, machen wir uns bereit, prepariamoci, von preparare, vorbereiten, bereit machen – per il nostro primo giro in città, für unseren ersten Rundgang in der Stadt, il giro, *dschihro.* Man gebraucht es aber noch häufiger in der übertragenen Form, dann heißt il giro der Rundgang, die Reiseroute, der Umweg. Jeder Rundgang hat viele Umwege, und wenn ich Ihnen raten darf: je mehr Umwege Sie in Rom gehen, je mehr Sie sich von den kleinen unübersichtlichen Winkeln und Gassen verführen lassen, immer tiefer in das von tausend verborgenen Schönheiten angefüllte Labyrinth dieser Altstadt einzutauchen, um so rascher werden Sie etwas von dem zeitlosen Geist der Verwandlung spüren, der die Stadt Rom regiert. Facciamo allora un piccolo giro in città – und weil wir schon gerade bei dem Worte giro sind – es kommt von girare, drehen, umherschweifen, herumwandern – merken wir uns den recht nützlichen Ausdruck: mi gira la testa, es dreht sich

mir der Kopf, ich bin schwindlig. Wenn wir uns, was ich nicht sehr empfehlen möchte, verführen lassen würden, in einem der großen Nickelomnibusse der römischen Reisebüros eine Rundfahrt zu machen – man bleibt dabei hübsch im Wagen sitzen, sieht alles hinter Glas und bekommt es von einem Fremdenführer sehr aufschlußreich erklärt –, das wäre dann eine gita. La gita, *dschihta* heißt die Rundfahrt, und auch der Ausflug. La gita turistica ist die Stadtrundfahrt. Wir ziehen es aber vor, darauf zu verzichten und gehen lieber spazieren, noi preferiamo, wir ziehen vor, di andare a spasso, *ßpaß-ßo,* andare a spasso, spazierengehen, und wie richtig die Italiener das Spazierengehen einschätzen, geht daraus hervor, daß lo spasso das Vergnügen, der Spaß bedeutet. Andare a spasso also: spazieren gehen, eigentlich zum Vergnügen gehen.
Ed adesso, gentili Signore e Signori, buon divertimento nella città eterna!

TRASTEVERE
Lektion 59

Roma – la città eterna, besteht nicht nur aus Monumenten. Bitte, liebe Leser, machen Sie nicht den Fehler, von einer Kirche in die andere und von einem Museum in das nächste zu eilen, denn Sie werden nach ein paar Tagen nur noch sagen können: mi gira la testa! – mir dreht sich der Kopf! Bitte vergessen Sie nicht, sich auszuruhen, wenn Sie in Rom sind, und gehen Sie nicht an den vielen verlockenden Weinschenken vorbei, in denen man die äußere und die innere Einkehr so gut miteinander verbinden kann. Ich will aber jetzt nicht länger in Ratschlägen reden, sondern Sie gleich in eine solche Schenke führen, und diese Schenke liegt natürlich in Trastevere, in dem volkreichsten und ältesten Stadtteil von Rom, wo das Leben vielfach noch denselben gelassenen und sonnenreichen Gang geht wie in der Antike und in all den Jahrhunderten, die seither vergangen sind. Um Ihnen das Milieu ein bißchen zu schildern, stellen Sie sich bitte einmal folgendes vor:

Da hat eine brave, vollschlanke Hausfrau mit einem Seufzer zur Madonna, mit einem halbwegs unzufriedenen Gedanken an ihren Ehemann und mit einem nur teilweise überwundenen Schrecken vor dem kalten Wasser ihr Tagewerk damit begonnen, Wäsche aufzuhängen. Sie benutzt dazu ein raffiniertes Drahtsystem, das von ihrem Haus bis zu dem Haus gegenüber über den Abgrund herüberreicht und zur Hälfte ihr und zur anderen dem Nachbarn gehört. Um die Wäsche daran über die Straße zu hanteln, muß man nämlich an der gegenüberliegenden Front eine Rolle haben, von der aus der Draht zurückkehrt und während die ehrsame Hausfrau dies mit einem halbgesungenen Monolog ausführt, haben wir schon eine für Rom unerläßliche Erkenntnis gewonnen: Rom ist eine Stadt der Nachbarn. Der Draht von einem Hause zum anderen ist gewissermaßen das Symbol für ein unentwirrbares Netz sichtbarer und unsichtbarer Drähte, Drähte, an denen Unterhosen und Leintücher eines Kleinbürgerhaushaltes an die Kenntnis der Öffentlichkeit gebracht werden, Drähte, an denen aber auch die schicksalsbestimmenden Ströme von Sympathie und Antipathie entlanglaufen, Drähte, die von einem Menschen zum anderen eine Verbindung schaffen, die seit dem Bestehen der Ewigen Stadt tausendmal abgerissen ist, aber mit unbeirrbarer Zähigkeit immer wieder erneuert wurde.

Und jetzt, während wir, wie das in Rom gar nicht anders geht, bereits zu philosophieren begonnen haben, bricht, wie das ebenfalls in Rom gar nicht anders geht, die Wirklichkeit in die Theorie ein, und es erscheint am Fenster oberhalb der Wäsche hantelnden Signora eine andere vollschlanke Römerin und schüttet das Waschwasser hinunter, haarscharf an den baumelnden Extremitäten der unteren vorbei. Ecco il resultato: ein furchtbares Geschimpfe!

Trastevere, das farbige, schmutzige, elende und großartige Trastevere mit seinen Kneipen, in denen die Leute sich heute noch von den Tischchen erheben, wenn ein Mitglied ihrer Aristokratie den Raum betritt. Das Viertel der alten canzone und vor allem der stornelli, der römischen Stanzerln, die zur Guitarre improvisiert werden. Trastevere ist eigentlich kein Ort, sondern ein Zustand, eine wohltuende Anarchie der Gefühle, eine abgelagerte, überreife Mixtur aus Düften, Liedern und Müßiggang, mit Häusern, die seit dem 6. Jahrhundert ununterbrochen bewohnt werden, erfindungsreichen Genies darin, denen es das Schicksal nicht gestattet, jemals über die Tibergrenze hinaus berühmt zu werden. Hier gibt es Frauen, bei denen einem der Verstand stehen bleibt, weil sie so schön sind. Aber versuchen Sie einmal, auf der Straße oder im Kino mit einer anzubandeln!

Jetzt besuchen wir eine Schenke: an den Holztischen sitzen die Herren Römer beim mezzo litro und essen hin und wieder eine pizza, *pit-tßa*, einen römischen Pfannkuchen, von dem noch besonders die Rede sein soll – und da ist auch der Volkssänger, der das berühmte Preislied auf Rom singt.

Der Text dieser canzone trasteverina ist so schön, daß ich nicht umhin kann, Ihnen die Worte zu übersetzen – es steckt mehr von Rom und seinem Charme darin, als der beste Fremdenführer Ihnen geben könnte.

Der Mann da mit seiner Guitarre singt: Quanto sei bella Roma a prima sera – wie schön bist du Rom am frühen Abend – und er hat recht, denn niemals ist Rom hinreißender, als wenn die Sonne über dem Monte Mario sich gegen den Horizont senkt und einen feuerfarbenen Schein von Gold über Himmel, Kuppeln und Dächer der Stadt wirft. Quanto sei bella Roma a prima sera – wie schön bist du Rom am frühen Abend – das ist gesungen im römischen Dialekt – il dialetto romano, der römische Dialekt. Il dialetto romano ist eine der schönsten Sprachen der Welt – den Italienern, die ein klassisches Italienisch sprechen, sträuben sich bei seinen Ausdrücken und Verballhornungen ebenso die Haare, wie den in gepflegtem Schriftdeutsch aufgewachsenen Menschen unseres Landes beim Anhören bayerischer Urlaute die Gänsehaut über den Rücken zu laufen pflegt. Trotzdem – il dialetto romano ist eine herrliche Sprache, weil es ein kräftiger, vitaler, vertrauenswürdiger Dialekt ist – die literarischen Italiener nennen ihn nur il romanaccio, *romanat-tscho,* das gräusliche Römisch – accio ist immer eine despektierliche Nachsilbe. Eigentlich heißt das Wort für römisch romano, wenn einer romanaccio sagt, drückt er damit aus, daß er sich mit Abscheu abwendet – aber il romanaccio, die derbe römische Volkssprache kann doch nicht so verachtenswert sein, sonst hätte sie nicht so zauberhafte poesie popolari hervorgebracht. La poesia popolare, *po-esi-a popolahre,* die Volkspoesie.

Hören wir also zu, was unser Straßensänger singt: Quanto sei bella Roma a prima sera – wie schön bist du Rom am frühen Abend – er Tevere te serve da cintura – er Tevere, oder wie es im Schriftitalienisch heißt: il Tevere, *tewere,* ist der Tiber, der Fluß, der Rom durchschneidet und in zwei Hälften teilt, von denen die am rechten Ufer Trastevere, *traßtewere,* genannt wird – lateinisch: trans tiberim, das Viertel über dem Tiber drüben. Er Tevere te serve da cintura, der Tiber dient dir als Gürtel – servire heißt dienen, ti serve, er dient dir – da cintura – auf Italienisch würde es heißen come cintura: als Gürtel – la cintura, *tschintuhra*, der Gürtel. San Pietro e er Campidojo da lettiera – San Pietro, das ist natürlich Sankt Peter – er Campidojo ist die römische Form von il Campidoglio – und das ist wieder eine verwandelte Form von Capitolium, das Kapitol. La lettiera, *let-tiähra*, heißt etwas ganz Unerwartetes – es kommt von il letto das Bett – und heißt das Bettgestell! Sankt Peter und das Kapitol als Bettgestell.

So heißt also die ganze erste Strophe unserer canzone trasteverina:

> Quanto sei bella Roma a prima sera
> Er Tevere te serve da cintura
> San Pietro e er Campidojo da lettiera
> Quanto sei bella Roma a prima sera.
>
> Wie schön bist du Rom am frühen Abend,
> Der Tiber dient dir als Gürtel,
> Sankt Peter und das Kapitol als Bettgestell.
> Wie schön bist du Rom am frühen Abend.

Nun geht es weiter:

De qua e de là dar fiume c'è 'na stella. Qua heißt hier – im Gegensatz zu là, dort. Di qua e di là heißt wörtlich: von hier und von dort – de qua e de là dar fiume c'è 'na stella heißt also: hüben und drüben vom Fluß gibt es einen Stern. E tu nun pôi guardalla, und du kannst ihn nicht ansehen, tanto brilla, so sehr glänzt er. E questa è Roma, Roma mia bella, und das ist Rom, mein schönes Rom. Es geht doch ganz leicht, nicht wahr, auch wenn es römischer Dialekt ist? Nun die ganze Strophe:

> De qua e de là dar fiume c'è 'na stella
> E tu nun pôi guardalla tanto brilla
> E questa è Roma mia, Roma mia bella
> De qua e de là dar fiume c'è 'na stella.

Hüben und drüben vom Fluß ist ein Stern,
Und den kannst du nicht anschauen, so sehr
glänzt er,
Und das ist mein Rom, mein schönes Rom,
Hüben und drüben vom Fluß ist ein Stern.

Endlich die dritte Strophe:
Tu ciai la primavera ne' la chioma, du hast la primavera, den Frühling, nella chioma; la chioma ist ein besonderer Ausdruck für das lange Haar einer Frau, also: du hast den Frühling im Haar, – er vento passa dentro, der Wind fährt hinein – e se profuma, und er parfümiert sich, er nimmt den Duft an. Das Wort kommt von profumare, parfümieren, profumarsi, sich parfümieren, la profumeria, die Parfümerie. Er vento passa dentro e se profuma, der Wind fährt hinein und nimmt den Duft an – e pare ch'è un giardino tutta Roma, und es scheint, pare, es scheint, kommt von parere, scheinen, pare che, es scheint, daß. Dabei lernen wir auch gleich einen hübschen Frage-Ausdruck: Che Le pąre? Was scheint Ihnen? Was meinen Sie? Wie fast alle solchen Ausdrücke kann man auch diesen in einen Ausruf der Entrüstung umwandeln, dann heißt es: Ma che Le pare! Aber was denken Sie! In unserem Text heißt es: pare ch'è un giardino – un giardino, *dschardihno,* ein Garten – pare ch'è un giardino tutta Roma, es scheint als ob ganz Rom ein Garten wäre. Die letzte Strophe heißt also:

Tu ciai la primavera ne' la chioma.
Er vento passa dentro e se profuma
E pare ch'è un giardino tutta Roma
Tu ciai la primavera ne' la chioma.

Du hast den Frühling in deinem Haar,
Der Wind fährt hinein und nimmt seinen Duft mit,
Und es scheint, als ob ganz Rom ein einziger
Garten wäre.

Ich hoffe, Sie fühlen sich wohl in der Siebenhügelstadt – nella città dei sette colli – in der Stadt der sieben Hügel. Die Zahl sieben spielt in der Stadt schon seit uralten Zeiten eine heilige Rolle – es gibt sieben Hauptkirchen, sieben Hügel, sieben Weltwunder – aber machen Sie einmal den Versuch, Ihren Reisegefährten die Frage zu stellen, welche denn zum Beispiel die sieben Hügel Roms seien. Sie werden die Erfahrung machen, daß man meistens entweder sechs oder acht zusammenbringt. Bei den ersten geht es noch leicht:

Il Campidoglio, *kampidoljo,* das Kapitol, kennen wir schon. Das ist der heiligste Hügel von Rom, der im Altertum den Tempel des Jupiter, des Vaters der Götter und Menschen getragen hat, später zur Burg umgewandelt wurde und heute einen der schönsten Plätze von Rom aufweist, von Michelangelo mit der Reiterstatue des Kaisers Mark Aurel versehen. Dem Kapitol gegenüber liegt auf der einen Seite der Palatin, il Palatino, *palatihno,* auf dem in der Antike die Kaiser ihre marmorspiegelnden Paläste hatten, von denen heute noch gewaltige Ruinen zu sehen sind. Außerdem war auf dem Palatin die Höhle der Wölfin, ein uraltes Heiligtum, das mit der Gründungslegende von Rom zusammenhängt. Bekanntlich wurde Rom nach der Sage von Romulus und Remus, zwei Brüdern, gegründet, die in der Wildnis ausgesetzt und von einer Wölfin gesäugt worden waren. Daher war die Wölfin stets Roms heiliges Tier. Gegen Osten liegen dem Kapitol gegenüber dann der Quirinal und der Viminal – il Quirinale, *k*^{u}*irinahle,* ed il Viminale, *wiminahle,* von denen der eine die alte päpstliche Sommerresidenz, das heutige Präsidentenschloß trägt, während der andere fast ganz in die römische Erde zurückgesunken ist. Nach Süden schließt sich an der Esquilin – l'Esquilino, *eßk*^{u}*ilihno,* auf dem die Kirche S. Maria Maggiore steht, eine der ältesten und herrlichsten der

Stadt, dann folgt der Caelius – il Celio, *tschälio,* heute noch, wie in der Antike, ein wunderschöner, von alten Bäumen überschatteter Park. Den Schluß in dieser Hügelkette bildet gegen Westen der Aventin – l'Aventino, *lawentihno,* ein sehr ruhiges und vornehmes Quartier mit alten Kirchen und schweigsamen Villen hinter hohen Gartenmauern. Haben Sie sich's gemerkt? Il Campidoglio, il Palatino, il Quirinale, il Viminale, l'Esquilino, il Celio, l'Aventino. Nicht in den sieben Hügeln enthalten sind drei Erhebungen, die das Stadtbild Roms mitbestimmen, daß sie es eigentlich nicht verdienen, ausgeschlossen zu bleiben aus dieser heiligen Hügelzahl: der Pincio, *pintscho,* mit der Villa Borghese, dem großen römischen Volkspark, dann auf der anderen Tiberseite der Gianicolo, *dschanikolo,* mit dem Garibaldi-Denkmal und einer der schönsten Fernsichten über die Stadt – und endlich der seit fünfhundert Jahren in einem Gewirr übereinander getürmter Paläste vergrabene Hügel des Vatikan – il Vaticano, *watikahno.*

Alle diese Namen sind ehrwürdig, aber sie werden unserem Herzen erst nahegebracht durch die Heiterkeit des Himmels, der sich über ihnen wölbt, durch den endlosen Reigen großer und reiner und gewaltiger Freuden, die der Stadt Rom durch die Jahrhunderte in ungebrochener Fülle entströmen. Meine lieben Leser, hätte ich nicht die Pflicht, Ihnen im Italienischen voranzuhelfen, so würde ich jetzt unterbrechen und einfach von Rom zu erzählen anfangen, von den erhabenen und den liebenswerten Dingen, von der Geschichte und von den jungen Mädchen, von den Festen der Römer und von ihrer Liebe zu ihren Kindern und ihren Katzen. Da ich Sie aber auf Ihren Wegen durch die Ewige Stadt nicht überallhin begleiten kann, beschränke ich mich jetzt darauf, Ihnen für die nächste Lektion zu versprechen, daß ich Ihnen nach der Wiederholung der verhältnismäßig wenigen neuen Wörter, die es diesmal zu wiederholen gibt, ein paar römische Geschichten erzählen werde.

NEUE WÖRTER

Lektion 60

l'autista	*lautißta*	der Chauffeur, der Fahrer
bastare	*baßtahre*	genügen (auch: genug sein)
trenta lire bastano		dreißig Lire sind genug
il giro	*dschihro*	wörtlich: die Drehung, auch: der Spaziergang, der Umweg, der Rundgang, die Reiseroute
girare	*dschirahre*	drehen, umherschweifen, herumwandern
facciamo un giro		machen wir einen Rundgang, gehen wir spazieren
mi gira la testa	*täßta*	wörtlich: mir dreht der Kopf, richtig: ich bin schwindlig, es dreht sich mir der Kopf
la gita	*dschihta*	die Fahrt, der Ausflug
la gita turistica		die Stadtrundfahrt, auch die Besichtigungsrundfahrt
andare a spasso	*ßpaß-ßo*	spazierengehen
lo spasso		das Vergnügen
Roma, la città eterna	*etärna*	Rom, die Ewige Stadt
la canzone trasteverina	*traßteweribna*	das Lied aus Trastevere
Trastevere	*traßtewere*	Name eines römischen Stadtviertels
quanto sei bella Roma		wie schön bist du Rom
a prima sera		am frühen Abend
il dialetto romano	*dialet-to* *romahno*	der römische Dialekt
il romanaccio	*romanat-tscho*	derbe römische Volkssprache

la poesia popolare	*po-esi-a popolahre*	die Volkspoesie
il Tevere	*tewere*	der Tiber
servire	*ßerwihre*	dienen
la cintura	*tschintuhra*	der Gürtel
San Pietro	*ßan p^{i}ähtro*	Sankt Peter
il Campidoglio	*kampidoljo*	das Kapitol
il letto	*lät-to*	das Bett
la lettiera	*let-t^{i}ähra*	das Bettgestell
qua		hier
là		dort
di qua e di là		wörtlich: von hier und von dort, hüben und drüben
guardare	*g^{u}ardahre*	betrachten, ansehen
il fiume	*f^{i}uhme*	der Fluß
la stella	*ßtel-la*	der Stern
brillare	*bril-lahre*	glänzen
la primavera	*primawähra*	der Frühling
la chioma	*k^{i}ohma*	das lange Haar (auch der Schweif eines Kometen)
profumare	*profumahre*	parfümieren
profumarsi		sich parfümieren, den Duft annehmen
la profumeria		die Parfümerie
parere	*parehre*	scheinen
pare che	*pahre*	es scheint, daß
che Le pare?		was scheint Ihnen richtig, was meinen Sie?
il parere		die Ansicht
il giardino	*^{dsch}ardihno*	der Garten
la città dei sette colli		die Stadt der sieben Hügel
il Palatino	*palatihno*	der Palatin
il Quirinale	*k^{u}irinahle*	der Quirinal
il Viminale	*wiminahle*	der Viminal
l'Esquilino	*leßk^{u}ilihno*	der Esquilin
il Celio	*tschäl^{i}o*	der Caelius
l'Aventino	*lawentihno*	der Aventin
il Pincio	*pintscho*	der Pincio

il Gianicolo	*dschanikolo*	der Gianikolo
il Vaticano	*watikahno*	der Vatikan

Und nun, meine lieben Leser, noch einmal unser Dialog mit dem facchino:
Da steht also der facchino und da sind wir, und wir sagen zu ihm:
Ci conviene d'accordarci subito sul prezzo.
Faccia Lei!
No, no, ci dica Lei il prezzo giusto.
Mille lire.
Come?
Mille lire.
Che cosa ha detto?
Dico mille lire.
Ah, mille lire, ma va ...
Sì, signore, mille lire è proprio giusto.
Ma no, questo è un prezzo esagerato!
No, signore, questo è il prezzo secondo la tariffa.
La tariffa? Noi conosciamo la tariffa.
Voi? Voi siete stranieri, come potete conoscere la tariffa? Io ho quattro bambini a casa, che vogliono mangiare.
Ah che bellezza, quanti anni hanno?
Ma quanto sono belli! Però il prezzo è assolutamente esagerato.
Ma, signore, non capite che devo lavorare per i miei bambini?
Sì, questo lo capiamo senz'altro – ma non siamo tanto ricchi come pensa Lei.
L'ho detto: faccia Lei il prezzo.
Va bene – ma Lei deve capire che non siamo stranieri ricchi.
Come non capisco!
Allora facciamo quattrocento lire, cento lire per ogni bagaglio, e cento lire di mancia.
Ma, signore, abbia pazienza, abbia pazienza. Per questo prezzo non lo posso fare.
Ma sì, lo può fare senz'altro – è pagato bene.
Ultima parola, cinquecento lire per tutto quanto. Va bene?
Va bene.

IN ROM LEBEN
Lektion 61

Ich glaube, ich brauche niemand von Ihnen versichern, daß es ein Glück ist, in Rom zu leben, nicht nur für die Ausländer oder die Romverliebten, sondern auch für die Römer. Erstaunlicherweise bemerkt man immer wieder, daß auch Leute, deren Vorfahren schon seit unkontrollierbar vielen Generationen zum Stadtvolk gehören, das Wohlgefühl des Lebens in Rom in hohem Maße genießen und es ganz bewußt genießen. Dieses Glück, in Rom zu leben, hat viele Gesichter; es ist ein anderes Glück im modernen Rom und es ist ein anderes Glück in der Roma Vecchia. Gleich bleibt dabei das Erlebnis, die Vielschichtigkeit des stadtrömischen Schicksals auch noch in den kleinsten Alltag eindringen zu sehen, zu erleben, wie sich auch in bedrängten Tagen dem sorgenvollen Stadtbürger tausend ungerufene Schönheiten anbieten, die Verzweiflung fast unmöglich machen. Gleich bleibt die Leichtigkeit, die den wichtigen Dingen in Rom zuströmt, der Charme, der über alles Ernsthafte ausgebreitet ist und die Gelassenheit gegenüber der Weltgeschichte, die Rom seinen Geistern sanft und unmerklich einflößt.

Verschieden aber ist das Glück des Lebens in Rom, wie ich schon sagte, nach den Quartieren, in denen es sich abspielt. Rom ist noch ein Ort, in dem die Wahl des Hauses entscheidend ist für die Gestalt des Lebens. Sie wissen, daß es sehr moderne, elegante Wohnviertel gibt, wie das Quartier von Parioli, worin die meisten Leute mit dem vielen Geld wohnen, jene Leute, die bekanntlich überall in den großen Städten der Welt im Rhythmus von etwa dreißig Jahren untereinander auszumachen pflegen, es sei von nun an schick, dort und dort zu wohnen. Bis zum ersten Weltkrieg war dieses

Quartier die Via Nomentana, heute ist es Parioli, morgen wird es vielleicht das Gelände nach Ostia hin sein. Wer in diesem Rahmen lebt, wird in Rom »immer noch« sehr römisch leben, er wird Pinien um sein Haus herum haben, er wird vielleicht die Aussicht auf ein kleines, altes, halbverfallenes Bauernhaus sein eigen nennen, das durch eine sorgsame Archäologie mit Behutsamkeit aus den kurvenreichen und kühnen Wohnbaufluchten ausgespart ist, die ein solches modernes Quartier aufweist. Aber das Leben in Parioli ist ein poliertes und ein privates Leben. Das Leben in der Vecchia Roma dagegen bedeutet, keine Geheimnisse zu haben. Es bedeutet, von seiner Umwelt alles zu wissen, es bedeutet, daß der Portier mir am Morgen erzählt, es habe am gestrigen Abend im vierten Stock hier einen entsetzlichen Krach gegeben, weil die bellissima ragazza der Familie des Uhrmachers, die achtzehnjährige Tochter Antonella, versucht habe, die Haare ihres Pudels lila zu färben, lila sei nämlich die große Mode in Capri. Es bedeutet, daß man von mir erwartet, ich würde mit gefaßter Miene im Trauergeleit mitgehen, wenn der seit Monaten sterbenskranke Nonno, der Großvater des Polizisten aus dem fünften Stock, endlich von seinem Leiden erlöst wird, es bedeutet, daß ich bei dem Besitzer der Bottiglieria im Paterre einen unbeschränkten Kredit habe, obwohl über seinem Ladentisch ein riesiges Schild gemalt ist, worauf in großen blau-roten Farben zu lesen ist: non si fa credito; es bedeutet aber auch, daß alle meine persönlichen Dinge von meinen Nachbarn ebenso genau besprochen werden – kurz und gut, daß wir alle zusammen auf das verzichtet haben, was nördlich der Alpen das geheiligte Privatleben genannt wird. Ich glaube nicht, daß hier Neugier im Spiel ist, oder gar Sensationslust. Vielmehr scheint mir, es handle sich um eine besondere Form der Anteilnahme, die aus dem gemeinsamen Leben resultiert, und man muß dabei ganz besonders betonen, daß der Verzicht auf das sogenannte Privatleben nicht gleichbedeutend ist mit Mangel an Takt. Wenn man länger in Rom ist, wächst einem ein schwer bestimmbarer neuer Sinn zu für die freundliche Umhüllung, für das Wohlgefühl des Beschütztseins, des Nicht-Verlassenseins, das dieser Stadt entströmt. Was ich Ihnen zu beschreiben versuche, ist der nahtlose Gemeinschaftssinn der Römer, eine untergründige Solidarität, die bis in die feinsten Nerven dieses uralten Volkskörpers hinein reicht, ohne auch nur im geringsten das Selbstbewußtsein des einzelnen zu schmälern. Es ist dies eine feine Organisation von Nachbarschaften, eine geheimnisvoll verworrene Ordnung menschlicher Beziehungen, ein durch die Erfahrung von Jahrtausenden abgeschliffenes, untergründiges Gefühl für Lebenssicherheit, ein in der Gelassenheit von Jahrhunderten gewachsener Schutz gegen das Phänomen, das alle anderen Großstädte unserer Welt so deutlich kennen, die Vereinsamung. In Rom ist es nicht möglich, einsam zu sein. Deshalb bleibt man ja auch kein Fremder dort. Man wird langsam und mit einer bemerkenswerten Diskretion in den Rhythmus des stadtrömischen Lebens hineingenommen und von allen Seiten wachsen die Stützen des Vertrauens auf einen zu. Das Menschliche ist es, was den Römern nahegeht, ihr Mitgefühl berührt und ihre Hilfsbereitschaft hervorruft. Um Ihnen den Charakter des römischen Stadtvolkes noch etwas näherzubringen, darf ich Ihnen noch eine Geschichte erzählen, in der der heilige Josef eine gewisse Rolle spielt, dem eines der großen römischen Volksfeste gewidmet ist. Und weil man an diesem Fest einer uralten Tradition gemäß kleine Krapfen in ungeheuren Mengen verzehrt, nennen die Römer in jenem Anflug von Spott und Liebe, der ihnen vor allen anderen Stadtvölkern der Welt zu eigen ist, den heiligen

Josef, San Giuseppe frittellaro, den heiligen Josef Krapfenbäcker.

Jenseits des Tales der Suburra auf der Höhe des Hügels liegt ein großes Gebäude, das aussieht wie ein kühnes, gelassenes Schiff mit steinernen Masten. Auf seinen Altanen erscheinen zu bestimmten Stunden des Tages schwarz-weiß gekleidete Gestalten mit Büchern in der Hand: die Professoren der Universität des Dominikanerordens, die auf diese Weise hoch über den verworrenen Dächern des Suburravolkes die zeitlosen Hymnen und Psalmen ihres Breviers beten. Unmittelbar unterhalb dieser Klosteruniversität liegt ein von Mauern eingefaßtes parkartiges Geviert, die Villa Aldobrandini. Hier hat ein Mann im Garten aus Pappendeckel ein typisches Bürgerhaus der römischen Altstadt aufgerichtet, dessen eine Wand man entfernen kann, so daß daraus eine Theaterbühne wird. Dort spielt Checco Durante, der große römische Volksschauspieler. Er spielt den Römern sie selber vor, in ihrer überlagerten Mischung aus Treue, Egoismus, Dankbarkeit, List und Hilfsbereitschaft, Geduld und Spott, Rührseligkeit und Takt, und im Zwischenakt kommt er auf die Rampe heraus – er braucht einen Lautsprecher, weil der Verkehrslärm ringsum so groß ist – und dann betet er, sozusagen in die Ohren der Dominikanertheologen hinein, die Litanei zu San Giuseppe frittellaro, zum heiligen Josef Krapfenbäcker.

Heiliger Josef Krapfenbäcker,
du bist so ein guter und lieber Mann
und dazu kannst du so viel machen,
hilf ein bißchen uns armen Leuten,
mach, daß den reichen Leuten voll von Stolz
das Geld ein bißchen leichter aus der Tasche fährt,
und mach, daß der arme Mann, der's bekommt,
sich auf diese Weise den Gürtel ein bißchen weiter
schnallen kann,

und mach bitte auch, daß die Metzgermeister
zur Salami und zum Cotteghino nur das Fleisch von
einer guten Sau verwenden,
und nicht die ganze Arche Noah
hineinverwurschteln.
O großer und gepriesener Heiliger,
gib einem jeden ein Dach überm Kopf,
wie die Schnecke eins hat, mit Versicherung,
und mach, daß den Armen, denen die Haare
ausfallen, wieder was nachwächst auf der Platte.
Auch um den Wein bitten wir dich herzlich,
sei so gut und sorg dafür,
daß man ihn aus Trauben macht und
nicht aus der Fontana Trevi,
denn wenn der Wein was taugt,
können wir unsere Sorgen doch leicht vergessen
und wieder lachen, wie wir gern möchten.
Dank dir schön, Amen.

Heute wollen wir uns einen vergnügten römischen Abend machen, und dazu gehört nach bewährtem römischen Rezept die möglichst raffinierte Verbindung leiblicher und geistiger Genüsse. Normalerweise empfinden es die Rom-Besucher schon als das höchste der Gefühle, an einem warmen Sommerabend auf einem der römischen Plätze in einer Trattoria zu sitzen, die Brunnen rauschen und die Musik spielen zu hören, dabei ein gutes und gediegenes Abendessen in heiterer Ruhe zu verzehren und den Wein genießerisch durch die Kehle laufen zu lassen. Aber damit geben wir uns nicht zufrieden. Wir wollen eine abendliche Rundfahrt machen, die Stadt und ihre Schönheit ohne Anstrengung an uns vorüberziehen lassen und hin und wieder ein besonders köstliches Gericht der römischen Küche probieren. Dazu lernen wir gleich zuerst einmal: la cucina romana, *kutschihna,* die römische Küche. Attenzione, Signore e Signori, passen Sie auf die Aussprache auf! Sagen Sie in cucina das ci ganz scharf – wenn Sie es nämlich etwas weich aussprechen, la cugina romana, *kudschihna,* dann heißt es nicht mehr die römische Küche, sondern die römische Kusine, was zweifellos auch hübsch, aber für das Vorhaben des heutigen Abends erst in zweiter Linie interessant ist. Ci sono molte possibilità per andare a mangiare – es gibt viele Möglichkeiten, essen zu gehen – si deve distinguere molto bene fra ristorante, trattoria, bottiglieria ed osteria – man muß sehr gut unterscheiden zwischen Restaurant, kleinem Speisehaus, Weinschenke und Kneipe. Distinguere, *dißtinguere,* heißt unterscheiden; fra, *fra,* zwischen; il ristorante, *rißtorante,* das Restaurant, das ist ein ziemlich teueres Lokal mit Scharen von camerieri, phantastisch aufgemachten Schautischen, worauf die Leckerbissen des Kochs kunstreich ausgestellt sind.

Il cuoco, *kuoko,* der Koch. Il cuoco ist der Mann, dessen Tätigkeit in cucinare besteht, cucinare, *kutschinahre,* heißt kochen, nicht etwa cucire, *kutschihre* – das heißt nämlich nähen, und das tut nur il sarto, *ßarto,* der Schneider. Eine Stufe unterhalb des ristorante steht die trattoria – das Wort kommt von trattare, *trat-tahre,* das wir schon kennen: behandeln, verhandeln. Wir erinnern uns an den Ausdruck, mi sento trattato malissimo – ich fühle mich sehr schlecht behandelt. Der padrone einer trattoria hat natürlich den größten Ehrgeiz, di trattarci molto bene, uns sehr gut zu behandeln, und deshalb setzt das Wort trattoria voraus, daß das Essen hervorragend ist. Tatsächlich kann man le trattorie romane größtes Vertrauen schenken. Man wird fast überall sehr gut zu essen finden, einfach und kräftig, aber gesund und ohne Mogelei. Manche einfache trattoria ist von außen kaum von einer bottiglieria, *bot-tiljeri-a,* zu unterscheiden – aber nella bottiglieria bekommt man nichts zu essen, da muß man sich sein Brot und seinen Käse und seine Oliven selber mitbringen, dafür gibt es zumeist recht guten Wein – la bottigliera ist nämlich die Weinschenke. Die einfachste und älteste Art des Speiselokals in Rom ist die osteria, *oßteri-a,* das einfache Speiselokal, die Kneipe, ebenfalls höchlichst zu empfehlen, vor allem für pizza, *pit-tßa,* den römischen Pfannkuchen, den man am Abend dort zumeist bekommt. Da die pizza heute nicht auf unserem Menü stehen wird, sei hier ein Wort zu ihrer Ehre eingefügt:

Pizza, das ist ein Volksnahrungsmittel, die Spezialität des kleinen Mannes, zwar in Neapel erfunden, aber in Rom zu unglaublicher Wandlungsfähigkeit gebracht. Pizza, das ist mehr als ein pfannkuchenartiges rundes Teiggebilde, worauf in einer Substanz von flüssigem Käse alles mögliche durcheinanderschwimmt. Pizza, das ist fast eine Wissenschaft. Pizza, das ist ein Abbild Roms: Altes und Neues durcheinander, in dem sanft erwärmenden Klima eines ungeheuren Ofens zur Reife gebracht, eine Komposition einfacher Genüsse in ihren abseitigsten Übergängen – und der kleine Mann und der große Herr sind sich über die Wichtigkeit dieser Sache einig. Schon die Namen, die man ihr gibt je nach der Zusammensetzung ihrer Zutaten, sind aufschlußreich. Pizza alla papalina, *papalihna* – das ist etwas besonders Hübsches. Papalina ist das kleine runde Stoffkäppchen, das die höheren Geistlichen auf dem Hinterkopf zu tragen pflegen, um die Tonsur zu bedecken. Dann: pizza alla capricciosa – auf die kapriziöse Weise, alla bella signora – das braucht man nicht zu übersetzen, endlich pizza alla pescatora – nach der, wie wir annehmen, schönen Fischerin.

Ausgerüstet mit diesen Kenntnissen, können wir uns jetzt auf unsere abendliche Rundfahrt begeben, und dazu nehmen wir natürlich eine Kutsche, una carrozzella, *kar-rot-tßäl-la.*

Sagte ich eine? Das ist natürlich nicht wörtlich gemeint. Wir nehmen selbstverständlich mehrere Kutschen, in eine passen höchstens fünf Leute. Aber damit nicht genug, wir nehmen noch eine Kutsche mehr, als wir für uns selber brauchen, und da hinein setzen wir die Musik – denn ohne Musik ist ein römisches Gastmahl überhaupt nicht zu denken, und warum sollen wir auf unserer Fahrt von einem Leckerbissen zum anderen auf die Musik verzichten? So, und nun geht's los – halt, meine Herrschaften, halt: ci conviene d'accordarci prima sul prezzo. Der Kutscher sagt: Faccia Lei – Wir sagen: No, no, ci dica Lei il prezzo giusto!!! und so weiter, siehe das Gespräch mit dem facchino am Bahnhof, dann kommt auch der Moment, wo wir zu unserem Erstaunen hören: Ma, signore, abbia pazienza, io ho quattro bambini a casa ...

Wir sind auf der Piazza Venezia mitten in der Stadt in unsere Kutschen eingestiegen und nun fahren wir zuerst ins Ghetto, in das alte Judenviertel von Rom. Wir kommen am Theater des Marcellus vorbei, das jetzt ein großer Palast ist, dessen Front noch die Fassade des antiken Theaters zeigt; dann begegnen wir dem Schildkrötenbrunnen auf der Piazza Mattei, und dann tauchen wir in viele kleine, verwinkelte, von Wäsche überhangene Gassen ein, in denen die Katzen streunen und scheue Gesichter aus den Fenstern blicken – um endlich auf der Piazza Cenci herauszukommen, und da steht schon ein weißbejackter, großbenaster Mann, der uns mit gewinnenden Armbewegungen in sein Lokal zu rudern sucht. Der erste Gang unserer römischen Mahlzeit ist nahe.

Dove vogliono mettersi, *met-terßi*, fragt der Mann, sobald wir das Lokal betreten haben – wohin wollen Sie sich setzen – wörtlich: wo wollen Sie setzen sich? Wenn er nichts sagt, können wir ihn auch fragen: Dove ci mettiamo? Wo uns wir setzen? Wohin sollen wir uns setzen? Dann sagt er: Dove vuole – (eigentlich müßte er sagen, dove vogliono – aber er nimmt's mit der Grammatik nicht so genau, zu unserem großen Troste). Noi diciamo: Questo tavolo all'angolo ci andrebbe bene, *tahwolo al-langolo tschi andreb-be bähne* – dieser Tisch in der Ecke ginge uns gut, dieser Tisch in der Ecke würde uns passen – l'angolo heißt die Ecke, der Winkel – all' angolo in der Ecke – andrebbe ist eine Form von andare und heißt: würde gehen – ci andrebbe bene, uns würde gehen gut, würde uns gut gehen, würde uns passen. Er: Prego, s'accomodino – bitte, nehmen Sie Platz. Da wir sehen, daß ein Stuhl zu wenig da ist, sagen wir: Cameriere, qui ci vuole un' altra sedia, *ßähdia* – Ober, hier braucht es einen anderen Stuhl, einen Stuhl mehr, noch einen Stuhl – qui ci vuole, hier es will. La sedia ist der Stuhl, un'altra sedia, ein anderer Stuhl, im Sinne von: noch ein Stuhl.

Das Essen, das wir jetzt beginnen wollen, ist ein pranzo – il pranzo, *prantßo,* das Abendessen, die Hauptmahlzeit – im Gegensatz zu dem Mittagessen, das in Italien la colazione, *kolatßiohne,* heißt, wörtlich: das Frühstück. Tatsächlich ist in Italien das Mittagessen das Frühstück, denn am Morgen begnügt sich Arm und Reich mit einem caffè latte, il latte, die Milch, und einem Hörnchen. Wenn einer auf nördliche Weise ausgiebig frühstücken will, dann ist das la prima colazione, das erste Frühstück. Nun müssen wir noch eine Mahlzeit lernen, die allerdings die seltenste ist: la cena, *tschehna* – wörtlich: das Mahl, gemeint ist das Essen um Mitternacht – also etwa nach dem Theater. La cena, das späte Abendessen. Und nun, meine Damen und Herren, kann uns nichts mehr zurückhalten von dem Genuß des ersten Gerichtes in unserer Liste der specialità romane, der römischen Spezialitäten. Ich hoffe, Sie haben weder eine prima colazione, noch eine richtige colazione von Bedeutung hinter sich und verfügen über einen wahrhaft nennenswerten Hunger, denn andernfalls werden Sie der Genüsse, die uns erwarten, kaum Herr werden. Es geht los mit carciofi alla Giudea. Il carciofo, *kartschohfo,* die Artischocke, i carciofi, die Artischocken, alla Giudea, *dschudä-a,* sind also Artischocken auf die Art von Judäa – sie sind gedünstet und dann an ihren Außenblättern leicht in Öl gebacken und wenn man sie ißt, bekommt man zuerst etwas Knuspriges in den Mund, und weiter nach innen wird der grüne Ball dann immer weicher und zarter. Eine herrliche Sache. Dazu sehen wir auf einen verfallenen Palast hinaus, in dem die schöne Beatrice Cenci im sechzehnten Jahrhundert ein unglückliches Leben geführt hat, bis sie unter der Anklage des Vatermordes in der Engelsburg ihr Leben lassen mußte – ob schuldig oder unschuldig, darüber sind sich die Gelehrten bis heute noch nicht einig. – Der popolo romano läßt heute noch im Andenken an die schöne Frau jährlich in der Kapelle neben dem Palast eine Messe für ihr Seelenheil lesen.

Zu den carciofi alla Giudea trinken wir einen mezzo litro des Landweines aus den Albaner Bergen, der die irrtümliche Bezeichnung Frascati führt, obwohl er meistens nicht aus den Weinbergen um Frascati kommt, einen goldgelben, öligen Wein, der höchst angenehm über die Zunge läuft – aber bitte nicht zu viel, denn es geht eigentlich erst richtig los.

Wir setzen uns wieder in unsere Kutschen und fahren weiter, über die Piazza Argentina, den Corso del Rinascimento hinunter, bis wir in die Via della Scrofa kommen, wo uns der berühmte Alfredo schon erwartet, der König der fettucine, *fet-tutschihne,* das sind hauchdünne Teigbänder, von Butter und zerlassenem Käse mäßig durchmischt, und die Leute kommen von Amerika herübergefahren, um sie bei Alfredo zu essen. Wir lassen uns dazu eine Flasche Verdicchio geben –

Verdicchio, das ist ein Wein, der ursprünglich aus Sardinien stammt, dann später auch in der Mark Ancona heimisch wurde, seit etwa tausend Jahren aus dem Orte Jesi kommt, wo der Hohenstaufenkaiser Friedrich II. geboren ist. Man serviert ihn in sehr hübschen Flaschen, die ein wenig wie eine antike Vase aussehen, und er muß ziemlich kalt sein – dann mischt er sich mit den fettucine zu einer Geschmackskomposition, die man nicht wieder vergißt. Meine Damen und Herren, bleiben wir mäßig – wir haben noch Gewaltiges vor uns – denn jetzt geht es über die Piazza Borghese, wo wir den von Bernini erbauten Palast im schwachen Schein der Laternen liegen sehen, zur Piazza di Spagna, zum Spanischen Platz mit seiner berühmten Treppe – und da halten wir ein wenig inne. Hier finden wir am Fuß der Treppe, von elektrischen Birnen beleuchtet, die Blumenhändler noch mit vollen Ständen – und dies ist wohl Grund genug, um unseren Damen ein paar Blumen unserer Verehrung in die carrozzelle zu reichen. Dazu spielt die Musik eine Melodie – Fontana di Trevi – und weist uns damit den Weg zu unserem nächsten Monument und unserem nächsten Gericht: zum Trevi-Brunnen und zu den Cannelloni.

Die Fontana di Trevi ist der großartigste der römischen Brunnen, das Ende einer antiken Wasserleitung, ein Gebirge von steinernen Figuren und Wassergefällen, majestätisch und ruhig, eingefügt in die Fassade eines Palastes, mit einem tiefliegenden weiten Becken, an dem wir nicht vorüberfahren dürfen. Hier ist der Schicksalsort, an dem man dem römischen Zeremoniell zufolge seinen Tribut zahlen muß, um sich die künftige Rückkehr nach Rom zu sichern. Bitte, nehmen Sie alle eine Münze in die Hand, es ist gleich, in welcher Währung, stellen Sie sich mit dem Rücken zum Brunnen, und werfen Sie sie hinein – später können Sie dann zusehen, wie die ragazzi romani das Geld wieder herausfischen und es in Eis am Steckerl und ähnliche Genüsse umsetzen.

Es naht die nächste Trattoria – sie ist in dem Palast untergebracht, worin der letzte Nachkomme des schottischen Königshauses der Stuart als römischer Kardinal verstarb – an der Ecke der Piazza Santi Apostoli, des Zwölf-Apostel-Platzes, und man ißt dort die besten cannelloni dieser Welt. Cannelloni, *kan-nel-lohni,* von canna, *kan-na,* das Rohr. Das sind Röhren aus Teig, die mit einem Gemisch aus Topfen von Schafsmilch und mancherlei Gewürzen gefüllt und dann ganz sanft ausgebacken werden. Meine Damen und Herren, das lassen Sie nicht stehen. Man ißt cannelloni in Rom auch mit einer Füllung von Fleischhaschee, aber mit dem Schafskäse sind sie noch besser. Dazu kredenzt uns der höchst vertrauenswürdige Wirt eine Flasche Arbia, *arbia,* das ist ein weißer Chianti von besonders kräftiger Güte, und nun, meine Damen und Herren, geht es uns schon immer besser.

Auf der Piazza Santi Apostoli sagen wir nun zu dem Kutscher – ed adesso ci porti in Piazza Navona – und nun fahren Sie uns auf die Piazza Navona – und dabei vergessen wir, höflich wie wir sind, nicht, anzufügen: per piacere, oder per cortesia. Auf der Piazza Navona erwartet uns nämlich der erste Hauptgang unseres Gastmahls: der abbacchio alla romana, *ab-bak-kio,* der Lammschlegel auf römische Art, garniert mit drei römischen Brunnen, von denen einer schöner ist als der andere. Der Hauptbrunnen ist von Bernini und trägt auf seinem Gipfel einen ägyptischen Obelisken. Wir lassen uns im Anblick dieses weiten Platzes mit seiner getürmten und gekuppelten Kirche von S. Agnese und seinen Palastfassaden in einer Trattoria nieder und vergegenwärtigen uns, während wir unseren Lammschlegel erwarten, daß dies unter dem römischen Kaiser Domitian vor fast zweitausend Jahren ein Zirkus war, eine Wagenrennbahn, auf der die Viergespanne um die Wette fuhren, – daß später die Päpste, um sich und den popolo romano zu unterhalten, den Platz zeitweilig voll Wasser laufen und Regatten und Seegefechte abhalten ließen, – daß noch bis ins vorige Jahrhundert hinein hier alljährlich im Sommer ein Wettrennen von Prälaten und römischen Fürsten in ihren Kutschen stattfand, wobei alle durch knietiefes Wasser fuhren und sich gegenseitig möglichst heftig anzuspritzen versuchten, – und daß dies der Ort des großen römischen Weihnachtsmarktes ist, ein Platz, den das römische Volk mehr liebt als jeden anderen in der Stadt. Und nun erscheint, von dem wohlwollenden Wirt freundlich dirigiert, die Kellnerschar mit dem abbacchio, dem gebratenen Lamm, von dem der Duft von vielerlei Gewürzen, Salbei und Rosmarin und weiß Gott noch was sonst in unsere Nasen steigt. Hierzu, Signore e Signori, cambiamo vino – wechseln wir den Wein. Finora abbiamo bevuto vino bianco, adesso ci vuole vino rosso, bisher haben wir weißen Wein getrunken, jetzt braucht es roten.

Ich empfehle: Bardolino extra, einen wunderbaren leichten Wein aus dem Gebiet um Verona – er setzt sich ganz harmonisch auf den zuletzt getrunkenen Arbia drauf und nun geht es uns schon wieder ein bißchen besser.

Gentili Signore e Signori – was kann man schon in einer Lektion über das römische Essen sagen. In der nächsten Lektion wollen wir die glorreiche Unternehmung dieses pranzo romano zu Ende führen. Per la prossima lezione ci diamo appuntamento in Piazza Navona.

FORTSETZUNG UNSERER ABENDLICHEN RUNDFAHRT

Lektion 62

Oggi continuiamo il nostro giro, attraversando la città eterna e la cucina romana. L'ultima volta ci siamo lasciati in Piazza Navona, mangiando l'abbacchio alla romana. Oggi prendiamo di nuovo le nostre carrozzelle per andare avanti nel nostro pranzo fantastico – heute setzen wir unsere Rundfahrt fort, durch die Ewige Stadt und die römische Küche. Das letzte Mal haben wir uns getrennt (ci siamo lasciati, wörtlich, wir sind uns gelassen, wir haben uns getrennt, von lasciare, *laschahre,* lassen, verlassen – niemals aber veranlassen) in Piazza Navona, auf der Piazza Navona, mangiando l'abbacchio alla romana – Lamm auf römische Weise essend, beim römischen Lamm-Essen. Heute nehmen wir erneut – di nuovo, *di nuohwo,* erneut, unsere Kutschen, le nostre carrozzelle, und verlassen den kunstreichen Platz, um uns dem

Tiber zuzuwenden. Wir überqueren ihn und wenden uns dann nach links, um bald die erleuchtete Engelsburg zu erreichen, die in der Antike das Grabmal des Kaisers Hadrian, im Mittelalter Festung, Gefängnis und päpstliche Residenz gewesen ist und heute noch eines der Wahrzeichen der Stadt Rom bildet, ein runder, übermächtiger Turm voller Erinnerungen, beständig und unvergänglich im wechselvollen Geschick der Ewigen Stadt. Von hier aus ist es nicht mehr weit auf den Petersplatz, und wir gönnen uns das Vergnügen, die von der Kuppel überschwebte, schwachbeleuchtete Fassade in der nächtlichen Stille des menschenleeren Platzes zu betrachten, seine Brunnen rauschen zu hören und zu dem einsam erleuchteten Fenster im letzten Stockwerk des vatikanischen Palastes hinaufzublicken, das dem Arbeitszimmer des Papstes zugehört. Von dieser geheiligten Zone aus haben wir es nicht sehr weit bis zu der Porta Settiminiana, einem großartigen mittelalterlichen Stadttor, zu dessen Füßen, am Eingang von Trastevere, ein Haus aus dem fünfzehnten Jahrhundert liegt, worin seinerzeit einmal die Bäckerstochter wohnte, die durch die Verliebtheit Raffaels heute als Psyche auf den Fresken der Farnesina schwebt. Heute ist in diesem Hause eine Trattoria untergebracht, die unser nächstes Ziel ist. Das Haus hat nach rückwärts einen kleinen Garten, der vollständig von einem uralten Weinstock überdacht ist – und in den Zweigen sind viele kleine Lichter aufgehängt. Hier lassen wir uns nieder, um ein erzrömisches Gericht zu verzehren, das pollo alla diavola, *pol-lo al-la diawola* – das Huhn à la Teufelin. Das ist jeweils ein halbes Huhn, das man ganz flach geschlagen hat, um es auf dem Rost zu braten – dazu ein bißchen insalata alla capricciosa, *inßalahta kaprit-tschohsa,* einen kapriziösen Salat und eine Flasche Chianti Machiavelli – aus dem Weinberg, der dem Gute Niccolò Machiavellis zugehörte, und dann geht es uns wieder ein bißchen besser.

Unser nächstes Ziel ist die Piazza S. Maria in Trastevere, wo uns bei zeitlosem Glockenschlag und Brunnenrauschen der Hupf-in-den-Mund erwartet – die saltimbocca alla romana, *ßaltimbok-ka.* Saltare heißt, wie wir schon wissen, hüpfen, springen, il salto ist der Sprung, saltare in bocca also: in den Mund hüpfen – saltimbocca auf diese Weise: Hupf in den Mund. Das ist eine Scheibe Kalbfleisch und eine Scheibe Schinken, eingerieben mit Salbei und anderen guten Gewürzen, am Rost gebraten und mit grünen Erbsen oder Champignons garniert. Dazu versuchen wir den König aller italienischen Rotweine – den Barolo, *barohlo,* aus Piemont. So schön es wäre, sich nun endgültig niederzulassen, so möchte ich doch vorschlagen, nach all diesen Genüssen noch einmal die carrozzelle zu besteigen, und den Rest des Abends auf dem Pincio zu verbringen, auf der Terrasse über den Dächern der Stadt, die von Goethe besonders geliebt wurde und von den Römern heute nicht weniger geschätzt wird. Von hier aus – man kann sich Kaffee und Cognac aus dem kleinen Kiosk kommen lassen – hat man nachts einen hinreißenden Blick über das beleuchtete Rom, über dem der schwache Schein der Peterskuppel wie ein feierlicher Helm schwebt.

Ich hoffe, meine Damen und Herren, unsere Rundfahrt hat Ihnen Spaß gemacht, und ich möchte nicht versäumen, Ihnen noch einen Rat zu geben, den Sie mir vielleicht danken werden: es gibt eine Art moussierenden italienischen Wein, den man Spumante nennt. Trinken Sie getrost davon, aber nicht zuviel – er macht vielen Menschen Kopfweh. Dasselbe gilt von den südlichen Süßweinen – sie sind eigentlich mehr als Aperitif gedacht, als um mit ihnen einen Abend zu verbringen. Und lassen Sie bitte die Mineral-Wasser nicht außer acht. Italien ist ein gesegnetes Land – überall springen aus den Felsen seiner Gebirge heilkräftige Wasser hervor, die sich mit dem Öl der italienischen Küche sehr gut vertragen. Der Geschmack ist fast stets ausgezeichnet. Was den Kaffee angeht, so erinnern wir uns noch an unser Verschen – nero come il diavolo, caldo come l'inferno, puro come un angelo – e dolce come l'amore – aber auch hier möchte ich davor warnen, des Guten zuviel zu tun – die Menge, die in einer Espresso-Tasse enthalten ist, kann als klassisches Maß gelten – das Doppelte ist schon ein Quantum, dessen Wirkungen man verspürt.

Wir haben jetzt so viel vom Essen geredet, daß wir die Bestellung einer guten römischen Mahlzeit mühelos beherrschen. Übersetzen Sie also ohne Hilfe das nachfolgende Gespräch:

Wir sind in der Stadt heimisch geworden und haben unseren ersten Wissensdurst an Monumenten und Kunst befriedigt. Der Moment ist gekommen, an dem wir vor irgendeiner unbekannten Trattoria uns für ein gutes Essen entscheiden. Handelnde Personen: der Wirt der Trattoria, eine bella signorina und wir selber:

Buon giorno, signori!

Buon giorno!

Dove vogliono mettersi?

Non so.

Quanti sono?

Siamo in tre.

Allora questo tavolo qui all'angolo.

(Wir setzen uns)

Sì, questo va benissimo.

Che cosa c'è di bello?

Abbiamo tutto, e solo roba fresca.

Vogliamo mangiare pasta asciutta?

No grazie, caro, io mangio soltanto un carciofo alla romana.
Perchè mangi così poco?
Signora, vuol vedere, abbiamo come specialità un'insalata di frutti di mare – Le andrebbe bene, guardi per piacere!
Ah!! Questo è buono, sì lo mangio volentieri.
E Lei, Signore?
Io lo stesso.
Guardi – scusi, se mi permetto – i nostri cannelloni sono speciali!
Va bene, vediamo dopo.
Senz'altro. – Dann geht er und kommt nicht wieder.
Wir warten ein bißchen, bis uns die Geduld reißt, dann fangen wir an, uns bemerkbar zu machen. Zuerst empfiehlt es sich dabei, ein ganz scharfes »S« durch die Zähne zu zischen, darauf hört fast jeder Kellner, auch wenn er entfernt ist. Zum Schluß, wenn es uns zu lange dauert, rufen wir mit Donnerstimme: Senta! senta! – das kommt von sentire, hören, und heißt: hören Sie! Daraufhin saust der dienstbare Geist herbei und sagt: Mi dica, oder auch nur: Dica! Sagen Sie mir, oder auch nur: Sagen Sie! Diese beiden Wörter senta und dica sind so häufig im Gebrauch, daß sie manchmal verwechselt werden. So kann es vorkommen, daß man beim Einkauf zu wenig Wechselgeld herausbekommt, ohne es gleich zu merken. Die Kassiererin hat es aber gemerkt und müßte uns nun zurückrufen: senta! Indessen sagt Sie: dica! Dies nur zur Erklärung, wenn Sie die Worte einmal in anderer Form gebraucht hören.
Nun zieht es, weil einer der Gäste, wie das gar nicht anders geht, die Türe offen gelassen hat. Daraufhin wir: Senta! Er: Mi dica, signore! Wir: Qui c'è un po' d'aria. Er: Ci penso io – wörtlich: es denke ich. Das ist ein römisches Allerweltswort, das die beruhigende Versicherung einschließt: bitte, kümmere

dich gar nicht weiter darum, das mache ich alles ganz allein, ich bin auf der Höhe der Situation. Wenn dann nichts erfolgt, muß man nicht schimpfen, das »ci penso io« ist dadurch noch nicht unbeliebter geworden.
Nun hat er uns einen halben Liter offenen Wein auf den Tisch gestellt, wir versuchen ihn, finden ihn aber so verschnitten, daß wir vorziehen, einen fiasco oder eine bottiglia zu trinken. Deshalb sagen wir: Questo vino non mi va – dieser Wein nicht mir geht, dieser Wein schmeckt mir nicht. Er wird ihn sofort umtauschen – das ist übrigens eine der angenehmen Eigenschaften römischer Wirte: wenn der Gast eine Sache zurückschickt, aus welchem Grund auch immer, tauscht der Wirt sie ohne weiteres um. Dann kommt der cameriere wieder und sagt: E come secondo, che cosa vuole ordinare? E come secondo – hier ist zu ergänzen: piatto – il secondo piatto ist der zweite Gang, wörtlich: der zweite Teller. E come secondo, che cosa vuole ordinare – und als zweiten Gang, was wollen Sie bestellen? Wir: Ci porti una bella saltimbocca alla romana! Darauf: Con che cosa, con piselli freschi o con funghi trifolati? Mit was, mit frischen Erbsen oder mit feingeschnittenen Pilzen? I piselli, *pisel-li,* sind die Erbsen. I funghi, *fungi,* sind Pilze. Kaum ist uns die saltimbocca in den Mund gehüpft, da ist der Ober schon wieder da: Prendono frutta? Wir: Una bella pera con parmigiano, *pera kon parmidschahno* – eine schöne Birne mit Parmesankäse. Bitte erschrecken Sie nicht, sondern probieren Sie's lieber, es schmeckt erstaunlich gut. Und zum Schluß kommt der Wirt an unseren Tisch und sagt: È andato bene? Ist es gut gegangen? nämlich das Essen. Darauf können wir, je nach der Stufe unserer Zufriedenheit sagen: sì, molto bene – oder, sì, magnificamente bene – großartig gut – oder auch, sì, grazie. Dann haben wir noch zu bezahlen: Cameriere, ci faccia il conto, per piacere – darauf er:

Subito, *ßuhbito* – sofort. Manchmal offeriert der Wirt auch noch einen Likör, dann dürfen wir nicht nein sagen, auch wenn uns die Sache zu süß und die Farbe zu giftig erscheint – es gehört zur Höflichkeit, das Angebotene auszutrinken.

Und nun, gentili Signore e Signori, holen Sie sich bitte Bleistift und Papier und übersetzen Sie den nachfolgenden Dialog ins Italienische. Haben Sie vorher gut aufgepaßt, wird es Ihnen keine Schwierigkeiten machen:

Wohin wollen Sie sich setzen?

Ich weiß es nicht.

Zu wievielen sind Sie?

Wir sind zu dritt.

Dann nehmen Sie doch diesen Tisch in der Ecke.

Ja, der geht sehr gut.

Was gibt es an schönen Sachen?

Wir haben alles, nur gute Ware.

Wollen wir pasta asciutta essen?

Nein, danke, mein Lieber, ich esse nur eine Artischocke auf römische Art.

Warum ißt du denn so wenig?

Gnädige Frau, wir haben als Spezialität einen Salat von frutti di mare – der würde Ihnen zusagen, schauen Sie ihn bitte an!

Ah, der ist gut, ja, ich esse ihn sehr gern.

Und Sie, mein Herr?

Ich dasselbe.

Schauen Sie – entschuldigen Sie, wenn ich mir erlaube – unsere cannelloni sind ganz besonders!

Nun gut, wir sehen nachher.

Ohne weiteres.

Hören Sie!

Sagen Sie mir!

Hier zieht es ein wenig.
Ich werde es in Ordnung bringen.
Dieser Wein schmeckt mir nicht.
Wir wechseln ihn sogleich aus!
Und was kann ich als zweites Gericht bestellen?
Bringen Sie uns eine schöne saltimbocca!
Mit frischen Erbsen oder feingeschnittenen Pilzen?
Mit Erbsen.
Nehmen Sie Früchte?
Ja, eine schöne Birne mit Parmesankäse.
Ist es gut gegangen?
Ja, sehr gut.
Herr Ober, machen Sie uns bitte die Rechnung.

NEUE WÖRTER

Lektion 63

la cucina	*kutschihna*	die Küche
la cugina	*ku*^{dsch}*ihna*	die Kusine
Achtung, Unterschied in der Aussprache!		
cucinare	*kutschinahre*	kochen
il cuoco	*k*^{u}*oko*	der Koch
la cuoca		die Köchin
cucire	*kutschihre*	nähen
distinguere	*dißting*^{u}*ere*	unterscheiden
il ristorante	*rißtorante*	das Restaurant
la bottiglieria	*bot-tiljeri-a*	die Weinschenke
l'osteria	*losteri-a*	die Kneipe
fra	*fra*	zwischen
la carrozzella	*kar-rot-tßäl-la*	die Kutsche
dove vogliono mettersi	*dowe woljono met-terßi*	wörtlich: wo wollen Sie setzen sich? Wohin wollen Sie sich setzen?
dove ci mettiamo?		Wo uns wir setzen, wohin sollen wir uns setzen?

dove vuole		wo Sie wollen (Anrede an eine einzelne Person)
dove vogliono		wo Sie wollen (Anrede an mehrere Personen)
l'angolo	*langolo*	die Ecke, der Winkel
all'angolo		in der Ecke
un tavolo all'angolo	*tahwolo al-langolo*	ein Tisch in der Ecke
ci andrebbe bene	*tschi andreb-be bähne*	wörtlich: uns würde gehen gut, würde uns passen
prego, s'accomodino	*ßak-komodino*	bitte, nehmen Sie Platz
la sedia	*ßähd^i^a*	der Stuhl
qui ci vuole un'altra sedia		hier es will, hier braucht es noch einen anderen Stuhl, dem Sinne nach: noch einen Stuhl
la colazione	*kolatß^i^ohne*	eigentlich: das Frühstück, gemeint ist aber das Mittagessen
la prima colazione		das (erste) Frühstück
il pranzo	*prantßo*	das Abendessen, die Hauptmahlzeit
la cena	*tschehna*	wörtlich: das Mahl, das Mitternachtsessen (z. B. nach dem Theater)
la specialità romana		die römische Spezialität
specialità romane		römische Spezialitäten
il carciofo	*kartschohfo*	die Artischocke
carciofi alla romana		Artischocken auf römische Art
le fettuccine	*fet-tut-tschihne*	breite, dünne Nudeln, in Butter und zerfließendem Käse
i canneloni	*kan-nel-lohni*	mit gewürztem Haschee gefüllte Teigröhren
ci porti in Piazza Navona		fahren Sie uns auf die Piazza Navona
abbacchio alla romana	*ab-bak-k^i^o*	Lammschlegel auf römische Art
l'abbacchio		das Lamm

cambiamo vino		wechseln wir Wein, wechseln wir den Wein
finora abbiamo bevuto vino bianco		bisher haben wir weißen Wein getrunken
adesso ci vuole vino rosso		jetzt soll es roter Wein sein
ci siamo lasciati	*laschahti*	wörtlich: wir sind uns gelassen, wir haben uns getrennt
di nuovo	*di n*[u]*ohwo*	erneut
pollo alla diavola	*pol-lo al-la d*[i]*awola*	Huhn à la Teufelin
insalata alla capricciosa	*inßalahta al-la kaprit-tschohsa*	kapriziöser Salat (gemeint ist ein gemischter Salat)
saltimbocca	*ßaltimbok-ka*	Hupf-in-den-Mund
saltare	*ßaltahre*	hüpfen, springen
il salto		der Sprung
senta	*ßänta*	hören Sie (als Ausruf)
dica	*dihka*	sagen Sie (als Ausruf)
mi dica		sagen Sie mir
ci penso io	*tschi penßo i-o*	wörtlich: daran denke ich. Dieses italienische Allerweltswort enthält die Versicherung: kümmere dich gar nicht weiter darum, das mache ich ganz allein
questo vino non mi va		dieser Wein nicht mir geht, dieser Wein schmeckt mir nicht
il secondo piatto	*ßekondo p*[i]*at-to*	wörtlich: der zweite Teller, gemeint ist: der zweite Gang
i piselli	*pisel-li*	die Erbsen
il fungo	*fungo*	der Pilz
i funghi		die Pilze
una bella pera con parmigiano	*pera kon parmi*[dsch]*ahno*	eine schöne Birne mit Parmesankäse
magnificamente bene	*manjifikamente*	großartig gut, ausgezeichnet
subito	*ßuhbito*	sofort

IN DER OPER
Lektion 64

Stasera andiamo all'Opera, *ßtaßehra.* Heute abend gehen wir in die Oper. Il Teatro dell'Opera è vicino alla Stazione Termini. Das Opernhaus ist nahe beim Bahnhof Termini. È annunciata una serata di gala, *an-nuntschahta* – allora bisogna vestirsi bene, *weßtirßi.* Es ist ein Gala-Abend angekündigt, also ist es notwendig, daß wir uns gut anziehen – bisogna vestirsi bene – wörtlich: es braucht anziehen sich gut. Per avere i biglietti, ci rivolgiamo al portiere del nostro albergo, *riwoldschahmo* – um die Billette zu haben, wenden wir uns an den Portier unseres Hotels: È possibile d'avere ancora due posti per l'opera di stasera? Lui telefona subito al botteghino, *lui telefona ßuhbito al bot-tegihno* – er telefoniert sofort, sogleich – wörtlich: an das Lädchen, gemeint ist der Billettschalter – e fortunatamente riesce ad avere i due posti – und glücklicherweise gelingt es ihm, die zwei Plätze zu bekommen.

Riesce kommt von riuscire, *ri-uschihre,* gelingen – wörtlich: wieder hinausgehen – nämlich aus einer schwierigen Situation. Riesco, *ri-äßko* a fare – es gelingt mir, zu machen – das Wort wird im Italienischen so behandelt, wie wenn wir sagen würden: ich gelinge – sono riuscito, *ri-uschihto,* heißt wörtlich: ich bin wieder hinausgegangen – es ist mir gelungen, ich habe Erfolg gehabt; siamo riusciti a trovare due posti – es ist uns gelungen, zwei Plätze zu finden.

Meine lieben Leser, bevor wir weiterfahren, oder besser, bevor wir uns in die Oper aufmachen, müssen wir uns dieses wichtige Wort noch ein wenig näher ansehen – es wird uns oftmals dienen. Riesco heißt also: es gelingt mir, ich habe Erfolg; non riesco kann man anwenden, wenn man im Deutschen sagen würde: ich bringe es nicht fertig, ich bringe es nicht zusammen, auch: ich bringe es nicht übers Herz. Riesci, *ri-äschi* – es gelingt dir, häufiger wohl in der Frageform: riesci? bringst du es fertig, gelingt es dir? Riesce – es gelingt ihm, er hat Erfolg, riesce sempre – er hat immer Erfolg, er ist ein Glückspilz; riusciamo, *ri-uschahmo,* es gelingt uns – non riusciamo, es gelingt uns nicht, wir bringen es nicht zustande. Riuscite, *ri-uschihte,* es gelingt euch. Riescono, *ri-äßkono,* es gelingt ihnen, sie haben Erfolg. Sono riuscito – wie wir schon vorhin sagten: ich habe Erfolg gehabt, es ist mir gelungen – wohl gemerkt, *mir* gelungen, das Wort ist immer an eine Person gebunden. Das Werk ist gelungen könnte man nicht mit il lavoro è riuscito übersetzen, man müßte dafür eher sagen il lavoro è andato bene – die Arbeit ist gut gegangen, gut hinausgegangen.

Unser Portier im Hotel also – il portiere del nostro albergo fortunatamente è riuscito ad avere due posti per l'opera di stasera – però ci dice subito: è prescritto l'abito da sera, ä *preßkrit-to lahbito* – es ist Abendanzug vorgeschrieben. Prescritto kommt natürlich von prescrivere, *preßkrihwere* – scrivere heißt, wie wir schon wissen, schreiben, prescrivere ist dann leicht zu erraten, es heißt vorschreiben, prescritto heißt also vorgeschrieben – è prescritto l'abito da sera wörtlich: es ist vorgeschrieben Anzug von Abend – Abendanzug ist Pflicht. Man könnte anstelle von prescritto auch sagen: è obbligatorio, *ob-bligatohrio* – es ist obligatorisch, verpflichtend, läßt keine Ausnahme zu. L'abito, *lahbito,* ist der Anzug, auch das Kleid – für männliche und weibliche Wesen wird dasselbe Wort verwendet. Ebenfalls für beide Geschlechter gleich gilt auch ein anderes Wort für Kleid und Anzug, das etwas weniger feierlich ist und mehr für die Alltagskleidung verwendet wird: Il vestito, *weßtihto.* Ein hübsches italienisches Sprichwort sagt: L'abito non fa il monaco, *mohnako* – das Kleid macht nicht den Mönch – die Kutte allein macht noch keinen Mönch.

In der Eingangshalle der Oper drängen sich die Menschen. An den Innentüren stehen die Carabinieri in großer Gala-Uniform, eine festliche Stimmung liegt über dem Gesumme der vielen Stimmen. Wir wenden uns an einen Operndiener und fragen: Per piacere, dov'è la guardaroba, *guardarohba?* Bitte, wo ist die Garderobe? Eccola all'angolo – hier ist sie, in der Ecke. Grazie, mi vuol dare un binocolo, per favore, danke, wollen Sie mir ein Opernglas geben – geben Sie mir bitte ein Opernglas. Il binocolo, *binokolo,* das Opernglas. Prego, signore, cinquecento lire di deposito, *depohsito* – bitte, mein Herr, fünfhundert Lire Pfand (wir lernen hierbei, daß deposito nicht nur das Depot, der Aufbewahrungsort, sondern auch das Pfand heißen kann).

Nun schauen wir uns ein wenig um. Das erste, was wir feststellen, während die Menge der Opernbesucher an uns vorüberströmt, ist: le donne romane portano molti gioielli preziosi – die römischen Frauen tragen viele wertvolle Juwelen. Il gioiello, *dschoiäl-lo,* ist der Edelstein, das Juwel. I gioielli, die Edelsteine, das Geschmeide. Für Edelstein gibt es auch das Wort la pietra preziosa, *piähtra pretßioßa,* wörtlich: der wertvolle Felsen, damit ist aber eher ein ungefaßter Stein gemeint. Le donne romane portano molti gioielli preziosi, collane, braccialetti, anelli, orecchini, spille – die römischen Damen tragen viele Edelsteine, Halsketten, Armbänder, Ringe, Ohrgehänge, Nadeln – tutto luccica – alles glitzert. La collana, *kol-lahna,* ist die Halskette; il braccialetto, *brattschalet-to,* das Armband; l'anello, *lanäl-lo,* ist der Ring; gli orecchini, *orek-kihni,* wörtlich: die Öhrchen, gemeint sind: die Ohrgehänge, die Ohrringe. Dann kommt noch la spilla, *ßpil-la,* die Nadel, und zwar sowohl die Stecknadel wie die Haarnadel oder die Brosche. Nun, meine Damen, sind Sie ausgerüstet, einen römischen Juwelier auszukaufen, meine Herren, seien Sie auf der Hut! Luccicare, *lut-tschikahre,* endlich, heißt glitzern, funkeln – tutto luccica, *lut-tschika* – alles glitzert.

Die älteren Herren, die in der römischen Oper erstaunlich oft in großen Gruppen zusammenstehen, mustern die vorüberschwebenden Christbäumchen mit Kennermiene, wobei man nicht recht weiß, ob sie zuerst überschlagen, was die Dame auf dem Halse trägt, oder ob sie zuerst die Dame selber begutachten – wahrscheinlich tun sie beides zur gleichen Zeit und ihre Bewunderung macht sich dann ihren Nachbarn gegenüber in Bemerkungen Luft, wie: Hai visto, che cannonata! Hast du gesehen, was für eine cannonata, *kan-nonahta* – das heißt eigentlich Kanonade, gemeint ist aber etwas, was ganz furchtbar einschlägt – und ich muß sagen, es gibt einige römische Damen in der Oper, die die Bezeichnung verdienen. Inzwischen haben wir gemerkt, daß auch die Oper nicht frei ist von einer italienischen Nationaleigenschaft: es zieht. Also gehen wir nochmals zur Garderobe zurück und sagen zu dem Mann: Per piacere, mi vuol dare il soprabito, perchè qui c'è un po' d'aria, *ßoprahbito* – bitte, wollen Sie mir den Mantel geben, denn hier, wörtlich: gibt es ein wenig von Luft, richtig: hier zieht es ein wenig. Der Garderobier sagt darauf: Sì, signore, se mi vuol dare lo scontrino per gentilezza, *ßkontrihno* – ja mein Herr, wenn Sie mir geben wollen die Garderobenmarke. Lo scontrino ist ein vielgebrauchtes Wort. Es bezeichnet eigentlich alles, was wir mit dem Fremdwort Bon ausdrücken. Wenn man etwas einkauft und an der Kasse bezahlt, bekommt man einen Bon, einen Registrierabschnitt, um die Ware einzulösen. Das ist ein scontrino. Aber auch die

Garderobenmarke ist ein scontrino. Nun ist die Verkühlung, die man sich in Italien so leicht holt, hoffentlich in die Flucht geschlagen, und wir können uns ernsthaft im Foyer umsehen. Was da auf und ab geht, ist wohl in einem einzigen Satz zusammenfassend zu beschreiben – wir sagen ihn gleich italienisch: Tutta la gente è di un'eleganza eccezionale, *et-tschetßionahle.* Alle Leute sind von einer außergewöhnlichen Eleganz.

Adesso però dobbiamo entrare e cercare il nostro posto. Jetzt aber müssen wir eintreten und unseren Platz suchen. All'ingresso troviamo un'uomo in divisa (la divisa, *diwihsa,* wörtlich: die Geteilte, gemeint ist: die Uniform) un'uomo in divisa, ein Mann in Uniform, che ci chiede i biglietti – der von uns verlangt (chiedere, *kiähdere,* fragen oder auch verlangen) die Eintrittskarten. In Italia, quest'uomini del personale teatrale sono chiamati »le maschere«. – In Italien sind diese Männer vom Theaterpersonal »le maschere« genannt – la maschera, *maßkera,* die Maske. La nostra maschera ci guida senz'altro al nostro posto di platea – unsere Maskera führt uns ohne weiteres zu unserem Platz im Parkett – il posto di platea, *platä-a,* der Parkettsitz, il posto di palco invece, *palko:* der Logensitz. Il palco di prim'ordine ist der erste Rang. Abbiamo trovato i nostri posti di platea e la maschera – com'è naturale – aspetta da noi una piccola mancia. Wir haben unsere Parkettsitze gefunden, und unsere Maskera – wie es natürlich ist – erwartet von uns ein kleines Trinkgeld.

Poi, le luci si spengono – spegnere, *ßpänjere,* auslöschen – le luci si spengono, die Lichter löschen sich aus – e la sinfonia – die Ouverture, la sinfonia comincia – das Vorspiel beginnt.

NACH DER OPER
Lektion 65

Das letzte Mal sind wir in der Oper gewesen – heute wollen wir zunächst davon reden, was der Mensch nach der Oper macht. Das Theater fängt in Rom nicht vor neun Uhr abends an – und die Pausen zwischen den Akten sind ziemlich lang, damit die Damen herzeigen können, was sie haben, und die Herren Zeit zur Bewunderung haben – Sie erinnern sich: hai visto, che cannonata? Meistens ist es schon ein Uhr, bevor man das Teatro dell'Opera verläßt, und das weitere Programm hängt dann davon ab, ob die Oper gut oder schlecht gewesen ist. War sie gut, so wird man sich vielleicht den Genuß ungetrübt bewahren wollen und nach Hause gehen – war sie aber schlecht, und das kommt leider auch in Rom vor, dann möchte man mit seinem Kummer nicht allein bleiben und sucht daher einen Platz auf, wo es etwas zu trinken gibt, ein wenig gut gespielten Jazz und die Möglichkeit zu tanzen. Un locale notturno, *lokahle not-turno,* ein Nachtlokal; notturno ist nächtlich, ein Nachtlokal ist nicht immer eine verrufene Stätte. Es gibt, wie in jeder Großstadt, auch in Rom Nachtlokale, die größten Wert auf einen tadellosen Ruf legen und es daher vermeiden, Varieté-Nummern anzubieten – man kann dort nur in bequemen Sesseln sitzen, der Musik zuhören, die meistens ausgezeichnet ist, und ballare, *bal-lahre* – tanzen. Stasera si balla heißt wörtlich, heute abend man tanzt, wenn es aber einer zum anderen oder zu mehreren sagt, kann es auch heißen, heute abend gehen wir tanzen. Bitte, liebe Leser, merken Sie sich, daß es ballare und nicht danzare heißt, obwohl es das Wort la danza, *dantßa,* für Tanz im Italienischen gibt. Denken Sie, wenn Sie vom Tanzen sprechen wollen, an das Ballett, das in italiano: il corpo di ballo heißt, wörtlich: der Körper des Tanzes, das Ballett. Da wir nun heute wenigstens einen Blick in eines der besten locali notturni von Rom werfen wollen, so erinnern wir uns ohne weiteres des Ausdruckes: si fa tardi – wörtlich: man macht spät, abbiamo fatto tardi – wir haben spät gemacht, wir sind lange aufgeblieben. Probabilmente faremo molto tardi – wahrscheinlich werden wir sehr spät machen, wahrscheinlich wird es sehr lange dauern, bis wir ins Bett kommen.

Das locale notturno, das wir heute nach der Oper für einen Augenblick besuchen wollen, ist in einem uralten Haus untergebracht, und der Reiz daran ist, daß dieses aus der frühen Renaissance stammende Haus der Altstadt heute noch genau so aussieht wie vor fünfhundert Jahren: es hat noch seine alten Balkendecken, seine verwinkelten Treppen, seine schönen Kamine. Es ist das älteste erhaltene Gasthaus von Rom, und viele berühmte Leute, darunter Goethe, haben darin gewohnt. Die Einrichtung besteht aus sehr schönen alten Möbeln und Bildern, die aus römischen Museen stammen, alle Räume sind mit dicken Teppichen belegt, in allen Kaminen brennen große Scheite und eine Schar von blaubefrackten Kellnern serviert den Gästen zu sündhaften Preisen den leiblichen Ausgleich für die geistigen Genüsse in der Oper. Im ersten Stock kann man essen, im zweiten Stock wird getanzt. Das Publikum ist sehr gut, man sieht viele schöne Frauen, meist einfach angezogen, wobei, wie immer in Rom, Schwarz als Farbe vorherrscht. An manchen Abenden trifft sich hier die halbe aristocrazia romana, l'aristocrazia romana, *larißtokratßi-a,* die römische Aristokratie, der römische Adel, was allerdings trotz der Exklusivität dieser Gesellschaft, dieser società, *ßotscheta*, nicht ausschließt, daß sich zwischen den herrlichen alten mobili, *mohbili,* und den Bildern, die meistens copie, *kohpie,* Kopien sind, auch stelline del cinema, *ßtellihne del tschihnema,* graziös herumbewegen. La società heißt die Gesellschaft; i mobili sind die Möbel, und die Filmsternchen sind le stelline del cinema, oder auch nur le stelline – la stella, der Stern. Beviamo un bicchiere di Whisky, un Whisky Soda o un Whisky puro, oppure una bottiglia di champagne, lo champagne, *schampanje* – eines der wenigen Wörter, die man im Italienischen nicht schreibt, wie man sie spricht – wir haben vom umgekehrten Fall ja schon einige Beispiele früher gehabt, ich erinnere an turistico, das man nicht mit ou, sondern nur mit u schreibt, oder an fantasia, das mit f und nicht mit ph geschrieben wird. Da es ein anstrengender Tag für uns war, schlage ich vor, daß wir nicht mehr allzulange bleiben und, mit einem allseitigen buona notte verabschiedet, unsere nächtlichen Exkursionen beschließen. Wie wir schon wissen: buona notte, gute Nacht, sagt man nur, wenn man sich wirklich zur Ruhe begibt, und auch dann nur, wenn Mitternacht schon nahe oder vorüber ist. Sonst gibt es nur zwei Arten des Grüßens: buon giorno – das sagt man von aller Früh an bis nach dem Mittagessen, also etwa bis drei Uhr nachmittags, und von da an buona sera. Das »Guten Morgen« ist in Italien unbekannt.

Für den Rest dieser Lektion, gentili Signore e Signori, müssen wir uns nun einer Sache zuwenden, ohne die auch der auf Urlaub in Italien reisende Mensch nicht auskommt: dem Telefon. Am nächsten Morgen läutet nämlich an unserem Bett das Telefon, und wir wissen noch nicht einmal, was wir sagen sollen, wenn wir den Hörer abnehmen. Gleich zu Anfang: das Telefon ist il telefono, *teläfono;* telefonare, *telefonahre,* heißt demzufolge telefonieren – wieder mit f und nicht mit ph geschrieben. Es ist in Italien im allgemeinen nicht üblich, sich mit Hallo zu melden – es ist nicht gerade falsch, aber niemand tut es. Man sagt »pronto«, *pronto* – ein sehr wichtiges Wort – es heißt fertig, bereit, auch willig – man gebraucht es im Sinne: hier bin ich, bereit Deine Wünsche zu vernehmen. Das Eigenartige ist nur, daß man hinter das pronto nicht etwa seinen Namen setzt. Es kostet eine lange Mühe, jemand in Italien dazu zu bringen, seinen Namen am Telefon preiszugeben – man empfindet das Telefon als eine anonyme Einrichtung und vermeidet, wie in allem, ängstlich das Eindringen Fremder in die Zone des privaten Lebens. Pronto sagt uns also nur, daß derjenige, der am anderen Ende ist, existiert und sich nicht dagegen wehren wird, wenn wir mit ihm reden. Nur nebenbei: wir erinnern uns an pronto soccorso – das heißt erste Hilfe, wörtlich: fertige Hilfeleistung.

Nun, ausgerüstet mit pronto und telefonare, wollen wir einmal versuchen, wie es ist, auf Italienisch zu telefonieren. Ein Freund von uns hat uns einen seiner römischen Freunde empfohlen, einen signor Rossi, den wir unbedingt besuchen sollten. Da in Italien besonders großer Wert darauf gelegt wird, daß man niemand besucht, ohne vorher telefoniert zu haben, rufen wir den signor Rossi an. Wir befinden uns im Hotelzimmer und heben den Hörer ab, worauf die Dame an der Vermittlung pronto sagt. Wir darauf: Signorina, mi dia il numero 68 75 39 – Fräulein, geben Sie mir bitte die Nummer 68 75 39, per piacere, bitte. Es gibt zwei Möglichkeiten, die Nummer, die man wünscht, zu verlangen: entweder man sagt sie Ziffer für Ziffer – cifra per cifra – oder man sagt immer zwei Ziffern zusammen. Niemals aber nimmt man drei Stellen zusammen.

Jetzt kracht es ein bißchen im Telefon, dann kommt das Freizeichen, und dann hören wir eine weibliche Stimme: Pronto. Jetzt haben wir keineswegs die Pflicht, zu sagen, wer wir sind, sondern fragen einfach: Per favore, c'è il signor Rossi – bitte, gibt es den Herrn Rossi, ist der Herr Rossi da? – Me lo vuol chiamare? – Wollen Sie ihn mir rufen? – Darauf sagt die Dame: Attenda un'attimo – warten Sie einen Augenblick. L'attimo, *lat-timo,* ist der Augenblick, attendere, *at-tändere,* kennen wir schon, es heißt warten, attenda ist die Befehlsform der Einzahl, wenn man »Sie« zueinander sagt: attenda un'attimo – warten Sie einen Augenblick. Wir: Sì, prego – ... Nach einiger Zeit hören wir: Pronto! Wir: Sì. – Die Dame: Il signor Rossi non c'è – è uscito – der Herr Rossi ist nicht da, er ist ausgegangen. Wir: Quando torna? Wann kehrt er um? Wann kommt er wieder? Die Dame: Verso le undici – gegen elf Uhr. Wir: Allora telefonerò alle undici – also telefoniere ich gegen elf, aber bitte in der Zukunftsform, also: telefonerò – ich werde telefonieren. Und nun fragt die Dame: Ma Lei chi è – aber Sie, wer sind Sie? Wir sagen darauf nicht: qui parla Maier, – hier spricht Maier, sondern: sono Maier – ich bin Maier. Worauf die Dame, von der wir annehmen müssen, daß es die Sekretärin des Herrn Rossi ist, mit Sicherheit sagen wird: Come? – wie bitte? Und dann geht die Verständigung über ausländische Namen los, die uns später noch eingehend beschäftigen wird.

Zunächst müssen wir bedenken, daß die Verbindung nicht immer so glatt geht, wie soeben geschildert. Wir können von der Telefonistin auch die Auskunft erhalten, la linea è occupata, *lihnea ä ok-kupahta* – die Linie, die Leitung ist besetzt – la linea ist die Leitung; occupare heißt besetzen. Ebenso ist es möglich, daß wir selber einen Anruf erwarten und bei der Zentrale anfragen: Ha telefonato qualcuno per me? – hat telefoniert jemand für mich? Dann sagt die Telefonistin: Sì, signore, ha telefonato il signor Rossi. Ha chiesto di Lei – er hat gefragt Ihrer, er hat nach Ihnen gefragt. Lei però non c'era, Sie aber waren nicht da – allora ha detto, che telefonerà più tardi – also hat er gesagt, daß er später wieder anrufen wird. Oder es kann passieren, daß wir die Verbindung bekommen, nach Herrn Rossi fragen, und eine Stimme antwortet: Qui non c'è un signor Rossi – hier gibt es keinen signor Rossi – dann ist es gut, wenn wir fragen: Scusi, che numero di telefono ha Lei? – entschuldigen Sie, welche Telefonnummer haben Sie? Und dann wird uns der Angerufene seine Nummer zum Vergleich sagen – und wenn sie mit der von uns gewünschten nicht übereinstimmt, sagen wir nur – scusi, è sbagliato – entschuldigen Sie, es ist geirrt, es ist ein Irrtum gewesen. Haben wir aber den signor Rossi nun endlich an der Strippe, so ist damit die Komplikation möglicherweise noch nicht zu Ende, denn plötzlich kann es im Telefon wild zu tuten anfangen und die Verbindung unterbricht. Was ist passiert? – La comunicazione, *komunikatßiohne,* die Verbindung è interrotta, *inter-rot-ta,* ist unterbrochen. Interrotta kommt von interrompere, *inter-rompere,* unterbrechen. Es kam ein Ferngespräch dazwischen, una comunicazione interurbana, *interurbahna,* eine Verbindung: inter, zwischen, urbana, städtisch, eine auswärtige Verbindung. Dann müssen wir aufs neue die Zentrale haben, il centralino, *tschentralihno,* eigentlich das Zentralchen, die Telefonzentrale. Wir sagen: Pronto centralino, mi metta di nuovo in comunicazione con il numero 68 75 39 oder auch, wie wir schon wissen: mi dia il numero 68 75 39.

Nun müssen wir noch wissen, daß das Telefongespräch la telefonata, *telefonahta,* heißt – man sagt aber gesprächsweise auch il colpo di telefono, was sehr aufschlußreich für die Einstellung der Italiener zur Zivilisation ist. Il colpo di telefono ist der Anruf, wörtlich der Schlag, Hieb, Streich vom Telefon. Un colpo d'aria ist der Schlag, den wir vom

Wind bekommen, der Durchzug, der plötzliche Luftzug, il colpo di sole ist der Hieb, den uns die Sonne versetzt, wenn wir unseren Kopf zu lange ihren Strahlen aussetzen, der Sonnenstich, il colpo di telefono ist nun der Anruf. Man sagt: Allora ti do un colpo di telefono, also ich mache dir einen Schlag von Telefon, ich rufe dich an.

Für den signor Rossi, der keine Ahnung von uns hat, war unser Anruf ein colpo di telefono, aber wie wir gehört haben, ist er nicht da, und die Sekretärin versteht unseren Namen nicht. Was bleibt übrig, als zu buchstabieren?

Buchstabieren: dire lettera per lettera. Cominciamo dunque coll'alfabeto, *lalfabeto:*

a come Ancona, *ankona*
bi come Bologna, *bolonja*
ci come Como, *kohmo*
di come Domodossola, *domodoß-ßola*
e come Empoli, *ämpoli*
effe come Firenze, *firäntße*
gi come Genova, *dschänowa*
akka come Hotel, *otäl*
i come Imola, *ihmola*
j come i lungo, *ihlunggo*
kappa come Kursaal, *kursal*
elle come Livorno, *liworno*
emme come Milano, *milahno*
enne come Napoli, *nahpoli*
o come Otranto, *otranto*
pi come Palermo, *palärmo*
qu come quaderno, *kuaderno*
(selten, meist nur »qu«)
erre come Roma, *rohma*
esse come Savona, *ßawohna*

ti come Torino, *torihno*
u come Udine, *uhdine*
vu come Verona, *werohna*
doppio vu come Washington, *woschington*
ixe
zeta come Zara, *dsahra.*

Die Telefonistin frägt also, wenn wir sagen sono Maier: lo dica a nomi di città, per piacere. Sagen Sie es mir in Städtenamen, möchten Sie es mir buchstabieren. Und darauf sagen wir Maier: Milano, Ancona, Imola, Empoli, Roma. Man sagt also nicht a come Ancona usw.

NEUE WÖRTER
Lektion 66

il teatro dell'Opera		das Opernhaus
la serata di gala	*ßerahta di gahla*	der Galaabend
vestirsi	*weßtirßi*	sich anziehen
bisogna vestirsi bene		es ist notwendig, sich gut anzuziehen
rivolgersi a	*riwoldscherßi*	sich wenden an
ci rivolgiamo al portiere		wir wenden uns an den Portier
il botteghino	*bot-tegihno*	wörtlich: das Lädchen, richtig: der Billettschalter
riuscire	*ri-uschihre*	wörtlich: wieder hinausgehen, übertragen: gelingen
riesco a fare	*ri-äßko a fahre*	es gelingt mir zu machen
sono riuscito	*ri-uschihto*	es ist mir gelungen, ich habe Erfolg gehabt
siamo riusciti a trovare due posti		es ist uns gelungen, zwei Plätze zu finden
non riesco		ich bringe es nicht fertig, auch: ich bringe es nicht übers Herz
riesco	*ri-äßko*	es gelingt mir
riesci	*ri-äschi*	es gelingt dir

riesce	*ri-äsche*	es gelingt ihm, ihr
riusciamo	*ri-uschahmo*	es gelingt uns
riuscite	*ri-uschihte*	es gelingt euch
riescono	*ri-äßkono*	es gelingt ihnen

Wenn man von einer Person sagt: riesce sempre, dann meint man damit: er (oder sie) hat immer Erfolg, er ist ein Glückspilz.

è prescritto l'abito da sera	*lahbito*	es ist Abendanzug vorgeschrieben
prescrivere	*preßkrihwere*	vorschreiben
è obbligatorio	*ob-bligatohr*^{i}*o*	es ist obligatorisch, es ist verpflichtend (es gibt keine Ausnahme)
il vestito	*weßtihto*	das Kleid oder der Anzug, mehr für Alltagskleidung
l'abito non fa il monaco		die Kutte allein macht noch keinen Mönch
la guardaroba	*g*^{u}*ardarohba*	die Garderobe
il binocolo	*binokolo*	das Opernglas
il deposito	*depohsito*	das Depot, der Aufbewahrungsort, aber auch: das Pfand
il gioiello	*dscho*^{i}*äl-lo*	das Juwel, der Edelstein
la pietra preziosa	*p*^{i}*ähtra pretß*^{i}*oßa*	wörtlich: der wertvolle Felsen, richtig: der Edelstein
la collana	*kol-lahna*	die Halskette
il braccialetto	*brat-tschalet-to*	das Armband
l'anello	*lanäl-lo*	der Ring
la spilla	*ßpil-la*	die Nadel, die Brosche

Dabei merken wir uns, daß la spilla auch eine Stecknadel und Haarnadel sein kann, aber niemals eine Nähnadel.

luccicare	*lut-tschikahre*	glitzern, funkeln
gli orecchini	*or-rek-kihni*	die Ohrringe
la cannonata	*kan-nonahta*	die Kanonade (gemeint ist etwas, was ganz furchtbar einschlägt)
il soprabito	*ßoprahbito*	der Mantel, der Überzug
lo scontrino	*ßkontrihno*	die Garderobenummer, aber auch jede Art von Bon

eccezionale	*et-tschetß^{i}onahle*	außergewöhnlich
di un' eleganza eccezionale		von einer außergewöhnlichen Eleganz
la divisa	*diwihsa*	wörtlich: die geteilte, gemeint ist: die Uniform
un uomo in divisa		ein Mann in Uniform
la maschera	*maßkera*	die Maske (auch Bezeichnung für das Dienstpersonal im Theater)
il posto di platea	*platä-a*	der Parkettsitz
il posto di palco	*palko*	der Logensitz
il palco di prim' ordine		der erste Rang
spegnere	*ßpänjere*	auslöschen, löschen, abblenden
le luci si spengono		die Lichter gehen aus
la sinfonia commincia		das Vorspiel, die Ouvertüre beginnt
un locale notturno	*lokahle not-turno*	ein Nachtlokal
ballare		tanzen
stasera si balla		wörtlich: heute abend man tanzt, heute abend gehen wir tanzen
il corpo di ballo	*corpo di ballo*	das Ballett, wörtlich: der Körper des Tanzes
si fa tardi		wörtlich: man macht spät, es wird spät
probabilmente faremo molto tardi		wahrscheinlich wird es sehr spät werden
l'aristocrazia	*larißtokratßi-a*	die Aristokratie
la società	*ßotscheta*	die Gesellschaft
i mobili	*mohbili*	die Möbel
le stelline del cinema	*ßtel-lihne del tschihnema*	die Filmsternchen
beviamo un bicchiere di whisky	*bik-k^{i}ähre*	wir trinken ein Glas Whisky
una bottiglia di champagne	*bot-tilja di schampanj^{e}*	eine Flasche Champagner

il telefono	*teläfono*	das Telefon
telefonare	*telefonahre*	telefonieren
pronto	*pronto*	fertig, bereit (beim Telefonieren an Stelle des bei uns gebräuchlichen Hallo)
il pronto soccorso	*ßok-korßo*	die erste Hilfe
mi dia il numero 687539, per piacere		geben Sie mir die Nummer 687539, bitte
per favore c'è il signor Rossi?		bitte, ist der Herr Rossi da?
me lo vuol chiamare		wollen Sie ihn mir rufen
attenda un attimo	*at-tända un at-timo*	warten Sie einen Augenblick
è uscito	*uschihto*	er ist ausgegangen
è uscita		sie ist ausgegangen
quando torna		wann kommt er (sie) wieder?
verso le undici		gegen elf Uhr
allora telefonerò alle undici		also werde ich gegen elf Uhr anrufen
ma Lei chi è?		aber Sie, wer sind Sie?
Sono Maier		ich bin Maier
la linea è occupata		die Linie, die Leitung ist besetzt
ha telefonato qualcuno per me?		hat jemand für mich angerufen?
ha chiesto di Lei		er (sie) hat nach Ihnen gefragt
Lei però non c'era		Sie aber waren nicht da
allora ha detto che telefonerà più tardi		also hat er gesagt, daß er später wieder anrufen wird
scusi, che numero di telefono ha Lei?		Entschuldigen Sie, welche Telefonnummer haben Sie?
scusi, è sbagliato	*sbaljahto*	Entschuldigen Sie, es ist geirrt, es war ein Irrtum
la comunicazione	*komunikatßiohne*	die Verbindung
la comunicazione interrotta	*inter-rot-ta*	die unterbrochene Verbindung
una comunicazione interurbana		eine zwischenstädtische, eine auswärtige Verbindung

il centralino	*tschentralihno*	das Zentralchen, die Telefonzentrale
mi metta di nuovo in comunicazione con il numero 687539		setzen Sie mich von neuem in Verbindung mit der Nummer 687539
la telefonata		das Telefongespräch
il colpo di telefono		der Anruf (wörtlich: der Schlag, der Hieb oder der Streich vom Telefon)
il colpo	*kolpo*	der Schlag, der Hieb, der Streich
un colpo d'aria		der Durchzug, der plötzliche Luftzug
il colpo di sole		der Sonnenstich
allora ti do un colpo di telefono		also ich rufe dich an

DER ALTE, EWIG NEUE CIVIS ROMANUS
Lektion 67

Jetzt sind wir schon eine ganze Zeit in Rom und haben noch gar nicht von all dem gesprochen, was den Besucher aus dem Norden zumeist veranlaßt, der Ewigen Stadt mehr Zeit zu widmen als irgendeinem andern Ort auf seiner Italienreise. Wir sind noch nicht zusammen in Sankt Peter gewesen, ich habe Ihnen den Moses von Michelangelo und die Paläste der alten römischen Kaiser noch nicht gezeigt, wir haben das Grab des Heiligen Ignatius und das Colosseum, die Katakomben und die Basiliken noch nicht besucht – und ich habe ein schlechtes Gewissen, daß ich Ihnen noch keine Ratschläge gegeben habe, wie Sie sich Ihre Zeit in Rom einteilen sollen. Aber bitte, glauben Sie mir – es ist nicht Nachlässigkeit, was mich davon zurückhält, sondern die Gewißheit, auf jeden Fall hinter der Wirklichkeit zurückzubleiben. Was kann schon einer dem anderen raten angesichts einer solchen Fülle von

Schönheit, Geschichte und Charme, angesichts einer solchen verführerischen Heiterkeit, angesichts einer Schauseite der Weltgeschichte, in der sich das Erhabene und das Menschliche nicht ausschließen, sondern wunderbar ergänzen. Es kommt in Rom nicht darauf an, alles zu sehen, es kommt nicht einmal darauf an, alles Wichtige zu sehen – es kommt nur darauf an, sich Zeit zu nehmen, sich in den Rhythmus dieses aus Faulheit und Bedeutung so perfekt gemischten Stadtlebens einzugewöhnen. Sie werden mehr von Rom haben, wenn Sie jeden Tag zwei schöne Dinge mit Vorsatz anschauen und im übrigen ziellos durch die Straßen und die Gassen wandern, hie und da in eine Kirche gehen, hie und da in einen Palasthof treten, sich hie und da an einem Brunnenrand niederlassen und die Römer nie aus dem Auge verlieren. Man muß sich das Leben in Rom schön machen, auch wenn es nur ein paar Tage dauert. Man muß sich das Leben in Rom bequem machen, man muß alles tun, um nicht zu ermüden, um nicht in dem Wahn unentwegter körperlicher und geistiger Anspannung zu leben, dem wir Leute aus dem Norden so leicht verfallen. Wenn wir so ein Monument nehmen wie etwa die Piazza Navona, die wir vom abbacchio-Essen noch in bester Erinnerung haben, dann müssen wir bedenken, daß alles was diesen Platz so hinreißend macht, nicht mit Gewalt, sondern in langsamer Umwandlung entstanden ist, daß nichts davon ganz und gar aus einem Guß gemacht ist, daß zehntausend Hände daran gebaut und zehntausend Hände daran zerstört haben, daß die alten Fundamente zehn Meter tief in den Boden gesunken sind, um dort durch fünfzehn Jahrhunderte zu schlafen, bevor unser Jahrhundert ihnen wieder einen Zugang zum Licht des Tages verschaffte. Wenn wir in die mittelalterlichen Häuser der Altstadt antike Säulen, Sarkophage, Statuentrümmer eingebaut finden, wenn wir bemerken, mit welcher Mühelosigkeit die Römer durch lange Zeit ihre eigenen Herrlichkeiten als Steinbrüche benützt haben, um neue Herrlichkeiten aufzuführen, wenn wir uns vergegenwärtigen, daß zum Beispiel der gewaltige Palazzo Farnese aus den Quadern besteht, die man aus dem Colosseum davongeschleppt hat, dann begreift man eher, daß es nicht auf Vollständigkeit, sondern auf Natürlichkeit ankommt, daß das Wachstum Roms über zweitausendfünfhundert Jahre geht und noch immer nicht abgeschlossen ist, und daß wir uns angesichts einer solchen Zeitspanne nicht erlauben können, selber keine Zeit zu haben. Bitte, liebe Leser, nehmen Sie sich die Zeit, auf einer Treppenstufe, die von der Sonne des Tages erwärmt ist und diese sanfte Wärme auch noch in tiefer Nacht widerstrahlt, stundenlang zu sitzen und das Leben der Stadt Rom an sich vorbeiziehen zu lassen, betrachten Sie mit einem Blick des Verständnisses und der Liebe den alten Bettler, der auf der Brücke steht und das Gesicht von Cicero hat, sehen Sie dem Oberkellner auf der Via Veneto seinen Snobismus nach – er hat ihn von Horaz geerbt, – betrachten Sie mit Bewunderung, aber ohne zuviel Begehrlichkeit die wunderschönen Frauen dieser Stadt, die in königlicher Haltung an ihnen vorüberziehen, wenn Sie am Sonntag abends vor einem der Kaffeehäuser auf der Straße sitzen. Übersehen Sie nicht den alten, ein bißchen verschmuddelten Priester, der in seiner ärmlichen Soutane über die Straße geht, ohne auf die Verkehrszeichen zu achten, bleiben Sie ein wenig vor dem Pianino stehen, vor dem mechanischen Klavier, das in phantastischer Verstimmtheit den neuesten Mambo spielt und von einem kleinen Jungen gedreht wird, dessen Vater mit dem Blechtellerl das Honorar kassieren geht. Und wenn Ihnen ein Droschkenkutscher einen völlig indiskutablen Preis abverlangt, oder wenn Ihnen ein Fremdenführer die haarsträubendsten Bären aufbindet, oder wenn Ihnen ein unbekannter Mann die Trajanssäule verkaufen oder Ihnen Reliquien besonderer Heiligkeit zeigen will, so lachen Sie bitte und ärgern Sie sich nicht über die Unverfrorenheit, mit der dies alles geschieht. Die Leute in der Antike, soweit sie moralisch dachten, haben sich ebenso darüber aufgeregt, auch damals haben die Römer schon alles mögliche versucht, um ohne Arbeit oder mit ganz wenig Arbeit an dasselbe Ziel zu gelangen, das ein normaler Mensch nur mit großer Anstrengung erreicht. Zwar kann heute niemand den Nachweis erbringen, daß in denen, die sich jetzt i romani di Roma nennen, auch nur ein Tropfen Blutes von den Leuten fließt, die der alte Horaz mit den wildesten Beschimpfungen geziert hat. Aber andererseits – selbst wenn dies im familiären Sinne nicht zutrifft –, auf Schritt und Tritt bezeugen uns die Römer heute durch Wort ohne Tat, daß sie sich von ihren Vorfahren nicht sehr unterscheiden. Ich habe mir oft überlegt, woher diese unwandelbare Standhaftigkeit des Charakters kommt, – ihre Stadt haben die Römer unzählige Male umgewandelt, sich selber sind sie erstaunlicherweise treu geblieben – sie haben niemals den Versuch unternommen, ihre Gefühle anderen aufzudrängen, aber sie haben auch niemals auf sie verzichtet.

Die Geschichte der Stadt Rom ist immer Weltgeschichte gewesen, und man kann sich doch vorstellen, was das für ein Stadtvolk bedeutet: immer im Blickpunkt der ganzen Welt zu stehen, umworben zu werden von Kaisern, Päpsten, Königen und Fürsten, in jeder Generation mehrmals den Besitzer zu wechseln, sich durch Belagerungen, Gewalttaten fremder Heere, durch Grausamkeit und Völlerei, durch Verschwendung und unerbittliche Sittenstrenge, durch alle Extreme, die die verschiedenen Herren Roms auf dem Gipfel ihrer Macht sich leisteten, mit heiler Haut hindurchzuretten, innerlich dabei gesund und realistisch zu bleiben, nicht den Kopf und noch viel weniger das Herz zu verlieren. Angesichts aller dieser Dinge muß ja doch ein abgeschliffener Charakter entstehen, dem nichts Menschliches fremd geblieben ist – weder auf der guten noch auf der schlechten Seite. Alles, was in Rom geschah, geschah auf dem Gipfel der Welt, und es hatte seine Folgen, wie es heute noch – obwohl verborgener – seine Folgen hat. Wir machen leicht den Fehler, nicht zu bedenken, was die Fremden für die Römer viele Jahrhunderte hindurch gewesen sind: geldbringende Eindringlinge, Leute, die keine Manieren hatten, aber Schwerter und Kanonen und Gold. In S. Maria Maggiore gibt es eine wundervoll geschnitzte Holzdecke aus dem sechzehnten Jahrhundert, die sich gegen die Mitte zu leicht durchbiegt: weil sie so schwer vergoldet ist. Das Gold, das man hierzu verwendet hat, ist das erste Gold gewesen, das nach der Entdeckung Amerikas aus den Schätzen der mittelamerikanischen Indianer nach Europa kam. Und wieviel Gold ist seither in diese Stadt geflossen – ist es wirklich Undankbarkeit oder Mangel an guter Sitte, wenn die Römer sich angewöhnt haben, es von den Fremden als eine Art von selbstverständlichem Tribut zu nehmen? Im übrigen – vieles von dem, was ich heute sagte, gilt ja nicht nur von den Römern, wir werden bei unserer Ankunft in Neapel am Ende unseres Sprachkurses noch darauf zu reden kommen.

Heute wollen wir – meinem eingangs gegebenen Ratschlag zufolge – einen Bummel durch die Stadt machen – ziellos, aber gemütlich – wir wollen uns die Zeit nehmen, nicht nur Architektur und Volksleben, sondern auch Geschäfte zu betrachten – vor allem jene, in denen sich die Liebe dieses Landes zur Fülle, zum Überfluß, zur bella figura um jeden Preis am deutlichsten spiegelt. Die Inhaber dieser Läden können uns überdies ein deutliches Bild von den Römern sein – eine kleine Galerie Typen, die uns die Menschen Roms repräsentieren – und überdies lernen wir ein paar Bezeichnungen von Ladenschildern, die uns nützlich sein können. Beginnen wir also irgendwo in der Altstadt – nella vecchia Roma, e andiamo a spasso. Nach kurzer Zeit werden wir bemerken, daß erstaunlich viele Aufschriften auf Ladenschildern mit der Silbe – ia – enden, zum Beispiel ist da ein Schusterladen, über dem geschrieben steht calzoleria, *kaltßoleri-a,* die Schusterei – der Schuster ist der calzolaio, *kaltßolahio.* Er hat natürlich ebenfalls quattro bambini a casa e una moglie che comanda, und eine Ehefrau die kommandiert. Gleich daneben haben wir einen Laden angetroffen, in dessen Schaufenster ein ungeheueres Baby aus Pappendeckel Reklame für das Pudern gewisser Körperteile macht – und das ist eine drogheria, *drogeri-a,* in der man mehr oder weniger dasselbe bekommt wie in unseren Drogerien. Der Unterschied zwischen den italienischen und unseren Gepflogenheiten zeigt sich mehr als bei der Drogerie bei der farmacia, die wir schon kennen – denn dort werden neben allen Arten von Medizinen auch Toiletteartikel verkauft, was bei uns den Drogerien allein vorbehalten ist. Ein ungeheueres Hemd aus Neonlicht zeigt uns an, daß der nächste Laden eine lavanderia, *lawanderi-a,* ist, eine Wäscherei. Dabei erinnern wir uns, daß die Wäsche nicht etwa la lavanda, sondern la biancheria, *bianckeri-a,* heißt. Die Besitzerin dieser Wäscherei ist eine dicke, gutmütige, energische Dame mit einem kleinen spitzbärtigen Ehegatten mit Nickelbrille, der in seinem eigenen Geschäft wenig zu sagen hat, weil er sich durch seine Leidenschaft fürs Kaffeetrinken und die politischen Diskussionen mit seinen Freunden jede Autorität im eigenen Hause verscherzt hat. Lavare, *lawahre,* waschen, ist im übrigen auch wirklich mehr eine Angelegenheit der Frauen als der Männer, die viel besser daran täten, sich robusten Berufen, wie beispielsweise dem eines macellaio, *matschel-lahio*, eines Besitzers einer macelleria, *matschelleri-a*, zuzuwenden – la macelleria, die Metzgerei – was allerdings vielleicht ein allzu blutiges Handwerk für zarte Charaktere ist.

Dies ist ohne weiteres aus dem Ausdruck ersichtlich, den die Römer für Gemetzel geprägt haben: il macello, *matschäl-lo*, das Gemetzel. Wenn einer zum Beispiel in das Kreuzfeuer der Eifersucht zweier vitaler römischer Damen kommt, kann er mit Recht sagen: ho combinato un macello, ich habe ein Gemetzel kombiniert, ich befinde mich in einer katastrophalen Situation. Ich muß hoffentlich nicht ausdrücklich dazu sagen, daß so etwas nicht klassisches Italienisch ist, aber wir wollen ja arrangiarci, *ar-randschartschi*, uns arrangieren, und da ist es doch ganz gut, wenn wir wenigstens ein bißchen so reden können, wie die Leute reden, die auch nicht zuerst die Grammatiker fragen, denen im übrigen alle Ehre gebührt, wenn sie nachsichtig ertragen, auf welche unschuldige Weise wir uns hier mit der italienischen Sprache beschäftigen.

Der macellaio, der Metzger, hat einen vornehmen Nachbarn, l'orefice, *lorehfitsche*, mit seiner oreficeria, *orefitscheri-a*, den Goldschmied mit seinem Goldwarengeschäft. Dies alles kommt von l'oro, *lohro*, das Gold, das in Rom immer schon eine entscheidende Rolle gespielt hat von dem Tage an, da in grauen Ahnenzeiten der Gallierfürst Brennus nach der Einnahme des Kapitols die Römer zwang, ihm seinen eigenen Körper mit Gold aufzuwiegen, um sich loszukaufen und nachdem die verlangte Menge Goldes auf der Waage lag, mit den Worten: wehe den Besiegten, sein Schwert auf die Waage warf. Dies ist schon gut zweitausenddreihundert Jahre her

und heute haben sich die Römer längst schadlos gehalten an den Nachkommen des Brennus.
Eine große Uhr zeigt uns an, daß wir vor einer orologeria, *orolodscheri-a,* stehen, wo hinter einem schmalen Tisch der orologiaio, *orolodschahio,* sitzt, mit der Lupe vor dem Auge und einer Stirn, die nicht nur von der anstrengenden Augenarbeit, sondern noch mehr von den Sorgen um seine entzückende Tochter gefurcht ist, die auf dem Plakat gegenüber als verführerische Reklame für eine drittklassige Seife erscheint und seither den Verstand zugunsten des cinema, des Films, mehr oder weniger verloren hat. Und dabei war die Sache so gut eingefädelt: der Besitzer der nahen panetteria, *panet-teri-a,* der Bäckerei, der sich von einem einfachen fornaio, *fornahio,* einem Brotbäcker dadurch unterscheidet, daß er ein panificio, *panifihtscho,* ist, ein Feinbäcker – der Besitzer der panetteria in der Nachbarschaft hat einen Sohn, der mit der Tochter des Uhrmachers schon so gut wie verlobt war. Aber seit sie als Modellchen für grausam parfümierte Seife auf den Plakattafeln erschienen ist, ist er ihr ein bißchen zu wenig, und der ehrenhafte Vater hat die Hoffnung auf eine bürgerliche Lebensbahn seiner Tochter resigniert aufgegeben.
Wir wollen ihm, dem verzweifelten Vater, wünschen, daß er sich mit den Genüssen tröstet, die die salsamenteria schräg gegenüber anzubieten hat, la salsamenteria, *ßalßamenteri-a,* der Delikatessenladen. Das Wort kommt von la salsa, *ßalßa,* die Sauce – und hier können wir nicht weiterfahren ohne der besten aller italienischen Saucen gedacht zu haben, der salsa verde, der aus Gemüsen und Gewürzen und Öl hergestellten grünen Sauce, die besonders zu gekochtem, magerem Rindfleisch sehr zu empfehlen ist. Wie gar nicht anders denkbar, liegt der Besitzer aller dieser Delikatessen in einem erbitterten Streit mit dem Besitzer einer salumeria, *ßalumeri-a,*

die nicht weit davon ihre Vorräte zu Bergen in den Schaufenstern und in der Ladentüre türmt. La salumeria ist das Spezialgeschäft für geräucherte Fleischwaren, wo man vor allem Zunge und ähnliche Dinge in hervorragender Qualität bekommt. Der kalte Krieg zwischen den beiden padroni wäre, wie uns jeder von ihnen erzählt, schon längst in einen heißen umgeschlagen, wenn nicht zwischen ihren Geschäften, fra i loro negozi, sich ein sarto etabliert hätte, ein Schneider, der ihnen beiden die Anzüge su misura, *misura,* macht. Schließlich fällt unser Blick noch auf eine tabaccheria, wo wir uns schleunigst Zigaretten, Briefmarken und Ansichtskarten kaufen. Leichter ist es, an der Vogelhandlung vorüberzugehen, an der uccelleria, *ut-tschel-leri-a* – wo die uccelli, *ut-tschäl-li,* die Vögel, in kleinen Käfigen auf und niederhüpfen und während wir uns noch in die Betrachtung ihrer Farbenwunder versenken und ihren Stimmen lauschen, nähert sich uns ein Mann in weißem Mantel und schwarzem Käppi, um uns zu sagen, daß wir auf der ganzen Welt kein preiswerte-

res Glas kaufen könnten als bei ihm: es ist der Besitzer des letzten Ladens in dieser Straße, der Besitzer einer vetreria, *wetreri-a* – die Glaswarenhandlung, der die zweifelhaften Kunstwerke der heutigen Industrie von Murano an den Mann zu bringen versucht. Soviel Läden, soviel Schicksale! Ihren Besitzern ist eines gemeinsam: sie sind in erster Linie Menschen, in zweiter Linie Römer, in dritter Linie Bürger, in vierter Staatsbürger und in siebzehnter Steuerzahler. Sie stellen ihre persönlichen Dinge stets über die öffentlichen. Sie haben einen Gemeinschaftssinn, der jenseits aller Disziplin ist, weil sie vom anderen nicht Rücksicht, sondern Mitgefühl, nicht Takt, sondern Anteilnahme, nicht Reserve, sondern Verständnis erwarten. Sie haben alle ihre kleinen und großen Privatheiligen, ihre Madonnen und ihre bevorzugten Zeitungen – sie sind kleine Sünder und brave, gute Leute, und sie lieben ihre Stadt in einer seltsamen Weise – sie lieben sie ohne sie anzusehen – sie reden angesichts der erleuchteten Engelsburg von Geld – sie reden vom Papst, wie wenn er ihr Verwandter wäre, und sie sind in der Lage, jeden Meineid zu leisten, wenn es gilt, ein Mitglied ihrer Familie vor Unglück oder Schaden zu bewahren – selbst dann, wenn dieses Unglück eine verdiente Strafe ist. Die kleinen Leute in Rom, die Besitzer aller dieser Läden mit der Aufschrift auf »ia«, sind das gleichbleibende Element in der Stadt, und auch sie tragen ihren bedeutenden Teil dazu bei, daß diese Stadt die Ewige genannt wird – la città eterna. Denn das Menschliche ist immer ewig, dort wo es leidet ebensogut, wie dort wo es sich verteidigt – und am meisten dort, wo sich die Freude dazu gesellt, die in Rom durch den Himmel, durch seine Bläue und seine Gnaden für immer gewährleistet scheint.

Diesen kleinen Leuten sollte unsere besondere Liebe gelten, wenn wir in Rom sind. Zwei Dinge vor allem zeichnen sie aus – Hilfsbereitschaft und Toleranz. Lassen Sie mich nun noch eine Geschichte erzählen, die ich selber erlebt habe und die dies ein wenig beleuchtet.

Als ich hier ankam, ging es mir ziemlich schlecht. Beziehungen hatte ich nicht, mein Italienisch war dürftig, meine Garderobe nachkriegsmäßig. Wie jedermann in Rom, pflegte ich am Morgen in einer Bar zu frühstücken, einen caffè latte, ein Hörnchen, tagaus, tagein. Der Mann an der Kasse wurde mein Freund. Er hatte eine Frau und viele Kinder, und die Bar gehörte nicht ihm selber, sondern einem reichen Padrone, der alle Augenblicke kam, um zu kontrollieren. Der Mann hatte kein schönes Leben. Jeden Tag fragte er mich, wie es denn nun ginge, ob denn die soldi aus Germania schon angekommen seien, und wenn ich betrübt verneinte, seufzte er tief und sagte »mbè, dottore mio, è un bel guaio«, das ist halt ein schönes Kreuz. Einmal, als ich tatsächlich überhaupt nichts mehr hatte, bestellte ich nur den caffè latte und kein Hörnchen, da schaute er mich an und sagte: »Haben Sie kein Geld mehr?« Mir war das furchtbar peinlich, er wartete aber meine Antwort gar nicht ab, griff in seine abgeschabte Privatbörse, zog einen Fünftausend-Lire-Schein heraus und sagte: »Nehmen Sie bitte, Sie können unmöglich ohne Geld sein.« Und das in einem Land, dessen Bewohner bei manchen Besuchern aus dem Norden in dem höchst ungerechtfertigten Rufe stehen, nichts als Profit im Sinne zu haben. Der Mann wußte, daß ich ihm seine Lire vielleicht erst vierzehn Tage später wiedergeben konnte, und ich wußte, daß er und seine Familie mit knapper Not auskamen – und deshalb finde ich, daß der Mann ein Denkmal verdient. Diese großartige Solidarität gegenüber dem Mißgeschick, dieses grundanständige Gefühl für Zusammenhalten in der Not, dieser eingewurzelte Respekt vor dem Recht, das jeder Mensch auf Leben und Nahrung hat, dazu der leidenschaftliche Wille, Familie und Freunde zu schützen, die Bereitschaft der römischen Mutter, ihre Kinder gegenüber der Welt zu verteidigen, selbst wenn diese Kinder zwanzigmal Unrecht haben, dies alles hat Teil an dem großartigen Gefühl der Zusammengehörigkeit, der Schicksalsgemeinschaft und des menschlichen Verstehens, wodurch das Leben in Rom so schön und so freudenreich wird. Ich möchte nicht den Eindruck erwecken, als seien die Römer eine Ansammlung von Tugendbolden. Sehr deutlich mischt sich in ihrem Charakter der Klugheit die List bei, die die klaren und sauberen Wege ein bißchen krümmt, zur Gerechtigkeit gehört der Aberglaube, der manches fertigbringt, was kein Gesetz verlangen könnte, zur Tapferkeit gehört die Verschlagenheit, die stets versucht, dem Zwang zum Heroismus durch die Anwendung von Intelligenz auszuweichen – und so wird aus den hehren Tugenden ein schillerndes Gemisch sehr menschlicher Eigenschaften. Übertriebenheit ist den Römern verhaßt; im Guten reizt sie ihre Spottlust, im Bösen ihren Abscheu. Ein vielzitierter Vers heißt: Non t'arrabbiare, la vita è breve, morire si deve, questo si sa ... was ungefähr bedeutet: reg dich nicht auf, das Leben ist kurz, sterben mußt auch du, also steht's nicht dafür. Allen Römern gemeinsam ist die Unlust, sich allzu sehr zu engagieren. Die Goldene Mitte, die den alten Philosophen so erstrebenswert erschien, wird auch heute noch von den Römern mit Gelassenheit verfolgt. Gelassenheit und Distanz, die man zwischen die eigene Person und die Ereignisse zu legen pflegt, haben den Römern dazu verholfen, jenes spielerische, mit schlürfendem Genuß empfundene und mit leichter Hand gehaltene Gleichgewicht gegenüber aller Welt zu bewahren, aus dem die besten Eigenschaften der Römer hervorgehen: Toleranz, Verständnis, Nachsicht, Bescheidenheit, Großmut und Höflichkeit.

Dies alles sind Spielarten eines Wesenszuges, den man am besten in der alten, klassischen Tugend des Maßes zusammenfassen kann, jenes herrlichen und truglosen Gefühls für das Genug, das uns die römische Gelassenheit in die Herzen senkt, das uns die Wechselfälle des Geschickes erträglich und die Welt als die beste aller Welten erscheinen läßt.

AUSFLUG ANS MEER

Lektion 68

Oggi fa veramente caldo, heute macht es wahrhaftig heiß, heute ist es wirklich heiß. Makellos klar und durchsichtig wölbt sich der Himmel über der Stadt, und schon in der Morgenfrühe spüren Menschen und Tiere, daß die Sonne eine verzehrende Hitze herunterschicken wird. Dagegen gibt es nur ein Mittel: wer unbedingt in der Stadt bleiben muß, verlegt seine Tätigkeit in die Nacht und schließt sich über Tag in seine Wohnung ein, läßt die Fensterläden herab und trinkt geeiste Sachen; wer nicht unbedingt in der Stadt bleiben muß, der fährt hinaus nach Ostia – ans Meer. Anche noi andiamo al mare, il signor Rossi ci ha invitato a fare una gita, der Herr Rossi hat uns eingeladen einen Ausflug zu machen. Il mare non è molto lontano da Roma, ci sono soltanto 20 chilometri circa – e si arriva molto presto, perchè c'è una bellissima autostrada. Dove comincia quest'autostrada? Vicino alla Basilica di San Paolo fuori le mura – però è un po' difficile di trovare l'ingresso, aber es ist ein wenig schwierig den Eingang zu finden, perchè ci sono dei lavori in corso – lavori in corso, das sind Arbeiten auf der Straße, man findet diese Aufschrift stets, wenn die Straße irgendwo aufgerissen ist – für den Autofahrer heißt das, besonders vorsichtig fahren. C'è un'avviso – l'avviso, *law-wihso,* heißt die Bekanntmachung, das Schild, die Ankündigung, der Wegweiser. A metà strada fra Roma ed Ostia c'è il bivio per Ostia Antica, auf der Hälfte der Straße zwischen Rom und Ostia ist die Abzweigung nach Ostia Antica. Die alte römische Hafenstadt, die man wieder ausgegraben hat, ist eine der größten antiken Stätten Italiens, in deren Ruinen man tagelang herumgehen kann, ohne daß die Überraschungen und das Staunen nachlassen. Das Ausgrabungsfeld ist auch als Ostia scavi bekannt, und wir lernen bei dieser Gelegenheit, daß gli scavi, *ßkahwi,* die Ausgrabungen heißt, ein Wort, das man in einem Land, das so voll ist von archäologischen Besonderheiten, eigentlich können muß. Aber heute verlockt uns keine Archäologie, fa troppo caldo, es ist zu heiß. Da lontano vediamo già la pineta – la pineta, *pineta,* den Pinienwald, der den Küstenstreifen bei Ostia bedeckt, ein wunderschönes, schattiges Waldgebiet, das sich bis zum Strand hinunterzieht. Weil uns aber heute jeder Handgriff zu viel ist – fa caldo – ziehen wir es vor, in eine der hübschen Badeanstalten zu gehen, die am Strand eingerichtet sind, lo stabilimento, *ßtabilimento,* die Badeanstalt; das Wort heißt Anstalt überhaupt, man nennt auch die Werkhallen einer Fabrik stabilimenti, aber am Strand ist lo stabilimento natürlich die Badeanstalt. All' ingresso incontriamo il bagnino, *banjihno,* den Badewärter – l'uomo più importante del posto. Il bagnino, das ist nicht nur eine Berufsbezeichnung, sondern geradezu ein Titel, und der Mann im gestreiften Seemanns-Anzug und weißer Schirmmütze weiß das auch. Noi diciamo: Senta, bagnino, prima voremmo comprare una crema antisolare, eine Sonnencreme, e poi ci porti tre grandi asciugamani in cabina, un ombrellone e tre sedie a sdraio. Das sind eine Menge neue Wörter: l'asciugamano, *laschugamahno,* ist das Handtuch; es kommt von asciugare, trocknen; asciuga heißt also: er oder es trocknet; mano heißt die Hand, also wörtlich: trocknet Hand. La cabina ist natürlich die Kabine, l'ombrellone, *lombrel-lohne*, das kommt von l'ombrello, *lombräl-lo*, der Schirm. Die Nachsilbe – one – kennen wir schon, sie bedeutet stets eine Vergrößerung des Gegenstandes, an den sie angehängt wird; l'ombrellone ist also der große Schirm, der Sonnenschirm. La sedia a sdraio, *ßähdia a sdrahio*, ist der Liegestuhl, es sind drei Wörter la sedia – a – sdraio. Dies ist wieder einmal einer der vielen Ausdrücke, bei denen Sie mich in ziemlicher Verlegenheit finden. La sedia a sdraio ist gutes Italienisch. Am Strand von Ostia, im Gespräch mit dem bagnino sagt aber jedermann: una sdraia, was ein verballhornter Ausdruck ist. Wenn Sie sich sicher fühlen, gebrauchen Sie ihn bitte ruhig, man wird Sie fast für einen Einheimischen halten. Nun kommt der bagnino auch schon an und hat den roten ombrellone unterm Arm. Dove lo metto? Sulla spiaggia, per piacere, an den Strand, bitte – la spiaggia, *ßpiad-dscha*, der Strand. Und dann setzen wir uns unter den Schatten des ombrellone und schauen den verführerischen Nixen und den bezaubernden kleinen Kindern und den muskelgeschwellten Männern zu, die sich, jeder auf seine Weise, auf dem Sand tummeln – che giocano sulla sabbia, *dschokano ßul-la ßab-bia*. Che cosa vediamo? Due ragazze in bikini che giocano a palla, una bambina che tira un pallone, una signora che ha perso un sandalo nella sabbia, tre giovanotti che mettono in acqua una barca. Jetzt müssen wir schon unterbrechen, um mit den Wörtern nachzukommen: il bikini, *bikihni*, ist der zweigeteilte Bade-Anzug von etwas gewagtem Zuschnitt. Er ist zwar offiziell verboten, aber die römischen Damen nehmen es nicht so genau, und die Polizisten haben auch ihre schwachen Momente, in denen sie der Schönheit vor dem Gesetz den Vorzug geben. Im übrigen ist der Bade-Anzug il costume da bagno, *koßtuhme da bahnjo;* i sandali, *ßandali,* sind die Sandalen; la barca, *barka,* heißt das Boot; mettere in acqua una barca heißt: ein Boot ins Wasser setzen. Das Schiff, im Gegensatz zum Boot, ist la nave, *nahwe.* Remare fa bene alla salute, *remahre,* rudern macht gut an der Gesundheit, rudern ist gesund.

Che cosa vediamo ancora? Was sehen wir noch? La mondanità, *mondanita,* die mondäne Welt, soprattutto gli attori del cinema, *ßoprat-tut-to lji at-tohri,* vor allem die Schauspieler des Films, die Filmschauspieler, che chiaccherano insieme ore ed ore, die Stunden und Stunden zusammen schwätzen; chiacchierare, *k^{i}ak-k^{i}erahre* ist ein bewunderungswürdiges Wort, weil man beinahe aus dem Klang schon errät, was es bedeutet: es heißt belangloses Zeug reden, schwätzen – eine der schönsten Beschäftigungen dieser Welt. Il nostro stabilimento è molto ben fatto, c'è una piscina, es gibt ein Schwimmbassin, dove i bambini imparano a nuotare, wo die Kinder schwimmen lernen – nuotare, *n^{u}otahre,* heißt schwimmen – mentre i camerieri apparecchiano i tavoli per la colazione e la gente si rinfresca con le varie bibite del bar, während die Kellner die Tische für das Mittagessen decken; mentre, *mentre,* während; apparecchiare, *ap-parek-k^{i}ahre,* heißt vorbereiten oder auch Tischdecken; – e la gente si rinfresca, und die Leute sich erfrischen; rinfrescarsi, sich erfrischen – con le varie bibite del bar, mit den verschiedenen Getränken der Bar, la bibita, *bibita,* das Getränk. Che cosa vogliamo prendere? Lassen wir uns la lista kommen und schauen wir nach.

birra chiara, *bir-ra k^{i}ahra*	helles Bier
birra scura, *ßkuhra*	dunkles Bier
birra italiana,	italienisches Bier
birra tedesca	deutsches Bier
la gazosa, *gadsoßa*	Brauselimonade

la limonata, *limonahta*	das Zitronenwasser
il limone, *limohne*	die Zitrone
l'orzata, *lordsahta*	die Mandelmilch
l'orzata ghiacciata, *g*^{i}*at-tschahta*	die geeiste Mandelmilch
lo sciroppo, *schirop-po*	der konzentrierte Fruchtsaft,

wobei es mehrere Typen gibt, die Ihnen der Barmann zur Wahl anbietet. Man kann den sciroppo aber nicht gut ohne Wasser trinken, genau so wenig wie bei uns den Himbeersaft. Das früchtereiche Italien bietet uns natürlich auch alle Arten von spremute an:

la spremuta, *ßpremuhta*	der aus Früchten gepreßte Saft
spremuta di arancio	Orangensaft natur
spremuta di limone	Zitronensaft natur
succo di pomodoro, *ßuk-ko di pomodohro*	Tomatensaft
il ghiaccio, *g*^{i}*at-tscho*	das Eis
il gelato, *dschelahto*	das Speise-Eis

Dies gelato wird senz'altro una cosa indispensabile, wenn jene bestimmte Art von Hitze eintritt, die man bei uns mit dem Wort bezeichnet: die Sonne sticht, ohne allerdings, bevor man in Italien war, eine Vorstellung davon zu haben, wie sehr die Sonne stechen kann. Im Italienischen sagt man, wenn die Sonne sticht, il sole brucia, *brutscha,* von bruciare, brennen.

Dies veranlaßt uns nun, damit wir dem colpo di sole entrinnen, an unsere Rückkehr in die Stadt, il ritorno in città, *ritorno,* zu denken, wo uns die kühlen Brunnen und die Canzonen in Trastevere und die im Sonnenuntergang über die Stadt hinschwingenden Glocken neue Freude verheißen. Lassen Sie mich noch ein wenig über diese sommerliche Rückkehr zur Stadt erzählen, die niemals dasselbe, aber immer ein hinreißendes Schauspiel bietet. Der Himmel wird dunkelblau am späten Nachmittag, die Sonne fällt schräg ein, und das große Labyrinth der Häuser und Gassen, die Gebirge der Kuppeln und Türme und der zinnengekrönten Monumente fangen in dem braunen Glanz ihrer alten Farbe zu leuchten an, wie wenn das Licht aus dem Innern ihrer gewaltigen Mauern makellos golden hervorträte. Dies ist die Stunde, in der sich auf der Terrasse des Pincio die Ehemänner versammeln, die durch ihren Beruf glücklicherweise daran verhindert sind, zusammen mit moglie und bambini auf Sommerfrische zu gehen, und die nun, selige Junggesellen, sich nach ausgestandener Büro-Qual hier zusammenfinden, um Kaffee zu trinken, den graziösen jungen Mädchen höchst freundlich nachzusehen und zu vergessen, unter welchen dramatischen Geschehnissen sich gestern oder vorgestern die Abreise der Familie vollzogen hat. Dies ist auch die Stunde der Spanischen Treppe, die mit ihrem großen Gefälle den sonnenuntergangssüchtigen Liebespaaren ein freundliches, barockes Asyl mit Logenplätzen anbietet. Dies ist die Stunde, in der die Patres der römischen Collegien, die sich durch keine Hitze vom Studieren aufhalten lassen, auf die Dachterrassen ihrer kahlen Ordenshäuser steigen und sich von den gewaltigen Lichtfontänen des römischen Himmels wie vom verheißungsvollen Leuchten des Paradieses umgeben sehen – dies ist die wunderbarste Stunde Roms. Wer um diese Zeit vom Meer aus der Stadt zueilt, hat es plötzlich wirklich eilig, um noch ein wenig von dem Zauber zu erhaschen, den dieses unfaßbare Licht über die Silhouetten berühmter und heiliger Stätten auszubreiten pflegt.

Wenn es dann noch ein bißchen später geworden ist und der Abendstern über dem Kranz der römischen Hügel erscheint, fängt das Leben in den Vorgärten der Weinschänken an, und ich kann Ihnen, liebe Leser, versichern: nichts ist genußreicher, als sich nach einem Tag am Strand, mit dem Salzgeschmack des Meeres noch auf den Lippen, dort in angenehmer Müdigkeit niederzulassen und einer Canzone zuzuhören, wie etwa dem Preisgesang auf die »Castelli Romani«, von deren Hügel sich seit zweitausend Jahren ein ununterbrochener Strom klaren Wassers in die römischen Brunnen und ein unversieglicher Strom goldgelben Weines in die römischen Kehlen ergießt.

NEUE WÖRTER

Lektion 69

la calzoleria	*kaltßoleri-a*	die Schusterei, der Schusterladen
il calzolaio	*kaltßolah^{i}o*	der Schuster
la drogheria	*drogeri-a*	die Drogerie
la lavanderia	*lawanderi-a*	die Wäscherei
la biancheria	*b^{i}ankeri-a*	die Wäsche
lavare	*lawahre*	waschen
il macellaio	*matschel-lah^{i}o*	der Metzger
la macelleria	*matschel-leri-a*	die Metzgerei
il macello	*matschäl-lo*	das Gemetzel
ho combinato un macello		wörtlich: ich habe ein Gemetzel kombiniert, richtig: ich befinde mich in einer katastrophalen Situation
l'orefice	*lorehfitsche*	der Goldschmied
l'oreficeria	*lorefitscheri-a*	das Goldwarengeschäft
l'oro	*lohro*	das Gold
l'orologeria	*lorolo^{dsch}eri-a*	das Uhrengeschäft
l'orologiaio	*lorolo^{dsch}ah^{i}o*	der Uhrmacher
la panetteria	*panet-teri-a*	die Bäckerei
il fornaio	*fornah^{i}o*	der Brotbäcker
il panificio	*panifihtscho*	der Feinbäcker
la salsamenteria	*ßalßamenteri-a*	der Delikatessenladen
la salsa	*ßalßa*	die Sauce
la salumeria	*ßalumeri-a*	Spezialgeschäft für geräucherte Fleischwaren
il sarto	*ßarto*	der Schneider
su misura	*ßu misura*	nach Maß
la tabaccheria		das Rauchwarengeschäft – man bekommt dort auch Ansichtspostkarten und Briefmarken
l'uccelleria	*ut-tschel-leri-a*	die Vogelhandlung
gli uccelli	*ut-tschäl-li*	die Vögel
la vetreria	*wetreri-a*	die Glaswarenhandlung
oggi fa veramente caldo		heute ist es wirklich heiß

l'autostrada		die Autobahn
lavori in corso	*lawohri in korßo*	Arbeiten auf der Straße
l'avviso	*law-wihso*	das Schild, die Bekanntmachung
a metà strada	*meta*	auf der Hälfte der Straße
la meta	*meta*	das Ziel
la pineta	*pineta*	der Pinienwald
Ostia Antica		das antike Ostia
gli scavi	*ßkahwi*	die Ausgrabungen
lo stabilimento	*ßtabilimento*	die Anstalt (am Meer: die Badeanstalt)
il bagnino	*banjihno*	der Bademeister
la crema antisolare	*kräma antißolahre*	die Sonnencreme
l'asciugamano	*laschugamahno*	das Handtuch
asciugare	*aschugahre*	trocknen
asciugarsi		sich abtrocknen
la cabina		die Kabine
l'ombrellone	*lombrel-lohne*	der große Sonnenschirm
la sedia a sdraio	*ßähd^{i}a a sdrah^{i}o*	der Liegestuhl
la spiaggia	*ßp^{i}ad-^{dsch}a*	der Strand
la sabbia	*ßab-b^{i}a*	der Sand
giocare	*^{dsch}okahre*	spielen
la palla	*pal-la*	der Ball
il pallone	*pal-lohne*	der Luftballon
il costume da bagno	*koßtuhme da bahnjo*	der Badeanzug
il bikini	*bikihni*	der Bikini
i sandali	*ßandali*	die Sandalen
la nave	*nahwe*	das Schiff
la barca	*barka*	das Boot
remare	*remahre*	rudern
la mondanità	*mondanita*	die mondäne Welt
gli attori del cinema		die Filmschauspieler
chiacchierare	*k^{i}ak-k^{i}erahre*	schwatzen, belangloses Zeug reden
la piscina	*pischihna*	das Schwimmbassin
nuotare	*n^{u}otahre*	schwimmen

apparecchiare	*ap-parek-k[i]ahre*	vorbereiten, den Tisch decken
la bibita	*bibita*	das Getränk
birra chiara	*bir-ra k[i]ahra*	helles Bier
birra scura	*ßkuhra*	dunkles Bier
birra italiana		italienisches Bier
birra tedesca		deutsches Bier
la gazosa	*gadsoßa*	Brauselimonade
la limonata	*limonahta*	das Zitronenwasser
l'orzata	*lordsahta*	die Mandelmilch
l'orzata ghiacciata	*g[i]at-tschahta*	die geeiste Mandelmilch
lo sciroppo	*schirop-po*	der konzentrierte Fruchtsaft
la spremuta	*ßpremuhta*	der aus Früchten gepreßte Saft
spremuta di arancio		Orangensaft natur
spremuta di limone		Zitronensaft natur
succo di pomodoro	*ßuk-ko di pomodohro*	Tomatensaft
il ghiaccio	*g[i]at-tscho*	das Eis
il gelato	*dschelahto*	das Speiseeis
bruciare	*brutschahre*	brennen
il sole brucia		die Sonne sticht
il ritorno in città	*ritorno*	die Rückkehr in die Stadt

VON DER JUSTIZ BIS ZUM VERKEHR

Lektion 70

Wir können Rom nicht verlassen, ohne uns heute zunächst mit einem sehr delikaten Problem zu beschäftigen, das nicht gerade zu den erfreulichen Seiten des Lebens auf Reisen gehört, aber umso notwendiger behandelt werden muß. Sie alle, meine lieben Leser, werden mit mir übereinstimmen, daß Italien ein wunderbares, gastliches Land ist, in dem es sich auf tausenderlei Weise höchst erfreulich leben läßt. Aber selbst das Paradies auf Erden bleibt eine irdische Angelegenheit und mit allen Unvollkommenheiten behaftet, die ihre

Wurzel darin haben, daß sich die Menschen über die Begriffe von Eigentum und sozialem Ausgleich bisher leider nicht völlig einigen konnten. So kann es uns eben auch in Italien, geradesogut wie anderswo, passieren, daß wir im größten Gedränge der Mittagsstunde aus dem Omnibus aussteigen wollen, über das Bein eines Nachbarn stolpern, den Ausgang gerade noch erreichen, und – glücklich draußen – mit Schrekken feststellen, daß unser sinnigerweise in der rückwärtigen Hosentasche aufbewahrtes Portemonnaie nicht mehr da ist. Wenn wir unvorsichtig genug waren, auch die Brieftasche an jenem scheinbar so sicheren Ort aufzubewahren, kann es noch viel schlimmer sein, denn solange der Paß da ist, kommt man ja noch vorwärts, aber ohne Dokumente wird es ziemlich schwierig. Wer hilft uns in solchen Fällen, an wen können wir uns wenden, ohne gleich mit Mißtrauen behandelt oder gar brüsk abgewiesen zu werden? An die Deutsche Botschaft, l'ambasciata, *lambaschahta,* die Botschaft, l'ambasciata di Germania, *dschermahnia,* die Deutsche Botschaft. Der Botschafter, l'ambasciatore, *lambaschatohre,* hat natürlich mit diesen Dingen persönlich nicht allzuviel zu tun. Er fällt nur die grundsätzlichen Entscheidungen, aber er hat einen seiner Diplomaten beauftragt, alle solchen Fälle der Hilfeleistungen in unverschuldeter Not zu bearbeiten, zu prüfen und nach Möglichkeit zu lösen. Dieser Beamte führt den Titel il console, *konßole,* der Konsul, er steht einer Behörde vor, die man als das Konsulat kennt, il consolato, *konßolahto.* In Rom ist natürlich das Konsulat ein Teil der Botschaft der Bundesrepublik Deutschland, aber es gibt auch in anderen großen Städten Italiens deutsche Konsulate, so z. B. ein Generalkonsulat in Mailand, ein Generalkonsulat in Genua, ein Konsulat in Neapel, ein Konsulat in Palermo. Diese Behörden stehen im Telefonbuch und können jederzeit um Hilfe angegangen werden, vorausgesetzt natürlich, daß es uns nicht gelingt, selber mit unseren Schwierigkeiten fertig zu werden. Wenn ich bei dieser Gelegenheit eine kleine Bemerkung zugunsten dieser Behörden einschieben darf – bitte, liebe Leser, stellen Sie sich nicht unbedingt auf den Standpunkt des deutschen Steuerzahlers, der es schließlich und endlich finanziert, daß sich die Beamten und Angestellten der Botschaft und der Konsulate in Italien auf Jahre hinaus ein schönes Leben machen können – glauben Sie mir, so schön ist dieses Leben wirklich nicht, denn die Aufgaben sind unendlich groß, die Einzelfälle, in denen wirklich Not am Mann ist, sind weit zahlreicher und verzweifelter, als sich ein Außenstehender vorstellen kann, und deshalb ist es eine Frage von Rücksicht, Respekt und Nachsicht, genau zu prüfen, ob man die behördliche Hilfe wirklich unumgänglich braucht, bevor man sie in Anspruch nimmt. Andererseits gibt es Fälle, wie den eingangs beschriebenen, wenn man etwa das Opfer eines Taschendiebs wird, in denen höchste Eile geboten ist. Es könnte z. B. sein, daß Sie den Mann, der Ihnen das Portemonnaie herausgezogen hat, mit der Hand noch erwischen, dann gibt es eine gräuliche Szene im Autobus. Denn der Mann hat natürlich das Portemonnaie nicht mehr, das hat längst ein anderer, der mit ihm zusammenarbeitet und in der Menge der Autobuspassagiere verschwindet. Und nun beteuert der, den Sie mit Recht beschuldigt haben, seine Unschuld, verlangt vom nächsten Polizisten eine Leibesvisitation bei sich selbst, die natürlich ergebnislos verläuft, und Sie kommen in die größten Schwierigkeiten. In diesem Falle gibt es nur eines: sagen Sie dem Polizisten, noch bevor Sie sich auf eine große Diskussion einlassen – zu der Sie Ihr Italienisch ja jetzt schon befähigen könnte –: mi faccia telefonare all'ambasciata, lassen Sie mich an die Botschaft telefonieren – è urgente, ä *urdschänte*, es ist eilig, es ist dringend. L'urgenza, *lurdschentßa*, die Dringlichkeit. Nur in den selteneren Fällen wird es notwendig sein, das angegriffene oder geschmälerte eigene Recht vor Gericht zu verteidigen, aber wenn man es muß, dann rät es sich dringend, einen Rechtsanwalt zuzuziehen, der über die italienische Gerichtspraxis verfügt und über die nötige Beredsamkeit; l'avvocato, *law-wokahto,* der Advokat. Bei dieser Gelegenheit: der Notar heißt nicht, wie es für uns naheliegend scheint, il notario, sondern il notaio, *notahio.* Wir wollen natürlich dringend hoffen, daß alle diese Meinungsverschiedenheiten, die, wie gesagt, auf der grundsätzlichen Uneinigkeit der Menschen über den Eigentumsbegriff zu beruhen pflegen, nicht zu einem wirklich unerfreulichen Vorgang führen, den man als einen Prozeß kennt, il processo, *protschäß-ßo.* Aber immerhin kann man seinem Gegner, wenn es einem angebracht erscheint, damit drohen – facciamo un processo, wenngleich un processo stets ein zweischneidiges Schwert ist, weil die Italiener – sie müßten nicht Nachkommen der alten Römer sein – ein ungeheuer prozeßfreudiges Volk sind, was man im Justizpalast ohne weiteres feststellen kann.

Schon in aller Frühe füllen sich die Kaffeehäuser rings um den Justizpalast mit Klienten an, die oftmals in geschlossenen Familienverbänden unter der Assistenz von Onkeln und Schwiegermüttern angerückt kommen und mit ernstem und mitleiderregendem Gesicht an der Bar stehen, das Mienenspiel übend, das nachher den Richter erweichen soll. Interessant wird es, wenn die Gegenpartei sich zufällig im selben Lokal verabredet hat. Auch sie schart sich um den Advokaten, der natürlich, selbst wenn er der beste Mensch ist, auf der anderen Seite Blicke eisiger Verachtung auslöst. Die Gesichter hellen sich erst auf, wenn die Glastür aufgeht und il nostro professore hereinkommt, der sehnlich erwartete, traktierte, beschworene eigene Anwalt, der sich denn auch gleich an den runden Tisch setzt, die Akten aufschlägt und wie ein Inquisitor beginnt, den Fall nochmals durchzugehen. Es handelt sich um einen Wohnungsstreit, unrechtmäßige Kündigung, Aneignung von fremden Möbeln – und noch stehen die beiden Parteien in feindseligem aber reserviertem Abstand. Da fällt das Wort, das alles in Gang bringt: ladri, *lahdri,* das heißt: Räuber, Diebe, Halunken, Halsabschneider und alles zusammen. Einer von der Gegenpartei hat es gehört und sofort auf sich bezogen. Um ihren Advokaten geschart, nähern sich die beiden Parteien nun in geschlossener Phalanx; einer, der vorne dran ist, beginnt zu schimpfen, die übrigen Leute in der Bar stellen sich im Kreis herum, und es beginnt eine Art Generalprobe für die spätere Verhandlung, mit allen Reden, Plädoyers, Beschwichtigungsversuchen und Schimpfwörtern. Bald ist es soweit, daß auch die beiden Anwälte sich nicht mehr halten können und ihrerseits aufeinander einreden. Nur der Richter fehlt. Statt seiner fungieren die Zuschauer, die Leute aus dem Volk, die zufälligen, aber legitimen Vertreter des Popolo Romano, zwar nicht durch die Kraft des Gesetzes bevollmächtigt, aber voraussetzungslos von beiden Parteien anerkannt. Sie verstehen ohne Kommentar jeden Schlich, jedes nicht ganz stichhaltige Argument, jeden von der Verzweiflung des Verlierenden diktierten Angriff. Sie sind von einer unfaßbaren Hellhörigkeit, sie registrieren jeden falschen Ton, jede übertriebene Geste, jeden feingesponnenen Versuch, durch Rührung zu erwirken, was durch Beweisführung nicht erreicht werden kann. Dabei folgen sie den Ausführungen der Gegner so intensiv, daß es fast den Anschein hat, als schwankten sie in ihrer Gunst unablässig von einer Seite zur anderen. Sie haben die Gabe, sich mit jeder Ansicht scheinbar vollständig gleichzusetzen, und dabei behalten sie sich doch genau jene minimale, aber wirksame Reserve vor, die die Voraussetzung zur Urteilsbildung ist – jene innere Distanz von den Geschehnissen, die man in der Antike mit der Tugendbezeichnung Prudentia geschmückt hat.

Aus dieser, in verständnisvoller Distanz geübten Unabhängigkeit kommt ganz von selbst die spezifische Gerechtigkeit, die diesen aufmerksamen und unprofessionellen Kaffeehaus-Richtern sehr offensichtlich zu eigen ist – eine Gerechtigkeit, die sich nicht so sehr auf die Einhaltung von Vorschriften und Gesetzen, als vielmehr auf die Erhaltung des Lebens richtet. Leben – das ist hier kein geistiger Begriff, sondern eine ganz einfache Realität: das ungetrübte Fortbestehen der Familie und die ungefährdete Fortdauer des leiblichen Wohlbefindens. Durch einen Urteilsspruch, der mit Haft verbunden ist, wäre sowohl das eine wie das andere, durch ein Urteil, das mit Bezahlen zusammenhängt, wenigstens das letztere in Frage gestellt. Und dagegen setzt man sich zur Wehr, denn was einem einzelnen geschieht, das leidet die ganze Familie mit. Der Staat ist nicht dazu da, die Ansprüche auf ein gutes, gemeinsames Leben einzuschränken, die Gerechtigkeit ist nicht dazu da, persönliche Unabhängigkeit zu schmälern. Die Familie, auch wenn ihre Mitglieder untereinander bis aufs Messer zerstritten sind, fühlt wie ein kollektives Wesen jeden Schaden, den der einzelne nimmt. So steht also Familie gegen Familie, und die Prozesse hören nicht auf. Aber dafür hat man ja das Felsgebirge dieses Justizpalastes, und dafür hat man die ererbte Kunst, die auch in dem verfahrensten Konflikt noch einen Ausgleich herbeiführen kann, die älteste Kunst der Römer, die Rede. Der Aufwand an Dialektik ist ungeheuer. Er steht in gar keinem Verhältnis zum Gegenstand – ein reißender Strom von Perioden, Drohungen, Witzen, Anschuldigungen, Komplimenten, Rührseligkeiten, Plattheiten und Hinterhalten ergießt sich wie ein vielverzweigter Wasserfall vom obersten Stockwerk des Justizpalastes bis ins Parterre. Die unglaublich nuancenreiche Sprache dieses Landes, die für jeden Zustand fünf verschiedene Bezeichnungen hat, die sich nicht mit Wortzusammensetzungen aufhält, sondern unablässig neue, rasante, rhythmische, herrlich klingende Wörter zu Felde führt, diese niemals verlegene, immer hilfreiche Sprache bewirkt es, daß seit den Tagen Ciceros die Römer den Versuch nicht aufgeben, das, was die Klugheit geschickt und vorteilhaft eingefädelt hat, im brausenden Schwung der Rede mit der unbeugsamen Justitia in Einklang zu bringen. Auf diesem vertrackten, aber höchst brillanten Wege kommt man schließlich zum Kompromiß, zu dem Ausgleich in Toleranz und Mäßigung, den man im Grunde angestrebt hat. Das Merkwürdige und sehr Römische daran ist, daß dieser Kompromiß, der die Gerechtigkeit aus der Notlage befreit, ein einseitiges Urteil zu fällen, nach einer pausenlosen Debatte von sechs Stunden beiden Parteien als ehrenvoll erscheint, während er, hätte man ihn von vornherein geschlossen, einer Niederlage gleichgekommen wäre.

Difendersi, *difänderßi,* sich verteidigen, ist in Italien eine Notwendigkeit des Lebens, die nicht nur mit Abscheu und Verdruß, sondern oftmals mit einem geheimen, nicht gerne zugegebenen Vergnügen zusammenhängt. Das Wohlgefühl, das der Wettbewerb in der Gewandtheit des Lebens erzeugt, können wir Leute aus dem Norden nur sehr schwer nachempfinden, und wir sind oft dazu verführt, es für eine Folge der Eitelkeit zu halten. Nun kann niemand leugnen, daß die Italiener eitel sind, sie selber leugnen es am wenigsten, aber man muß doch genau unterscheiden zwischen Eitelkeit und Selbstgefälligkeit, und selbstgefällig sind sie gar nicht. Sie

sind nur stolz darauf, wenn es ihnen gelingt, ein etwas fadenscheiniges Recht durch den für unsere Begriffe übermäßigen Aufwand an Intelligenz und Worten mit Substanz zu erfüllen. Ein Wort, das man bei solchen Gefechten, ob sie nun auf der Straße oder im Gerichtssaal stattfinden, immer wieder hört, ist: ho torto? habe ich Unrecht? Nachdem darauf meistens alle zusammen antworten, empfiehlt es sich, auch die Redewendung zu lernen: datemi retta, *datemi rät-ta,* gebt mir Gehör, hört mich an. Wie wir uns denken können, ist es nämlich manchmal gar nicht so leicht, sich Gehör zu verschaffen, denn in einem ausgewachsenen Streit ist doch der einzige Genuß, daß alle zur gleichen Zeit sprechen und während sie reden auch noch die Fähigkeit entwickeln, dem anderen, der auch redet, zuzuhören. Dies kürzt die Zeit erheblich ab, und verschafft allen Beteiligten die Möglichkeit, ein Höchstmaß an Argumenten ins Feld zu führen. Der Streit heißt la lite, *lihte,* damit ist aber nicht nur der sachliche Streit gemeint, der z. B. leicht entstehen kann, wenn man mit einem anderen Auto zusammenrempelt, sondern auch der zur täglichen Abwechslung beinahe unerläßliche Streit von Verliebten.
Sollte jemand von Ihnen, meine lieben Leser, jemals in die Lage kommen, in einer solchen Auseinandersetzung Partner zu sein, so möge er sich zweierlei merken, erstens: Zorn und Haß sind in Italien zwei gänzlich verschiedene Dinge. Dein Gegner kann so wütend auf dich sein, daß er sämtliche Flüche des romanaccio über dich herunterfallen läßt, er wird dich nicht hassen. Wenn du nicht so schnell antworten kannst, wird er dir tausendmal ins Wort fallen, weil er keine Geduld hat, sich deinen Standpunkt bis zu Ende anzuhören; und deshalb ist zweitens wichtig, eine Redewendung präsent zu haben, die fähig ist, allen Nachdruck des unschuldig Benachteiligten aufzunehmen: mi vuole far finire la frase, *mi w^{u}ohle*

fahr finihre la frahse, wollen Sie mich den Satz zu Ende sprechen lassen, wörtlich: mich wollen Sie machen beendigen den Satz. La soluzione del problema, *ßolutßiohne del probläbma,* die Lösung des Problems ist meistens auf gütlichem Wege herbeizuführen, wenn man sich lang genug gestritten hat und genügend Zuschauer dabei waren. Solange die Sache im akuten Stadium ist, soll man keine Versöhnungsvorschläge machen, der Streit muß sich selber austoben, auch wenn es ein bißchen länger dauert. Wenn dann der Punkt erreicht ist, an dem das ungerufene Publikum müde wird und den Schauplatz verläßt, wird der Gegner Versöhnungsvorschlägen sehr viel leichter zugänglich sein – und dafür empfehle ich sehr als Einleitung die Redewendung: tutto è da risolvere, *rißolwere,* alles ist ins Lot zu bringen.

Einer der Hauptpunkte für Streit und Auseinandersetzungen ist natürlich der Verkehr, besonders der in den Großstädten wie in Rom. Erlauben Sie mir bitte darüber noch ein Wort. Die Polizei hat schon alles mögliche versucht. Heute sperrt man eine Straße, morgen erhofft man sich die Lösung vom Kreiselverkehr, übermorgen stellt man an jede Ecke einen Hilfsschutzmann; man zieht auf dem Asphalt ein Labyrinth von weißen Strichen mit Pfeilen, die zeigen sollen, wohin der Mensch zu fahren hat. Aber – wie immer – sind die Römer weiser als die ihnen gegebenen Vorschriften. Sie wissen: theoretisch geht es längst nicht mehr. Wenn man angesichts der engen Gassen Roms, angesichts der darin reißend anschwellenden Verkehrsflut eine Theorie für reibungslose Fortbewegung aufstellen wollte – es käme nur das Durcheinander heraus, das man sowieso schon hat. Also arrangiert man sich. Man fährt rechts vor, obwohl es verboten ist, man läßt die Fußgänger noch über die Straße, obwohl die Ampel schon rotes Licht zeigt, man hält und winkt dem anderen höflich zu, auch wenn er von der falschen Seite kommt, man fährt mit rapidem Tempo an und bremst mit kreischendem Elan. Rom ist die verkehrsmäßig unmöglichste Stadt Italiens; aber nirgends wird mit größerer Noblesse, mit mehr Charme und mit sichtbarerer Freude improvisiert. Und in dieser Improvisation ist – wieder einmal – das Gesetz des Ausgleichs und des Maßes wirksam. Anderswo mögen die Dinge hart im Raum sich stoßen, in Rom liegt die Versöhnung mitten im Streit.

Man wundert sich eigentlich, wie wenig in Rom an schweren Unfällen geschieht. Wenn man die Bremsen quietschen hört, hat man zunächst sicher den Eindruck, daß etwas Ernsthaftes passiert ist. Sofort sammelt sich eine Traube von Menschen, und erst wenn die Beteiligten sich vergewissert haben, daß ihre Stimmen noch funktionieren, wird klar, daß es sich um eine kleine Schramme am Kotflügel oder etwas Ähnliches handelt. Trotzdem: einer muß bestimmt in die Garage – und wenn wir auch sehr hoffen, daß wir es nicht sein werden, so ist es doch nützlich, das Wort dafür zu lernen: l'autorimessa, *lautorimeß-ßa,* die Garage. Wir werden dem Mechaniker sagen: Guardi, qui ci vuole una riparazione, sehen Sie einmal, hier braucht es eine Reparatur, hier ist eine Reparatur notwendig, guardi, sehen Sie, qui – hier – ci vuole una riparazione, hier braucht es eine Reparatur, la riparazione, *riparatßiohne,* die Reparatur. Nun kann es aber sein, daß die Garage, die wir gefunden haben, die Reparatur gar nicht ausführen kann, weil wir einen deutschen Wagen haben und der betreffende Ersatzteil nur beim Vertreter unserer Autofirma zu haben ist. Um dann weiterzukommen, merken wir uns: il rappresentante, *rap-presentante,* der Vertreter, und il pezzo di ricambio, *pät-tßo di rikambio,* der Ersatzteil. Da die Garagen zumeist auch Tankstellen haben, rät es sich, bei

dieser Gelegenheit auch noch den Benzintank vollzumachen, und dazu müssen wir wissen, daß das Benzin nicht il benzino, sondern la benzina, *bendsihna,* heißt.
Wenn wir nicht im Wagen, sondern mit der Bahn nach Rom gekommen sind, wird uns während unseres Aufenthaltes in dieser Stadt sehr oft der Wunsch überfallen, doch auf ein paar Stunden in die Campagna hinauszufahren. Merkwürdigerweise hat ja die Umgebung Roms, so herb und ernst sie ist, auf die Leute aus dem Norden immer eine gewaltige Anziehungskraft ausgeübt, und überdies ist das Land um Rom voll von wunderbaren Erinnerungen an mittelalterliche Päpste, an Renaissance-Kardinäle, aber auch an die Schriftsteller Cicero und Horaz und an den Kaiser Hadrian und seine orientalischen Träume. Schauen wir uns also nach einer macchina um, die man affittare kann, affittare, *af-fit-tahre,* mieten, affittare una macchina, einen Wagen mieten. Affittare ist ein Wort, das man nicht nur für Wagen mieten, sondern ebenso gut für Zimmer mieten gebrauchen kann, affittare una camera, ein Zimmer mieten. Sehr oft kann man an den Haustüren lesen: affittasi, *af-fit-taßi,* wörtlich: es vermietet sich, richtig: zu vermieten, oder auch affittansi, wörtlich: sie vermieten sich, richtig: zu vermieten (bei mehreren Räumen). Das Mieten von Zimmer oder Auto hat immer etwas gemeinsam, was uns leicht verstimmt, aber unumgänglich ist: l'anticipo, *lantitschipo,* die Vorauszahlung – in Italien außerordentlich wichtig. Ohne anticipo ist gar nichts zu machen. Leisten wir ihn also schweren Herzens und bewegen wir uns nun mit dem zum Ausflug in die Campagna gemieteten Auto in den wimmelnden Verkehr von Rom hinein. Sofort spüren wir, wie uns der Strom der Autos einsaugt, wie wir von diesem übermäßigen, nervösen Gewimmel überwältigt werden, wir müssen stundenlang nach einem Parkplatz su-

chen, auch wenn wir in der Drogerie nur schnell ein Stück Seife kaufen wollen. Il parcheggio, *parked-dscho,* der Parkplatz und auch die Bemühungen, den Fußgängerverkehr durch Unterführungen zu leiten, verbessern an dieser Verkehrslage nicht viel; i pedoni, *pedohni,* die Fußgänger; il sottopassaggio, *ßot-topaß-ßad-dscho,* die Unterführung. Ein geflügeltes Wort, das auch wir uns angewöhnen können, weil es ein ganz todsicherer Anknüpfungspunkt für ein längeres Gespräch darstellt, ist der Satz: Questo traffico è un disastro, dieser Verkehr ist ein Desaster, ein Unglück, eine hoffnungslose Situation. Il traffico, *traf-fiko,* der Verkehr; il disastro, *disaßtro,* das Desaster, das Unglück, die hoffnungslose Situation. Nun bleibt uns noch zu lernen, was für das Autofahren in Rom am wichtigsten ist: senso unico, *ßenßo uhniko,* Einbahnstraße (wörtlich: einziger Sinn), – wie ich schon sagte, hat man aus der Innenstadt ein Netz von Einbahnstraßen gemacht, und es empfiehlt sich sehr, genau aufzupassen, wo man durchkann und wo nicht, denn die römischen Polizisten sind ein bißchen unnachgiebig und man kann sich auf sein ausländisches Nummernschild nicht verlassen. Und das zweite ist: rallentare, *ral-lentahre,* verlangsamen, langsam fahren, und das ist vor allem deshalb vernünftig, weil man sich von vorneherein an den Gedanken gewöhnen muß, in der Innenstadt Roms zu Fuß schneller vorwärtszukommen als im Auto.

BEIM FIGARO

Lektion 71

Jetzt sind wir schon eine recht lange Strecke unterwegs auf unserer Reise nach Neapel, das Stückchen, das uns bleibt, ist nur eine halbe Tagereise. Deshalb wollen wir heute, von Rom Abschied nehmend – aber keinen endgültigen Abschied –, eine Vorbereitung für diese letzte Reise vor unserem Ziel unter Dach bringen, die schon lange fällig ist – wir wollen zum Friseur gehen, und zwar sowohl die Damen wie die Herren. Il barbiere, *barb^{i}ähre,* der (Herren-)Friseur, eigentlich der Barbier, il parrucchiere per signora, *par-ruk-k^{i}ähre,* der Damenfriseur, eigentlich der Perückenmacher. Ich möchte Ihnen gleich anschließend eine kleine Geschichte von einem römischen Figaro erzählen, die Ihnen das Milieu schildert, das Sie erwartet – lassen Sie uns nur zuvor noch rasch die paar Ausdrücke lernen, die zu einem genußreichen Friseur-Besuch notwendig sind. Wichtig ist übrigens bei allen Friseur-Plänen in Italien, daß die Haarkünstler am Sonntag offen, am Montag dagegen geschlossen haben. Wer am Montag zum Friseur gehen will, muß in ein großes Albergo gehen, das einen eigenen Barbier hat, dort wird er sonntags und wochentags ohne Unterschied bedient.

Unsere Damen schieben sich also mit graziöser Geste durch den buntschillernden Vorhang aus Metallschnüren, der den Haarkunsttempel von der Straße trennt, lassen sich nach vielen »Buon giornos« in den Sessel sinken und denken: wie sag' ich jetzt Wasserwellen? Wasserwellen heißt mettere in piega, *met-tere in p^{i}ähga,* wörtlich: in Beugung legen, richtig in Wellen legen, gemeint sind Wasserwellen. Die Dauerwelle dagegen ist la permanente, *permanente,* die Dauerwelle, eigentlich »die Dauernde«. Wenn man aber schon beim Friseur ist, soll man es ausnützen, also lernen wir auch noch fare il pedicure, *pedikuhre,* also nicht, wie wir denken würden »la pedicura«, sondern il pedicure, sich pediküren lassen; fare le mani, wörtlich: machen die Hände, richtig: maniküren; lo smalto, *ßmalto,* der Nagellack; tingere, *tindschere,* färben, daher la tintoria, die Färberei; tingere le ciglia, die Augenwimpern färben; le ciglia, *tschilja,* sind die Augenwimpern. Die Herren, die es ein bißchen einfacher haben, müssen dagegen wissen, was Rasieren und Haarschneiden heißt: fare la barba, wörtlich: machen den Bart, richtig: rasieren; tagliare i capelli, *taljahre i kapel-li,* Haare schneiden. Liebe Leser, wie schreibt man also in diesem Fall i capelli? – Mit einem p! Ganz raffinierte Liebhaber männlicher Verschönerungskünste lassen sich auch massaggiare la faccia, *maß-ßad-dschahre la fat-tscha,* und sie beschließen die Prozedur mit una frizione di colonia, *fritßiohne di kolonia,* eine Abreibung mit Kölnisch Wasser. All dies ist aus verschiedenen Gründen heilsam. Man muß in Italien öfter zum Friseur als im Norden, weil Sonne und Staub das Haar mehr angreifen. Außerdem ist der Friseurladen eine Quelle des Vergnügens, schließlich ist Figaro eine italienische Erfindung, und um Ihnen, liebe Leser, zu zeigen, was Sie erwartet, hören Sie sich folgende Geschichte an:

In Rom gilt es als Respektlosigkeit, einen zivilen Menschen um acht Uhr morgens aus dem Schlaf zu reißen. Vor ein paar Tagen um acht klingelte das Telefon – und ich wußte: das konnte kein Römer sein. Es war auch keiner. »... Also hör einmal, mein Lieber ...« – Guter Gott, dachte ich, Tante Stephanie.

Tante Stephanie ist eine sehr selbständige, österreich-ungarische Tante von mir, die kein Wort Italienisch kann, aber in hohem Maße mit der Gabe ausgestattet ist, sich auf charmante Weise immerfort in alles mögliche zu verlieben: in Droschkengäule, in Porzellantassen, Seidenstoffe, blühende Pfirsichzweige, alten Cognac, kleine Kinder, Filmschauspieler und schwarze Katzen. Sie versteht nicht sehr viel von Geld, verfügt hingegen über detaillierte Kenntnisse von Coctailparties und ähnlichem. Seit zwei Tagen war sie in Rom, und nun wollte sie meinen Rat.

»Hörst Du«, sagte sie am Telefon, »ich muß heute zu dem Conte Dingsda, so was Blödes, jetzt weiß ich nicht mehr, wie er heißt, ist ja auch egal, jedenfalls muß ich da hin zum Tee und vorher brauch ich den besten Friseur von Rom.« Ich muß gestehen, daß meinem Geist von Natur aus manches näher liegt als Damenfriseure, und so fragte ich zur Vorsicht meine padrona di casa, meine Hausfrau, die einmal Schauspielerin gewesen ist und alles weiß. Sie sagte nur: Angellino. Die Tante war gleich begeistert, sie verliebte sich wahrscheinlich in den wohllautenden Namen. »Mein Gott, wie hübsch, Angellino, da gehen wir hin.« – »Wann?« – »Gleich.« Ich war weniger begeistert, denn ich lebe in der Vorstellung, daß die Zeit, die Damen normalerweise beim Friseur verbringen, weit über das Maß hinausgeht, das ein Mann an nutzloser Warterei ertragen kann. Nachdem aber Tante Stephanie keinen Widerspruch duldet, nahm ich sie halt unter den Arm, steuerte sie durch den Verkehr der römischen Altstadt und landete mit ihr in einem Winkel, der mir sofort als einer der lärmreichsten Orte erschien, die mir bisher in dieser krachliebenden Stadt begegnet waren. Man hatte nämlich, um Verkehrsstauungen auf der nahen Piazza Argentina zu vermeiden, eine Umleitung gemacht, die unmittelbar an dem schmalbrüstigen Laden des Signor Angellino eine Kurve hat. Und da braust nun ein Motorrad nach dem andern daher, und um die Ecke rum drehen sie alle besonders stark auf, weil das ein ganz enormes Echo gibt, und die Fensterscheiben kommen aus dem Zittern überhaupt nicht mehr heraus. Erst später merkte ich, daß dieser Krach für den Angellino ein Segen war, denn in dem Getöse ging alles wunderbar unter, was sich im Laden an tragischen Zwisten unter erheblichem Stimmaufwand abzuspielen pflegte. Als wir eintraten, sah ich einen unglaublich engen Korridor mit Kabinen zu beiden Seiten, die durch Vorhänge abgeteilt waren. Ich hatte mir eingebildet, diese Vorhänge seien zum Verhüllen all der düsteren und rätselhaften Prozeduren da, die der Herstellung einer klassisch frisierten Dame vorauszugehen pflegen und vor dem Auge des laienhaft verständnislosen Durchschnitts-Mannsbilds wohltätig verborgen werden sollten. Die Vorhänge dienten aber zum Gegenteil – sie waren geradezu als malerische Drapierung für die Szenen gedacht, die sich in ihrem Rahmen abspielten. Angesichts dieser großen Zahl eifrig pinselnder, reibender und wickelnder Damen, die über gespreizten Fingern und Zehen, über monströsen Lockenwicklerpyramiden und über taucherhelmartigen Apparaturen beschäftigt waren, kam ich mir sofort reichlich deplaciert vor. Tante Stephanie hingegen blühte sichtlich auf. Sie meinte, das sei bestimmt das Richtige für sie, und redete Französisch, was niemand verstand. Ein schwarzäugiges, scheues, schlankes Wesen, dem sich mein Herz sofort mit Wohlgefallen zuwandte, kam auf uns zu, übersah meinen bewundernden Blick vollständig und rief in die Tiefe des Gelasses, im reinsten römischen Tonfall: »Papà – c'è una signora straniera« – Papa, da ist eine ausländische Dame – und dann mit einem Akzent kompletter Mißachtung – »e c'è anche quel signore lì« – und dann ist auch noch dieser Mann da – es war vollständig klar, daß ein Mann, der auf sich hält, hier nur einpacken und gehen konnte. Ich aber mußte bleiben.

Was nun folgte, war ein Opernauftritt. Aus dem Hintergrund wehte eine Gestalt, tadellos geschneckelte, schwarze Locken um das Haupt, in graue und schwarze Streifen eingehüllt, Kamm und Schere in der Brusttasche, goldenen Ring am kleinen Finger, kleine Männchen auf der Krawatte und eine Zahnpracht im Munde, die vom Glanz der Neuheit nur so strahlte. Figaro in Person, der Signor Angellino, Besitzer und Chef eines der besten römischen Frisiersalons für Damen. Er geleitete meine Tante zu einem Drehsessel vor einem Spiegel, von dessen Rändern mildes Neonlicht auf sie herniederfiel. Was sofort zur Folge hatte, daß Tante Stephanie sagte: »Ja um Himmels willen, ich seh ja grauenhaft aus.« Darauf wurde das Lächeln des Signor Angellino noch um eine Nuance strahlender – er hatte sie zwar nicht verstanden, aber er wußte, was sie sagte, denn alle sagten es – das Neonlicht, das die Leute bei blühender Gesundheit in Gespenster verwandelt, hatte seine Wirkung getan. Er hatte freies Feld für seine Künste, er war überzeugt, die Schönheit der Dame hinge künftig von ihm allein ab – und er warf sich in Positur. Teresina, rief er, komm her. Drauf aus dem Hintergrund eine gähnende Stimme: »Suuubido.« Das sollte ungefähr heißen, ich komm ja eh schon, ohne mich kannst ja eh nichts machen, nur nicht so hektisch, schöner Herr Vater. Angellino schien an diesen Ton gewöhnt zu sein, denn anstatt das aufsässige Töchterchen zurechtzuweisen, begann er sofort, die Tragödie seines Lebens zu erzählen. Sie hieß schlicht: Töchter haben. Tante Stephanie, die ihm offensichtlich gerne gesagt hätte, wie sie frisiert sein wollte, kam überhaupt nicht zu Wort. »Signora«, sagte Angellino, »Signora, Sie haben überhaupt keine Idee, was Töchter heutzutage sind. Ich habe fünf. Und alle fünf sind Friseusen, alle fünf in diesem Laden, und alle wollen sie zum Film und keine hat auch nur den geringsten Respekt vor ihrem Vater, der sie doch ernährt hat, und die Zeiten sind so schlecht, und nur Schönheitskonkurrenzen haben's im Kopf: und . . .« »Zittooooo«, sagte es energisch aus der Nebenkabine, »bist jetzt gleich still« – das war offenbar eine Tochter, sie steckte den Kopf durch den Vorhang – »Signora (zur Tante), schauen Sie sich nur einmal den schönen Herrn da an, der Ihnen soviel von uns erzählt, – drei Wochen hat er nicht essen und nicht reden und nicht spucken können, weil ihm sein Gebiß so weh getan hat, und jetzt, weil wir ihn wieder hochgepäppelt haben, jetzt schimpft er auf uns, dabei ist *er* es nämlich, der zum Cinema gehen will, und wir armen Töchter sollen von früh bis spät im Laden stehen und keine Vergnügen haben und keine Schönheitskonkurrenz mitmachen dürfen – schauen Sie sich doch einmal meine Beine an, die dürfen nicht zum Wettbewerb für die Miß Italia, weil er sonst keine Kino-Chancen mehr hat – il nostro bello – unser Schöner . . .« »Silence«, brüllte Tante Stephanie in ihrem tiefsten Baß, »würdest du bitte einmal erklären, daß ich jetzt frisiert werden möchte!« Ich versuchte, den Figaro zu überzeugen, daß die Tante gar nichts von der Geschichte verstünde, aber da fiel mir Teresina ins Wort: »Ma signore, che centra Lei« – aber mein Herr, was zählen Sie denn überhaupt hier, bleiben Sie doch sitzen, Sie haben doch gar nichts mitzureden. Mein Versuch, eine produktive Stille herbeizuführen, war gescheitert. Wie kriegsbereite Amazonen sahen sie mich an, die Angellino-Töchter, als wollten sie mir deutlich machen, daß sie beim nächsten Wort einen röhrenverschlungenen Folterapparat über meinen Kopf stülpen würden. Ich setzte mich also und schwieg. »Feigling«, sagte Tante Stephanie, die alles begriffen hatte. Ich schämte mich.

In diesem Augenblick erschien mir ein Bundesgenosse. Ein anderer Herr betrat den Laden, älterer Jahrgang, leichte Glatze, Nelke im Knopfloch. Er fragte schüchtern, einen Strauß mit Mimosen vor seinen Bauch haltend: »Ach Entschuldigung, ist wohl die Signorina – « »Haachch«, tönte es aus einer Kabine, »bis jetzt hast Du mich warten lassen, du Schuft, natürlich ist jetzt alles ruiniert, ich wollte Dich doch noch zum Regisseur schicken, er muß diese idiotische Szene ändern, wo ich mit dem Pekinesenhund spielen soll (offenbar handelte es sich um eine Filmgröße), ich will aber keinen Pekinesen, ich will überhaupt nicht mehr, ich kann Dich nicht mehr sehen ...« Der Herr näherte sich dem Vorhang, lüpfte ihn ein bißchen, den Blumenstrauß als zitterndes Friedenszeichen vorschiebend, dahinter saß eine in ein Tuch gehüllte Figur, von deren Kopf nasses Haar in langen Strähnen in ein Waschbecken fiel – »Wage es nicht«, schrie sie, »mich anzuschauen, setz dich hin, warte.« »Oh Dio«, sagte der Herr, und sank neben mir auf einen viel zu kleinen, lehnenlosen Hocker nieder, »diese Frauen, diese Frauen.« Angellino war herbeigestürzt: »Aber beruhigen Sie sich doch bitte, meine Dame ... « »Was«, sagte sie, »beruhigen, ich denke nicht daran, Sie sind auch ein Idiot, wann bekomme ich endlich meine Haube, ich hole mir noch den Tod in diesem Laden ...« Tante Stephanie war wütend, weil der Meister sie inmitten einer verwickelten Farbprozedur diesem Filmmonstrum zuliebe hatte sitzen lassen; sie sprang auf und zog ihn kurz entschlossen an seinem wehenden Rockschoß mit sich fort. Haaa, huuch, ooohh – von allen Seiten. Ich dachte: gleich geht's los. Da fiel das entscheidende Wort: »Mascalzone«. Wer es gesagt hatte von all diesen weiblichen Wesen, die da herumschwirrten, kann ich nicht sagen – es tönte von irgendwoher aus den Kulissen dieses Liliput-Theaters von Frisiersalon – und Signor Angellino bezog es auf sich. »Mascalzone«, sagte er (das Wort ist leider unübersetzbar, aber geeignet, einen Künstler wie Angellino ins tiefste Herz zu treffen), »das muß ich mir sagen lassen, ich, der beste Friseur Italiens, der ich Silvana Pampanini frisiere. Schweigt jetzt alle, sonst rühre ich keinen Finger mehr.« Einen Moment betretene Stille. Dann flötete es aus der Kabine, wo die rabiate Filmdiva saß: »Aber Meister, niemand hat es zu Ihnen gesagt, wir haben doch die Männer ganz allgemein damit gemeint, ein Künstler wie Sie – das ist doch ganz etwas anderes.« Tante Stephanie saß immer noch halbgefärbt in ihrem Sessel. Sie wollte grade wieder anfangen, da war Angellino schon zur Stelle, alles vergessen, ganz Schöpfer neuer Haarpracht. »Wissen Sie«, sagte er leise zu Tante Stephanie, »die da drüben ist nämlich ein neuer Stern, Mona Clarinda heißt sie, und der Mann da hinten, der Arme, der ist ihr Produzent, aber im Vertrauen gesagt (plötzlich im römischen Dialekt) sie schmiert'n aus, sie schmiert'n aus ...«

Der Produzent auf dem Strafsesselchen schaute mich aus todtraurigen Augen an. Er sagte nichts, er seufzte nur. Und dieser Seufzer hieß: »Was wollen Sie dagegen machen. Die Frauen sind die Stärkeren. Wir Männer, wir sind die Deppen. Wir sind die Lastesel, wir werden kommandiert, wir müssen zahlen, – sie haben gar keine Idee, wieviel wir zahlen müssen, und dann verraten sie uns an ihre Friseure. Dieser Angellino ist der einzige Held, dem sie sich anvertrauen. Bei ihm nehmen sie es hin, wenn er sie schlecht behandelt, sie werden klein und weich und fügsam, wenn er nur sagt, daß er keinen Kamm mehr bewegt. Und dann schicken sie ihm noch Blumen und Geschenke ins Haus. Und wir zahlen's.«

Aber Angellino, der Schöne, der den Seufzer hörte, blickte herüber und seufzte auch, und das sollte heißen: ja ihr beiden, ihr braucht nur dazusitzen und habt nichts zu tun. Was wißt ihr, was Frauen sind, beim Friseur. Dies, meine Herren, ist kein Leben, das ist l'ergastolo – *lergaßtolo* – lebenslänglich ist das.

In diesem Augenblick zog Annamaria den Arbeitsmantel aus. Angellino drehte sich auf dem Absatz um: »Wohin gehst du?« »Ich – ich geh ins Kino, zu Gregory Peck«, sagte sie. »Ciao, bello« – servus, mein Schöner. Als Tante Stephanie in diesem Moment aufblickte, begriff ich, warum Angellino sich dieses Supergebiß angeschafft hatte. Er brauchte nur den Mund aufzutun, und schon lächelte es aus ihm heraus – und das war notwendig, wenn er nicht zeigen wollte, wie sehr nahe auch er schon daran war, unter den Angriffen der über ihn pausenlos hereinbrechenden geballten Weiblichkeit die Waffen endgültig zu strecken.

DIE VILLA DES HORAZ
Lektion 72

Auf unseren Wanderungen durch Rom begegnen wir immer wieder den trümmerhaften, höchst eindrucksvollen Spuren der Antike – nicht nur dort, wo sich inmitten der Stadt ganze Ruinenfelder ausbreiten wie im Forum Romanum oder auf der Piazza Argentina, sondern auch an Häuserfronten, in Palasteingängen, an Brunnen, in den Vorhallen der Kirchen und an Wänden und Gewölben mancher kleinen Trattoria. Nicht immer sprechen diese stummen Zeugen römischer Herrlichkeit vor zweitausend Jahren unmittelbar zu uns, manche von ihnen verschweigen selbst dem unermüdlich forschenden Archäologen ihre Herkunft. Im Angesicht aller dieser kleinen und geheimnisvollen Grüße aus einem Rom, das in seinem Glanz längst in den tausendfach umgegrabenen Boden dieser Stadt hinabgesunken ist, in seinem Geist aber heute noch hell über unserer Kultur leuchtet, beschäftigt uns natürlich oftmals die Frage: wie haben denn die Leute, die all dieses Schöne, dies noch in seinen Ruinen Erhabene schaffen konnten, ihr Leben zugebracht, ihren Alltag, ihre Feste, wie haben sie geliebt, wie haben sie getrauert, und – nicht zuletzt – wie haben sie gegessen und getrunken? Für alles dies gibt es einen wunderbaren Kronzeugen, einen Zeitgenossen des Augustus, einen spottsüchtigen, sensiblen, kritischen und empfindsamen Menschen, dessen Gedichte uns das Leben seiner Zeit in der Fülle begreifbar machen: den freundlichsten Dichter der römischen Antike, Horaz.

Meine lieben Leser, darf ich Ihnen anstelle der philologischen Untersuchung horazischer Verse einen Ausflug vorschlagen: es gibt in den Albanerbergen, in jenem südlich von Rom sich hinziehenden sanften Gebirge, das schon den alten Römern ein sommerliches Refugium vor der drückenden Hitze der Stadt gewesen ist, das Landhaus dieses Dichters, und ich denke, wir sollten uns, bevor wir Rom und seine Bannmeile verlassen, dorthin begeben, um an einem strahlenden Morgen den Dichter Horaz zu besuchen, zu sehen, wie er lebte, was ihn bewegte, und uns darüber zu freuen, daß man auch von ihm sagen kann, was wir so oft von den Italienern sagen: è tanto umano!

Horaz wünschte sich einst ein kleines Feld, einen Garten, eine Quelle nah am Hause und etwas Wald dazu. Man kann es ihm heute noch bestätigen, daß ihm die Götter mehr gegeben haben, als er zu wünschen schien. Die Villa, die er in den Bergen über Tivoli besaß, umfaßt wesentlich mehr als ein kleines Feld, einen Garten, eine Quelle und etwas Wald – allerdings ist auch dies alles in schönem Überfluß vorhanden. Aber das Haus, das der Mittelpunkt dieses Besitzes war, würde uns heute eher als ein kleines, sehr luxuriöses Schloß vorkommen. Es war auch wirklich des Dichters ganzer Stolz, und wenn er seinem Publikum, der ersten und verwöhntesten römischen Gesellschaft, das Landleben als Ideal der Einfachheit und der Gesundheit hinstellt, wenn er die übersättigten und abgefeimten Genießer des Augustus-Zeitalters auf die Reize hinweist, die das stille und unbeschwerte Leben fern von der Stadt zu bieten hat, so geschieht das fast immer mit Hilfe eines kleinen Lobliedes auf seine Villa und auf den unermeßlich reichen Freund und Gönner, der sie ihm schenkte, den etruskischen Fürsten Mäzenas, Minister des Kaisers Augustus. Es läßt sich nicht leugnen: Horaz hat diese Villa nicht als Frucht mühevoller Arbeit und Plackerei erworben, er hat sie eingesteckt als einen großzügigen Tribut, den sein Förderer dem virtuosen Talent des ursprünglich ziemlich mittellosen Dichters zollte. Man sieht, Verse von der geistreichen Schärfe und dem überlegenen Spott des Horaz waren vor zweitausend Jahren in Rom so hoch im Kurs, daß man dafür – eine Villa geschenkt bekommen konnte, die an Luxus die Landhäuser der heutigen römischen Millionäre weit übertraf.

Man hat lange nicht gewußt, wo diese Villa lag. In der Renaissance, als in ganz Europa die Wiederentdeckung antiker Dinge eine größere Sensation war als heute das Sechstagerennen, in der Renaissance forschte man eifrig nach dem Verbleib des Hauses, von dem Horaz unablässig redet. Manche versuchten, die Lage der Villa durch den Vergleich moderner geographischer Namen mit solchen aus den Werken des Horaz festzustellen, andere nahmen die Lokaltradition zu Hilfe, die ein paar Trümmer in der Nähe des Klosters S. Antonio bei Tivoli mit dem alten Dichter verband, noch am Ende des 18. Jahrhunderts glaubten ein Advokat aus Tivoli und ein französischer Geistlicher die Stelle neu entdeckt zu haben –

aber alle hatten unrecht. Recht hatte der schon im 17. Jahrhundert mit deutscher Genauigkeit forschende Topograph Holstenius, dem niemand geglaubt hatte. Er fand auf einem Ritt durch die Sabinerberge in der Nähe des Dorfes Licenza den Ort, wo unter einem dichten Gestrüpp von blühenden Hecken die Ruinen des Horazischen Landhauses verborgen waren.

Man muß sagen – er hatte es nicht schlecht, der raffinierte Lobredner des Landlebens. Die Villa war alles andere als einfach – was man heute davon sieht, gibt noch einen ziemlich genauen Begriff, wie man in diesem Hause gelebt hat. Zwar erreichen die noch vorhandenen Mauern nirgends die Höhe auch nur eines Meters über dem Boden, aber der Grundriß des Gebäudes ist gänzlich erkennbar, die Fußböden sind zum großen Teil erhalten – und die Ergänzung des übrigen in der Phantasie ist einem durch die außerordentlich geschickte Verwendung von blühenden Sträucherwänden leicht gemacht – überall dort, wo die Mauer aus Stein fehlt, ist eine Wand aus Grün. Der Ort ist weder mit dem Auto noch mit dem Motorrad zu erreichen – man muß sein Fahrzeug unten auf der Straße lassen und dann über einen unbeschreiblich holprigen Steinpfad ein kleines Gehölz bergauf durchqueren. Horaz hatte es natürlich damals leichter, er ließ sich tragen – oder er ritt auf einem sanften Maultier den Berg hinauf, freundlich gewiegt durch das leichte Geschaukel, die Stirn in die für einen Dichter unerläßlichen denkerischen Falten gelegt. Am meisten kommt man der Sache nahe, wenn man diese Horazische Villa als Platz für ein Frühstück im Freien wählt – und sich dazu das frische Wasser aus der immer noch ergiebig strömenden Quelle des Dichters schöpft.

Die archäologischen Befunde und verschiedene Beschreibungen, die Horaz selber gibt, lassen erkennen, was alles zu seinem Besitz gehörte. Zunächst ein einstöckiges Wohnhaus mit zwölf Räumen und zwei Höfen, daneben eine vollständige Bäderanlage, ein zentraler Garten, ein kleiner Waldbestand von Ulmen und Eichen, eine großzügig gefaßte Quelle am Berghang, ein Baumgarten und ein großer Weinberg, so angelegt, daß die Obstbäume den Reben als Stützen dienten. Dazu noch ein Olivenhain, der zu dem kleinen Fluß im Tal hinunterreichte – und dann so viel Felder für Getreide und so viel Weidefläche, daß fünf Bauernfamilien und acht Sklaven zu ihrer Bewirtschaftung notwendig waren. Der Eingang zur Villa lag im Süden, in der Blickrichtung des Tales. Man durchschritt zuerst einen kleinen Hain, dann kam eine Art Vorhalle, dort saß der Pförtner in seiner Loge. Von innen zeigte sich, daß diese Vorhalle ein Quadriporticus war, eine offene, rechteckig angelegte Säulenhalle, die einen weiten Hof umschloß, 76 m lang und 34 m breit, in der Mitte ein großes, mit geschliffenen Marmorplatten ausgekleidetes Bassin, ein Fischteich mit Springbrunnen, umstanden von breiten, üppigen Blumenbeeten. Dies war der große Empfangsraum des Hauses, der Ort, wo man sich in Schatten und Kühle niederließ, um den Besuch von Klienten, Bittstellern, Nachbarn, Bauern oder Amtspersonen entgegenzunehmen. Kleine Pfade führten durch den Garten bis zur Front des Haupthauses. Über eine Freitreppe gelangte man zu einer gedeckten Veranda und von dort aus direkt in den großen Speisesaal. Hier sehen wir heute nur mehr den Fußboden, in feinem, geometrischem Schwarzweißmuster mosaiziert, einen Fußboden, dessen vollständiges Intaktsein inmitten dieser Ruinen die lebendige Gegenwart der einstmaligen Bewohner dieses Hauses sofort heraufruft. Hier, über diese glatten, zarten Steinchen mag der schlanke Fuß jener schönen Dame gegangen sein, die sich unter dem Namen Lalage in das Bewußtsein wohl aller eingeschlichen hat, die jemals am Gymnasium die berühmte Horazische Ode Integer vitae vor sich hatten. Aus dem Mosaik der übrigen Fußböden kann man nur noch zum Teil auf den Charakter und die Funktion schließen, die die einzelnen Räume damals hatten – aber man glaubt es dem alten Weinbauern gerne, der einem die Schutzdeckel von den Mosaiken abhebt, wenn er erklärt, es sei kein Zweifel, daß hier, gerade hier an dieser Stelle Horaz gedichtet habe und daß sein Bett zweifellos dort drüben stand. Architektonisch stellt das Haus den Bauleuten der Augusteischen Zeit ein glänzendes Zeugnis aus. Die Wände bestehen aus dem sogenannten Opus reticulatum, einer besonderen Mauertechnik, die kleine pyramidenförmige Ziegel verwendete. Sie wurden so ineinandergesteckt, daß sich ihre quadratischen Grundflächen an der Wand als fortgesetztes Karo-Muster darstellen. Dies ist mit einer Sorgfalt gemacht und mit einer Regelmäßigkeit, aus der die Höhe der damaligen Gesamtkultur ebenso hervorgeht wie aus den polierten Versen des Sprachmeisters Horaz. Die Korridore, die die beiden Zimmerfluchten verbinden, und die Höfe, um die die Empfangs- und die Privaträume gruppiert sind, wurden offensichtlich nach dem Gesetz der möglichst guten Innenverbindung von Zimmer zu Zimmer angelegt, ein in der italienischen Architektur oft wenig berücksichtigtes, praktisches Bauprinzip. Selbstverständlich hatte das Haus eine ausgezeichnete Ventilation – die kleinen Löcher, die man hierzu in die ziemlich dicken Mauern trieb, sind noch zu sehen – fließendes Wasser gab es auch – man hat die Bleirohre dafür gefunden.

Die Hauptattraktion der Ausgrabungen allerdings sind die Bäderanlagen, die in ihren ältesten Teilen noch von Horaz selbst angelegt wurden und dann von den nachfolgenden Besitzern, vor allem von Kaiser Hadrian, noch erheblich verfeinert worden sind. Man muß über allerhand kleine Mauerreste klettern und über einen Graben balancieren, bevor man in die Thermenanlage eintreten kann. Überall zwischen den Mauern schießt das Grün der Sträucher hervor – und besonders im Frühling scheint es, als sollten sie mit ihren überströmenden Kaskaden weißer Blütensterne die versiegten Wasserspiele der Fontänen in diesen Bädern ersetzen. Wie jedes römische Bad, so bestand auch dieses aus vier Räumen, einem »heißen« für das Dampfbad, einem »kalten« für die Abkühlung, einem Massageraum und einem Nymphaeum – einer kleinen Kapelle, die den Göttinnen des Wassers, den Nymphen, gewidmet war. Dieses Nymphaeum hat im Hause des Horaz eine ovale Form. In die Wand sind Nischen eingelassen, in denen die Statuen der Nymphen standen, und in den Fußboden hatte man ein dem ovalen Grundriß entsprechendes Bassin versenkt, das von zerstäubenden Fontänen übersprüht war. Es fällt einem sofort auf, daß dieses Bassin eine ungewöhnliche Tiefe haben mußte, und man fragt sich, was wohl die Pfeiler zu bedeuten hatten, die vom Grunde auf bis zu halber Höhe heraufreichen. Die Erklärung ist verblüffend. Das Becken war ein Aquarium, in dem die farbenreichsten Fische, Krebse und allerhand skurriles Wassergetier herumschwammen. Der Boden des Aquariums war durchsichtig und unterhalb des Ganzen befand sich noch ein Raum, vielleicht eine Art kleiner Trinkstube. Dort unten kam man sich vor wie auf dem Grunde des Meeres, dessen Geschöpfe den Teilnehmern am Symposion über den Köpfen herumschwammen, während sie darüber diskutierten, ob Reichtum oder Tugend den Menschen glücklich mache, und ob das Band der Freundschaft durch Vorteil oder Rechtschaffenheit geknüpft werde.

Im Mittelalter wurde die Villa des Horaz vorübergehend in ein Kloster verwandelt, wobei man den Quadriporticus zum Kreuzgang machte, die Kirche aber in das Nymphaeum verlegte. Der unterirdische Teil diente als Krypta. Als man das Nymphaeum vor etwa vierzig Jahren ausgrub, war es angefüllt mit Gebeinen – es hatte den Mönchen als Begräbnisstätte gedient, ohne daß sie geahnt hatten, welch einen Ort des raffiniertesten heidnischen Luxus sie sich für ihren letzten Schlaf gewählt hatten.

So sah die häusliche Welt aus, der Quintus Horatius Flaccus seine Sehnsuchtsseufzer schickte, wenn er mitten im großen Getriebe des römischen Gesellschaftslebens von Überdruß befallen wurde. Aber wie unbeständig Horaz in seinen Wünschen und Launen war, wußte er selber am besten. Ohne Rom konnte er nicht leben. Kaum war er auf seinem Landgut, dem Ziel seiner Sehnsucht angelangt, begann er sich einsam zu fühlen, verlassen, exiliert – war er dann wieder zurück in der Stadt, kritisierte er die Ruhelosigkeit, die übertriebene, Schlaflosigkeit verursachende Schlemmerei und tausend andere Dinge und pries als einzige Rettung aus all dem Sumpf das Leben auf dem Lande.

Wie gut er sich selber kannte, beweist er uns in einer Satire, worin er seinem Sklaven Davus Dezemberfreiheit gewährt. Es war in Rom üblich, an den Saturnalien, einem Fest im Dezember, den Sklaven zu erlauben, alle Kritik, alle Klagen, alle Boshaftigkeit straflos über ihre Herren auszuschütten – und da hören wir Davus über Horaz ganz bedeutsam losziehen. Zunächst sagt er ihm, es sei doch einfach Schwindel, wenn er, Horaz, in seinen Dichtungen vorgäbe, davon überzeugt zu sein, daß die alten Zeiten mit den guten, einfachen, glücklichen Sitten wirklich so erstrebenswert seien. (Horaz machte damals im Auftrage des Augustus Propaganda für die altrömische Sittenstrenge.) »Wenn«, fragt ihn Davus, »dich ein Gott einmal in dies große Glück versetzen wollte (nämlich zurück in jene strengen Zeiten), würdest du dich sehr dafür bedanken – ein Beweis, daß du nicht fühlst, daß jenes besser sei, was du als besser ausrufst, oder weil es dir an Stärke fehlt, dem Bessern treu zu bleiben, kurz, weil du schon zu tief im Sumpfe steckst.« Nachdem Horaz im allgemeinen auf seines Sklaven Meinung über ihn vorbereitet ist, wird Davus etwas konkreter: »Zu Rom, da ist das ewige Gewimmer, wär ich doch auf meinem Gut – kaum bist du dort, so tönt's schon wieder anders und die Stadt wird himmelhoch gepriesen.« Man kann daraus zumindest annehmen, daß Horaz einer jener Menschen war, die immerfort das wollen, was sie gerade nicht haben – ein Künstler also. Die Gedichte, die uns von ihm erhalten sind, geben manchen Aufschluß darüber, welches Leben er führte und somit auch einige Anregung dafür, wie man sich das Leben auf seiner Villa vorzustellen hat, wenn der Hausherr und seine Freunde anwesend waren.

Horaz, Sohn eines Freigelassenen, hochgebildet, scharfsinnig und hellhörig, begabt mit einem höchst kritischen Verstand, einem erheblichen persönlichen Mut zur Aufrichtigkeit, furchtlos, boshaft, unbestechlich, ironisch und elegant, von tief römischer Gesinnung und einem exquisiten Talent, lachend die Wahrheit zu sagen, dabei ein Gefühlsmensch, der an seinem eigenen Beispiel gelernt hatte, bei anderen Menschliches zu sehen, es zu belächeln, wenn es schwächlich, und es zu preisen, wenn es heroisch war. Ein Mann, geschaffen für das Leben der römischen Gesellschaft, vor deren Reichtümern die Welt kapitulierte. Horaz schimpft auf sie alle, auf den Sänger Tigellius, den er den Schutzpatron der Syrierinnen von der Pfeiferzunft, der Quacksalber, Bettelpriester, Tänzerinnen und Possenreißer nennt – er lästert über den Lucilius, der dafür berühmt ist, in einer Stunde auf einem Beine stehend zweihundert Verse machen zu können, Cervius ist ein Halsabschneider, Candidia eine Giftmischerin, und beinahe am meisten zieht er über die Geizhälse her. Von den Söhnen des Quintus Arrius erzählt er, sie seien – an Büberei, Ausschweifung und Verkehrtheit Zwillinge – ohne Zögern darangegangen, ihr Geld darauf zu verwenden, daß jeden Tag eine Schüssel mit Nachtigallenzungen auf dem Tische stand. Und dann kommt gleich noch das ganze Gefolge dran: Fischer, Obsthändler, Vogelsteller, Parfümierer, Hühnerstopfer, Skurren, das Gesindel aus dem tuskischen Quartier – sie alle nimmt er vor – was er dabei aber zumeist tugendhaft verschweigt, ist, daß er selber ohne alles dies nicht leben kann. Und wenn es gar um die Kunst des Gaumens geht, glaubt man manchmal zu spüren, wie ihm das Wasser im Munde zusammenläuft, wenn er – unter dem Vorwand, einen Schlemmer zu beschimpfen – dessen Speisenfolge beim letzten Gastmahl aufzählt.

Die Empfehlungen schließlich, die uns Horaz hinsichtlich der Küche im Gespräch mit Catius von diesem mitteilen läßt, lassen manchen Schluß darauf zu, wie er selber gelebt hat. Da heißt es: Vergiß nicht in der Wahl der Eier stets die länglichen, als feiner von Geschmack und nährender, den runden vorzuziehen. Dem nahe bei der Stadt gezogenen Gemüse ist, was auf trockenen Äckern wächst, an Süßigkeit und Zärte überlegen. – Aufidius nahm zum Frühstück Met aus Honig und Falerner. Fehlerhaft! In leere Adern schickt sich nichts, was nicht gelind ist. Besser wirst du tun, die Brust mit mildem Met aus Wasser anzufeuchten. Wer sich im Sommer wohlbefinden will, beschließe seine Mahlzeit stets mit reifen Maulbeeren, die, eh die Sonne hochstieg, abgelesen sind. Wir erfahren, daß sich Horaz Austern und Langusten dann bestellte, wenn der Mond im Zunehmen war. Seinen Rehbraten wollte er nur aus Gegenden haben, in denen kein Wein gebaut wird. Vom Hasen bevorzugte er den Vorderbug der Häsin. Sicher ist, daß man im Hause des Horaz ziemlich viel Wein verbrauchte. Auch darüber teilt er uns einige Raffinessen mit. Den Massikerwein ließ er bei kühlem Wetter unter freiem Himmel übernachten, damit er sich in der Nachtluft klären könne, und er kritisiert die primitive Methode, ihn einfach durch ein Leinentuch zu filtern, weil er dabei seinen Wohlgeschmack einbüße.

Sorrentinerwein – den Wein also, der auf den Klippen von Sorrent gezogen wird – könne man sehr vorteilhaft mit Falernerhefe veredeln, man müsse aber ein Taubenei zur Klärung benützen, weil der Dotter im Sinken das Trübe mit sich nimmt. Auch über die Möglichkeit, einen Trinker, der schon ein bißchen zuviel hat, wieder auf die Beine zu bringen, weiß er Bescheid. Er bekommt afrikanische Schnecken und gebratene Hummern – damit sein Magen ordentlich zu tun hat. Und nun die Tafel:

Ich, ohne Ruhm zu melden – sagt Horaz aus Catius Munde – war der erste, der den Gedanken hatte, Früchte, Tunken, Sardellenbrühe und groben weißen Pfeffer mit schwarzem Salz, und was dergleichen ist, in netten kleinen Näpfchen um den Tisch herumzusetzen. Denn dazu sind kleine Näpfe schicklich. Im übrigen ist auch die Reinlichkeit bei einem Gastmahl nicht zu übersehen. Nichts setzt den Magen mehr in böse Laune, als wenn ein naschiger Lakai den Becher dir mit Spuren seiner schmutzigen Finger reicht, und alter Bodensatz in einer Tasse erraten läßt, wielange man sie auszuspülen vergessen hat. Wie wenig Aufwand steckt in Besen, Sägemehl und Küchenquehlen, und doch, wenn's daran mangelt, welche Schande! Wie – denkt man, schämt der Mann sich nicht, einen Estrich von Mosaik mit schmutzigen Palmen kehren zu lassen oder prächtige Purpurdecken um ungewaschene Polsterüberzüge zu legen? Man verzeiht dir leichter, wenn dir fehlt, was reichen Tafeln nur gebührt, als Dinge, die so wenig Aufwand und Bemühung kosten.

Er war also ein Ästhet, ein Mensch, der den kleinen Dingen des Lebens große Reize abgewinnt, wenn sie vollkommen sind, und aus solchen Spuren läßt sich erkennen, daß das Leben in der Villa des Horaz ein freundliches und heiteres gewesen sein muß.

Über das Netzwerk von Mäuerchen, die den Grundriß seines Hauses noch angeben, über die Spuren von Mosaik in den Zimmern marschiert jetzt die Schar dicker weißer Hühner, die die Frau des Wächters hält – und über den Weg, den Horaz zu seiner geliebten Quelle emporstieg, kommt eine würdevolle Prozession von Gänsen daher. Der alte Bauer, der die Ruinen pflegt, hat ein verschmitztes, ledernes Gesicht mit vielen Augenfältchen – er könnte gut der wiedererstandene Davus sein – in den Gesichtern dieses Landes hat sich nichts geändert seit den glücklichen Tagen des Horaz. Und geblieben sind auch die Nachtigallen, die die friedliche Stille des alten Horazischen Gartens mit ihrem klaren Schlagen erfüllen.

Römisch ist dieser Ort, eingebettet in die gerade steigenden und fallenden Linien der Bergkegel, überglänzt von einem Sonnenlicht von solcher Feinheit, daß die Spitzen des Laubes an den Bäumen darin aussehen, als läge ein hauchzartes Netz aus leuchtendem Metall über ihnen – mitten darin die roten und lichtgrauen Mauern der Villa, deren Verfall die Natur wieder ausgeglichen hat. Es ist eine Romantik in voller Blüte, der man hier begegnet, aber es ist eine Romantik der Klarheit, der Durchsichtigkeit, der Zeitlosigkeit und der heiteren Ruhe; die genauen Abgrenzungen der Architektur geben dem wilden Wachstum der Pflanzen ein zwangloses Maß, die freie Sicht in das weite Tal läßt es zu, daß der Himmel manchmal die Farbe des Meeres annimmt, das jenseits der Berge liegt. Horaz, der ewig Unruhige, der immer Wache und Schlagfertige, der Mann des Genusses, des Reichtums, der Dichter des klassischen Latein, der Herr dieses Tales, dieses Gartens, dieses Hauses, dieser Hühner und dieser Nachtigallen, Horaz sagt einmal: Mein höchster Wunsch war einst ein kleines Feld, ein Garten, eine Quelle nah am Hause und etwas Wald dazu – und wir müssen es ihm bestätigen, wenn er fortfährt: Die Götter haben mehr und Besseres mir gegeben. Mir ist wohl.

NACH NEAPEL

DIE VIA APPIA ENTLANG
Lektion 73

Oggi stiamo in partenza per Napoli. Heute stehen wir in Abreise nach Neapel, heute sind wir im Begriffe, nach Neapel abzureisen. Noch einmal sehen wir den Glanz des Morgenlichtes über der Stadt Rom, noch einmal machen wir der Fontana Trevi einen kurzen Besuch und vergessen nicht, die Münze hineinzuwerfen, die den Gott Neptun und alle anderen Götter Roms dazu bewegen soll, uns eine baldige und glückliche Wiederkehr zu gewähren. Und dann nähern wir uns, vorbei an den Thermen des Kaisers Caracalla, dem Anfang der ehrwürdigsten Straße der Welt, auf der wir die Ewige Stadt verlassen wollen, der Via Appia Antica.

Diese Straße hat viel gesehen: römische Legionen, die in den Krieg gegen Karthago aufbrachen; endlose Wagenzüge der Kaufleute, die mit Waren aus dem Orient, mit Seidenstoffen aus China und mit Gewürzen aus Indien in die Hauptstadt der Welt zogen, um den schrankenlosen Luxus der Antike mit neuen Anreizen zu versehen; die Trauerzüge der alten römischen Familien, die ihre Toten in großen Grabmälern längs der Via Appia beizusetzen pflegten und in ihren Bestattungsprozessionen Tänzerinnen und Musiker und Schauspieler mit den Masken der Ahnen vor dem Gesicht mitführten. Der heilige Petrus wohnte bei seinem römischen Aufenthalt an dieser Straße, sie hat die denkwürdige Szene erlebt, in der der flüchtige Apostelfürst plötzlich seinen Herrn und Meister vor sich gesehen hat und ihn gefragt haben soll: »Quo vadis, Domine?«, worauf Christus zur Antwort gab: »Nach Rom, um mich ein zweites Mal kreuzigen zu lassen.« Wir begegnen dem kleinen Kirchlein, das man zum Gedächtnis dieser Vision ein paar hundert Meter außerhalb der Stadtmauer an der Via Appia errichtet hat. Ein wenig später finden wir uns in der weiten Talfläche, in der vor zweitausend Jahren eine Weinschenke lag mit dem Namen »Ad Catacumbas«, »Zum schäumenden Humpen«. Wir sehen die Ruinen des Zirkus, den der letzte heidnische Kaiser Roms, Maxentius, zum Gedächtnis für seinen frühverstorbenen Sohn Romulus hier errichtete. Der gewaltige Turm des Grabmales der Cäcilia Metella begegnet uns mit seinen eingezackten Zinnen, die aus einer Zeit stammen, wo das Grabmal für das kaiserlich gesinnte Geschlecht der Gaetani als Festung diente. Dann beginnen Zypressen und Pinien die Straße zu säumen, sie werfen ihre Schatten über edle Gedenkreliefs, deren Gesichter der Gang der Zeiten verwaschen hat. Hin und wieder ragt ein mächtiger Ziegelklotz in den Himmel, dessen Marmorkleid längst irgend einem römischen Bauwerk als Fußboden dient.

Die weite Fläche der römischen Campagna breitet sich vor uns aus. Und von ferne grüßen schon die Albanerberge mit ihren sanften, weinbewachsenen Höhen herüber, die unser nächstes Ziel sind. Da liegen, hingebettet an die Hänge, Orte mit berühmten Namen: Castel Gandolfo, Rocca di Papa, Marino, Frascati. Alle angefüllt mit Geschichte, alle von Schlössern und Gärten umgeben, von Dichtern vieler Zeitalter besungen, von den nordischen Malern als Stätten romantischer Träume geliebt, heitere und gastliche Kleinstädte in kühler, reiner Luft, und man sieht es ihnen nicht an, daß auch sie ihre Katakomben haben; nur daß diese Katakomben nicht mit Gräbern, sondern mit Weinfässern angefüllt sind, und daß man sie nicht besucht, um über die Vergänglichkeit des Lebens nachzudenken, sondern um sich seinen harmlosen Freuden hinzugeben. Was Marino angeht, wo wahrscheinlich der beste aller jener weißgoldenen Weine wächst, die man unter dem Namen Frascati mißverständlich zusammenfaßt, so sollen diejenigen von Ihnen, liebe Leser, die im Oktober hier vorbeikommen, nicht daran vorübergehen. Denn in Marino wird alle Jahre ein großes Herbstereignis gefeiert, die sagra del uva, die Traubenmesse. Am Sonntag dieses Festes, bei dem die Bevölkerung aller castelli romani, aller römischen Schlösser, die in den Albanerbergen liegen, in Marino zusammenkommt, strömt aus allen Brunnen dieses Ortes, wie in den Zeiten des Kaisers Augustus oder der Renaissancepäpste, der Wein in dicken Strahlen und jeder, der vorbeikommt, trinkt mit der hohlen Hand, wenn er es nicht vorzieht, gleich seinen Hut darunter zu halten.

Inzwischen hat uns die Straße weitergeführt, sie steigt in gerader Linie hügelan, und in kurzer Zeit haben wir den Sommersitz der römischen Päpste erreicht, Castel Gandolfo. Auf der Höhe des Bergrückens liegt, vom runden Turm der alten Sternwarte gekrönt, das gewaltige Schloß mit seinen Höfen und dem stillen, terrassenförmig aufsteigenden Garten. Das letzte Refugium einer Herrschaft, die sich noch vor neunzig Jahren über das ganze Land hier ausdehnte. Als all dies noch dem Kirchenstaat angehörte, konnte man den Heiligen Vater oftmals in der Kutsche in diesen Weinbergen spazierenfahren sehen. Er hatte auch eine kleine Eisenbahn mit offenem Salonwagen und Kapelle, die vom Vatikan bis Castel Gandolfo fuhr und die erste Bahn Italiens gewesen ist.

Die Wagen stehen heute im Museo di Roma. Und es war noch nicht notwendig für ihn, im geschlossenen Auto, begleitet von italienischer Polizei, ohne Aufenthalt von St. Peter bis in die Sommerresidenz zu eilen. Selbst heute noch hat Castel Gandolfo ein wenig vom Charme des alten kirchenstaatlichen Lebens bewahrt, das Zeremoniell ist viel geringer, der Hl. Vater bewegt sich viel freier als im Vatikan, seine Einsamkeit scheint weniger hart, sein persönliches Leben freudiger zu sein. Im Sommer ist diese uralte Straße nun auch noch Pilgerstraße geworden, denn zahllose Romfahrer kommen auf ihr daher, um im großen Hof von Castel Gandolfo den Hl. Vater zu sehen. Auf dem Scheitel des Hügels bietet sich uns eine hinreißende Aussicht. Auf der einen Seite die römische Ebene mit dem blaßgelben Häusermeer der Stadt, am Horizont das Meer, auf der anderen Seite, eingefaßt von steilabfallenden schweigenden Hängen, ein vulkanischer See mit glattem Spiegel und kraterhafter Kontur, der Lago di Albano, der Albanersee.

Über diesem See steigt jenseits von Castel Gandolfo ein spitzer Bergkegel auf, der Monte Cavo, der auf seiner Spitze ein uraltes Heiligtum trägt, einen dem Jupiter geweihten Hain, zu dem viele große römische Feldherren mit ihren Heeren hinaufgestiegen sind, um nach dem Siege dem Vater der Götter und Menschen dort oben mit Opfern und Gebet zu danken. Später hat sich in diesen heidnischen Bezirk ein kleines Franziskanerkloster eingenistet, und als auch dies verfiel, nahm ein tüchtiger Wirt die Sache in die Hand und machte ein sehr hübsches Restaurant daraus, wo man, die Geschichte hinter sich und die Landschaft unter sich zurücklassend, im Angesicht der vollen Herrlichkeit des italienischen Himmels pollo alla diavola in erstklassiger Qualität verzehren kann. Besonders schön ist es auf dem Monte Cavo im

Sommer am Abend, wenn die Lichter der Stadt Rom wie ein fernleuchtender, geheimnisvoller Juwelenschatz heraufdringen.

Wir müssen nun aber den Albanersee verlassen, denn es steht uns noch viel bevor. Durch eine wunderschöne Steineichenallee fahren wir nach Albano hinüber und dann weiter nach Süden, bis wir, noch immer auf der Höhe des Gebirges, an den Nemisee kommen, jenen zweiten, kleineren Kratersee der Albanerberge, den die römischen Kaiser besonders geschätzt haben. Man hat in diesem See zwei Prunkschiffe des Caligula gefunden, die uns einen Begriff von der Phantasie und der abenteuerlichen Genußfreudigkeit jener Zeit geben, Schiffe, auf denen der Kaiser langsam zu nächtlicher Stunde auf dem fackelbeleuchteten See herumfuhr, während die besten Tänzerinnen der Welt höchst verführerische Wasserballette aufführten und seine Gäste in Falernerwein gedünstete Flamingozungen verspeisten, bei denen man sicher sein konnte, daß jedesmal, wenn man auf etwas Hartes biß, es sich um einen Edelstein handelte.

Betrachten wir noch einen Augenblick diese merkwürdige Gegend der castelli romani, bevor wir sie verlassen, um in die Pontinische Ebene hinunterzusteigen. Da sind also, über das Gebirge und seine regelmäßigen Kegel hinweg verstreut, lauter kleine, altersgraue Städte mit dicht zusammengedrängten Häusern, engen Straßenschächten, die sich nur dadurch von denen in Trastevere unterscheiden, daß die Häuser nicht ganz so hoch und die Paläste nicht ganz so anmaßend sind. Da sind, um den engen Stadtkern herum, Villen mit hohen Gartenmauern, mit sorgsam verschlossenen wappengeschmückten Toren, wundervollen alten Baumbeständen und halbverwilderten, brunnengesäumten Wegen. Da ist eine Zone der Kühle und Freundlichkeit, ohne die Hitze der Niederungen des

Tibertales, ohne die hochgestochene Pracht und die pompöse Ordnung der Stadt Rom, eine Idylle, die als Ausgleich für den dramatischen Gang der römischen Geschichte notwendig war, der schattenreiche Ruhebezirk für die beanspruchten Bewohner der Hauptstadt der Welt, ein unzeremoniöser, ländlicher Erholungsbezirk für das anstrengende Leben auf dem Gipfel der Welt. Und doch ist keine dieser kleinen, verschachtelten Städte ein richtiges Dorf, jede ist eine festgeschlossene, unabhängige Kommune, jede fühlt sich als città und nicht als paese. Der Hauch der großen Stadt ist zu nahe, als daß er nicht auch in diese alten Mauern bestimmend eingedrungen wäre. Eine städtische Kultur also, in Weinberge eingebettet, von Olivenhainen und Steineichenalleen gesäumt, von den heiteren Winden des Meeres und des Hochgebirges überweht, von Namen wie Cicero und Horaz vielfach geschmückt – liebe Leser, kommen Sie bald in die castelli romani. Sie werden es nicht bereuen!

Wir können indessen leider nicht bleiben, denn noch ist die Reise von Rom nach Neapel erst sehr wenig weit gediehen, von nun an wird es immer schwieriger werden, sie konsequent fortzusetzen, denn es gibt zu viele hübsche Plätze zum Ausruhen, besonders, wenn man schon ein bißchen müde ist vom vielen Sehen, Hören und Lernen. Lassen Sie uns also nun hinuntersteigen in die weite und fruchtbare Ebene, die man den Agro Pontino nennt, ein ungeheures flaches Anbaugebiet, das seit dem Altertum einen gefürchteten Namen hat: die Pontinischen Sümpfe waren der Brutboden für die Malaria, ein langes und undurchdringliches Feld, mit Dschungelkraut bewachsen, mit einem morastischen, heimtückischen Boden, von den Reisenden nach Neapel gefürchtet und gemieden, selbst Goethe hat es noch in größter Schnelligkeit durchquert. Hier waren von altersher die bevorzugten Schlupfwinkel der Räuber, die damals in großer Zahl die Grenzgebiete des Kirchenstaates bevölkerten. Kein Mensch getraute sich recht, sie zu bekämpfen, denn vor den Sümpfen hatte auch die päpstliche Polizei gewaltige Angst. Schon in der Antike hatte man versucht, diese Sümpfe urbar zu machen, aber erst heute sind sie vollständig trockengelegt. Nun gibt es neuangelegte, regelmäßige Städte in ihnen. Überall ist die Landwirtschaft wohlorganisiert und der vielgeschmähte Boden bringt reiche Frucht. Die Malariamücken hat der an den vielen Straßen in endloser Folge angepflanzte Eukalyptus vollständig vertrieben. Und wir haben nun fast vierzig Kilometer Fahrt vor uns auf einer schnurgeraden, nur von einem gräserüberwachsenen Kanal begleiteten Straße.

Etwa in der Mitte dieser Strecke werden wir eine Tafel antreffen mit dem Namen Ninfa, und dann, liebe Leser, empfehle ich, abzubiegen. Wenn Sie der Abzweigung folgen, werden Sie sehen, daß die Straße sich konsequent auf das Gebirge zu bewegt, das den Agro Pontino im Osten säumt. Dieses Gebirge ist der Ausläufer der Abruzzen, eines Höhenzuges, der die Fortsetzung der Albanerberge nach Süden bildet, kahl, unbewaldet, steil, schroff, und von seltsam in der Sonne wechselnder, vom Gelb bis zum Violett reichender Färbung. Auf den Vorsprüngen dieses Gebirges liegen mancherlei Städte und Burgen, Norma und Sermoneta zum Beispiel, beides sehenswerte alte, granitgefügte Städte, unzugänglich und seit vielen hundert Jahren im Grunde unverändert. Und in dem Augenblick, wo wir unserer Straße folgend das Gefühl haben, nun bald den ersten Berg hinaufzumüssen, also am Rande der Pontinischen Fläche, begegnen wir einem ummauerten Bezirk, aus dem ein paar verfallene Bauten, ein Campanile, ein Palast und noch mehrere andere, von Grün überwachsene Ruinen herausschauen. Das ist Ninfa.

Ninfa ist eine verwunschene Stadt, die im 17. Jahrhundert der Malaria wegen verlassen wurde, aber auch als Ruine immer im Besitz der Familie ihrer angestammten Herren, der Familie Gaetani, verblieb. Vor etwa 30 Jahren haben die Mitglieder dieser Familie sich wieder an den verfallenen und von Sumpfpflanzen völlig überwucherten Ort erinnert, der immerhin im Mittelalter so bedeutend war, daß ein Papst dort gekrönt worden ist. Und so hat man mit viel Kosten und noch mehr Geduld und Liebe aus diesem verrotteten Ninfa einen Paradiesgarten gemacht. Kaum ein Platz in Italien hat ein so ideales Klima, es ist nie zu heiß, es friert niemals, das Meer bringt genügend Feuchtigkeit, und die Pflanzen aus aller Welt, die man dort nun mit zarter und behutsamer Hand neben und in die Ruinen eingesetzt hat, gedeihen in märchenhafter Pracht. Über die zerborstenen Gewölbe der Klöster und Kirchen einer ganzen festen mittelalterlichen Stadt ziehen heute die Gewächse ferner tropischer Länder in ihrer zauberhaften Farbigkeit blühende Ranken. Aus den zu Grotten gewordenen Unterbauten großer Paläste sprießen fremde Blumen in abenteuerlichen Formen hervor. Die Wege sind schmale kleine Pfade durch einen Teppich zarter, niemals endender Vegetation. Es gibt einen japanischen Ziergarten ebenso wie es ein großes Bambusgehölz gibt, die ganze Flora unserer reichen Erde lebt aus dem uralten Humus dieser ehrwürdigen, in den Boden gesunkenen Stadt. Dies zu sehen, ist eines der größten Wunder, die einem auf italienischem Boden beschieden sein können. Aber – aber, die Sache hat einen Haken. Dieses Wunder haben ganz wenige Menschen zustande gebracht, und diesen ganz wenigen Menschen gehört dieses Wunder, so wie unsereinem seine Wohnung oder sein kleines Haus gehört. Also gibt es eine Barriere, die heißt il permesso, die Erlaubnis. Bitte, liebe Leser, fahren Sie nicht nach Ninfa, ohne sich vorher in Rom bei der amministrazione della Casa Gaetani in der Via delle Botteghe Oscure, in der Straße der dunklen Läden, die Erlaubnis geholt zu haben.

Und nun sind wir drinnen in dem Heiligtum und die Geräusche der gehetzten Welt sind vor dem gleichmütigen Brausen des Quellwassers und dem sanften Rauschen der Bäume verstummt. Es umfängt uns der Friede der gesegneten italischen Natur, die hier durch glückliche Fügung und geschickte Hände zu seltsamsten Nachbarschaften ausgeweitet ist. Wir kommen uns vor wie in einem der rührenden arkadischen Märchen aus der Renaissancezeit, in denen das Leben auf blumenbestandenen Wiesen und an schattigen Quellen seinen heiteren und ungestörten Verlauf nimmt. Dieser Garten ist nicht geordnet nach Richtmaß und Plan, er ist von dem gelassenen Durcheinander der Natur angefüllt. Er ist nicht Kunst, nicht Architektur, nicht Planung, nicht Ordnung. Er ist Zufall, Instinkt, Freude und Dankbarkeit, ein Sinnbild dieses Landes Italien, in dem der letzte Segen des Gelingens immer dem Himmel anvertraut wird. Der uralte Kulturboden, in den eine ganze bedeutende und schöne Stadt versank, erholte sich dreihundert Jahre lang, um dann aufs neue zu blühen. Und was er jetzt hervorbringt, ist sicher nicht weniger schön als das, was in ihn hinabgesunken ist. Auf dem halben Wege nach Neapel bietet uns Ninfa noch einmal einen Augenblick der Besinnung darüber an, daß auch die scheinbar so gut durchschaubare Geschichte einer einzigen Stadt, eines einzigen Gemeinwesens, einer einzigen Familie unvorhersehbare Bahnen einschlagen kann, die letzten Endes aus tatenloser Düsternis doch immer wieder zu neuen Freuden führen.

WEITER NACH NEAPEL

Lektion 74

Von Ninfa aus sind wir nun wieder auf die schnurgerade Straße zurückgekehrt, die durch die Pontinischen Sümpfe führt, und da taucht zu unserer Rechten, am Horizont, wo das Meer liegt, ein großer bewaldeter Felsenbuckel auf, ein Berg von beträchtlicher Höhe, einsam im verschwommenen Licht der nahen See über der Ebene schwebend wie der Hökker eines riesigen vorzeitlichen Tieres: das Cap Circeo, *tschirtsch*ä*-o,* die Behausung der uralten Zauberin Circe, die den Odysseus, wie jedermann weiß, in ihre Höhle lockte, seine Gefährten in Schweine verwandelte und zehn Jahre lang erfolgreich versuchte, ihn von der Weiterfahrt in die Heimat abzuhalten.

Liebe Leser, es lohnt sich, an diesen steilen Strand zu fahren – denn der Circeo bietet uns ein seltsam schönes Bild: wir sind plötzlich mitten im Griechentum. Es ist, als hätte der alte Homer seinen Geist über dieser Bucht ausgebreitet – und alles, was wir uns in der Schule von Odysseus vorgestellt haben, von seinen Leiden und Irrfahrten, von der Morgenröte mit den Rosenfingern, von dem gewaltigen Meeresbeherrscher Poseidon, von dem König der Winde Aiolos – alles paßt hierher, ohne daß man sagen könnte warum. Vielleicht ist es die große, von brausenden Wogen majestätisch durchrollte Bucht mit ihren in der Ferne sich verlierenden Bogen, vielleicht ist es der Blick auf die wolkenumfahrenen Ketten violetter Bergeszüge, vielleicht ist es das ungeheuerliche, smaragden schillernde Blau, in dem sich das Meer um die Felsenklippen des Berges windet: es ist ein anderes Italien, dem wir hier begegnen, ein Land, von dem das Mittelmeer gänzlich Besitz ergriffen hat – und es ist sicher kein bloßer Zufall, daß der Ort, der zwischen Berg und Bucht aufgebaut ist, den Namen San Felice trägt. Schon die Römer haben diesen glücklichen Platz hochgeschätzt, und unter ihnen vor allem einer, der raffinierteste, sensibelste Genießer der italienischen Halbinsel: Lukullus. Seine Villa ist noch erhalten – wenn man die paar von grottenhaft dichtem Grün überwachsenen Mauern als erhalten bezeichnen will. Sie geben uns zwar keine Vorstellung mehr von dem, was diese Villa einmal an Geschmack, Kostbarkeit und überdrehter Genußsucht geboten hat, aber sie genügen immerhin, um uns einen Augenblick bei dem großen Mann festzuhalten.

Setzen wir uns also in den Schatten der mächtigen Steineichen, und befassen wir uns mit diesem seltsamen Charakter. Der Mann war erstaunlich tüchtig, und zwar in einem Handwerk, das seinen genüßlerischen Neigungen durchaus widersprach: Lukullus war ein glänzender und erfolgreicher Feldherr, der den hinterhältigen und goldgespickten König Mithridates in Kleinasien mit ein paar ganz unzureichenden

Legionen endlich zur Strecke brachte, unter seinen Soldaten eine strenge Disziplin hielt und sich, wenn er nicht gerade mit irgendeinem Kriegszuge beschäftigt war, auch als Feldherr die Zeit nahm, wohltätig zu sein – auf lukullische Weise. Er brachte die Kirsche nach Europa herüber. Er probierte aus, wie die uralten Gaumenerfahrungen Asiens sich mit europäischen kulinarischen Vorstellungen zusammenbringen ließen, er bereicherte die frugale Tafel seiner römischen Mitbürger um nie gekannte, höchst kostspielige Reize, er versäumte nie, in seiner Beute auch Kochrezepte samt den Sklaven, die sie zu bereiten verstanden, mit in die staunende Hauptstadt zu schicken. Und als es ihm schien, er habe mit dem Schwerte genug getan, da setzte er sich auf dem ungeheueren Vermögen, das seine Feldzüge ihm gebracht hatten, zur Ruhe, er baute sich Villen an den schönsten Punkten und begann so raffiniert zu essen, daß er seinen eigenen Kriegsruhm damit zunichte machte, weil kein Mensch mehr von seinen Taten, alle Welt aber von seinen Schlemmereien sprach. Er hat übrigens nicht versäumt, sich darüber mit tragischer Miene zu beklagen. Seine Zeitgenossen Cäsar und Pompeius verschworen sich einmal, herauszubringen, was Lukullus esse, wenn er allein – also ohne Gäste – zu Tische gehe. Sie suchten ihn also in seiner Villa auf – schon sehr früh am Morgen – und verhinderten ihn mit Gewalt daran, seinem Koch eine Anweisung über das Essen zukommen zu lassen. Nun muß man wissen, daß die Villa mehrere nach Göttern benannte Speisesäle hatte – und als die Zeit dafür gekommen war, rief Lukullus einen Sklaven und sagte ihm nur, er solle in der Küche ausrichten, man speise heute im Apollosaal. Das Essen, das die beiden daraufhin vorgesetzt bekamen, soll sechzigtausend Sesterzien gekostet haben.

Vielleicht hat dieser delikate Lebenskünstler seine Villa hier auch deshalb besonders geschätzt, weil sie noch in dem magischen Bannkreis der Circe liegt, die oben auf dem Felsen über dem Meer ihre sagenhafte, von Gold und Kostbarkeiten glänzende Höhle hatte – und tatsächlich: wenn man den Berg hinaufsteigt und aus seinen verschiedenen Klüften und Schluchten immer wieder neue, verwandelte Ausblicke auf das Meer gewinnt, glaubt man auch heute noch ein wenig an die Macht der alten Zauberin.

Vom Cap Circeo bis nach Terracina ist es nicht mehr weit – und dort, in der alten Grenzstadt des Kirchenstaates, begegnet uns ein denkwürdiges Tor. Die Felsenwände des Gebirges, das sich im Osten der Pontinischen Sümpfe nach Süden zieht, stoßen hier ans Meer und es bleibt nur ein schmaler Raum, gerade breit genug für die Straße. Hier steht ein von barokkem Giebel überwölbtes steinernes Tor, das die Eingangspforte in das alte Königreich Neapel bildet – und damit den Eintritt in das südliche Italien freigibt, dessen Lebensstil, Sitten, Sprache und Denkweise sich von allem, was wir bisher gesehen haben, im Grunde unterscheiden.

Hier beginnt ein Land, dessen älteste Kultur griechisch, dessen Seele halb arabisch, halb spanisch, dessen Moral heidnisch, dessen Frömmigkeit katholisch, dessen Charakter melancholisch und dessen Lebensform die Genügsamkeit ist. Das alte Königreich Neapel, das den Süden Italiens umfaßt, war niemals eine Macht im Sinne der Waffen, niemals ein politisch zuverlässiges Gebilde, niemals ein geordnetes Staatswesen. Aber es war ein Paradies des Unnützen, der Anmut, der Generosität, des Theaters, der Feste, der Lieder, des mit allzu viel Gefühl und leichtem Herzen gelebten Lebens. Bitte, meine lieben Leser, machen Sie sich keine Illusion: es ist die schwerste Aufgabe, die Italien dem Fremden aus dem Norden stellt – in den Geist Neapels einzudringen.

Von dem traumhaften abendlichen Anblick des Meeres verleitet, haben wir einen Moment angehalten. Da begrüßt uns ein Mann, der vor der Türe seiner Trattoria steht, und will uns zum Abendessen verführen. Er hüllt sein Geschäft in die Herrlichkeit dieser Landschaft ein, er redet sich selber hinein in die Begeisterung dieser Meeresschönheit, die er doch durch Jahre hindurch täglich vor Augen hat. Es liegt viel echtes Gefühl in dieser langen, uns nur sehr zum Teil verständlichen Rede, die von den spaghetti alle vongole, von dem klassischen neapolitanischen Muschelgericht ausgehend, sich wie die Rede eines Dichters über den Gegenstand hinaushebt. Auf der nächsten Seite finden Sie den Text einer neapolitanischen Canzone, und während wir jetzt in der Trattoria am Meer sitzen, die Fischerboote mit ihren großen Leuchten auf die Höhe hinausfahren sehen und den vulkanischen Wein mit seinem kühlen Feuer durch die Kehle rinnen lassen, erlauben Sie mir, zur Einführung in den Geist Neapels, ein Wort über diese Lieder. Was in Neapel gesungen wird – und es wird ununterbrochen gesungen – ist zumeist weder heiter noch leichtlebig, weder dolce far niente noch romantisch. Das bilden sich nur die Fremden ein, die von dem lebenslustigen südlichen Völkchen reden. Was in Wirklichkeit aus diesen Liedern spricht, ist Trauer, eine unfaßbare, verhüllte Trauer über die Unerfüllbarkeit des Lebens, eine Melancholie, die die Musik den Tränen vorzieht, ein in Poesie und verhaltene Stimme eingehüllter uralter Schmerz über die Grausamkeit der Liebe, über die sinnlosen Aufwendungen eines Gefühls, das dem Glück entgegengesetzt ist. Die große Schönheit der Nacht, des vom Mond überglänzten Meeres, der weitgeschwungenen Linie dieses ebenmäßigen Golfes macht die seltsam verschlungenen Klagen dieser Lieder schön und nimmt dem Schmerz die Düsternis, ohne ihn zu mildern.

SCALINATELLA

Treppe
kleine
lange
Treppe
enge
kleine
schmale
Treppe
wo ist meine
liebe Liebe
denn geblieben?

Nimmer kommt sie
hier herunter...
klapper
klapper
klapper
klapper:

Klapperschuhe
an den Füßen
über diese
alten kleinen
Holperstufen!
Wo denn willst du
daß ich bleibe?
glaub es mir... ich sage dir...
wo soll einer denn noch hingehen
müde von dem vielen, vielen
nächtelangen Weinen?

Treppe
kleine
lange
Treppe
steigst zum Himmel
fällst zum Meere
hilf mir suchen
hilf mir finden
meine hoffnungslose
große Liebe.

Wir haben noch ein gutes Stück zu fahren, bis wir die Lichter Neapels erreichen werden, wir müssen noch ein Gebirge überqueren, wir kommen vorbei an dem Grabmal des Cicero in der Nähe von Formia, wir berühren die wunderbaren Buchten der Phlegraeischen Felder, und endlich erklimmen wir den letzten Hügel vor der Stadt und sehen sie im Glanze von tausend Lichtern ausgebreitet unter uns liegen – das Ziel ist erreicht – Signore e Signori, siamo arrivati!

Und schon beim ersten Anblick erkennen wir, daß das, was wir vorhin in dem traurigen neapolitanischen Lied gehört haben, nicht zu verstehen ist ohne die hinreißende Schönheit dieser Stadt. In dieser herrlichen, uralten Muschel braust das Leben mit allen seinen Gefühlen in einem jahrtausendealten Taumel dahin, diese Stadt ist eine Garküche der menschlichen Existenz, ein tanzender Mückenschwarm über einem ungeheuren Feld aus erstarrter Lava. Neapel, das ist List, Intelligenz, Hilfsbereitschaft und Heuchelei, das ist Gewinnsucht, Aberglauben, Großmut und Toleranz, Schlagfertigkeit und Intrige, das ist immer Großsprecherei und niemals Hoffart, immer Gerissenheit und niemals Verrat. Sie haben die Ohren stets an der fremden Tür, die Augen hinter der nächsten Ecke, die Hände überall und das Herz auf der Zunge. Sie sind seit 3000 Jahren nicht dazugekommen, sich zu bereichern, sie haben keine Zeit gefunden für Disziplin und Ordnung und Politik, sie waren immer damit beschäftigt, ihren zahllosen Kindern das Brot auf eine Weise zu verschaffen, die den geringsten überflüssigen Kraftaufwand als Zeichen von Dummheit verachtet. Und wenn die Kinder dann größer waren, ergriffen sie Berufe, in denen sie hauptsächlich von dem einen leben konnten, was sie alle leidenschaftlich und im Überfluß tun: reden. Sie wurden Kommissionäre, Schwarzhändler, Advokaten, berufsmäßige Augenzeugen, bestenfalls noch Schuhputzer oder Friseure oder fliegende Händler oder Kellner. Sie stehen in Gruppen beisammen, spreizen die Finger, verschränken die Hände, ballen die Fäuste, schlagen sich auf den Unterarm, rollen die Augen, sie spielen Theater und meinen es ernst, und sie spielen Wirklichkeit und meinen es nicht ernst. Sie haben keine bürgerliche Moral, es gibt kein Gesetz, das sie nicht beugen würden, aber im Falle der Not gibt es niemand, der zu größeren Opfern bereit wäre. Solange es dir besser geht als mir, lege ich dich rein. Geht es dir schlechter, bist du mein Gast. Diese Stadt besteht seit 3000 Jahren und sie hat keine Geschichte. Die Neapolitaner waren niemals dazu in der Lage, Geschichte zu machen, staatsmännisch zu denken, politisch zu sein. Immer war es jedem von ihnen wichtiger, in Ruhe gelassen zu werden, als bürgerlicher Freiheit oder historischem Ruhme nachzujagen.

Die Neapolitaner könnten lauter Nachkommen des Diogenes sein, dem einst Alexander der Große, der Herr der Welt, einen Wunsch freistellte. Diogenes, im Hohlraum seines Fasses sitzend, sagte bekanntlich zu Alexander: »Geh mir aus der Sonne.« Jeder Neapolitaner würde heute noch dasselbe sagen. Man behauptet von diesem Volk, daß es seinen griechischen Charakter noch immer nicht verloren habe, man könnte genau so gut sagen, es habe sein spanisches oder sein arabisches Wesen bewahrt. Vor dem Volk von Neapel sind alle anderen Völker gleich.

Man ließ sich in Neapel mit größtem Gleichmut von Römern, Byzantinern, Normannen, Goten, Hohenstaufen, Franzosen, Spaniern und Bourbonen, von Garibaldi und von den Amerikanern erobern, man ließ jeden Feind widerstandslos in die Stadt ein. Niemals haben Neapolitaner ihre Heimaterde mit Ernsthaftigkeit verteidigt, denn sie wußten immer, daß jeder Eroberer sich nach einigen Jahrzehnten zur neapolitanischen Philosophie bekehrt haben würde, zu jener Philosophie, die noch niemals aufgeschrieben wurde, die aber seit 3000 Jahren in dieser Stadt ununterbrochen gelebt wird: zur Kunst des Sich-Gehen-Lassens, des Zeithabens, zur Kunst, die ernsten Dinge leicht zu nehmen und die leichten Dinge schön zu machen, zu dieser ewigen Kunst des Theaters, der alle Neapolitaner in ihrem tiefsten Wesen verfallen sind.

Das Theater war in Neapel immer wichtiger als die Politik, und die vielen fremden Fürsten, die diese Stadt gesehen hat, begannen alle früher oder später, an dem ungeheuren Schauspiel mitzuwirken, von dem kein noch so einsichtsvoller Kenner der Weltgeschichte sagen könnte, an welchem Akt seines Ablaufes es gegenwärtig angelangt ist. Signore e Signori, benvenuti a Napoli.

IN NEAPEL
Lektion 75

Nun sind wir in Neapel angekommen, am Ende unserer Reise und am Ende unseres Sprachkurses, und nun haben wir nur noch eine Lektion, bevor wir voneinander Abschied nehmen müssen. Wir haben uns bemüht, diese schöne, lange Reise in Heiterkeit zurückzulegen. So soll auch diese unsere Abschiedsstunde heiter sein – im ernsten Angesicht der rätselhaften Stadt Neapel, die in der weiten Muschel ihres Golfes glanzvoll ausgebreitet liegt und uns noch einmal alles darbieten wird, was uns auf unserer Fahrt so lange beschäftigt hat: Menschlichkeit, Takt, Höflichkeit, pazienza, Witz, Charme, Sentimentalität, Armut, Geschichte, Vergänglichkeit, Großmut und Freude – und den blauen Himmel, das windgekräuselte, weitbewegte Meer, den starken und klaren Wein vulkanischer Hänge und Musik.

»Neapel? Damit kann ich nun wirklich gar nichts anfangen. Überall diese gräßlichen, luftlosen Gassen, und die ungewaschenen Kinder auf der Straße, und diese Zudringlichkeit der Leute, und dann dieses ewige Treppensteigen – der Vesuv, na ja, der ist ja ganz schön, aber er raucht ja nicht einmal mehr – und laut ist das Volk, nicht zu glauben; arbeiten, das kennen die überhaupt nicht, aber die Hände in fremden Taschen – da können Sie Ihre Wunder erleben.«

Poveretto, non ha capito niente. Il classico straniero che viene a Napoli sentendosi trenta volte più intelligente dei Napoletani. Non vede la bellezza di questi piccoli angoli, di queste stradine piene di biancheria, di queste scale che salgono e scendono dappertutto, non vede questa gente povera e modesta che vive di una sola arte: del saper vivere – vivere senza faticarsi troppo, vivere da un giorno all' altro, vivere

sperando nell' aiuto del Padre eterno e della Madonna, non vede questo popolo napoletano che si sente tanto bene senza le regole di ordine e disciplina – ja warum eigentlich nicht? Warum könnten die Neapolitaner unter den Regeln von Ordnung und Disziplin nicht leben?
Weil in Neapel das Glück nichts mit Pflicht und Moral zu tun hat, weil in Neapel die Armut eine Tugend ist, weil in Neapel ein Mann mit hungrigem Magen, der tut was er will, zufriedener ist als einer mit vollem Bauch, dem ein anderer anschafft, was er zu tun hat, weil in Neapel die persönliche Anstrengung in genauem Gegensatz zur Harmonie der Welt steht, weil in Neapel das Glück eine Theaterfigur ist.
Quindi, Signore e Signori, facciamo un piccolo spettacolo, dimentichiamo un po' la realtà dura della vita, prendiamo un po' in giro il nostro povero mondo, sentiamoci ricchi, fortunati, gransignori, buoni, tranquilli, felici, beati, senza preoccupazioni, senza dolori della vita, senza paura del futuro, ringraziamo il cielo per lo splendido sole di questa giornata, per quest'aria fresca e profumata che viene dai giardini e dal mare, e per le melodie di questa luminosa e grandiosa città...
Neapel: Chaos, Leichtsinn, Trauer und Verliebtheit, seltsame Verkehrung aller Grundsätze, Theater an Stelle von Wirklichkeit, Improvisation an Stelle von Geschichte, Phantasie an Stelle von Ordnung, Leidenschaft, die die Tugend ersetzt, Gerissenheit, die der Moral den Rang abläuft, Mitgefühl in der Armut, Ausbeuterei im Reichtum, Intelligenz, Scharfsinn, Redekunst, Spiegelfechterei, übergangslos hervorkommend aus Frömmigkeit, Sanftmut, Hilfsbereitschaft und Sentimentalität. Ein ungeheurer Kessel voll menschlicher Eigenschaften, auf dem brodelnden Boden vulkanischer Schwefelfelder durch drei Jahrtausende gargekocht, von den Griechen mit

Witz, von den Sarazenen mit Großmut, von den Römern mit Geschmeidigkeit, von den Spaniern mit Hochmut und von allen mit Armut ausgestattet, die Heimat des Pulcinella, der ein melancholischer Kasperl ist, die Geburtsstätte der Spaghetti, die auch noch in der tiefsten Verzweiflung ein Trostmittel sind, der Nährboden des europäischen Theaters, des bel canto, der musikalischen Virtuosität, die verschlossenste, rätselhafteste Stadt Italiens, voll von Kindern, die das Geschäftemachen um der Intelligenz willen betreiben, voll von Advokaten, die den hoffnungslosen Fall mit griechischem Recht zu verteidigen suchen, wenn es nach römischem nicht mehr geht, voll von Zwischenträgern, Augenzeugen, Schwarzhändlern, Kommissionären, Tausendkünstlern und Poeten – welch eine Stadt!

Wie ein wohlig auf dieser ebenmäßigen Bucht ausgestrecktes Meerestier liegt und atmet Neapel, ein sanft verräterisches Wesen, das dem Fremden stets eine Schauseite und tausend Hintergründe anbietet. In Neapel ist grün nicht grün, rot nicht rot, gerecht nicht gerecht, – der Golf schillert in smaragd und rubin, der Richter urteilt nach ungeschriebenem Gesetz, der Kellner verkauft geschmuggelte Uhren, der Kaffeewirt handelt mit Brillanten, die Haushälterin ist berufsmäßige Klagefrau bei Begräbnissen, der Gerichtsschreiber hat einen Schuhladen, der Fremdenführer verkauft Füllfederhalter, jeder tut neben dem, was er zu tun scheint, noch etwas, was er wirklich tut. Die Welt des Scheins und die Welt des Seins unterscheiden sich nur in Übergängen, das Leben ist eine Einheit, die jede Variation zuläßt, nichts bleibt sich gleich, alles fließt. In der ganzen großen Stadt Neapel gibt es nicht einen einzigen Punkt, an dem das Auge ausruhen könnte: keine Gasse ist regelmäßig, keine Treppe gerade, keine Tür verrät, was sich hinter ihr verbirgt. Wenn die Neapolitaner reden, und sie reden ununterbrochen, so sagen ihre Gesten etwas anderes aus als ihre Worte – und erst wenn man beides zusammennimmt, kommt man hinter den Sinn der Sache. Sie sind alle brave und fromme Christen, nur das eine Wort: eure Rede sei ja, ja und nein, nein – das können sie beim besten Willen nicht erfüllen. Was soll man auch tun mit einem solchen Grundsatz – in einer Stadt, in der die Lebensalter, die Generationen, Geburt und Tod in einer solchen unkontrollierbaren Schnelligkeit aufeinanderfolgen, daß es scheint, als stehe die Zeit stille, während sie in Wirklichkeit rasend schnell entschwindet. Was soll man tun mit der kühlen Logik gegenüber einem solchen Tumult von essen-wollenden Menschen, deren Gedanken sich weder auf Vergangenheit noch auf Zukunft zu richten vermögen, weil der gegenwärtige Augenblick einfach zu kompliziert ist, um solche Überlegungen zuzulassen? So haben die Neapolitaner eine Kunst zur Virtuosität gebracht, die sie in dem ganzen großen Konzert italienischer Volkscharaktere auf den Gipfel getragen hat: die Leidenschaft für die Gegenwart – das rückhaltlose Sich-hinein-werfen in den Augenblick – und, in einem sehr besonderen Sinne, sind sie diejenigen unter allen Europäern, die das Wort Goethes von »der Forderung des Tages« am wörtlichsten erfüllen. Der Tag, il giorno, der Tag ist es, wofür Neapel lebt. Wenn das frühe Licht den Golf mit seinen weichen Schleiern erhellt, steigt in den Seelen der Neapolitaner das Bewußtsein vom Tage herauf, vom heute zu lebenden Tage, von der Zeitspanne bis zum Sonnenuntergang, die dem Existieren gewidmet ist, und sie haschen nach den Stunden, nach den Augenblicken, nach den Gelegenheiten – es versteht sich von selbst, daß es keinen Neapolitaner gibt, der von sich behauptet, irgend eine Sache nicht zu können. Es ist sein Beruf, die Basis seines Verdienstes, alles zu können – denn wenn er auch einen Wecker nicht selbst reparieren kann, so hat er doch einen Freund, der einen Freund hat, der ein Uhrmacher ist, von dem man für den Auftrag Prozente kriegen kann – und vielleicht läßt sich aus dem Wecker auch noch eine brauchbare Feder ausbauen, die man durch eine gebrauchte ersetzen und somit an den Händler mit alten Uhr-Ersatzteilen weiterverkaufen kann.

Signore e Signori, non arrabbiarsi – per piacere, per carità, per l'amor di Dio! Non arrabbiarsi! Non possiamo permetterci di prendere sul serio tutte queste cose – qui c'è soltanto una scusa: è tanto umano, è tanto umano, es ist das alles doch so menschlich! Der Mann, der mit seinem Geschäft, von dem er nichts versteht, noch einen Gewinn erzielt, der ihm einen bel piatto di spaghetti erlaubt, ohne daß der angerichtete Schaden überhaupt bemerkbar wird – Hand aufs Herz –, ist er nicht eine Art von Künstler? Bedarf es nicht beinahe eines dichterischen Sinnes, um sich alle diese Kombinationen, diese feinsten Einfädelungen auszudenken, auf Grund deren Neapel durch die Jahrtausende dahingeht. Es scheint, als ob in Neapel immerfort ein Kamel durch ein Nadelöhr gehen müsse, damit diese Stadt am Leben bleiben kann, und sie

haben, um das gegenüber dem buon Dio, dem sie blind vertrauen, wieder auszugleichen, ja immerhin das in einer Glaskapsel eingetrocknete Blut des heiligen Gennaro, das einmal im Jahr an seinem Namenstage wieder flüssig wird – vor aller Augen –, damit die Neapolitaner ein Zeichen des Himmels dafür haben, daß ihnen ihre seltsam vertrackte Moral auf ein weiteres Jahr verziehen werden wird. Facciamo un piccolo giro in città – potremmo prendere una carrozzella, però è forse meglio di andare a piedi – lasciamo le strade principali e saliamo verso il castello Sant'Elmo alla cima del Vomero. Ci sono molte scale, la via diventa sempre più stretta, più oscura, più romantica, vediamo un'infinità di ragazzi giocando con carte, con fuoco, con oggetti completamente misteriosi, vediamo le abitazioni dei veri napoletani: c'è sempre una camera sola, con la porta aperta, dentro si vede un letto enorme, un armadio con vari specchi ed una Madonnina con una lampada ed un mazzo di fiori. Sdraiato sul letto il padrone della casa sta riposando, ausgestreckt auf dem Bett ruht sich der Hausherr aus. Evidentamente il letto è la cosa più importante della famiglia – es ist wirklich so – das Bett ist die wichtigste Sache der Familie, die Bühne des Lebenstheaters, die wahre Heimstätte, das unbewegliche Zentrum, der Ort der Ruhe für all diese beweglichen, schreihalsigen und flinkäugigen Wesen, die einer solchen Familie anzugehören pflegen. Das Bett ist der Thron des Vaters, der von dort aus in behaglichster Stellung die Probleme des Haushaltes löst, die Besuche der Nachbarn empfängt und die Frauen im Zaum hält, während die beachtlichsten Lebensweisheiten von seinen Lippen fließen – so leicht und geschmeidig und unverständlich wie die Verse Homers oder die Gedichte Edoardo de Filippos.

Die neapolitanische Mundart ist kein Dialekt, sie ist eine

eigene, mit unserem Italienisch nur lose in Zusammenhang stehende Sprache, abgeschliffen, wörterverschluckend, von Zwischentönen getragen, und wir haben noch einen langen Weg vor uns, bis wir von diesen geschleckten Tiraden einiges verstehen. Solange man aber nichts davon versteht, kann einem in Neapel jeden Augenblick folgendes passieren:

Da geht man auf der Straße, plötzlich begleitet einen ein Mann, der mit sanfter, leiser und einschläfernder Stimme erst englisch, dann französisch, dann deutsch und endlich neapolitanisch (italienisch kann er nicht) versucht, einen vom Wert einer goldenen Uhr zu überzeugen. Wehe dem Ahnungslosen, der aus purem Interesse, aber ohne Kaufabsicht nach dem Preis fragt. Er kriegt zunächst die Vorzüge aller Nationen zu hören, von denen der andere vermutet, der Fremde könne ihnen vielleicht angehören; darauf steckt er einem die Uhr in die Tasche und geht weg. Aus Anstand bleibt man stehen. Er weigert sich konstant, die Uhr wieder anzunehmen. Man sieht sie näher an. Offenbar ein Schweizer Werk, das Zifferblatt ist ganz famos, sogar ein Kilometerzähler ist darauf. Und stoppen kann man auch damit. Das Ganze soll 8000 Lire kosten. Ottomila lire? Impossibile, quattromila! – Lo deve capire, così mi rovino! Però – Lei è tedesco – un popolo straordinario questi tedeschi – lo prenda per cinquemila lire. – Impossibile!

Darauf: Ein Mann kommt hinzu, er ergreift unsere Partei, er will den Preis drücken, er sagt, es sei ungerecht und unehrlich, solchen Wucher zu treiben, er wisse, daß die Uhr nicht mehr als dreitausend Lire wert sei. Allora tremila!

Endlich einigen wir uns auf dreitausendfünfhundert. Der Schwarzhändler geht, der andere bleibt. Bitte, mein Herr, ich habe Ihnen ein ausgezeichnetes Geschäft vermittelt, wo bleiben meine Prozente? Jetzt geht es von vorne los. Die Uhr kostet effektiv fünftausend Lire, und wenn wir sie dann später daheim im Hotel untersuchen, stellt sich mit Sicherheit heraus, daß man mit ihr zwar stoppen kann, daß aber dann gleich das ganze Werk stehenbleibt, so daß man von der Stopperei gar nichts hat. Außerdem hüpft der Sekundenzeiger bisweilen über vier Striche auf einmal, und dann bleibt er wieder beängstigend lange stehen, und es ist ganz unsicher, ob das zusammen einen Durchschnitt ergibt, der einigermaßen mit der Normaluhr übereinstimmt! Jedenfalls ist es eine typisch neapolitanische Uhr. Sie kümmert sich nicht um die Zeit, sie geht wie sie will, aber ungefähr geht sie wahrscheinlich trotzdem richtig.

Und das Ungefähr macht das Neapolitanische aus. Es ist dasselbe Ungefähr, das der Mann mit dem Orchestrion einkalkuliert, der von seinen Zuhörern ohne weiteres voraussetzt, sie werden die Musik, die er macht, für schön finden, auch wenn sein Wasserklavier entsprechend verstimmt ist.

Signore e Signori, hören Sie folgende Geschichte: Der Bettler an der Pforte der Kirche Santissima Maria Annunziata ist schlechter Laune. Zusammengesunken sitzt er in seinen Lumpen auf dem steinernen Sockel des Gitters vor dem Eingang und denkt an vergangene Zeiten. Ja, damals, vor dreißig, vierzig Jahren, da war dieser Platz einer der besten von Neapel, da kamen am Abend vermummte Frauen hierher und legten kleine Bündel an der Pforte nieder, und die Frauen weinten, und er hielt seine Hand auf und war sicher, daß sie für ihn eine Gabe haben würden. Denn wenn eine Mutter ihr Kind der Barmherzigkeit der frommen Schwestern überläßt, dann ist ein gutes Werk an einem Bettler eine Art Rückversicherung. Aber heute kommen keine Kinder mehr hier an, heute kommt er nicht mehr in die Lage, bei kaltem Wind ein solches schreiendes, kleines Bündel zur Ruhe zu wiegen, bevor es die Schwestern abholen. Heute ist das alles von den Behörden geregelt, und das Kind muß offen übergeben werden. Es ist nicht mehr interessant, der Bettler an der Annunziata zu sein.

Aus der Kirche kommt der Mesner heraus mit einem Gehilfen, sie haben eine Leiter mitgebracht und hängen am Rahmen des Kirchenportals einen großen roten und schwarzen Vorhang auf und in die Mitte ein gemaltes Schild: »Die Familie Quercia beweint untröstlich den Heimgang des noto commerciante, des bekannten Kaufmanns, Luigi Quercia.« Cosa, dice il mendicante, è morto Luigi? Sì, dice il sagrestano, e fra poco commincia il funerale. Zwei Stunden steht der Bettler in der Kälte und wartet auf die Trauergäste. Und wie dann der Leichenzug kommt und die Klageweiber und der Sarg, da heult der Bettler im tiefsten Schmerz auf: oh, ihr Leute, habt Barmherzigkeit zum Andenken an den besten Neapolitaner, zum Andenken an meinen geliebten Freund Luigi, gebt eine Kleinigkeit für die Seelenruhe des guten Luigi, was war das doch für ein vortrefflicher Mann, unser armer Luigi, ich beweine ihn aus tiefster Seele. Und dann sieht er, wie die Angehörigen des noto commerciante in die Kirche treten, wie sie selber armselig sind in ihrem besten Staat, der gar nicht für die Beerdigung gemacht ist. Er weiß, es sind ganz arme Leute, er weiß, daß sie ihre letzten Ersparnisse zusammengesammelt haben, um ihrem Luigi einen glänzenden, stromlinienförmigen Sarg zu kaufen und ein funerale, eine Beerdigung, mit drei Priestern zu halten. Und wie sie dann alle in der Kirche sind und das Requiem begonnen hat, erhebt sich der Bettler von seinem Platz, geht durch die Porta Capuana hinüber auf den Markt, gibt der nächsten Blumenfrau eine Hand voll Geld und läßt einen großen Strauß Rosen in die Kirche bringen.

Am Ende der Exequien aber sitzt der Bettler schon wieder auf den Stufen und fleht im Namen des Verstorbenen um milde Gaben – und niemand weiß, daß er dem noto commerciante aus Anlaß seines Todes wahrscheinlich mehr zurückgegeben hat, als er je im Leben von ihm bekam.

Und weil wir schon gerade beim Erzählen von neapolitanischen Geschichten sind – hören Sie bitte noch eine andere:

Als der Richter die Prätur betrat, kam er kaum durch die Menschen. Heute scheint wieder einmal halb Neapel zu prozessieren, denkt er. Während er die Treppe hinaufstieg, sah er vor sich die ausgefransten Hosen eines Mannes, der auf dem rechten Bein ein wenig hinkte. Schiefe Absätze, kein Geld, ein kleiner Diebstahl, Polizei, Verhandlung – und jetzt die Frage: wirst du freigesprochen oder nicht? Du armer Hund, dachte der Richter, du hast keine Ahnung, daß ich jetzt hinter dir hergehe, ich, der Mann, der für ein erbärmliches Gehalt dazu verpflichtet ist, dich und deinesgleichen nach dem Gesetz zu verurteilen. Die Absätze und die Hosen verschwanden, der Richter bog um die Ecke in einen Gang ein, der wie ein Korridor einer öden, halligen Kaserne aussah. In seinem Amtszimmer fand er seinen Beisitzer, einen schielenden, fünfzigjährigen Mann, der das Gesetzbuch der italienischen Republik in den Verhandlungspausen als Unterlage für sein Frühstücksbrot zu benützen pflegte. Der Richter schlüpfte in den Talar mit den Goldschnüren, er sah ein bißchen seltsam aus in dieser feierlichen Robe, von der seine billige, blau-schwarz gestreifte Krawatte ernüchternd abstach. Dann gingen sie beide in den Verhandlungssaal hinüber und der Betrieb begann.

Zuerst war da ein Mann, der hatte versucht, eine Spielhölle aufzumachen. Vier Monate. Dann kam ein Mädchen, das die italienische Streife zu verdächtiger Stunde und in zweifelhafter Situation im blitzblanken Wohnviertel der amerikanischen Offiziere des Nato-Hauptquartiers aufgegabelt hatte. Der nächste Fall war ein Lebensmittelkaufmann, der ein kleines Gewicht unter dem Teller seiner Waage befestigt hatte.

Und dann erschien ein eleganter Herr ohne Hut, und der Pretore rief: »Dell'Orfano, Gina.« Eine Frau erschien, klein, kurzbeinig, mit einem ausgehaarten Katzenpelz um den Hals und einem roten Hut auf dem Kopf. Schwör, daß du die Wahrheit sagst, ohne was zu verschweigen und hinzuzufügen. Giuro, sagte die Frau, ich schwöre. Gina, sagte der Richter, hast du diesen Herrn schon einmal gesehen? Nein. Bist du ganz sicher? Nein, ich hab ihn bestimmt nicht gesehen. Auch nicht auf der Via Roma? Nein. Gina, wo wohnst du? In der Via S. Antonio Abbate. Und wenn du nach S. Lucia willst, zu deiner Wäscherei, mußt du über die Via Roma, nicht wahr? Ja. Und da hat dich dieser Herr gesehen, mit einem Wäschekorb auf dem Kopf. – Schweigen. – Gina, du hast einen Neffen. Ja. Wie alt? Vier. Gina, *wo war der Neffe*, als du mit dem Wäschekorb auf dem Kopf über die Via Roma gingst und diesen Herrn überholtest, und im nächsten Moment hatte dieser Herr keinen Hut mehr, und am Abend hast du fünf schöne, echte Borsalinos verkauft. Wo war der Neffe? Im Wäschekorb auf deinem Kopf? Gina weinte. Arme Frau, dachte der Richter. Jetzt soll ich sie einsperren. Er wandte sich an den Pflichtverteidiger. Der redete auf Gina ein. Sie flüstert: Aber ich kann Ihnen doch nichts bezahlen, ich habe doch nichts. Dann, sagte der Pflichtverteidiger, und faltete seine Zeitung auseinander, dann interessiert mich die Sache nicht.

Laut sagte er nur das mindeste, wozu er gesetzlich verpflichtet war: Ich empfehle den Fall der Milde des Gerichtes. Gina wurde amnestiert. Der Richter erhob sich und dachte – wenn ich euch nicht so gut verstünde, ihr Neapolitaner, ihr schafft euch euren sozialen Ausgleich eben selber: wenn es nicht anders geht, so sorgt ihr dafür, daß eure vierjährigen Neffen, in den Wäschekörben der Armen versteckt, nach den Hüten der Reichen angeln. Welches Gesetz könnte das verhindern – in einer Stadt wie Neapel?

An der Tür eines Hauses steht mit großen gemalten Buchstaben geschrieben: Grandioso Presepio con pastori movibili, *grandioßo presähpio kon paßtori mowibili*, großartige Krippe mit beweglichen Hirten. Wenn man das Haus betritt, geht es zuerst durch einen langen, gepflasterten Gang an der Kammer des Portiers vorbei, der, wie alle neapolitanischen Portiers, nie zu sehen ist, aber an Stelle des »Komme gleich« einfach das Licht brennen läßt. Und dann kommt man in einen fensterlosen hohen Raum, da hängen an der Wand die Bilder schiefnasiger, ordensbedeckter Hofherren aus der Zeit herum, in der sich Neapel noch von den Königen aus dem Hause Bourbon regieren ließ. Hinter einem Tisch sitzt ein Mann, schiefnasig auch er, und beschäftigt sich mit Spielkarten. Nebenbei verkauft er biglietti für den presepio hinter dem verschossenen Plüschvorhang. Wer eintritt, sieht vor sich ein spärlich beleuchtetes Gebirge aus Pappendeckel und darauf mehr als hundert kleine Holzfiguren. Der Mann schaltet den Strom ein und dann beginnt es.

Ganz oben auf der Höhe macht eine Windmühle gerade so viel Wind, daß das Band mit den winzigen Engeln und dem Gloria in excelsis Deo malerisch hin und her segelt. In der Mitte des Gebirges geht ein Wasserfall zu Tal und mündet in einen kleinen Fluß, aus dem ein Bauer mit unermüdlicher Regelmäßigkeit in einer Eimerwinde Wasser heraufzieht. Neben ihm sägen zwei Holzfäller an einem dicken Block und werfen abwechselnd den Kopf nach hinten.

Das Dorf Bethlehem ist im Vordergrund aufgebaut, da gibt es ein Haus, aus dessen Oberfenster eine Frau mit Kopftuch und gefletschten Zähnen immer erneut herausschimpft, während ihr mutmaßlicher Gatte unten im Garten an einem gedeckten Tisch sitzt, sich aus einem fiaschetto Wein in seinen Becher gießt und ihn jedesmal in einem rapiden Zug austrinkt. Daneben steht ein Esel, der sogar die Ohren bewegen kann und immerfort zustimmend mit dem Kopf nickt. Einer gräbt sein Feld um, einer treibt die Schafe mit seinem Stecken an, und in der Nähe des Stalles von Bethlehem lagert sich in unbeteiligter Ruhe das Gefolge der Heiligen Drei Könige. Von den Figuren an der Krippe selbst ist die schönste der heilige Josef, der gleich drei Sachen auf einmal kann: mit der einen Hand sich den Bart kraulen, mit der anderen mittels seines Wanderstabes den Chor der Engel dirigieren und mit dem Fuß den Takt dazu stampfen. Die Heiligen Drei Könige machen schöne regelmäßige Verneigungen genau im Takt zu

dem Hammergeräusch, das aus der Schmiede nebenan kommt. Und da ist dann auch inmitten dieses Getriebes der Neapolitaner selbst zu sehen, der Mann, der frommen Herzens aber skeptischen Geistes ist und auch angesichts des Wunders von Bethlehem noch nicht ganz sich selbst vergißt: der Metzger vor seinem Kellergewölbe, der dem Mohrensklaven des Königs Balthasar mit eindringlicher Geste eine große Wurst verkauft.

Die Krippe hat uns gezeigt, daß das Theater in Neapel viele Spielarten hat. Eine davon ist das in Weiß und Gold glänzende Teatro di San Carlo. Das ist prunkvoll, höfisch, verstaubt und bezaubernd, aber der verdreckte, malerische, mit hundert Farben drapierte Markt in Neapel ist nicht weniger großes Theater.

Stellen Sie sich eine Straße vor – eine enge, mit Wäscheleinen überspannte Straße, leicht gewunden, mit glitschigem, von Fischschuppen bedecktem Pflaster, stellen Sie sich zwei endlose Reihen von Verkaufsbänken vor mit Früchten, Wollstrümpfen, Vogelkäfigen, alten Anzügen, Autoreifen, Hühnern und angebrochenem Porzellangeschirr, stellen Sie sich dazu ein Gewimmel von Menschen in abgeschabten Kleidern vor, die nichts anderes wollen, als alles, was hier zum Verkauf liegt, um einige Lire billiger erwerben.

Hier findet man alle Rollen des Theaters: den jugendlichen Helden und den kleinen Komiker, den Charakterdarsteller, den Bösewicht, den Heldenvater und die Heroine, wie im Theater San Carlo, wenn man Verdi spielt.

Durch das Theater und die Wirklichkeit Neapels geistert seit alters eine Figur, ein freundliches, zweifelhaftes und unsterbliches Wesen, ruhelos wie der ewige Jude, phantastisch wie Don Quichote, lächerlich wie der Hanswurst, erfindungsreich wie Leporello, derb, zart, witzig, plump, der Wunschtraum aller Neapolitaner. Sie haben alle an ihm teil und nur der hoffnungslose Unverstand der Welt außerhalb Neapels hindert sie daran, dieses geheimnisvolle Wesen selber ganz zu sein – Pulcinella. Ein Diener, der absurd ist, weil er sich inmitten einer fein säuberlich geordneten Gesellschaft in dem weißen Pludergewand eines Clowns bewegt und dabei der Diener aller ist, den niemand ganz kennt. Sein Antlitz ist von der Stirn bis über die Nase von einem schwarzen glänzenden Maskengesicht bedeckt, und nur der Mund, der ewig redende, fädenspinnende, grimassenschneidende, tölpelige und hintersinnige Mund ist frei. Ein anonymer weißbemützter Wicht, der durch die Volksstücke der neapolitanischen Komödie spukt, ein halb lächerlicher Philosoph im Gewand eines nicht ganz komischen Narren.

Pulcinella, die Seele Neapels, ist immer noch lebendig. Er bringt auch heute noch wie vor alter Zeit die getrennten Liebenden zusammen, entlarvt die Schwindler, schwindelt selber, wenn es sein muß, stellt sich dumm, wo es klug ist, und ist klug, wo es dumm ist – Pulcinella, der einem falschen orientalischen Fürsten mit neapolitanischem Dialekt den Hofstaat arrangiert, dem armen Mädchen aus dem Volk den ersehnten Bräutigam verschafft, der zum Schluß alle zur Quadrille führt und dabei mit zweideutigen Bemerkungen nur so um sich wirft, der unheroische, komisch-tiefsinnige Held der neapolitanischen Seele steht immer noch lebendig auf der Bühne.

Es gibt ein Lied, das den roten Mond besingt, der über dem Golf von Neapel steht, über dieser vollendet schönen Kurve des Meeres, die selber eine Art Melodie ist, über diesem tadellos ebenmäßigen Vulkan, der zur großen Trauer der Neapolitaner jetzt nicht mehr raucht. Natürlich ist das alles sehr romantisch, der Himmel und die Sterne und die leicht gekräuselte blaue Fläche, und die schimmernde Silhouette Capris draußen am Horizont, die aussieht wie ein riesengroßer, gehörnter, versteinerter Vorzeitfisch. – Und natürlich beten alle Engländer und Amerikaner und Deutschen und Australier diese Romantik an. Und die Neapolitaner versäumen nicht, diesen ahnungslosen Gästen in den Restaurants, bei Ziteresa, im Transatlantico, bei der Bersagliera, in S. Lucia, auf dem Vomero, auf dem Posilippo und auf dem Castell S. Elmo unentwegt diese Mond-Romantik ins Ohr zu singen, zu geigen, zu mandolinen und zu guitarren. Aber das Seltsame dabei ist, daß den Neapolitanern, diesen abgefeimten, berechnenden, publikumssicheren Volkssängern jedesmal selber die Tränen kommen, wenn sie von der luna rossa singen oder von »anima e cuore« – von ihren Herzen und ihrer Seele; und dann stört es sie auch nicht mehr in ihrer Rührung, wenn die Fremden zu schmachtenden Liedern mit sehr realen Geräuschen die Muscheln, Krebse und Fische ihres Golfes verspeisen.

Draußen in Pozzuoli, am nördlichen Golf, brodelt indessen die Erde. Die Vulkane sind nicht tot. Der Krater, auf dessen Grund ich stehe, dröhnt hohl und düster, wenn man mit einem Stein darauf klopft. Und da und dort raucht es in schwefligen Schwaden aus der Aschenkruste auf. An ein paar Stellen, wo die harte, dünne Decke des Bodens eingebrochen ist, kommt der blubbernde, blasentreibende Strom dünnflüssiger Erde ans Licht. Alte Leute sagen, es sei das Blut der Erde, das man da schwarz und heiß pulsieren sehe. Der Aufseher gräbt mit einer Scherbe 10 cm Asche aus dem Boden und läßt uns dann eine brennende Zigarette an die Schürfstelle halten. Auf den bewachsenen Rändern des riesigen Kraters, in 500 und mehr Metern Entfernung beginnt es zu rauchen, dann greift es auf die Schwefelminen über, an der ganzen

Wand des Vulkans steigen Rauchsäulen auf, die frische Einbruchstelle speit schwere Dämpfe aus – ein klein wenig Glut hat genügt, um das Innere der Erde in Aufruhr zu bringen. Und auf diesem Boden, von dem niemand weiß, wo er das nächste Mal sein Feuer ausspeien wird, mit dieser gärenden, brodelnden schwarzen Macht unter den Füßen, auf dieser von Gift geschwängerten, schwankenden Erde leben die Menschen Neapels ihrem vierten Jahrtausend entgegen. Im Bewußtsein, von der Urgewalt der Erde selber unablässig bedroht zu sein, schenken sie der von Menschen gemachten Weltgeschichte nur eine zweifelnde, skeptische Beachtung. Wichtig ist – den Tag zu sehen, sein Licht zu genießen und seine Schatten zu überleben. Und daraus hat diese uralte Rasse von Vulkanbewohnern eine Kunst gemacht – die Kunst, der Gewalt die Intelligenz, der Herrschaft die List, der Macht die Schönheit, und dem Geld die Heiterkeit entgegenzusetzen. Wer sich in Gefahr begibt, kommt darin um, sagen die Bürger Europas, va bene, antworten die Neapolitaner, wer aber in Gefahr geboren ist, überlebt sie in jedem Falle.

Meine lieben Leser, nun sind wir am Ziel, und inzwischen kennen wir uns so gut, daß es mir schwer wird, Ihnen jetzt einfach ein »Addio!« zuzurufen. In der Ferne des Golfes von Neapel lockt die mysteriöse Insel Capri, die Felsen von Sorrent werfen in der späten Sonne ihren roten Schein herüber

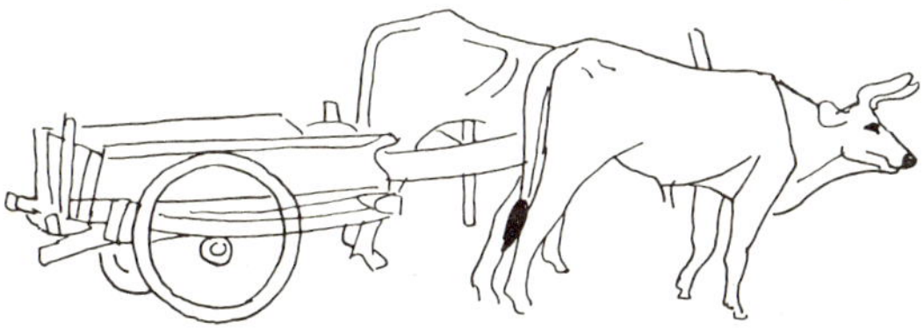

und verkünden schon die von Himmel, Meer und Grazie gewirkten Wunder jener seltsam unbekannten Landstriche, die das südlichere Italien dem Fremden anbietet. Und auch die italienische Sprache, in deren unbegreiflichen Wohllaut wir uns mit großer Unbekümmertheit eingeschlichen haben, lockt zu ferneren Abenteuern. All dies ist Grund genug, um nicht von Abschied zu reden, nicht von Heimkehr, nicht von Erfüllung. Was wir zusammen in Italien erlebt haben, ist in fondo die Bestätigung einer alten Ahnung: daß auf die südwärts eilenden Träume unserer nördlichen Winter eine Wirklichkeit antwortet, die kein romantisches Märchen, sondern Wirklichkeit und eine einfache Harmonie ist, wert, die besten Stunden unseres Lebens auf sie zu verwenden.
Vielleicht haben Ihnen die sprachlichen Improvisationen, zu denen wir Sie verleiten wollten, den Gedanken nahegebracht, daß die vitale wie die künstlerische Sicherheit der Italiener in ihrer Fähigkeit besteht, im Unvollkommenen das Vollkommene zu sehen, so wie Kinder in einem zerschlissenen Stoffbären ein unendlich liebenswertes lebendiges Wesen zu erkennen vermögen. Da dies nichts mit Intelligenz und alles mit Phantasie zu tun hat, erkennen wir am Ende unserer Fahrt ohne weiteres ein anderes größeres, vollkommeneres Italien, das auf uns wartet – und ein geschliffenes, müheloses und besseres Italienisch, das wir noch lernen sollten.
Und so wünsche ich Ihnen, im Angesicht dieses von den Zaubern vieler Götter leuchtenden Golfes, im Angesicht dieser von den Gnaden vieler Himmel überstrahlten Natur, im Angesicht dieses von der Weisheit ungezählter Generationen erfüllten, glücklichen und tragischen Volkes, daß Sie bei der Rückkehr von einer Reise nach Neapel stets mit größerer Freude dem letzten Wort dieses Sprachkurses zustimmen möchten: »Evviva la nostra bella ed amatissima Italia!«

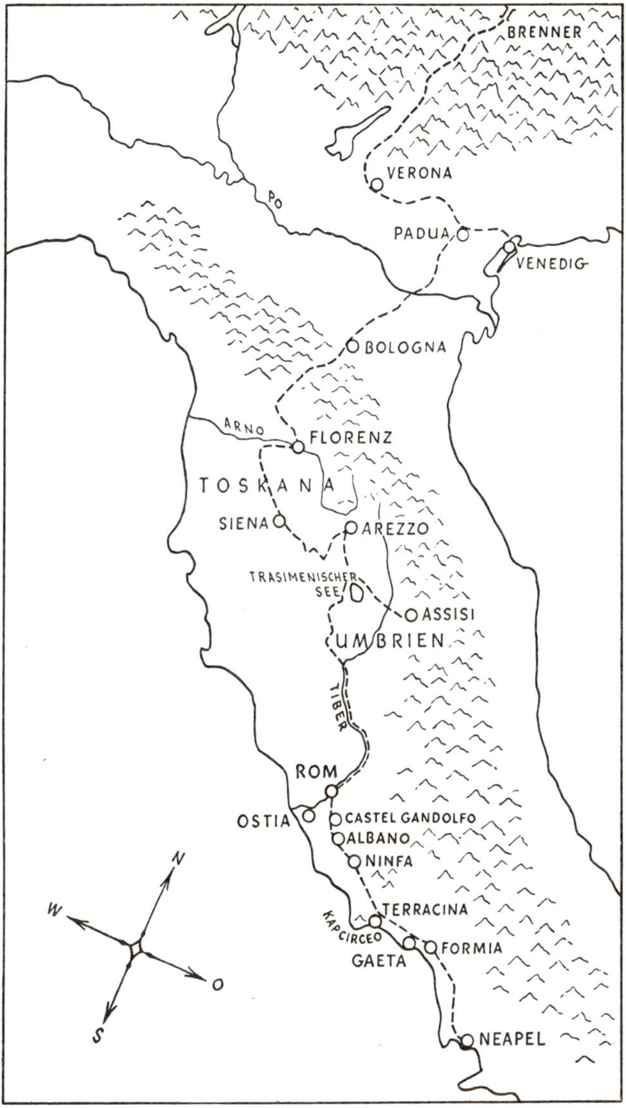

BRENNER
VERONA
PO
PADUA
VENEDIG
BOLOGNA
ARNO
FLORENZ
TOSKANA
SIENA
AREZZO
TRASIMENISCHER SEE
ASSISI
UMBRIEN
TIBER
ROM
OSTIA
CASTEL GANDOLFO
ALBANO
NINFA
TERRACINA
KAP CIRCEO
GAETA
FORMIA
NEAPEL
N
W
O
S

ALPHABETISCHES WÖRTERVERZEICHNIS

italienisch - deutsch

l'abbacchio m. das Lamm
abbastanza genug
abbiamo (avere) wir haben
l'abitante m. u. f. der (die) Bewohner(in), Einheimische(r)
abitare wohnen
l'abitazione f. die Wohnung
l'abito m. das Kleid, der Anzug; *l'~ da sera* der Abendanzug
accadere geschehen
accanto a prp. neben
l'accappatoio m. der Bademantel
accendere anzünden, Feuer geben
accomodarsi Platz nehmen
s'accomodi! machen Sie es sich bequem! kommen Sie herein! nehmen Sie Platz! folgen Sie mir!
s'accomodino (heißt das gleiche wie *s'accomodi* in der Anrede an mehrere Personen) (S. 43)
acconsentire a einwilligen in
accordare stimmen; *accordarsi* sich absprechen, sich einigen
l'accordo m. der Akkord, die Übereinstimmung *d'~* so stimmt's! in Ordnung! einverstanden!
accorgersi inne werden, sich bewußt werden
accorrere herbeilaufen (S. 281)
accurato(a) sorgfältig
accusare beschuldigen, den Empfang bestätigen
l'acqua f. das Wasser; *l'~ minerale* (S. 65/66) das Mineralwasser; *l'~ potabile* das Trinkwasser
l'acquedotto m. der Aquädukt
l'addio m. der Abschied; ~! lebe wohl!
l'addizione f. die Addition
addormentarsi einschlafen
adesso jetzt
l'adorazione f. die Anbetung
l'affare m. das Geschäft, die Angelegenheit
affermare bestätigen
affittare vermieten
l'affresco m. das Freskogemälde
aggiustare ausbessern
agosto m. August (Monat)
l'agro m. der Acker, das Land
aiutare helfen
l'aiuto m. die Hilfe
l'alba f. die Morgenröte
l'albergo m. das Hotel
l'albero m. der Baum
l'alcool m. der Alkohol
alcuni, alcune einige
l'allegria f. die Fröhlichkeit
allegro(a) heiter, fröhlich
allora dann, damals
le Alpi f. pl. die Alpen
l'altare m. der Altar
l'altezza f. die Höhe
alto(a) hoch
altro(a) andere(r)
amabile liebenswürdig
il (l') amante der (die) Liebhaber(in)
amare lieben
l'ambasciata f. die Botschaft
l'ambasciatore m. der Botschafter
l'amica f. die Freundin
l'amicizia f. die Freundschaft
l'amico m. der Freund
l'amministrazione f. die Verwaltung
ammirare bewundern
l'ammirazione f. die Bewunderung
ammirevole bewunderungswürdig
l'amore m. die Liebe; l'~ m. u. f. der (die) Liebste
l'ampolla f. die Flasche; *l'~ per l'olio e per l'aceto* die Öl- und Essigflasche
anche auch
ancora noch
andare gehen, reisen, fahren, behagen, schmecken, gefallen;
andar a spasso spazieren gehen

andiamo (andare) wir gehen, gehen wir!
l'anello m. der Ring
l'angelo m. der Engel
l'angolo m. die Ecke
l'anima f. die Seele
l'animale m. das Tier
l'anno m. das Jahr
annunciare ankündigen
anticipatamente adv. im voraus
l'anticipo m. die Vorauszahlung
antico(a) altertümlich
antimeridiano vormittags
antipatico(a) antipathisch, unsympathisch
aperto(a) offen
apparecchiare vorbereiten, den Tisch decken
l'appartamento m. die Wohnung
appartenere gehören
appena adv. kaum; ~ cj. sobald
l'appetito m. der Appetit; *buon ~!* guten Appetit! gesegnete Mahlzeit!
l'appuntamento m. die Verabredung (S. 140 ff.)
aprile m. April
aprire öffnen
l'aragosta f. die Languste, der Hummer
l'arancia f. (pl.-*ce*) die Orange
l'arazzo m. der Gobelin, der (gewebte) Teppich
l'arcata f. die Arkade, der Bogen
architettonico architektonisch
l'architettura f. die Architektur
l'arcivescovo m. der Erzbischof
l'argento m. das Silber
l'aria f. die Luft, der Luftzug, die Arie
l'aristocrazia f. die Aristokratie
l'armadio m. (pl.-*di*) der Schrank
armare bewaffnen
l'armonia f. die Harmonie
arrabbiarsi in Zorn geraten, sich ärgern
arrabbiato wütend
arrangiarsi sich arrangieren
arrivare ankommen
arrivederci! auf Wiedersehen!; *a rivederci* zweite Schreibart
arrivederla! auf Wiedersehen!; *a rivederla* zweite Schreibart
l'arrivo m. die Ankunft
arrostire braten
arrosto(a) geröstet, gebraten
l'arte f. die Kunst
l'ascensore m. der Fahrstuhl
l'asciugamano m. das Handtuch
asciugare abtrocknen
ascoltare anhören, zuhören
l'asino m. der Esel
aspettare erwarten
l'aspetto m. das Aussehen, der Anblick, auch: das Warten; *la sala d'~* der Wartesaal
assoluto(a) absolut
l'astro m. das Gestirn
l'atmosfera f. die Atmosphäre
gli attaccapanni die Kleiderbügel
l'attacco m. der Angriff
attendere erwarten, achtgeben
attento aufmerksam
l'attenzione f. die Aufmerksamkeit
l'attimo m. der Augenblick
l'attore m. der Schauspieler
attraversare durchqueren
attraverso adv. quer durch
l'audacia f. (pl.-*ce*) die Kühnheit
l'augurio m. der Glückwunsch
l'aureola f. der Heiligenschein
l'autista m. der Chauffeur
l'autobus m. der Autobus
l'autorimessa f. die Garage
l'autostrada f. die Autobahn
l'autunno m. der Herbst
avanti prp. vor(zeitl.), ~ adv. vorher; *~!* Herein! (S.43)
avantieri vorgestern
avere haben (S. 231)
avete (avere) ihr habt
avevo (avere) ich hatte
avró (avere) ich werde haben
avuto (avere) gehabt
l'avvenire m. die Zukunft, die Karriere

l'avversario m. (pl.-*ri*) der Feind, der Gegner
avvicinarsi sich nähern
l'avviso m. die Bekanntmachung, die Benachrichtigung
l'avvocato m. der Rechtsanwalt
azzurro(a) blau

il bacio (pl.-*ci*) der Kuß
il bagaglio das Gepäck
il bagnino der Bademeister
il bagno das Bad
ballare tanzen (S. 378)
il bambino der Säugling, das Kind (bis etwa 12 Jahre)
la banca die Bank
la bandiera die Fahne
il bar die Bar
la barba der Bart; *fare la* ~ rasieren
il barbiere der (Herren) Friseur
la barca das Boot
il barone der Baron
la barriera die Barriere
la basilica die Basilika
il basso der Bass
basso(a) tief, niedrig
bastare genügen; *basta!* genug!
il bastone der Stock
la battaglia die Schlacht
battere schlagen
il batticuore das Herzklopfen
beato(a) selig
la bellezza die Schönheit; *bellezza!* Schönes Kind!
bello(a) schön
bene adv. gut
benedire weihen, segnen
la benedizione die Weihe
benvenuto(a) willkommen
la benzina das Benzin
bere trinken
la bestia das Tier, die Bestie
beviamo (bere) wir trinken
bevo (bere) ich trinke
la biancheria die Wäsche
bianco(a) weiß
la bibita das Getränk
la biblioteca die Bibliothek
il bicchiere das Glas, der Becher
il biglietto, das Billett, die Fahrkarte; *il* ~ *d'ingresso* die Eintrittskarte
il bikini der Bikini
il binario (pl.-*ri*) das Gleis
il binoccolo das Opernglas
la birra das Bier; ~ *chiara* helles Bier; ~ *scura* dunkles Bier
bisognare nötig sein, brauchen
il bisogno das Bedürfnis, die Not; *avere* ~ *di* etwas nötig haben
la bistecca das Beefsteak
il bivio die Straßenabzweigung
blu blau
la bocca der Mund
la bontà die Güte
la borsa die Handtasche, die Tasche
il borsaiuolo der Taschendieb
il borsellino das Geldtäschchen
la borsetta die Handtasche, das Handtäschchen
il bosco der Wald
la bottega (pl.-*ghe*) der Laden
il botteghino der Billettschalter
la bottigleria die Weinschenke
la bottiglia die Flasche
il bottone der Knopf
il braccialetto das Armband
breve kurz
brillante glänzend, voll Geistes
brillare glänzen, strahlen
la brocca der Krug, die Kanne
bruciare brennen
brutale brutal
brutto(a) häßlich
la buca die Grube; *la* ~*delle lettere* der Briefkasten
il buco das Loch
la bugia die Lüge
il bugiardo der Lügner
il buio das Dunkel
buio(a) dunkel
buono(a) gut
il burro die Butter
la busta der Briefumschlag

la cabina die Kabine
il caffè (pl. unverändert) der Kaffee, das Kaffeehaus
caldo(a) warm
la calza der Strumpf
il calzolaio (pl.-*ai*) der Schuster
la calzoleria der Schuhladen
i calzoni die Hosen
cambiare wechseln; ~ *treno* umsteigen
il cambio der Tausch
la camera das Zimmer;
~ *a un letto* Einbettzimmer,
~ *a due letti* Zweibettzimmer,
~ *con bagno* mit Bad,
~ *da letto* Schlafzimmer
la cameriera das Zimmermädchen
il cameriere der Kellner
la camicia das Hemd, das Oberhemd; *la* ~ *da notte* das Nachthemd
la campagna das Land (im Gegensatz zur Stadt)
la campana die Glocke (S. 124)
il campanile der Glockenturm
il campo das Feld; *il* ~ *santo* der gemauerte Friedhof; *il* ~ *di battaglia* das Schlachtfeld
il canale der Kanal; aber: *il Canal Grande* der Canal Grande
la candela die Kerze
il cane der Hund
la canna das Rohr
i cannelloni m. pl. mit gewürztem Haschee gefüllte Teigröhren
la cannonata die Kanonade
il(la) cantante der (die) Sänger(in)
cantare singen (S. 176)
il canto der Gesang
la canzone das Lied (S. 182)
il capello das einzelne Haupthaar
capire verstehen
il capitano der Kapitän, der Anführer
il capitolo das Kapitel (Domkapitel)
il capo das Kap
da capo von vorne
la cappella die Kapelle
il cappello der Hut
il cappotto der Mantel
capriccioso(a) launisch
il carattere der Charakter
caratteristico(a) bezeichnend
il carciofo die Artischocke
caricare aufziehen (Uhr)
la carità die Barmherzigkeit, die Liebe
caro(a) lieb, teuer (Preis)
la carrozzella die Kutsche
la carta das Papier, die Spielkarte; *la* ~ *da lettere* das Briefpapier
la cartoleria das Schreibwarengeschäft
la cartolina die Postkarte; *la* ~ *illustrata* die Ansichtskarte
la casa das Haus
il caso der Fall, der Zufall; *per* ~ zufällig; *in ogni* ~ jedenfalls
la cassa die Truhe, die Kiste, im Handelswesen: die Kasse
il castello das Schloß
la catinella das Waschbecken
cattivo(a) schlecht
la causa die Ursache; *a* ~ wegen
causare verursachen
il cavaliere der Ritter, der Kavalier
la cavalleria die Ritterlichkeit
il cavallo das Pferd; *andare a* ~ reiten
celeste himmlisch
la cena das Mahl, das Abendessen (S. 358)
cento hundert
il centralino die Telefonzentrale
il centro das Zentrum, der Mittelpunkt
cercare suchen; auch versuchen im Sinne von probieren
il cerino das Wachsstreichholz
la certezza die Gewißheit
certo(a) gewiß, sicher
il cervello das Gehirn (auch im Sinne von Denkvermögen)

cessare nachlassen
che welche(r), welches (relativ), daß, was (Ausruf)
chi? wer?
chiacchierare schwatzen
chiamare rufen (S. 71)
Chianti Chianti (Ort in der Toskana) (S. 245)
il chiaro das Licht; *il ~ di luna* der Mondschein
la chiave der Schlüssel
chiedere verlangen, erbitten
la chiesa die Kirche
chiesto (chiedere) verlangt
il chilo (pl.-*i*) das Kilo
il chilometro der Kilometer
la chioma das lange Haar
il chiosco di giornali der Zeitungskiosk
il chiostro der Kreuzgang
chiudere schließen
la chiusura der Verschluß, die Absperrung; *la ~ lampo* der Reißverschluß
ci uns
il cielo der Himmel
la cifra die Ziffer, die Zahl
il ciglio (pl. *le ciglia)* die Wimper
la cima der Gipfel
il cimitero der Friedhof
il cinema (pl.-*i*) der Film, das Kino
cinquanta fünfzig
cinque fünf
la cintura der Gürtel
la cioccolata die Schokolade
il cipresso die Zypresse
la cipria der Puder
circa ungefähr
circondare umgeben
la città (pl. unverändert) die Stadt
classico(a) klassisch
il cliente der Kunde
la colazione das Mittagessen; *la prima ~* das Frühstück; *far ~* frühstücken (S. 358)
la collana die Halskette
il colle der Hügel
collegare verbinden, zusammenhängen
il colletto der Kragen
la collezione die Sammlung
la collina der kleine Hügel
la colomba die Taube
il colore die Farbe
il colpo der Schlag; *il ~ di telefono* der Anruf; *il ~ d'aria* der Durchzug, der plötzliche Luftzug; *il ~ di sole* der Sonnenstich
il coltello das Messer
il comando das Kommando, der Befehl
combinare kombinieren
come wie
cominciare anfangen
commedia die Komödie
il commerciante der Kaufmann
comodo bequem
la compagnia die Gesellschaft
il compartimento das Abteil; *il ~ di fumatori* das Abteil für Raucher
completare vervollständigen, ergänzen
completo(a) vollständig
comprare kaufen
comprendere verstehen
la comunicazione die Verbindung; *la ~ interurbana* die auswärtige Verbindung (Telefon)
con mit; *col, colla, coi* in Verbindung mit dem best. Artikel
il concerto das Konzert
la conchiglia die Seemuschel
il condottiere der Heerführer
condurre a führen nach (S. 292)
la confessione das Geständnis, die Beichte
il confessore der Beichtvater
il confine die Grenze
la confusione das Durcheinander
il congiuntivo der Konjunktiv
il (la) conoscente der (die) Bekannte
conoscere kennen, kennen lernen

conosciuto (conoscere) gekannt
consacrare weihen
consentire einwilligen
conservare erhalten, bewahren
il conservatorio (pl.-*ri*) das Konservatorium
il consolato das Konsulat (S. 411)
il console der Konsul
constatare feststellen
consultare um Rat fragen
il contadino der Bauer
contare zählen
contento (a) zufrieden
continuare fortsetzen
il conto das Konto, die Rechnung
la contrada das Stadtviertel
il contrario das Gegenteil; *al ~* im Gegenteil
il controllo die Kontrolle; *il ~ bagaglio* die Gepäckkontrolle; *il ~ passaporti* die Paßkontrolle
convenire sich lohnen
il convento das Kloster
conversare plaudern, sich unterhalten
la conversazione die Unterhaltung
la coperta die Decke
la copia die Kopie
la corda die Saite
il corpo der Körper; *il ~ di ballo* das Ballett
correntemente adv. fließend
corrompere bestechen
la corruzione die Bestechlichkeit
il corso der Lauf, der Kursus; *lavori in ~* Arbeiten auf der Straße
per cortesia etwa: bei Ihrer vollkommenen Höflichkeit
il cortile der Hof, der Palasthof
corto(a) kurz
la cosa die Sache; *che ~* was für eine Sache
così so, auf diese Weise
cosidetto(a) sogenannt
costare kosten
la costoletta das Kotelett; *la ~ alla milanese* das Wiener Schnitzel
il costume das Kostüm, die Tracht; *il ~ da bagno* der Badeanzug
cotto (cuocere) gekocht
la cravatta die Krawatte
credere glauben, halten für
il credito m. der Kredit
la crema die Creme; *la ~ antisolare* die Sonnencreme
il crescendo das Anwachsen, die Steigerung
la cripta die Krypta
il cristianesimo das Christentum
la croce das Kreuz
la crocifissione die Kreuzigung
crudele grausam
la crudeltà die Grausamkeit
crudo(a) roh
il cucchiaio der Löffel
la cucina die Küche
cucinare kochen
cucire nähen
la cugina die Kusine
cui den
la cultura die Kultur
il cuoco (pl. *chi*) der Koch
il cuoio das Leder
il cuore das Herz
la cupola die Kuppel
la cura die Sorge, die Pflege
la curiosità die Neugierde
il custode der Wärter, der Aufseher

da von, zu, seit, bei; *dal, dalla, dallo, dai, dalle, dagli* in Verbindung mit dem best. Artikel
la dama die Dame
la danza der Tanz
dappertutto überall
dare geben, einbringen (S. 142); *~ del fuoco* Feuer geben
la data das Datum
davanti vor (örtlich)
debbo (dovere) ich muß
i debiti m. pl. die Schulden
definitivo(a) endgültig
il delinquente der Verbrecher
il denaro das Geld

il dente der Zahn
il dentista der Zahnarzt
depositare zur Aufbewahrung geben
il deposito die Aufbewahrung, ~ *bagagli* Gepäckaufbewahrung
il deserto die Wüste
desiderare wünschen
il desiderio (pl.-*ri*) der Wunsch
a destra nach rechts, rechts
devo (dovere) ich muß
di von
dia! (dare) gib!
il dialetto der Dialekt
diamo (dare) wir geben
il diavolo der Teufel
dica! (dire) sage!
dice (dire) er sagt
dicembre m. Dezember
diciannove neunzehn
diciasette siebzehn
diciotto achtzehn
dico (dire) ich sage
dicono (dire) sie sagen
dieci zehn
dietro hinter
difendere verteidigen; *difendersi* sich verteidigen (S. 416)
il difetto der Fehler
differente unterschiedlich, verschieden
la differenza der Unterschied
difficile schwierig
dimenticare vergessen
i dintorni m. pl. die Umgebung
il Dio der Gott
dipingere malen
dire sagen (S. 110)
il direttore der Direktor
dirigere leiten, dirigieren
il diritto das Recht
diritto geradeaus
il disastro das Desaster, das Unglück
la disciplina die Disziplin
il discorso die Rede, das Gespräch
la disinvoltura die Unbefangenheit (S. 79)
disperato(a) verzweifelt
la disperazione die Verzweiflung
dispiacere mißfallen; *mi dispiace* es tut mir leid
la disputa die Disputation, der (Wort-) Streit
la distanza die Entfernung
distinguere unterscheiden
distinto(a) vornehm
la distinzione die Unterscheidung
la ditta die Firma
diventare werden
diverso (a) verschieden
il divertimento das Vergnügen, die Unterhaltung; *buon ~!* viel Vergnügen!
dividere teilen
il divieto das Verbot
la divisa die Uniform
diviso(a) geteilt
dó (dare) ich gebe
dobbiamo (dovere) wir müssen
dodici zwölf
la dogana die Zollstation
dolce süß
i dolci m. pl. die Süßigkeiten
dolere schmerzen
il dolore der Schmerz
la domanda die Frage
domandare fragen
domani adv. morgen
il domani der nächste Tag
la domenica der Sonntag
la donna die Frau
dopo prp. nach; ~ adv. nachher
dopodomani adv. übermorgen
il dopopranzo der Nachmittag
dotto(a) gelehrt
il dottore der Doktor
dove wo
il dovere die Pflicht
dovere müssen (S. 263)
la drogheria die Drogerie
dubitare zweifeln
due zwei
dunque also
il duomo der Dom
duro(a) hart

e(d) und
è (essere) er ist
eccellente ausgezeichnet
eccezionale außergewöhnlich
ecco hier, bitte; ~ *perchè* darum
l'edificio m. (pl.-*ci*) das Gebäude
egli er
elegante elegant
l'eleganza f. die Eleganz
eleggere wählen
l'elezione f. die Wahl
ella sie (weibl. Einzahl)
enorme enorm
entrare hineingehen
l'entrata f. der Eingang
entusiasmato(a) begeistert
l'entusiasmo m. die Begeisterung
l'entusiasta m. u. f. der (die) Begeisterte
l'epoca f. (pl.-*che*) die Epoche
eppure und doch
l'erba f. das Gras, der Rasen; *le erbe* die Gräser, das Gemüse
l'ergastolo m. das Zuchthaus
ero (essere) ich war
esagerare übertreiben
esatto(a) exakt, genau
esaurire erschöpfen, ausverkaufen
l'esempio m. das Beispiel; *per* ~ zum Beispiel
l'esercito m. das Heer
l'esilio m. das Exil
esistere bestehen
l'espressione f. der Ausdruck
espresso(a) besonders, auf Briefen: express
essere sein (S. 195)
essi sie (männl. Mehrzahl)
l'est m. der Osten
estendersi sich ausdehnen
estero(a) ausländisch
l'età das Alter
eterno(a) ewig
evidente offenbar, deutlich
evviva! hoch! es lebe hoch!

il facchino der Gepäckträger, der Hausdiener
la faccia (pl.-*cce*) das Gesicht
faccia! (fare) mache!
facciamo (fare) wir machen
la facciata die Fassade
faccio (fare) ich mache
facile leicht (zu tun)
falso(a) falsch
la fame der Hunger
la famiglia die Familie
famoso(a) berühmt
la fantasia die Phantasie
fantastico(a) (pl.-*ci*) phantastisch
il fantino der Jockey
fare machen, tun; *aver da* ~ zu tun haben; ~ *i bagagli* einpacken; ~ *la Pasqua* Ostern verleben
la farmacia die Apotheke
il farmacista der Apotheker
faticare ermüden
fatto (fare) gemacht
per favore mit Gunst, mit Verlaub, bitte
il fazzoletto das Taschentuch
febbraio m. Februar
la fede der Glaube
il fedele der Gläubige
felice glücklich
femminile weiblich
la fenice der Phönix
fermare anhalten
la fermata die Haltestelle
fermo(a) fest
il ferro das Eisen
la festa das Fest
le fettucine f. pl. breite, dünne Nudeln (S. 359)
il feudalismo das Lehnswesen
il feudatario (pl.-*ri*) der Lehnsherr
il feudo das Lehnsgut
il fiammifero das Streichholz
il fianco (pl.-*chi*) die Seite, die Flanke
il fiasco (pl.-*chi*) die Flasche (Strohflasche)
il fico (pl.-*chi*) die Feige
il figlio (pl.-*gli*) der Sohn

la figura die Figur, die Gestalt
la fine das Ende
la finestra das Fenster
finire beendigen
fino prp. bis
fine fein
finora bisher, bis jetzt
il fioraio (pl.-*ai*) der Blumenhändler
il fiore die Blume
la firma die Unterschrift
il fiume der Fluß
il foglio das Blatt; *il ~ di carta da lettere* der Briefbogen
il fondo der Grund; *in fondo* im Hintergrunde, hinten, letzten Endes (S. 163)
la fontana der Brunnen, die Fontäne
la forma die Form
il formaggio der Käse
il fornaio der Brotbäcker
forse vielleicht
forte stark
la fortezza die Burg
fortificare befestigen
la fortificazione die Befestigung
fortunato(a) glücklich
la forza die Macht; *per ~* unbedingt
la fossa der Graben
fra zwischen
Francia f. Frankreich
il francobollo die Briefmarke
la frase die Redensart, die Phrase, der Satz
freddo(a) kalt
fresco(a) frisch
fritto (friggere) gebraten, gebacken
il frittellaro der Krapfenbäcker
la frizione die Abreibung; *la ~ di colonia* die Abreibung mit kölnischem Wasser
la fronte die Stirn, die Vorderseite; *di ~* gegenüber
la frutta das Obst
il frutto die Frucht
fuggire fliehen
fumare rauchen
il fumatore der Raucher, das Rauchabteil
il funerale das Begräbnis
il fungo der Pilz
la funzione religiosa der Gottesdienst
il fuoco (pl.-*chi*) das Feuer
fuori außerhalb
il furto der Diebstahl
il futuro die Zukunft, das Futurum
futuro(a) zukünftig

il gatto die Katze
la gazosa die Brauselimonade
gelare frieren
il gelato das Speiseeis
i genitori m. pl. die Eltern
gennaio m. Januar
la gente f. die Leute
gentile höflich, freundlich
la gentilezza die Höflichkeit, die Freundlichkeit; *per ~* wenn Sie so freundlich sein wollen!
Germania f. Deutschland
ghiacciare gefrieren
il ghiaccio das Eis (gefrorenes Wasser)
già schon
la giacca die Jacke
giallo(a) gelb
il giardino der Garten
gigantesco(a) gigantisch
giocare spielen; *~ alle carte* Karten spielen
il giocattolo das Spielzeug
il gioiello das Juwel
il giornale die Zeitung
la giornata der Tag
il giorno der Tag; *buon ~!* guten Tag!
giovane jung
il giovane der junge Mann
giovanotto junger Mann
giovedì m. Donnerstag
la gioventù die Jugend

la giovinezza die Jugend
girare drehen, durchwandern
il giro die Drehung, der Spaziergang
la gita die Fahrt, der Ausflug
giù unten, herunter
giugno m. Juni
il giuramento der Schwur
giurare schwören
giusto(a) richtig gerecht
gli die (best. männl. Artikel Mehrzahl bei s plus Konsonant), ihm
la gloria der Ruhm
glorioso(a) glorreich
godere genießen
il godimento der Genuß
la gondola die Gondel
il gondoliere der Gondelfahrer
il governatore der Gouverneur
il governo die Regierung
grande groß
grandioso(a) großartig
grasso(a) fett, dick
il grasso das Fett
grazie! danke!; ~ *tante!* danke vielmals! (S. 44)
le grida das Geschrei
gridare schreien
grigio(a) grau
grosso(a) stark, dick
la grotta die Höhle
il guaio (pl.-*ai*) das Unglück
il guanto der Handschuh
guardare anschauen
la guardaroba die Garderobe
la guardia der Schutzmann
guasto(a) krank
la guerra der Krieg
la guida der Führer, das Adreßbuch
gustare schmecken
il gusto der Geschmack

ha (avere) er hat
hai (avere) du hast
hanno (avere) sie haben
ho (avere) ich habe

i die (best. männl. Artikel Mehrzahl)
ieri gestern
il der
illuminare beleuchten
l'illuminazione f. die Beleuchtung
immaginarsi sich vorstellen
immediatamente sogleich
imparare lernen
impedire verhindern, behindern
importante wichtig
impossibile unmöglich
impostare abschicken
l'impressione f. der Eindruck
l'improvvisazione f. die Improvisation
in prp. in
l'inchiostro m. die Tinte
incontrarsi con sich treffen mit
indietro rückwärts
indispensabile unerläßlich
l'individualità f. die Individualität
infelice unglücklich
inferiore m. u. f. unterer, geringer
l'inferno m. die Hölle
l'infinità f. die Unendlichkeit
infinito(a) unendlich
informare benachrichtigen; *informarsi* sich erkundigen
l'ingresso m. der Eingang
l'insalata f. der Salat
insieme adv. zusammen
insuperabile unübertrefflich
intelligente intelligent
l'intenzione f. die Absicht
interessante interessant
l'interno m. das Innere
interrompere unterbrechen
inutile unnütz
invece statt dessen; ~ *di* anstatt zu
inventare erfinden
l'inverno m. der Winter
io ich (S. 48)
irrevocabile unwiderruflich
l'isola f. die Insel
Italia f. Italien
italiano(a) italienisch

la die (best. Artikel), sie; *La* Sie
la lacrima die Träne
il ladro der Dieb
il lago der See
lamentare beklagen
la lampada die Lampe
lampeggiare blitzen
il lampo der Blitz
largo(a) weit
la lasagna die breite Nudel
lasciare lassen, verlassen, stehen lassen, sein lassen
il latte die Milch
il lavamano die Waschtoilette
la lavanderia die Wäscherei
lavare waschen
il lavoro die Arbeit
lavorare arbeiten
le ihr, sie; *Le* Ihnen, Sie
la legge das Gesetz
leggere lesen
legg(i)ero(a) leicht (an Gewicht)
il legno das Holz
i legumi m.pl. die Hülsenfrüchte
lei sie (weibl.Einz.); *Lei* Sie
lento(a) langsam
il leone der Löwe
la lettera der Brief, der Buchstabe (Gram.); *la ~ raccomandata* der Einschreibebrief
la lettiera das Bettgestell
il letto das Bett
levarsi aufstehen
la lezione die Lektion
lì dort
li sie (pron. m. pl.)
libero(a) frei
la libertà die Freiheit
la libreria die Buchhandlung
il libro das Buch
lieto(a) froh, fröhlich
la limonata das Zitronenwasser
la linea die Linie, die Leitung
la lingua die Sprache, die Zunge
la lira die Lira
la lista die Speisekarte, die Liste
la lite der Streit
il litro das Liter
lo es, ihn, der (best. männl. Artikel Einz. bei s plus Konsonant)
il locale das Lokal, die Räumlichkeit (S. 378)
la loggia die Säulenhalle
l'ombrellone m. der große Sonnenschirm
lontano(a) weit, entfernt
loro ihr(e), ihnen, sie; *Loro* Ihnen, Sie, Ihr(e)
la lotta der Kampf
luccicare glitzern, funkeln
la luce das Licht
luglio m. Juli
lui er, ihn
luminoso(a) leuchtend, hell
la luna der Mond
lunedì m. Montag
lungamente adv. lange

ma aber
la macchina die Maschine, das Auto
il macellaio (pl.-*ai*) der Metzger
la macelleria die Metzgerei
il macello das Gemetzel (S. 395)
la Madonna die Madonna
la madre die Mutter
la maestra die Lehrerin
il maestro der Meister, der Lehrer
magari schön wär's, lieber, eher
maggio m. Mai
maggiore größer, älter
il magistrato der Magistrat
magnifico(a) großartig
magro(a) mager
mai je, jemals; *non ~* nie, niemals
il mal di denti die Zahnschmerzen; *il ~ di mare* die Seekrankheit; *il ~ di stomaco* die Magenschmerzen; *il ~ di testa* die Kopfschmerzen
malato(a) krank
male adv. schlecht
il male das Schlechte, das Üble
mancare fehlen
la mancia (pl.-*ce*) das Trinkgeld

mandare schicken, senden
mangiare essen
la mano (pl.-*i*) die Hand; *fare le mani* maniküren
il mantello der Mantel
il marciapiede der Bahnsteig
il mare das Meer
il marito der Ehemann
i marroni die Kastanien
martedì m. Dienstag
marzo m. März
la maschera die Maske; *le maschere* Dienstpersonal im Theater
massaggiare massieren
massimo(a) größte
la matita der Bleistift
la mattina der Morgen; *questa* ~ heute morgen
il matto der Narr
matto(a) verrückt
il mazzo di fiori der Blumenstrauß
me mich, mir
il medico der Arzt
medioevale mittelalterlich
il medioevo das Mittelalter
il mediterraneo das Mittelländische Meer
meglio adv. besser
la melodia die Melodie (S. 181)
la memoria das Gedächtnis; *a* ~ auswendig
il mendicante der Bettler
meno adv. weniger (auch beim Rechnen)
la mente der Geist, das Gedächtnis, der Sinn
mentre während
il mercato der Markt
la merceria die Kurzwaren
mercoledì m. Mittwoch
meridionale südlich
il mese der Monat
la messa die Messe
il messaggero der Bote
la meta das Ziel
la metà die Hälfte; *a* ~ *strada* auf der Hälfte der Straße
mettere legen, setzen, stellen
la mezzanotte die Mitternacht
mezzo (a) halb
il mezzogiorno der Mittag; geogr. der Süden
mi mir, mich
il miele der Honig
il migliaio (pl. *le migliaia*) das Tausend
migliorare bessern
il milione die Million
mille (pl. *mila*) tausend
la minestra die Suppe
minimo(a) gering
il minuto die Minute
mio(a) mein(e)
il miracolo das Wunder
la misericordia die Barmherzigkeit
misterioso(a) geheimnisvoll
mistico(a) mystisch
la misura das Maß; *su* ~ nach Maß
mobile beweglich, unbeständig, veränderlich, wankelmütig
i mobili m. pl. die Möbel
la moda die Mode; *fuori di* ~ unmodern
il modo die Art, die Weise
la moglie die (Ehe)Frau
molto viel; adv. sehr
il momento der Augenblick
la monaca die Nonne
il monaco der Mönch
il monastero das Kloster
la mondanità die mondäne Welt
modesto(a) bescheiden
il mondo die Welt
la moneta die Münze
la montagna das Gebirge, der Berg
il monte der Berg
il monumento das Denkmal
morire sterben
mortale tödlich
la morte der Tod
morto (morire) gestorben
mostrare zeigen
movibile bewegbar

il movimento die Bewegung
il municipio (pl.-*pi*) das Rathaus
la mura die Mauer (Stadtmauer)
il muro (pl. *le mura*) die Mauer
il museo das Museum
la musica die Musik
il musicista der (Berufs)Musiker

Napoli f. Neapel
narrare erzählen, mitteilen
nascere geboren werden
Natale m. Weihnachten
nato (nascere) geboren
la natura die Natur
naturale natürlich
la nave das Schiff
ne damit, davon, darüber
la nebbia der Nebel
necessario(a) notwendig
la necessità die Notwendigkeit
il negozio (pl.-*zi*) das Geschäft
nel, nella, nello, nei, nelle, negli in (immer in Verbindung mit dem best. Artikel)
il nemico (pl.-*ci*) der Feind
nero(a) schwarz
il nervo der Nerv
nessuno(a) kein, niemand
netto(a) rein
la neve der Schnee
nevicare schneien
niente nichts
no nein
nobile adelig
la nobiltà der Adel
noi wir
non nicht
il nord der Norden
nordico(a) nordisch
normale normal
la nostalgia die Sehnsucht
nostro(a) unser(e)
il notaio (pl.-*ai*) der Notar
noto(a) bekannt
la notte die Nacht; *buona ~!* gute Nacht! (S. 136)
notturno(a) nächtlich
novanta neunzig
nove neun
novembre m. November
la novità die Neuheit
il numero die Zahl, die Nummer
numeroso(a) zahlreich
nuotare schwimmen
nuovo(a) neu; *di ~* erneut
la nuvola die Wolke

o oder
obbligatorio(a) verpflichtend
l'occasione f. die Gelegenheit
gli occhiali m. pl. die Brille
l'occhio m. (pl.-*cchi*) das Auge
occidentale westlich
occorrere nötig sein
occupare besetzen
l'odio m. der Haß
l'odore m. der Geruch
offrire anbieten
l'oggetto m. der Gegenstand
oggi adv. heute
oggigiorno heutzutage
ogni jeder, jede, jedes
ognuno jedermann
l'olio m. das Öl
l'oliveto m. der Ölbaumgarten
l'olivo m. der Ölbaum
oltre außer
l'ombrello m. der (Regen)schirm
l'ombrellone m. der große (Sonnen)Schirm
l'onda f. die Welle
l'opera f. das Werk, die Oper, *l'~ d'arte* das Kunstwerk
opportuno(a) nützlich
oppure oder (auch), das heißt
ora adv. nun, jetzt
l'ora f. die Stunde
l'orario m. die Sprechstunde, der Fahrplan; *in ~* fahrplanmäßig, pünktlich
ordinare anordnen, bestellen
l'ordine m. die Ordnung, der Rang(Theater)
l'orecchino m. der Ohrring
l'orecchio m. das Ohr
l'orefice m. der Goldschmied

l'oreficeria f. das Goldwarengeschäft
l'orfano(a) m. u. f. der(die) Waise
l'orfanotrofio m. (pl.-*fi*) das Waisenhaus
l'orgoglio m. der Stolz
orientale östlich
ormai nunmehr
l'oro m. das Gold
l'orologeria f. das Uhrengeschäft
l'orologiaio m. (pl.-*ai*) der Uhrmacher
l'orologio m. (pl.-*gi*) die Uhr
orribile schrecklich
l'orzata f. die Mandelmilch
oscuro(a) dunkel, unbekannt
l'ospedale m. das Krankenhaus
l'ospite m. der Gast
l'osteria f. die Kneipe
ottanta achtzig
ottimo(a) beste
otto acht
ottobre m. Oktober
l'ovatta f. die Watte
l'ovest m. der Westen

la pace der Friede, die Stille
il padre der Vater
la padrona di casa die Hausfrau
il padrone der Herr, der Besitzer
il paese das Land, das Dorf
pagare zahlen
la pagina die Seite (Buch)
la paglia das Stroh
il paio (pl.-*paia*) das Paar
il palazzo der Palast
il palco die Loge (Theater)
la palla der Ball (zum Spiel)
il pallone der Luftballon
il pane das Brot
la panetteria die Bäckerei
il panificio (pl.-*ci*) der Feinbäcker
il panorama das Panorama
i pantaloni m.pl. die Hosen
il Papa der Papst
il papagallo der Papagei
il parcheggio (pl.-*ggi*) der Parkplatz
parere scheinen
il parere die Ansicht, das Gutachten
la parete die Wand
parlare sprechen
il parmigiano der Parmesankäse
la parola das Wort
la parrocchia die Pfarrei
il parroco der Pfarrer
il parruchiere per signora der (Damen)Friseur (S. 422, 423)
la parte der Teil, die Seite; *la maggior* ~ die Mehrzahl
la partenza die Abfahrt
partire per abfahren nach
il passaporto der Reisepaß
passare vorbeigehen, vorübergehen
passato(a) vergangen, vorüber
il passato die Vergangenheit
passeggiare spazierengehen
il passeggiero der Passagier
la passione die Leidenschaft
la pasta der Kuchen; *la ~ dentifricia* die Zahnpasta; *la ~ asciutta* das Nudelgericht (S. 52)
il pastore der Hirt
la patata die Kartoffel
paterno(a) väterlich
la patria die Heimat
il patrono der Patron, der Schutzherr
la paura die Angst
pauroso(a) schrecklich, fürchterlich
il pavimento der Fußboden
la pazienza die Geduld (S. 63)
il pazzo der Verrückte
la pecora das Schaf
il pecorino das Schafböcklein
il pedicure, fare il ~ sich pediküren
il pedone der Fußgänger
la pelle die Haut, das feine Leder
il pellegrinaggio (pl.-*ggi*) die Wallfahrt
pellegrinare wallfahren
il pellegrino der Wallfahrer
la pelletteria das Geschäft für feine Lederwaren

il pelo das kleine Haar
la pena die Mühe
peninsulare (wörtlich) halbinselhaft
la penisola die Halbinsel
la penna die Feder; *la ~ stilografica* der Füllfederhalter
il pennello der Pinsel; *il ~ per la barba* der Rasierpinsel
pensare denken, überlegen
il pensiero der Gedanke
la pensione die Pension
per für, um - zu, durch, mal
la pera die Birne
perchè warum, weil
perdere verlieren
la perdita der Verlust
il perdono die Verzeihung
perfetto(a) vollkommen, völlig
la perfezione die Vollkommenheit
la permanente die Dauerwelle
il permesso die Erlaubnis, der Urlaub; *~?* ist es gestattet? erlauben Sie? (S. 42)
però aber, jedoch
la persona die Person
il pescatore der Fischer
il pesce der Fisch
il pettine der Kamm
il pezzo di ricambio das Ersatzteil
il piacere Gefallen; *per ~* tun Sie mir den Gefallen, bitte!; *con ~* mit Vergnügen
piacere gefallen, es freut mich
piangere weinen
il piano das Stockwerk
la pianura die Ebene
il piatto der flache Teller, das Gericht
la piazza der Platz (S. 30)
piccolo(a) klein
il piede der Fuß; *a piedi* zu Fuß
la piega (pl.-*ghe*) die Falte; *mettere in ~* Wasserwellen machen
pieno(a) voll
la pietra der Stein; *la ~ preziosa* der Edelstein
la pineta der Pinienwald
la pioggia der Regen
piovere regnen
la pipa die Pfeife
la piscina das Schwimmbassin
i piselli m. pl. die Erbsen
il pittore der Maler
pittoresco(a) malerisch
la pittura die Malerei
più mehr (auch beim Rechnen); *più che* mehr als
piuttosto adv. eher, mehr oder weniger
la pizza der Pfannkuchen (S. 356)
la platea das Parterre (Theater)
un po' ein wenig
un pochino ein bißchen
poco wenig
la poesia die Poesie
il poeta der Dichter
poi dann
politico(a) politisch
la polizia die Polizei
il poliziotto der Polizist
il pollo das Huhn
pomeridiano nachmittags
il pomeriggio der Nachmittag
il pomodoro die Tomate
il ponte die Brücke
popolare volkstümlich
il popolo das Volk
il porcellino das Ferkel
la porta die Tür, das Tor
il portabagagli der Gepäckträger
il portafoglio (pl.-*gli*) die Brieftasche
il portalettere der Briefträger
portare tragen, bringen; *~ via* wegtragen
il portiere der Portier
il porto der Hafen
il portone das Haustor
il possesso der Besitz
possiamo (potere) wir können
possibile möglich
la possibilità die Möglichkeit

posso (potere) ich kann
la posta die Post; *la ~ centrale* die Hauptpost; *la ~ aerea* die Luftpost
il posto der Platz, der Ort
la potenza die Macht
potere können, dürfen (S. 230, 231)
povero(a) arm, dürftig
il pranzo das Mittagessen; *la sala da ~* das Eßzimmer (S. 358)
preciso(a) bestimmt
preferire vorziehen (S. 294)
pregare bitten; *prego!* bitte!
il prelato der Prälat
prendere nehmen; *~ in giro* an der Nase herumführen
la preoccupazione die Voreingenommenheit
preparare vorbereiten
la preparazione die Vorbereitung
prescrivere vorschreiben
presentare vorstellen
il presente die Gegenwart (auch Gramm.)
il presepio (pl.-*pi*) die Krippe
presso bei, neben; *~ a poco* etwa, ungefähr, beinahe
presto bald, gleich, ziemlich schnell
il prete der Priester
il pretore der Amtsrichter
il prezzo der Preis
prima adv. eher, früher
la primavera der Frühling
il (la) primo(a) der (die) Erste
principale hauptsächlichst
il principio der Anfang; *da ~* zuerst
privato(a) privat
il privilegio (pl.-*gi*) das Privileg
probabilmente wahrscheinlich
il problema (pl.-*i*) das Problem
il processo der Prozeß
il professore der Professor
profondo(a) tief
profumare parfümieren
la profumeria die Parfümerie
prolungare verlängern
la promessa das Versprechen
promettere versprechen
pronto(a) fertig, bereit (S. 381)
la pronunzia die Aussprache
a proposito übrigens
la proposta der Vorschlag
il proprietario (pl.-*ri*) der Besitzer
proprio(a) eigen, eigentümlich; *~* adv. wirklich
il prosciutto der Schinken
proseguire weiterführen, weitermachen
prossimo(a) nächste(r)
il proverbio (pl.-*bi*) das Sprichwort
la prudenza die Klugheit
pubblico(a) öffentlich; *in ~* in aller Öffentlichkeit
pulito(a) rein, sauber
il pullman der Autobus
il punto der Punkt
puntuale pünktlich
può (potere) er kann
puro(a) rein
purtroppo leider

il quadro das Bild
qualche irgendein, einige
qualcosa irgend etwas
qualcuno(a) irgendjemand
quale welche(r) (relat. u. Frage-Pron.)
la qualità die Qualität, die Sorte
quando wann
quanto wieviel
quaranta vierzig
il quarto das Viertel
quasi beinahe
quattordici vierzehn
quattro vier
quello(a) jene(r)
la questione die Frage (im Sinne von Problem)
questo(a) diese(r)
qui hier
quindi von dort, daher
quindici fünfzehn

la rabbia der Zorn
raccogliere sammeln
raccomandare empfehlen
la raccomandazione die persönliche Empfehlung (S. 175)
raccontare erzählen
la ragazza das Mädchen
il ragazzo der Junge
rallentare verlangsamen
il rame das Kupfer
rapido(a) schnell, jäh
il rappresentante der Vertreter
rappresentare darstellen
rappresentazione serale f. Abendvorstellung
il re (pl. unverändert) der König
reale königlich
la realtà die Realität
regalare schenken
il regalo das Geschenk
la regina die Königin
il regno das Königreich
la regola die Regel
remare rudern
respirare (auf)atmen
il respiro der Atem
restare bleiben
il resto der Rest
la reticella das Gepäcknetz
retta, dare ~ a qualcuno jemandem Gehör schenken, jemandem Recht geben
la ricchezza der Reichtum
ricco(a) (pl.-*cchi*) reich
ricevere empfangen, erhalten
il ricevimento der Empfang
la ricevuta die Quittung
riconoscente erkenntlich, dankbar
la riconoscenza die Dankbarkeit
riconoscere anerkennen, zugeben
ricordare erinnern
il ricordo die Erinnerung, das Andenken
ridicolo(a) lächerlich
rifare wieder machen, wiederherstellen
riflettere reflektieren, überlegen
rimanere bleiben
rimasto (rimanere) geblieben
rinfrescarsi sich erfrischen
ringraziare danken; *La ringrazio tanto* ich danke Ihnen vielmals
rinnovare erneuern
la riparazione die Reparatur
ripetere wiederholen
la ripetizione die Wiederholung
riposare ausruhen
il riscaldamento die Heizung; *il ~ centrale* die Zentralheizung
rischiare riskieren
riservare vorbehalten
risolvere auflösen
il risotto die Reisspeise
risparmiare sparen
il risparmio die Sparsamkeit; *la cassa di ~* die Sparkasse
rispondere antworten
la risposta die Antwort
risposto (rispondere) geantwortet
il ristorante das Restaurant (S. 355)
risultare hervorgehen
il risultato das Ergebnis
il ritardo die Verspätung
ritornare zurückkehren
il ritorno die Rückkehr
ritrovare wiederfinden
la riunione die Versammlung
riuscire gelingen (S. 385, 386)
la riva das Ufer
rivedere wiedersehen; *a rivederci!* auf Wiedersehen!
la rivista die Zeitschrift
rivolgersi a sich wenden an
Roma f. Rom
il romanaccio die derbe, römische Volkssprache (S. 342)
romano(a) römisch
romantico(a) romantisch
il romanzo der Roman
rosso(a) rot
rotto zerbrochen, kaputt
rovinare zerstören, verderben
rubare rauben, stehlen

sabato m. Samstag
la sabbia der Sand
il sacrestano der Sakristan, der Küster
sacrificare opfern
il sacrificio (pl.-*ci*) das Opfer
il sacrilegio (pl.-*gi*) der Frevel
la sagra das Kirchweihfest
la sala der Saal
il salame die Salamiwurst
il sale das Salz
la saliera das Salznäpfchen
salire hinaufgehen, aufsteigen (S. 293); ~ *in treno* in den Zug einsteigen
la salita der Aufstieg
il salone der Salon
la salsa die Sauce
saltare hüpfen, springen
il saltarello der Springtanz
la saltimbocca der Hupf-in-den Mund (S. 365), Fleischgericht
il salto der Luftsprung
la salumeria der Delikatessenladen
salutare grüßen
la salute die Gesundheit
il saluto der Gruß
la salvietta die Serviette
il sandalo die Sandale
il sangue das Blut
sano(a) gesund
santo(a) heilig
il (la) Santo(a) der (die) Heilige
il santuario (pl.-*ri*) das Heiligtum
il sapere das Wissen
sapere wissen (S. 231, 232)
il sapone die Seife
Sardegna f. Sardinien
sarò (essere) ich werde sein
il sarto der Schneider
sbagliare irren, etwas falsch machen
lo sbaglio (pl.-*gli*) der Fehler
la scala die Treppe
scambiare austauschen
gli scampi m. pl. Art Krebse
la scarpa der Schuh; *la* ~ *bassa* der Halbschuh
lo scavo die Ausgrabung
scendere absteigen, aussteigen, heruntergehen; ~ *dal treno* aus dem Zug aussteigen
la schiena der Rücken
la sciocchezza die Nichtigkeit, die Dummheit
lo scirocco der Südwind
lo sciroppo der konzentrierte Fruchtsaft, Sirup (S. 405)
la scodella der Suppenteller
lo scolaro der Schüler
la scommessa die Wette
scommettere wetten
sconosciuto(a) unbekannt
lo scontrino die Garderobennummer, der Bon (S. 376)
lo scopo der Sinn, der Zweck
scrivere schreiben
la scuola die Schule
scuro(a) dunkel
la scusa die Entschuldigung
scusare entschuldigen; *scusi!* Entschuldigung!
sdraiare ausstrecken
sè sich
se wenn, ob
secco(a) trocken
il secolo das Jahrhundert
secondo prp. nach, gemäß
il(la) secondo(a) der(die) Zweite
la sede der Sitz; *la Santa Sede* der Heilige Stuhl
sedere sitzen; *sedersi* sich setzen
la sedia der Stuhl; *la* ~ *a sdraio* der Liegestuhl
sediamo (sedere) wir sitzen
sedici sechzehn
la seggiola der Sessel
il segreto das Geheimnis
seguire folgen
sei (essere) du bist
sei sechs
sembrare scheinen
semplice einfach
sempre immer
la sensibilità die Sensibilität, die Empfindlichkeit (S. 105)

il senso der Sinn; ~ *unico* Einbahnstraße
il sentimentalismo der Gefühlsüberschwang
il sentimento das Gefühl
sentire hören, fühlen
senza ohne
la sera der Abend; *di* ~ abends
la serenata die Serenade
sereno(a) heiter, klar
serio(a) (pl.-*ri*) ernst, ernsthaft; *sul* ~ im Ernst
servire dienen
il servo der Knecht, der Diener
sessanta sechzig
la seta die Seide
la sete der Durst
settanta siebzig
sette sieben
settembre m. September
settentrionale nördlich
la settimana die Woche
severo(a) streng
si sich, man
sì ja
siamo (essere) wir sind
la sicurezza die Bestimmtheit, die Sicherheit
sicuro(a) sicher
siedo (sedere) ich sitze
siete (essere) ihr seid
la sigaretta die Zigarette
il sigaro die Zigarre
la signora die Frau, die Dame
il signore der Herr
la signoria die Herrschaft
la signorina das Fräulein
il simbolo das Symbol
simile ähnlich
la simpatia das Mitgefühl
simpatico(a) sympathisch
sincero(a) aufrichtig
la sinfonia das Vorspiel, die Ouvertüre
a sinistra nach links, links
la sinistra die Linke
situato(a) gelegen
lo smalto der Nagellack
so (sapere) ich weiß
il soccorso die Hilfe
la società die Gesellschaft
soddisfare befriedigen, zufriedenstellen
la sofferenza das Leiden
soffrire leiden
il soggiorno der Aufenthalt
sognare träumen
il sogno der Traum
i soldi m. pl. das Geld
il sole die Sonne
solere pflegen
solito gewohnt; *come di* ~ wie üblich
solo(a) allein, einzig; ~ adv. nur
soltanto nur
la soluzione die Lösung
sono (essere) ich bin, sie sind
sopra über
il soprabito der Mantel, der Überzieher
soprattutto vor allem
sorgere entspringen, sich erheben
sorprendere überraschen
la sorpresa die Überraschung
il sospiro der Seufzer
sotto unter
il sottopassaggio die Unterführung
gli spaghetti m. pl. die Spaghetti
Spagna f. Spanien
la spalla die Schulter
lo spasso das Vergnügen
la spazzola die Bürste; *la* ~ *da panni* die Kleiderbürste; *la* ~ *da scarpe* die Stiefelbürste; *la* ~ *da testa* die Haarbürste
lo spazzolino die kleine Bürste; *lo* ~ *da denti* die Zahnbürste; *lo* ~ *per le unghie* die Nagelbürste
la specialità die Spezialität
lo specchio (pl.-*cchi*) der Spiegel
specialmente adv. besonders
la specie (pl. unverändert) die Art, der Typ
speculare spekulieren
spedire absenden, versenden, aufgeben

spegnere auslöschen
la speranza die Hoffnung
sperare hoffen
la spesa die Ausgabe; *fare spese* einkaufen
lo spettacolo das Schauspiel
la spiaggia (pl.-*gge*) der Strand
lo spiedo der Spieß
la spilla die Krawattennadel, die Brosche
gli spinaci m. pl. der Spinat
spingere schieben, treiben
splendere glänzen, erglänzen
splendido(a) glänzend, wunderbar
sposare heiraten
la spremuta der aus Früchten gepreßte Saft; ~ *di limone* Zitronensaft natur
spumare schäumen; *vino spumante* m. Schaumwein
sputare speien
lo stabilimento die Anstalt, die Badeanstalt (am Meer)
la stagione die Jahreszeit
stampati m.pl. Drucksachen
stancare ermüden
stanco(a) müde
la stanza das Zimmer; *la* ~ *da bagno* das Badezimmer
stare stehen, liegen, sitzen, sich befinden, sein, wohnen, dauern; *star bene* gut gehen, gut kleiden, recht geschehen; ~ *a casa* zu Hause sein; *lasciar* ~ stehen lassen, in Ruhe lassen; *star male* schlecht gehen, schlecht kleiden; *star a vedere* zuschauen
stasera heute abend
stato (essere) gewesen
la stazione der Bahnhof
la stella der Stern
lo stemma das Wappen
stesso selbst, selber; *lo* ~ derselbe
stirare bügeln
la stirpe das Geschlecht
lo stomaco (pl.-*chi*) der Magen
la storia die Geschichte
storico(a) historisch
lo stornello das Ritornell
la strada die Straße
la stradina die kleine Straße
lo straniero der Ausländer
straordinario(a) außergewöhnlich
stretto(a) eng
la struttura die Struktur
lo studente der Student, der Schüler, der Gymnasiast
studiare studieren
lo studio das Studium
su auf, über; *sul, sulla, sullo, sui* in Verbindung mit dem best. Artikel
subito adv. sogleich
sublime fein, erhaben
succedere geschehen, sich ereignen
il succo (pl.-*cchi*) der Saft; ~ *di pomodori* Tomatensaft
il sud der Süden
sufficiente genügend, ausreichend
suo(a) sein, ihr, Ihr
superare überwinden
superiore höher, obere
supremo(a) höchste
la sveglia der Wecker
svegliare wecken; *essere sveglio* wach sein
svelto(a) schnell
svolgersi sich entwickeln, entstehen

il tabaccaio der Tabakverkäufer
la tabaccheria der Tabakladen
tacere schweigen, verstummen
tagliare i cappelli Haare schneiden
tale solch
il tamburo die Trommel
tanto so groß, so viel
tanto-quanto soviel wie
il tappeto der (geknüpfte) Teppich
tardi spät
la tariffa der Tarif
il tassì das Taxi (S. 332)
il tavolo der Tisch
la tazza die Tasse
te dich
il tè der Tee

il teatro das Theater;
il ~ dell'Opera das Opernhaus
la tecnica (pl.-*che*) die Technik
tedesco(a) deutsch
telefonare telefonieren (S. 381 ff)
la telefonata das Telefongespräch
il telefono das Telefon (S. 142)
telegrafare telegrafieren
telegraficamente adv. telegrafisch
il telegramma das Telegramm
la temperatura die Temperatur
il tempo die Zeit, das Wetter, das Tempo
il temporale das Gewitter
tenere halten
il tenore der Tenor
la terra die Erde
il(la) terzo(a) der(die) Dritte
la testa der Kopf
il Tevere der Tiber
ti dir, dich
il tifoso der Parteigänger (im Sport)
tingere färben
la tintoria die Färberei
tirare ziehen
il titolo der Titel
toccare berühren
il tocco der Schlag
la tomba das Grab
tonare donnern
tornare wiederkommen
la torre der Turm
il torto das Unrecht
tradizionale überliefert, althergebracht
la tradizione die Tradition
il traffico der Verkehr
il tragitto die Überfahrt
il tram die Straßenbahn
la tramontana der Nordwind
il tramonto der Sonnenuntergang
la tranquillità die Ruhe
tranquillo(a) ruhig
trasparente durchsichtig
trattare behandeln, verhandeln
la trattoria das Restaurant
traversare überschreiten
tre drei
trecentesco(a) dreihundertjährig
tredici dreizehn
tremare zittern
tremendo(a) fürchterlich
il treno der Zug; *il ~ accelerato* der beschleunigte Zug; *il ~ direttissimo* der Schnellzug; *il ~ diretto* der durchgehende Zug; *il ~ omnibus* der Personenzug
trenta dreissig
trifolato(a) feingeschnitten
la trinità die Dreieinigkeit
trionfare triumphieren
il trionfo der Triumph
triste traurig
la tristezza die Traurigkeit, die Niedergeschlagenheit
la tromba die Trompete
troppo adv. zu viel, zu sehr
trovare finden
tu du
tuo(a) dein(e)
turistico(a) (pl.-*ci*) touristisch
tuttavia dennoch
tutto(a) alles; *tutti(e)* alle; *tutti(e) e due* alle beide

l'uccelleria f. die Vogelhandlung
l'uccello m. der Vogel
udire hören
l'udito m. das Gehör
l'ufficio m. das Büro; *l'~ postale* das Postamt; *l'~ telegrafico* das Telegrafenamt
ultimo(a) letzte(r)
umano(a) menschlich
undici elf
l'università f. die Universität
uno(a) eins, ein, eine (unbest. Artikel)
l'uomo m. der Mensch, der Mann
l'uovo m. das Ei
urgente eilig, dringend
l'urgenza f. die Dringlichkeit
urlare heulen
l'urlo m. der starke Schrei, das Gebrüll

uscire ausgehen
l'uva f. die Weintraube

vado (andare) ich gehe
il vaglio postale die Postanweisung
valere wert sein, gelten, verlohnen
la valigeria das Koffergeschäft
la valigia (pl.-*ge*) der Handkoffer
la valle das Tal
il vangelo das Evangelium
il vapore der Dampfer
il vaporetto das Dampfboot
vario (pl.-*ri*) verschieden, mannigfaltig
vasto(a) weit, ausgedehnt
vecchio(a) alt
vedere sehen
la veduta die Ansicht
vendere verkaufen
venerare verehren
la venerazione die Verehrung
venerdì m. Freitag
vengo (venire) ich komme
veniamo (venire) wir kommen
venire kommen (S. 279, 280)
venti zwanzig
il vento der Wind
veramente wahrhaftig, wirklich, tatsächlich
verde grün
la verdura Gemüse
la verità die Wahrheit
vero(a) wahr
verso gegen (Richtung)
il vescovo der Bischof
la veste das Kleid; *la ~ da camera* der Schlafrock
vestirsi sich anziehen
il vestito das Kleid, der Anzug
la vetreria die Glaswarenhandlung
la vettura der Wagen
vi euch
la via der Weg, die Straße
il via das Abfahrtszeichen
via! via! fort! los! (S. 317)
viaggiare reisen
il viaggiatore der Reisende
il viaggio die Reise
vicino(a) benachbart, nahe
vietare verbieten
vigilare wachen
il vigile der Wächter; *il ~ urbano* der Stadtpolizist
la vigilia die Vigil, dieNacht vor dem Fest
la vigna der Weinberg
la villa die Villa (S. 74)
vincere siegen
il vino der Wein; *~ rosso* Rotwein; *~ bianco* Weißwein
la visita der Besuch
visitare besuchen
la vista das Sehen
la vita das Leben
la vittoria der Sieg
vittorioso(a) siegreich
vivace lebhaft
vivere leben
la voce die Stimme
la voglia die Lust
vogliamo (volere) wir wollen
voglio (volere) ich will
voi ihr
volentieri adv. gern
volere wollen; *~ bene* gern, lieb haben (S. 115-117, 232)
volitivo willensstark
la volontà der Wille
la volta das Mal
vorrei (volere) ich möchte
vostro(a) euer

lo zero die Null
zitto! still!
lo zucchero der Zucker

deutsch - italienisch

Abend la sera (ßehra)
Abendessen la cena (tschehna)
abends di sera (ßehra)
aber ma, però
abfahren nach partire per (partihre)
Abfahrt la partenza (partentßa)
Abort la ritirata (ritirahta)
Abreibung la frizione (fritß^{i}ohne)
abschicken impostare (impoßtahre)
Abschied l'addio m. (lad-di-o)
absenden spedire (ßpedihre)
Absicht l'intenzione f. (lintentß^{i}ohne)
absolut assoluto(a) (aß-ßoluhto)
Abteil il compartimento (kompartimento)
abtrocknen asciugare (aschugahre)
Abzweigung (Straße) il bivio (bihw^{i}o)
acht otto (ot-to)
Achtung! Attenzione! (at-tentß^{i}ohne)
achtzehn diciotto (ditschot-to)
achtzig ottanta (ot-tanta)
Acker l'agro m. (lahgro)
Addition l'addizione f. (lad-ditß^{i}ohne)
Adel la nobiltà
adelig nobile (nobile)
Adreßbuch la guida (g^{u}ihda)
Adresse l'indirizzo f. (lindirit-tßo)
ähnlich simile (ßihmile)
Alkohol l'alcool m. (lalko-ol)
allein solo(a) (ßohlo)
alles tutto(a) (tut-to)
Alpen le Alpi f. pl.
also dunque (dunk^{u}e)
alt vecchio(a) (wäk-k^{i}o)
Altar l'altare m. (laltahre)
Alter l'età f.
altertümlich antico(a) (antihko)
Amtsrichter il pretore (pretohre)
Anbetung l'adorazione f. (ladoratß^{i}ohne)
anbieten offrire (of-frihre)
Anblick l'aspetto m. (laßpät-to)
Andenken il ricordo (rikordo)
andere(r) altro(a)
anerkennen riconoscere (rikonoschere)
Anfang il principio (printschihp^{i}o)
anfangen cominciare (komintschahre)
Angriff l'attacco m. (lat-tak-ko)
Angst la paura (p^{a}uhra)
anhalten fermare (fermahre)
ankommen arrivare (ar-riwahre)
ankündigen annunciare (an-nuntschahre)
Ankunft l'arrivo m. (lar-rihwo)
anschauen guardare (g^{u}ardahre)
Ansicht (Meinung) il parere (parehre); ~ (Aussicht) la veduta (weduta)
Ansichtskarte la cartolina illustrata (kartolihna il-lußtrahta)
Anstalt lo stabilimento (ßtabilimento)
anstatt zu invece di (inwehtsche)
Antwort la risposta (rißpoßta)
antworten rispondere (rißpondere)
anziehen (sich) vestirsi (weßtirßi)
Anzug l'abito m. (lahbito), il vestito (westihto)
anzünden accendere (at-tschändere)
Apotheke la farmacia (farmatschi-a)
Apotheker il farmacista (farmatschißta)
Appetit l'appetito m. (lap-petihto)
April aprile m. (aprihle)
Aquädukt l'acquedotto m. (lak-k^{u}edot-to)
Arbeit il lavoro (lawohro)
arbeiten lavorare (laworahre)
Architektur l'architettura f. (larkitet-tuhra)
ärgern (sich) arrabbiarsi (ar-rab-b^{i}arßi)

Arie l'aria f. (lahria)
Aristokratie l'aristocrazia f. (larißtokratßi-a)
arm povero(a) (pohwero)
Armband il braccialetto (brat-tschalet-to)
Art (Typ) la specie (pl. unverändert) (ßpähtsche), la sorta (ßorta)
Artischocke il carciofo (kartschohfo)
Arzt il medico (mähdiko)
Atem il respiro (reßpihro)
atmen respirare (reßpirahre)
Atmosphäre l'atmosfera f. (latmoßfehra)
auch anche (anke)
auf su (ßu)
auf Wiedersehen! arrivederci! (ar-riwedertschi), arrivederla! (ar-riwederla)
Aufbewahrung il deposito (depohsito); *zur Aufbewahrung geben* depositare (depositahre)
Aufenthalt il soggiorno (ßod-dschorno)
auflösen risolvere (rißolwere)
aufmerksam attento (at-tänto)
Aufmerksamkeit l'attenzione f. (lat-tentßiohne)
aufrichtig sincero(a) (ßintschähro)
Aufseher il custode (kustohde)
aufstehen levarsi (lewarßi)
Aufstieg la salita (ßalihta)
aufziehen (Uhr) caricare (karikahre)
Auge l'occhio (pl.-cchi) m. (lok-kio)
Augenblick il momento (momento)
August (Monat) agosto m. (agoßto)
ausbessern aggiustare (ad-dschußtahre)
ausdehnen (sich) estendersi (eßtenderßi)
Ausdruck l'espressione f. (leßpreß-ßiohne)
ausdrücklich espresso (eßpräß-ßo)
Ausflug la gita (dschihta)
Ausgabe la spesa (ßpehßa)
Ausgang l'uscita f. (luschihta)
ausgehen uscire (uschihre)
ausgezeichnet eccellente (et-tschel-länte)
Ausgrabung lo scavo (ßkahwo)
Auskunft l'informazione f. (linformatßiohne)
Ausländer lo straniero (ßtraniähro)
ausländisch estero(a) (äßtero)
auslöschen spegnere (ßpänjere)
ausreichend sufficiente (ßuf-fitschänte)
ausruhen riposare (ripoßahre)
Aussehen l'aspetto m. (laßpät-to)
aussehen, scheinen sembrare (ßembrahre)
außer oltre (oltre)
außergewöhnlich eccezionale (et-tschetßionahle)
außergewöhnlich, außerordentlich straordinario(a) (ßtraordinahrio)
außerhalb fuori (fuohri)
aussteigen (Zug) scendere dal treno (schendere dal trähno)
ausstrecken sdraiare (sdraiahre)
Aussprache la pronunzia (pronuntßia)
austauschen scambiare (ßkambiahre)
auswendig a memoria (memohria)
Auto l'automobile m. (lautomobile), la macchina (mak-kina)
Autobahn l'autostrada f. (lautoßtrahda)
Autobus l'autobus m., il pullman

Bäckerei la panetteria (panet-teri-a)
Bad il bagno (bahnjo)
Badeanstalt lo stabilimento (ßtabilimento)
Badeanzug il costume da bagno (koßtuhme da bahnjo)
Bademantel l'accappatoio m. (lak-kap-patohio)

Bademeister il bagnino (banj**i**hno)
baden (sich) bagnarsi (banj**a**rßi)
Badezimmer la stanza da bagno (ßt**a**ntßa da b**a**hnjo)
Bahnhof la stazione (ßtatßi**o**hne)
Bahnsteig il marciapiede (martschapi**ä**hde)
bald presto (pr**ä**ßto)
Ball (Spiel) la palla (p**a**l-la)
Ballett il corpo di ballo (k**o**rpo di b**a**l-lo)
Bank (-Geschäft) la banca
Bar il bar
Barmherzigkeit, Wohltätigkeit la carità (karit**a**)
Barmherzigkeit, Mitgefühl la misericordia (miserik**o**rdia)
Baron il barone (bar**o**hne)
Barriere la barriera (bar-ri**ä**hra)
Bart la barba
Baß il basso (b**a**ß-ßo)
Bauer (Landmann) il contadino (kontad**i**hno)
Baum l'albero m. (l**a**lbero)
Becher il bicchiere (bik-ki**ä**hre)
bedienen servire (ßerw**i**hre)
Beefsteak la bistecca (bißt**e**k-ka)
beendigen finire (fin**i**hre)
Befehl il comando
befestigen fortificare (fortifik**a**hre)
Befestigung la fortificazione (fortifikatßi**o**hne)
befinden (sich) (örtl.) stare (ßt**a**hre)
begeistert entusiasmato(a) (entusiasm**a**hto)
Begeisterte l'entusiasta m. u. f. (lentusi**a**ßta)
Begeisterung l'entusiasmo m. (lentusi**a**smo)
Begräbnis il funerale (funer**a**hle)
behandeln trattare (trat-t**a**hre)
bei da, presso (pr**ä**ß-ßo)
Beichte la confessione (konfeß-ßi**o**hne)
Beichtvater il confessore (konfeß-ß**o**hre)
beide tutti le due (t**u**t-ti le d**u**-e)
beinahe quasi (ku**a**si)
Beispiel l'esempio m. (les**ä**mpio)
bekannt noto(a) (n**o**hto)
Bekannte il, la conoscente (konosch**ä**nte)
Bekanntmachung l'avviso m. (law-w**i**hso)
beklagen lamentare (lament**a**hre)
beleuchten illuminare (il-lumin**a**hre)
Beleuchtung l'illuminazione f. (lil-luminatßi**o**hne)
benachbart vicino(a) (witsch**i**hno)
benachrichtigen informare (inform**a**hre)
Benzin la benzina (bends**i**hna)
bequem comodo (k**o**hmodo)
bereit pronto(a)
Berg il monte
berühmt famoso(a) (fam**o**hso)
berühren toccare (tok-k**a**hre)
bescheiden modesto(a) (mod**e**ßto)
besetzen occupare (ok-kup**a**hre)
Besitz il possesso (poß-ß**ä**ß-ßo)
Besitzer il proprietario (pl.-ri) (propriet**a**hrio), il padrone (padr**o**hne)
besonders specialmente (ßpetschalm**e**nte)
besser adv. meglio (m**ä**ljo)
bessern migliorare (miljor**a**hre)
bestätigen affermare (af-ferm**a**hre)
beste ottimo(a) (**o**t-timo)
bestechen corrompere (kor-r**o**mpere)
Bestechlichkeit la corruzione (kor-rutßi**o**hne)
bestehen esistere (es**i**ßtere)
bestellen ordinare (ordin**a**hre)
Bestellung l'ordinazione f. (lordinatßi**o**hne)
bestimmt preciso(a) (pretsch**i**hso)
Besuch la visita (w**i**hsita)
besuchen visitare (wisit**a**hre)
Bett il letto (l**ä**t-to)
Bettgestell la lettiera (let-ti**ä**hra)
Bettler il mendicante (mendik**a**nte)

bewaffnen armare (arm**a**hre)
bewegbar movibile (mow**i**bile)
beweglich mobile (m**o**hbile)
Bewegung il movimento (mowim**e**nto)
bewundern ammirare (am-mir**a**hre)
Bewunderung l'ammirazione f. (lam-miratß^{i}**o**hne)
bewunderungswürdig ammirevole (am-mir**e**hwole)
Bibliothek la biblioteca
Bier la birra (b**i**r-ra); *helles ~* birra chiara (k^{i}**a**hra); *dunkles ~* birra scura (ßk**u**hra)
Bikini il bikini
Bild il quadro (k^{u}**a**hdro)
Billettschalter il botteghino (bot-teg**i**hno)
Birne la pera (p**e**ra)
bis prp. fino (f**i**hno)
Bischof il vescovo (w**e**ßkowo)
bisher finora (fin**o**hra)
bißchen un pochino (pok**i**hno)
bitte! prego! (pr**e**go), per piacere (p^{i}atsch**e**hre)
bitten pregare (preg**a**hre)
Blatt il foglio (f**o**ljo)
blau azzurro(a) (ad-ds**u**r-ro), blu
bleiben rimanere (riman**e**hre), restare (reßt**a**hre)
Bleistift la matita (mat**i**hta)
Blitz il lampo (l**a**mpo)
blitzen lampeggiare (lamped-^{dsch}**a**hre)
Blume il fiore (f^{i}**o**hre)
Blumenhändler il fioraio (pl.-ai) (f^{i}or**a**h^{i}o)
Blumenstrauß il mazzo di fiori (m**a**t-tßo di f^{i}**o**hri)
Blut il sangue (ß**a**ng^{u}e)
Bon lo scontrino (ßkontr**i**hno)
Boot la barca
Bote il messaggero (meß-ßad-^{dsch}**ä**hro)
Botschaft l'ambasciata f. (lambasch**a**hta)
Botschafter l'ambasciatore m. (lambaschat**o**hre)
braten arrostire (ar-roßt**i**hre)
brauchen bisognare (bisonj**a**hre)
Brauselimonade la gazosa (gadss**o**ßa)
brennen bruciare brutsch**a**hre
Brief la lettera (l**ä**t-tera)
Briefbogen il foglio di carta da lettere (f**o**ljo di k**a**rta da l**ä**t-tere)
Briefkasten la buca delle lettere (b**u**hka del-le l**ä**t-tere)
Briefmarke il francobollo (frankob**o**l-lo)
Briefpapier la carta da lettere (k**a**rta da l**ä**t-tere)
Brieftasche il portafoglio (pl.-gli) (portaf**o**ljo)
Briefträger il portalettere (portal**ä**t-tere)
Briefumschlag la busta
Brille gli occhiali m. pl. (ok-k^{i}**a**hli)
bringen portare (port**a**hre)
Brosche la spilla (ßp**i**l-la)
Brot il pane (p**a**hne)
Brotbäcker il fornaio (forn**a**h^{i}o)
Brücke il ponte (p**o**nte)
Brunnen la fontana (font**a**hna)
Buch il libro (l**i**hbro)
Buchhandlung la libreria (librer**i**-a)
Buchstabe la lettera (l**ä**t-tera)
bügeln stirare (ßtir**a**hre)
Burg la fortezza (fort**e**t-tßa)
Büro l'ufficio m. (luf-f**i**htscho)
Bürste la spazzola (ßp**a**t-tßola)
Butter il burro (b**u**r-ro)

Charakter il carattere (kar**a**t-tere)
charakteristisch caratteristico(a) (karat-ter**i**ßtiko)
Chauffeur l'autista m. (la^{u}t**i**ßta)
Christentum il cristianesimo (krißt^{i}an**e**simo)
Creme la crema (kr**ä**ma)

daher quindi (k^{u}**i**ndi)
Dame la dama, la signora (ßinj**o**hra)

Dampfboot il vaporetto (waporet-to)
Dampfer il vapore (wapohre)
dankbar riconoscente (rikonoschänte)
Dankbarkeit la riconoscenza (rikonoschäntßa)
danke! grazie! (grahtßie)
danken ringraziare (ringratßiahre)
dann, alsdann allora (al-lohra)
dann, nachher poi (poi)
darstellen rappresentare (rap-presentahre)
darum ecco perche (äk-ko perke)
daß che
Datum la data (data)
dauern stare (ßtahre)
Dauerwelle la permanente (permanente)
davon (darüber) ne, di ciò (tscho)
Decke (Bett-) la coperta (kopärta)
dein tuo(a) tu-o
Delikatessenladen la salsamenteria (ßalßamenteri-a)
denken pensare (penßahre)
Denkmal il monumento (monumento)
dennoch tuttavia (tut-tawi-a)
der (best. Art.) il, lo
derselbe lo stesso (ßteß-ßo)
deutsch tedesco(a) (tedeßko)
Deutschland Germania f. (dschermahnia)
Dezember dicembre m. (ditschämbre)
Dialekt il dialetto (dialet-to)
dich te, di
Dichter il poeta (poäta)
dick, groß grosso(a) (groß-ßo)
die (best. männl. Art.) i
die (best. weibl. Art) la; *~ (best. männl. Art. Mehrzahl)* i und gli (lji)
Dieb il ladro (lahdro)
Diebstahl il furto (furto)
dienen servire (ßerwihre)
Diener il servo (ßärwo)
Dienstag martedì m. (martedi)
diese(r) questo(a) (kueßto)
dir ti, a te
Direktor il direttore (diret-tohre)
Disziplin la disciplina (dischiplihna)
Doktor il dottore (dot-tohre)
Dom il duomo (duohmo)
donnern tonare (tonahre)
Donnerstag giovedì m. (dschowedi)
doppelt doppio(a) (dop-pio)
Dorf il paese (pa-ese)
dort lì
drehen girare (dschirahre)
Drehung il giro (dschihro)
drei tre (tre)
Dreieinigkeit la trinità
dreißig trenta (trenta)
dreizehn tredici (trehditschi)
dringend urgente (urdschänte)
Dringlichkeit l'urgenza f. (lurdschentßa)
dritte terzo(a) (tärtßo)
Drogerie la drogheria (drogeri-a)
Drucksachen stampati m. pl. (ßtampahti)
du tu
dunkel scuro(a) (ßkuhro); *~ (unbekannt)* oscuro(a) (oßkuhro)
durch per
Durcheinander la confusione (konfusiohne)
durchqueren attraversare (at-trawerßahre)
durchsichtig trasparente (traßparänte)
durchwandern girare (dschirahre)
dürfen potere (potehre)
Durst la sete (ßehte)

Ebene la pianura (pianuhra)
Ecke l'angolo m. (langolo)
Edelstein la pietra preziosa (piähtra pretßioßa)
eher (früher) prima (prihma); *~ (lieber)* piuttosto (piut-toßto)
Ei l'uovo m. (luohwo)
eigen proprio(a) (proprio)

eigentümlich proprio(a) (proprio)
eilig urgente (urdschänte)
ein(e) uno(a) (uhno)
Einbahnstraße senso unico (ßenßo uhniko)
Eindruck l'impressione f. (limpreß-ßiohne)
einfach semplice (ßemplitsche)
Eingang, Einzug l'entrata f. (lentrahta)
Eingang, Zutritt l'ingresso m. (lingräß-ßo)
Einheimische(r) l'abitante m. u. f. (labitante)
einige alcuni (alkuhni), qualche (kualke)
einkaufen fare spese (fahre ßpehße)
einpacken fare i bagagli (fahre i bagalji)
eins, uno(a) (uhno)
einschlafen addormentarsi (ad-dormentarßi)
Einschreibebrief la lettera raccomandata (lät-tera rak-komandahta)
einsteigen (Zug) salire in treno (ßalihre in trähno)
einverstanden! d'accordo (dak-kordo)
einwilligen consentire (konßentihre)
einwilligen in acconsentire a (ak-konßentihre)
einzig solo(a) (ßohlo)
Eis (gefrorenes Wasser) il ghiaccio (giat-tscho); ~*(Speiseeis)* il gelato (dschelahto)
Eisen il ferro fär-ro
Eisenbahn la ferrovia (fer-rowi-a)
elegant elegante
Eleganz l'eleganza f. (lelegantßa)
elf undici (unditschi)
Eltern i genitori m. pl. (dscheni-tohri)
Empfang il ricevimento (ritschewimento)
empfangen ricevere (ritschehwere)
empfehlen raccomandare (rak-komandahre)
Empfehlung (persönliche) la raccomandazione (rak-komandatßiohne)
Ende la fine (fihne)
endgültig definitivo(a) (definitihwo)
eng stretto(a) (ßtret-to)
Engel l'angelo m. (landschelo)
enorm enorme
entfernt lontano(a) (lontahno)
Entfernung la distanza (dißtantßa)
entschuldigen scusare (ßkusahre)
Entschudigung la scusa (ßkuhsa)
Entschuldigung! scusi! (ßkuhsi)
entspringen sorgere (ßordschere)
entstehen svolgersi (swoldscherßi)
Epoche l'epoca f. (pl.-che) (lepoka)
er egli (elji)
Erbsen i piselli m. pl. (pisel-li)
Erde la terra (tär-ra)
ereignen (sich) succedere (ßut-tschähdere)
erfinden inventare (inwentahre)
erfrischen (sich) rinfrescarsi (rinfreßkarsi)
Ergebnis il risultato (rißultahto)
erhalten conservare (konßerwahre)
erheben (sich) sorgere (ßordschere)
erinnern ricordare (rikordahre)
Erinnerung il ricordo (rikordo)
erkundigen (sich) informarsi (informarßi)
Erlaubnis il permesso (permeß-ßo)
ermüden stancare (ßtankahre)
ermüden, sich anstrengen faticare (fatikahre)
erneuern rinnovare (rin-nowahre)
ernst serio(a) (pl.-ri) (ßärio)
Ersatzteil il pezzo di ricambio (pät-tßo di rikambio)
erschöpfen esaurire (esaurihre)
erste primo(a) (prihmo)
erwarten (jemanden) aspettare (aßpet-tahre)

erzählen narrare (nar-rahre), raccontare (rak-kontahre)
es il, lo
Esel l'asino m. (lahsino)
essen mangiare (mandschahre)
Essig l'aceto m. (latschehto)
Eßzimmer la sala da pranzo (ßahla da prantßo)
euch vi (wi)
euer vostro(a) (woßtro)
Evangelium il vangelo (vandschälo)
ewig eterno(a) (etärno)
Exil l'esilio m. (lesihlio)

Faden il filo (fihlo)
Fahne la bandiera (bandiähra)
fahren andare (andahre)
Fahrkarte il biglietto (biljet-to)
Fahrkartenschalter lo sportello per i biglietti (ßportäl-lo per i biljet-ti)
Fahrplan l'oraio m. (lorahio)
Fahrstuhl l'ascensore m. (laschenßohre)
Fahrt la gita (dschihta)
Fall il caso (kahso)
falsch falso(a) (falßo)
Familie la famiglia (familja)
Farbe il colore (kolohre)
färben tingere (tindschere)
Färberei la tintoria (tintori-a)
Fassade la facciata (fat-tschahta)
Februar febbraio m. (feb-brahio)
Feder la penna (pen-na)
fehlen mancare (mankahre)
Fehler, Mangel il difetto (difät-to)
Fehler, Irrtum lo sbaglio (pl.-gli) (sbaljo)
Feige (Frucht) il fico (pl.-chi) (fihko)
fein, dünn fino(a) (fihno)
fein, erhaben sublime (ßublime)
Feinbäcker il panificio (pl.-ci) (panifihtscho)
Feind il nemico (pl.-ci.) (nemihko)
feingeschnitten trifolato(a) (trifolahto)

Feld il campo (kampo)
Fenster la finestra (finäßtra)
Ferkel il porcellino (portschel-lihno)
fertig pronto(a) (pronto)
Fest la festa (fäßta)
fest fermo(a) (fermo)
feststellen constatare (konßtatahre)
Fett il grasso (graß-ßo)
fett grasso(a) (graß-ßo)
Feuer il fuoco (pl.-chi) (fuohko)
Fieber la febbre (fäb-bre)
Figur la figura (figuhra)
Film il film
finden trovare (trowahre)
Firma la ditta (dit-ta)
Fisch il pesce (pehsche)
Fischer il pescatore (peßkatohre)
Flasche la bottiglia (bot-tilja), l'ampolla f. (lampol-la); *Strohflasche* il fiasco (pl.-chi) (fiaßko)
fliehen fuggire (fud-dschihre)
fließend corrente (kor-ränte)
Fluß il fiume (fiuhme)
folgen seguire (ßeguihre)
Form la forma (forma)
fortsetzen continuare (kontinuahre)
Frage (Gesuch) la domanda (domanda)
Frage (Problem) la questione (kueßtiohne)
fragen (um Rat) consultare (konßultahre)
fragen (anfragen) domandare (domandahre)
Frankreich Francia f. (frantscha)
Frau la signora (ßinjohra), la donna (don-na); *die Ehefrau* la moglie (molje)
Fräulein la signorina (ßinjorihna)
frei libero(a) (lihbero)
Freiheit la libertà
Freitag venerdì m. (wenerdi)
Freskogemälde l'affresco m.
Freund l'amico m. (lamihko)

Freundin l'amica f.
Freundschaft l'amicizia f. (lamitschihtß^{i}a)
Frevel il sacrilegio (pl.-gi) (ßakrilä^{dsch}o)
Friede la pace (pahtsche)
Friedhof il campo santo, il cimitero (tschimitähro)
frieren gelare (^{dsch}elahre)
frisch fresco(a) (freßko)
Friseur (Herren) il barbiere (barb^{i}ähre); ~ *(Damen)* il parruchiere per signora (par-ruk^{i}ähre)
fröhlich allegro(a) (al-lehgro), lieto(a) (l^{i}ähto)
Fröhlichkeit l'allegria f. (lal-legri-a)
Frucht il frutto (frut-to)
Fruchtsaft la spremuta (ßpremuhta)
Frühling la primavera (primawähra)
Frühstück la prima colazione (kolatß^{i}ohne)
frühstücken far la prima colazione
fühlen sentire (ßentihre)
führen nach condurre a (kondur-re)
Führer la guida (g^{u}ihda)
Füllfederhalter la penna stilografica (pen-na ßtilograhfika)
fünf cinque (tschink^{u}e)
fünfzehn quindici (k^{u}inditschi)
fünfzig cinquanta (tschink^{u}anta)
für per
fürchterlich pauroso(a) (p^{a}urohßo), tremendo(a) (tremändo)
Fuß il piede (p^{i}ähde)
Fußboden il pavimento (pawimento)
Fußgänger il pedone (pedohne)

Gabel la forchetta (forket-ta)
ganz int(i)ero(a) (int(^{i})ähro)
Garage l'autorimessa f. (la^{u}torimeß-ßa)
Garderobe la guardaroba (g^{u}ardarohba)
Garderobennummer lo scontrino (ßkontrihno)
Garten il giardino (^{dsch}ardihno)
Gast l'ospite m. (loßpite)
gebacken fritto (frit-to)
Gebäude l'edificio m. (pl.-ci) (ledifihtscho)
geben dare (dahre)
Gebirge la montagna (montanja)
geboren nato (nahto)
geboren werden nascere (naschere)
gebraten, geröstet arrosto(a) (ar-roßto)
Gebrüll l'urlo m.
Gedächtnis la memoria (memohr^{i}a), la mente
Gedanke il pensiero (penß^{i}ähro)
Geduld la pazienza (patß^{i}äntßa)
Gefallen, Vergnügen il piacere (p^{i}atschehre)
gefallen piacere (p^{i}atschehre)
gefrieren ghiacciare (g^{i}at-tschahre)
Gefühl il sentimento (ßentimento)
gegen (Richtung) verso (wärßo)
Gegenstand l'oggetto m. (lod-^{dsch}ät-to)
Gegenteil il contrario (kontrahr^{i}o)
gegenüber di fronte
Gegenwart il presente (presänte)
Gegner l'avversario m. (pl.-ri) (law-werßahr^{i}o)
Geheimnis il segreto (ßegrehto)
geheimnisvoll misterioso(a) (mißter^{i}ohßo)
gehen andare (andahre)
Gehirn il cervello (tscherwäl-lo)
Gehör l'udito m. (ludihto)
gehören appartenere (ap-partenehre)
Geist la mente
gekocht cotto (kot-to)
gelb giallo(a) (^{dsch}al-lo)
Geld il denaro (denahro), i soldi m. pl.
Geldtäschchen il borsellino (borßel-lihno)
gelegen situato(a) (ßit^{u}ahto)

Gelegenheit l'occasione f. (lok-kasiohne)
gelehrt dotto(a) (dot-to)
gelingen riuscire (riuschihre)
gelten valere (walehre)
Gemäldegalerie la pinacoteca (pinakotehka)
gemäß secondo (ßekondo)
Gemetzel il macello (matschäl-lo)
Gemüse la verdura (werduhra), le erbe f. pl.(ärbe), i legumi m. pl. (leguhmi)
genau esatto(a) (esat-to)
genießen godere (godehre)
genug abbastanza (ab-baßtantßa)
genug! basta!
genügen bastare (baßtahre)
genügend sufficiente (ßuf-fitschänte)
Genuß il godimento (godimento)
Gepäck il bagaglio (bagaljo)
Gepäckaufbewahrung il deposito bagagli (depohsito bagalji)
Gepäcknetz la reticella (retitschäl-la)
Gepäckträger il facchino (fak-kihno), il portabagagli (portabagalji)
geradeaus diritto (dirit-to)
gerecht giusto(a) (dschußto)
gering minimo(a) (minimo)
geringer inferiore (inferiohre)
gern volentieri (wolentiähri)
gern haben voler bene (wolehr bähne)
Geruch l'odore m. (lodohre)
Gesang il canto (kanto)
Geschäft (Laden) il negozio (pl.-zi) (negohtßio), la bottega (pl.-ghe) (bot-tehga)
geschehen accadere (ak-kadehre)
Geschenk il regalo (regahlo)
Geschichte la storia (ßtohria)
Geschlecht la stirpe (ßtirpe)
Geschmack il gusto
Geschrei le grida (grihda)
Gesellschaft la compagnia (kompanji-a), la società (ßotscheta)
Gesetz la legge (läd-dsche)
Gesicht la faccia (pl.-cce) (fat-tscha)
Gespräch il discorso (dißkorßo)
Geständnis la confessione (konfeß-ßiohne)
gestern ieri (iähri)
Gestirn l'astro m. (laßtro)
gestorben morto (morto)
gesund sano(a) (ßahno)
Gesundheit la salute (ßaluhte)
geteilt diviso(a) (diwihso)
Getränk la bibita (bibita)
gewiß certo(a) (tschärto)
Gewißheit la certezza (tschertet-tßa)
Gewitter il temporale (temporahle)
gießen versare (werßahre)
gigantisch gigantesco(a) (dschiganteßko)
Gipfel la cima (tschihma)
glänzen brillare (bril-lahre), splendere (ßpländere)
glänzend brillante (bril-lante), splendido(a) (ßpländido)
Glas (Trink-) il bicchiere (bik-kiähre)
Glaswarenhandlung la vetreria (wetreri-a)
Glaube la fede (fehde)
glauben credere (krehdere)
Gläubige il fedele (fedehle)
gleich presto (präßto)
Gleis il binario (pl.-ri) (binahrio)
glitzern luccicare (lut-tschikahre)
Glocke la campana (kampahna)
Glockenturm il campanile (kampanihle)
glücklich, geglückt fortunato(a) (fortunahto)
glücklich, beglückend felice (felihtsche)
Glückwunsch l'augurio m. (lauguhrio)
Gobelin l'arazzo m. (larat-tßo)
Gold l'oro m. (lohro)
Goldschmied l'orefice m. (lorehfitsche)

Goldwarengeschäft l'oreficeria f. (lorefitscheri-a)
Gondel la gondola (gondola)
Gondelfahrer il gondoliere (gondoliähre)
gotisch gotico(a) (gohtiko)
Gott il Dio (di-o)
Gottesdienst la funzione religiosa (funtßiohne relidschoßa)
göttlich divino(a) (diwihno)
Gouverneur il governatore (gowernatohre)
Grab la tomba (tomba)
Graben la fossa (foß-ßa)
Gras l'erba f. (lärba)
grau grigio(a) (grihdscho)
grausam crudele (krudähle)
Grausamkeit la crudeltà (krudelta)
Grenze il confine (konfihne)
groß grande
großartig (gewaltig) grandioso(a) (grandioßo);
~ *(prächtig)* magnifico(a) (manjihfiko)
größer maggiore (mad-dschohre)
größte massimo(a) (maß-ßimo)
grün verde (werde)
Grund (Boden) il fondo (fondo)
Gruß il saluto (ßaluhto)
grüßen salutare (ßalutahre)
Gunst il favore (fawohre)
Gürtel la cintura (tschintuhra)
gut buono(a) (buohno);
~ (adv.) bene (bähne)
Güte la bontà

Haar il capello (kapel-lo), il pelo
Haarbürste la spazzola da testa (ßpat-tßola da täßta)
haben avere (awehre)
Hafen il porto (porto)
halb mezzo(a) (mäd-dso)
Halbinsel la penisola (penihsola)
Halbschuh la scarpa bassa (ßkarpa baß-ßa)
Hälfte la metà
Halskette la collana (col-lahna)
halten tenere (tenehre)
Haltestelle la fermata (fermahta)
Hand la mano (pl.-i) (mahno)
Handkoffer la valigia (pl.-ge) (walidscha)
Handschuh il guanto (guanto)
Handtasche la borsetta (borßet-ta)
Handtuch l'asciugamano m. (laschugamahno)
Harmonie l'armonia f. (larmoni-a)
hart duro(a) (duhro)
Haß l'odio m. (lohdio)
häßlich brutto(a) (brut-to)
Hauptpost la posta centrale (tschentrahle)
hauptsächlichst principale (printschipahle)
Haus la casa (kahsa)
Hausdiener il facchino (fak-kihno)
Hausfrau la padrona di casa (padrohna di kahsa)
Haustor il portone (portohne)
Haut la pelle (päl-le)
Heer l'esercito m. (lesärtschito)
heilig santo(a)
Heilige il (la) Santo(a)
Heiligenschein l'aureola f. (laurä-ola)
Heiligtum il santuario (pl.-ri) (ßantuahrio)
Heimat la patria (patria)
heiraten sposare (ßposahre)
heiter sereno(a) (ßerehno)
Heizung il riscaldamento (rißkaldamento)
helfen aiutare (aiutahre)
Hemd la camicia (kamitscha)
herabsteigen scendere (schendere)
herbeilaufen accorrere (ak-kor-rere)
Herbst l'autunno m. (lautun-no)
herein! avanti! (awanti)
Herr il signore (ßinjohre)
Herrschaft la signoria (ßinjori-a)
herunter giù (dschu)
hervorgehen risultare (rißultahre)
Herz il cuore (kuohre)

Herzklopfen il batticuore (bat-tikuohre)
heute oggi (od-dschi)
heute abend stasera (ßtaßehra)
heutzutage oggigiorno (od-dschidschorno)
hier qui (kui)
Hilfe il soccorso (ßok-korßo)
Hilfe (Gehilfe) l'aiuto m. (laiuhto)
Himmel il cielo (tschählo)
himmlisch celeste (tscheläßte)
hinaufsteigen salire (ßalihre)
hineingehen entrare (entrahre)
hinter dietro (diähtro)
Hirt il pastore (paßtohre)
historisch storico(a) (stohriko)
hoch alto(a)
höchste supremo(a) (ßuprähmo)
hoffen sperare (ßperahre)
Hoffnung la speranza (ßperantßa)
höflich gentile (dschentihle)
Höflichkeit la cortesia (kortesi-a), la gentilezza (dschentilet-tßa)
Höhe l'altezza f. (laltet-tßa)
Höhle la grotta (grot-ta)
Hölle l'inferno m. (linfärno)
Holz il legno (lenjo)
Honig il miele (miähle)
hören sentire (ßentihre), udire (udihre)
Hosen i pantaloni m. pl. (pantalohni), i calzoni m. pl. (kaltßohni)
Hotel l'albergo m. (lalbärgo)
Hügel il colle (kol-le)
Hügelchen la collina (kol-lihna)
Huhn il pollo (pol-lo)
Hund il cane (kahne)
hundert cento (tschänto)
Hunger la fame (fahme)
Hut il cappello (kap-päl-lo)

ich io (i-o)
ihn lo; ~ *(betont)* lui (lui)
ihr voi (woi)
immer sempre (ßämpre)
Improvisation l'improvvisazione f. (limprow-wisatßiohne)
in in; ~ *dem (den)* nel, nello; ~ *der (die)* nella; ~ *den (die)* nei, negli, nelle
Individualität l'individualita f. (lindiwidualita)
Innere l'interno m. (lintärno)
Insel l'isola f. (lihsola)
intelligent intelligente (intel-lidschente)
interessant interessante (intereß-ßante)
irgendein qualche (kualke)
irgendetwas qualcosa (kualkohßa)
irgendjemand qualcuno(a) (kualkuhno)
irren sbagliare (sbaljahre)
Italien Italia f. (itahlia)
italienisch italiano(a) (italiahno)

ja sì (ßi)
Jacke la giacca (dschak-ka)
Jahr l'anno m. (lan-no)
Jahreszeit la stagione (ßtadschohne)
Jahrhundert il secolo (ßekolo)
Januar gennaio m. (dschenahio)
jeder, jede, jedes ogni (onji)
jedermann ognuno (onjuhno)
jedoch però, tuttavia (tut-tawi-a)
jemals mai (mai)
jene(r) quello(a) (kuel-lo)
jetzt adesso (adäß-ßo)
Jockey il fantino (fantihno)
Jugend la gioventù (dschowentu), la giovinezza (dschowinet-tßa)
Juli luglio m. (luljo)
jung giovane (dschohwane)
Junge (ab 13 Jahre) il ragazzo (ragat-tßo)
junger Mann giovanotto (dschowanot-to)
Juni giugno m. (dschunjo)
Juwel il gioiello (dschoiäl-lo)

Kabine la cabina (kabihna)
Kaffee il caffè (pl.-unverändert) (kaff-fä)

Kalb il vitello (witäl-lo)
kalt freddo(a) (fred-do)
Kamm il pettine (pät-tine)
Kampf la lotta (lot-ta)
Kanal il canale (kanahle)
Kanne la brocca (brok-ka)
Kapelle la cappella (kap-päl-la)
Kapitän il capitano (kapitahno)
Kartoffel la patata (patahta)
Käse il formaggio (formad-dscho)
Kastanie il marrone (mar-rohne)
Katze il gatto (gat-to)
kaufen comprare (komprahre)
Kaufmann il commerciante (kom-mertschante)
kaum appena (ap-pehna)
kein nessuno(a) (neß-ßuhno)
Kellner il cameriere (kameriähre)
kennenlernen conoscere (konoschere)
Kerze la candela (kandela)
Kilo il chilo (pl.-i) (kilo)
Kilometer il chilometro (kilometro)
Kind il bambino (bambihno)
Kino il cinema (pl.-i) (tschihnema)
Kirche la chiesa (kiähsa)
Kirchweihfest la sagra (ßagra)
klar sereno(a) (ßerehno)
klassisch classico(a (klaß-ßiko)
Kleid l'abito m. (lahbito), il vestito (westihto)
Kleiderbügel gli attaccapanni (at-tak-kapan-ni)
Kleiderbürste la spazzola da panni (ßpat-tßola da pan-ni)
klein piccolo(a) (pik-kolo)
Kloster il convento (konwänto), il monastero (monaßtero)
klug savio(a) (ßahwio), intelligente (intel-lidschente)
Klugheit, Vorsicht la prudenza (prudentßa)
Kneipe l'osteria f. (loßteri-a)
Knopf il bottone (bot-tohne)
Koch il cuoco (pl.-chi) (kuok-ko)
kochen cucinare (kutschinahre)
Koffergeschäft la valigeria (walidscheri-a)
kombinieren combinare (kombinahre)
kommen venire (wenihre)
Komödie la commedia (kom-mähdia)
König il re (pl. unverändert) (re)
Königin la regina (redschihna)
königlich reale (re-ahle)
Königreich il regno (renjo)
Konjunktiv il congiuntivo (kondschuntihwo)
können potere (potehre)
Konservatorium il conservatorio (pl.-ri) (konßerwatohrio)
Konsul il console (konßole)
Konsulat il consolato (konßolahto)
Kontrolle il controllo (kontrol-lo)
Konzert il concerto (kontschärto)
Kopf la testa (täßta)
Kopfschmerzen il mal di testa (täßta)
Kopie la copia (kohpia)
Körper il corpo (korpo)
kosten costare (koßtahre)
Kostüm il costume (koßtuhme)
Kotelett la costoletta (koßtolet-ta)
Kraft (Gewalt) la forza (fortßa)
Kragen il colletto (kol-let-to)
krank guasto(a) (guaßto), malato(a) (malahto)
Krankenhaus l'ospedale m. (loßpedahle)
Krapfenbäcker il frittellaro (frit-tel-lahro)
Krawatte la cravatta (krawat-ta)
Kredit il credito (krehdito)
Kreuz la croce (krohtsche)
Kreuzgang il chiostro (kioßtro)
Kreuzigung la crocifissione (krotschifiß-ßiohne)
Krieg la guerra (guär-ra)
Krippe il presepio (pl.-pi) (presähpio)
Küche la cucina (kutschihna)
Kuchen la pasta
Kühnheit l'audacia f. (pl.-ce) (laudahtscha)
Kultur la cultura (kultuhra)

Kunde il cliente (kliänte)
Kunst l'arte f. (larte)
Kunstwerk l'opera d'arte (lohpera darte)
Kupfer il rame (rahme)
Kuppel la cupola (kuhpola)
Kursus il korso (korßo)
kurz (zeitlich) breve (brähwe); ~ *(räumlich)* corto(a) (korto)
Kurzwaren la merceria (mertscheri-a)
Kusine la cugina (kudschihna)
Kuß il bacio (pl.-ci) (batscho)
Küster il sagrestano (ßagreßtano)
Kutsche la carrozzella (kar-rot-tßäl-la)
Krypta la cripta

lächerlich ridicolo(a) (ridihkolo)
Laden la bottega (pl.-ghe) (bot-tehga), il negozio (pl.-zi) (negohtßio)
Lamm l'abbacchio m. (lab-bak-kio)
Lampe la lampada (lampada)
Land la campagna (kampanja)
Land (Landschaft) il paese (pa-ese)
lang lungo (lungo)
lange (zeitlich) lungamente (lungamente)
langsam lento(a) (länto)
Languste l'aragosta f. (laragoßta)
Lauf il corso (korßo)
launisch capriccioso(a) (kaprit-tschoßo)
Leben la vita (wihta)
leben vivere (wihwere)
lebhaft vivace (wiwahtsche)
Leder il cuoio (kuohio); *feines Leder* la pelle (päl-le)
Lederwaren (Geschäft für) la pelleteria (pel-leteri-a)
legen mettere (met-tere)
Lehnsgut il feudo (fäudo)
Lehnsherr il feudatario (pl.-ri) (feudatario)
Lehnswesen il feudalismo (feudalismo)
Lehrer il maestro (ma-äßtro)
Lehrerin la maestra (ma-äßtra)
leicht (an Gewicht) legg(i)ero(a) (led-dschähro); ~ *(zu tun)* facile (fahtschile)
leid tun, es tut mir leid mi dispiace (dißpiahtsche)
Leiden la sofferenza (sof-ferentßa)
leiden soffrire (ßof-frihre)
Leidenschaft la passione (paß-ßiohne)
leider purtroppo (purtrop-po)
leiten dirigere (dirihdschere)
Leitung (z. B. Telefon-) la linea (lihnea)
Lektion la lezione (letßiohne)
lernen imparare (imparahre)
lesen leggere (läd-dschere)
letzte(r) ultimo(a) (ultimo)
leuchtend luminoso(a) (luminoßo)
Leute la gente f. (dschänte)
Licht la luce (luhtsche), il chiaro (kiahro)
lieb caro(a) (kahro)
Liebe l'amore m. (lamohre)
lieben amare (amahre)
liebenswürdig amabile (amahbile)
Liebhaber(in) il (l') amante (amante)
Lied la canzone (kantßohne)
liegen stare (ßtahre)
Liegestuhl la sedia a sdraio (ßähdia a sdrahio)
Linie la linea (lihnea)
links a sinistra (ßinißtra)
Lira la lira (lihra)
Liter il litro (lihtro)
Loch il buco (buhko), la buca (buhka) *die Grube*
Löffel il cucchiaio (kuk-kiahio)
Loge (Theater) il palco (palko)
lohnen (sich) convenire (konwenihre)
Lösung la soluzione (ßolutßiohne)
Löwe il leone (le-ohne)
Luft l'aria f. (lahria)
Luftballon il pallone (pal-lohne)

Luftpost la posta aerea (a-ähr^{e}a)
Luftsprung il salto (ßalto)
Lüge la bugia (bu^{dsch}i-a)
Lügner il bugiardo (bu^{dsch}ardo)
Lust la voglia (wolja)

machen fare (fahre)
Macht la potenza (potentßa)
Mädchen (ab 13 Jahre) la ragazza (ragat-tßa)
Madonna la Madonna (madon-na)
Magen lo stomaco (pl.-chi) (ßtomako)
Magenschmerzen il mal di stomaco (ßtomako)
mager magro(a) (magro)
Magistrat il magistrato (ma^{dsch}ißtrahto)
Mahl la cena (tschehna)
Mai maggio m. (mad-^{dsch}o)
Mal la volta (wolta)
malen dipingere (dipin^{dsch}ere)
Maler il pittore (pit-tohre)
Malerei la pittura (pit-tuhra)
malerisch pittoresco(a) (pi-toreßko)
man si
Mandelmilch l'orzata f. (lordsahta)
maniküren fare le mani (fahre le mahni)
Mann l'uomo m. (l^{u}ohmo); ~ *(Ehemann)* il marito (marihto)
mannigfaltig vario(a) (wahr^{i}o)
Mantel il cappotto (kap-pot-to), il mantello (mantäl-lo), il palio (pl.-ii) (pahl^{i}o), il soprabito (ßoprahbito)
Markt il mercato (merkahto)
März marzo m. (martßo)
Maschine la macchina (mak-kina)
Maske la maschera (maßkera)
Maß la misura (misura)
massieren massaggiare (maß-ßad-^{dsch}ahre)
Mauer il muro (pl. le mura) (muhro); ~ *(Stadtmauer)* la mura (muhra)
Meer il mare (mahre)
mehr più (p^{i}u)
mein(e) mio(a) (mi-o)
Meister il maestro (ma-äßtro)
Melodie la melodia (melodi-a)
Mensch l'uomo m. (l^{u}ohmo)
menschlich umano(a) (umahno)
Messe la messa (meß-ßa)
Messer il coltello (koltäl-lo)
Metzger il macellaio (pl.-ai) (matschel-lah^{i}o)
Metzgerei la macelleria (matschel-leri-a)
Milch il latte (lat-te)
Million il milione (miljohne)
Mineralwasser l'acqua minerale f. (lak-k^{u}a minerahle)
Minute il minuto (minuhto)
mißfallen dispiacere (dißp^{i}atschehre)
mit con
Mittag il mezzogiorno (mäd-dso^{dsch}orno)
Mittagessen la colazione (kolatß^{i}ohne), il pranzo (prantßo)
Mittelalter il medioevo (med^{i}o-ähwo)
mittelalterlich medioevale (med^{i}o-ewahle)
Mittelländisches Meer il mediterraneo (mediter-rahn^{e}o)
Mitternacht la mezzanotte (mäd-dsanot-te)
Mittwoch mercoledì m. (merkoledi)
Möbel i mobili m. pl. (mohbili)
Mode la moda (mohda)
möglich possibile (poß-ßihbile)
Möglichkeit la possibilità (poß-ßibilita)
Monat il mese (mehße)
Mönch il monaco (mohnako)
Mond la luna (luhna)
Montag lunedì m. (lunedi)
Morgen la mattina (mat-tihna)
morgen domani (domahni)
Morgenröte l'alba f.
morgens di mattina (mat-tihna)

müde stanco(a) (ßtanko)
Mühe la pena (pehna)
Mund la bocca (bok-ka)
Münze la moneta (monehta)
Museum il museo (musä-o)
Musik la musica (muhsika)
Musiker (Berufs-) il musicista (musitschißta)
müssen dovere (dowehre)
Mutter la madre (mahdre)
mystisch mistico(a) (mißtiko)

nach, nachher dopo (dohpo)
nachfolgen succedere (ßut-tschähdere)
nachlassen cessare (tscheß-ßahre)
Nachmittag il pomeriggio (pomerid-*dscho*)
nachmittags dopopranzo (dopoprandso)
nachmittäglich pomeridiano (pomerid^i^ahno)
nächste(r) prossimo(a) (proß-ßimo)
Nacht la notte (not-te)
Nachthemd la camicia da notte (kamitscha da not-te)
nächtlich notturno(a) (not-turno)
Nagelbürste lo spazzolino per le unghie (ßpat-tßolihno per le ung^i^e)
Nagellack lo smalto (ßmalto)
nahe vicino(a) (witschihno)
nähen cucire (kutschihre)
nähern (sich) avvicinarsi (aw-witschinarßi)
Narr il matto (mat-to)
Natur la natura (natuhra)
natürlich naturale (naturahle)
Neapel Napoli f. (nahpoli)
Nebel la nebbia (neb-b^i^a)
neben accanto a (ak-kanto), presso (präß-ßo)
nehmen prendere (prändere)
nein no
Nerv il nervo (närwo)
neu nuovo(a) (n^u^ohwo)
Neugierde la curiosità (kur^i^oßita)
Neuheit la novità (nowita)
neun nove (nohwe)
neunzehn diciannove (ditschan-nohwe)
neunzig novanta (nowanta)
nicht non
Nichtigkeit la sciocchezza (schok-ket-tßa)
nichts niente (n^i^änte)
niedrig basso(a) (baß-ßo)
niemals non mai (ma^i^)
niemand nessuno(a) (neß-ßuhno)
noch ancora (ankohra)
Nonne la monaca (mohnaka)
Norden il nord
nordisch nordico(a) (nordiko)
nördlich settentrionale (ßet-tentr^i^onahle)
Nordwind la tramontana (tramontahna)
normal normale (normahle)
Not il bisogno (bisonjo)
Notar il notaio (pl.-ai) (notah^i^o)
nötig haben avere bisogno di (awehre bisonjo)
nötig sein occorrere (ok-kor-rere)
notwendig necessario(a) (netscheß-ßahr^i^o)
Notwendigkeit la necessità (netscheß-ßita)
November novembre m. (nowämbre)
Nudelgericht la pasta asciutta (paßta aschut-ta)
Null lo zero (dsähro)
Nummer il numero (nuhmero)
nun (jetzt) ora (ohra)
nunmehr ormai (orma-i)
nur solo (adv.) (ßohlo), solamente (ßolamente), soltanto (ßoltanto)
nützlich utile (utile), opportuno(a) (op-portuno)

Oberhemd la camicia (kamitscha)
Obst la frutta (frut-ta)
oder o
oder (auch) oppure (op-puhre)
offen aperto(a) (aperto)
offenbar evidente (ewidente)

öffentlich pubblico(a) (p**u**b-bliko)
öffnen aprire (apr**i**hre)
ohne senza (ß**e**ntßa)
Ohr l'orecchio m. (lor**e**k-k^{i}o)
Ohrring l'orecchino m. (lorek-k**i**hno)
Oktober ottobre m. (ot-t**o**hbre)
Öl l'olio m. (l**o**hl^{i}o)
Ölbaum l'olivo m. (lol**i**hwo)
Ölbaumgarten l'oliveto m. (loliw**e**hto)
Oper l'opera f. (l**o**hpera)
Opernglas il binoccolo (bin**o**k-kolo)
Opfer il sacrificio (pl.-ci) (ßakrif**i**tscho)
opfern sacrificare (ßakrifik**a**hre)
Orange l'arancia f. (pl.-ce) (lar**a**ntscha)
Ordnung l'ordine m. (l**o**rdine)
Ort il posto
Osten l'est m. (l**e**ßt)
östlich orientale (or^{i}ent**a**hle)
Paar il paio (pl.-paia) (p**a**h^{i}o)
Palast il palazzo (pal**a**t-tßo)
Palasthof il cortile (kort**i**hle)
Panorama il panorama
Papagei il papagallo (papag**a**l-lo)
Papier la carta
Papst il Papa (p**a**hpa)
Parfümerie la profumeria (profumer**i**-a)
parfümieren profumare (profum**a**hre)
Parkplatz il parcheggio (pl.-ggi) (park**e**d-*dsch*o)
Parmesankäse il parmigiano (parmi*dsch***a**hno)
Parteigänger il tifoso (tif**o**hso)
Parterre (Theater) la platea (plat**ä**-a)
Paß (Reise-) il passaporto (paß-ßap**o**rto)
Passagier il passeggiero (paß-ßed-*dsch***ä**ro)
Patron il patrono (patr**o**no)
Pension la pensione (penß^{i}**o**hne)
Person la persona (perß**o**hna)
Personenzug il treno omnibus (tr**ä**hno **o**mnibuß)
Pfannkuchen la pizza (p**i**t-tßa)
Pfarrei la parrocchia (par-r**o**k-k^{i}a)
Pfarrer il parroco (p**a**r-roko)
Pfeife la pipa (p**i**hpa)
Pferd il cavallo (kaw**a**l-lo)
Pflege la cura (k**u**hra)
pflegen solere (ßol**e**hre)
Pflicht il dovere (dow**e**hre)
Phantasie la fantasia (fantas**i**-a)
phantastisch fantastico(a) (pl.-ci) (fant**a**ßtiko)
Phönix la fenice (fen**i**htsche)
Pilz il fungo (f**u**ngo)
Pinienwald la pineta (pin**e**ta)
Platz la piazza (p^{i}**a**t-tßa)
Poesie la poesia (po-es**i**-a)
politisch politico(a) (pol**i**htiko)
Polizei la polizia (politß**i**-a)
Polizist il poliziotto politß^{i}**o**t-to)
Portier il portiere (port^{i}**ä**hre)
Post la posta
Postanweisung il vaglia postale (w**a**lja poßt**a**hle)
Postkarte la cartolina (kartol**i**hna)
Prälat il prelato (prel**a**hto)
Preis il prezzo (pr**ä**t-tßo)
Priester il prete (pr**e**te)
privat privato(a) (priw**a**hto)
Privileg il privilegio (pl.-gi) (priwil**ä***dsch*o)
Problem il problema (pl.-i) (probl**ä**hma)
Professor il professore (profeß-ß**o**hre)
Prozeß il processo (protsch**ä**ß-ßo)
Puder la cipria (tsch**i**hpria)
Punkt il punto (p**u**nto)
pünktlich puntuale (punt^{u}**a**hle)

Qualität la qualità (k^{u}alit**a**)
quittieren (den Empfang bestätigen) accusare (ak-kus**a**hre)
Quittung la ricevuta (ritschew**u**hta)

Rang (Theater) l'ordine m. (l**o**rdine)
Rasen l'erba f. (l**ä**rba)
rasieren fare la barba (f**a**hre)

Rasierpinsel il penello per la barba (pen-n**ä**l-lo)
Rathaus il municipio (pl.-pi) (munitsch**i**hp^{i}o)
rauben rubare (rub**a**hre)
rauchen fumare (fum**a**hre)
Raucher il fumatore (fumat**o**hre)
Raucherabteil fumatori (fumat**o**hri); il compartimento di fumatori (kompartim**e**nto)
Realität la realtà
Rechnung il conto
Recht il diritto (dir**i**t-to)
rechts destra (d**ä**ßtra)
Rechtsanwalt l'avvocato (law-wok**a**hto)
Rede il discorso (dißk**o**rßo)
Redensart la frase (fr**a**hse)
Regel la regola (r**e**gola)
Regen la pioggia (p^{i}**o**d-*dsch*a)
Regierung il governo (gow**ä**rno)
regnen piovere (p^{i}**o**hwere)
reich ricco(a) (pl.-cchi) (r**i**k-ko)
Reichtum la ricchezza (rik-k**e**t-tßa)
rein netto(a) (n**e**t-to), pulito(a) (pul**i**hto), puro(a) (p**u**hro)
Reise il viaggio (w^{i}**a**d-*dsch*o)
reisen viaggiare (w^{i}ad-*dsch***a**hre), andare (and**a**hre)
Reisende il viaggiatore (w^{i}ad-*dsch*at**o**hre)
Reisepaß il passaporto (paß-ßap**o**rto)
Reißverschluß la chiusura lampo (k^{i}*u*ß**u**hra)
reiten andare a cavallo (and**a**hre a kaw**a**l-lo)
Reparatur la riparazione (riparatß^{i}**o**hne)
Rest il resto (r**ä**ßto)
Restaurant il ristorante (rißtor**a**nte), la trattoria (trat-tor**i**-a)
richtig giusto(a) (*dsch***u**ßto)
Ring l'anello m. (lan**ä**l-lo)
riskieren rischiare (rißk^{i}**a**hre)
Ritter il cavaliere (kawal^{i}**ä**hre)
Ritterlichkeit la cavalleria (kawal-ler**i**-a)

roh crudo(a) (kr**u**hdo)
Rohr la canna (k**a**n-na)
Roman il romanzo (rom**a**ndso)
romantisch romantico(a) (rom**a**ntiko)
römisch romano(a (rom**a**hno)
rot rosso(a) (r**o**ß-ßo)
Rotwein il vino rosso (w**i**hno r**o**ß-ßo)
Rücken la schiena (ßk^{i}**ä**hna)
Rückkehr il ritorno (rit**o**rno)
rückwärts indietro (ind^{i}**ä**htro)
rudern remare (rem**a**hre)
rufen chiamare (k^{i}am**a**hre)
Ruhe la tranquillità (trank^{u}il-lit**a**)
ruhig tranquillo(a) (trank^{u}**i**l-lo)
Ruhm la gloria (gl**o**hr^{i}a)

Saal la sala (ß**a**hla)
Sache la cosa (k**o**hßa)
Saft il succo (pl.-cchi) (ß**u**k-ko); *Fruchtsaft* la spremuta (ßprem**u**hta)
sagen dire (d**i**hre)
Saite la corda
Salamiwurst il salame (ßal**a**hme)
Salat l'insalata f. (linßal**a**hta)
Salon il salone (ßal**o**hne)
Salz il sale (ß**a**hle)
sammeln raccogliere (rak-k**o**ljere)
Sammlung la collezione (kol-letß^{i}**o**hne)
Samstag sabato m. (ß**a**hbato)
Sand la sabbia (ß**a**b-b^{i}a)
Sandale il sandalo (ß**a**ndalo)
Sänger(in) il(la) cantante (kant**a**nte)
Sardinien Sardegna f. (ßard**e**nja)
Satz la frase (fr**a**hse)
sauber pulito(a) (pul**i**hto)
Sauce la salsa (ß**a**lßa)
Säulenhalle la loggia (l**o**d-*dsch*a)
Schaf la pecora (p**ä**kora)
Schafböcklein il pecorino (päkor**i**hno)
schäumen spumare (ßpum**a**hre)
Schaumwein vino spumante m. (w**i**hno ßpum**a**nte)

Schauspiel lo spettacolo (ßpet-**ta**kolo)
Schauspieler l'attore m. (lat-**toh**re)
scheinen parere (par**eh**re)
schenken regalare (regal**ah**re)
schicken mandare (mand**ah**re)
schieben spingere (ßp**in**dsch*ere)
Schiff la nave (n**ah**we)
Schinken il prosciutto (prosch**u**t-to)
Schirm (Regen-) l'ombrello m. (lombr**ä**l-lo); ~ *(großer Sonnen-)* l'ombrellone (lombrel-l**oh**ne)
Schlacht la battaglia (bat-t**a**lja)
Schlafrock la veste da camera (w**ä**ßte da k**ah**mera)
Schlafzimmer la camera da letto (k**ah**mera da l**ä**t-to)
Schlag il tocco (tok-ko), il colpo
schlagen battere (b**a**t-tere)
schlecht cattivo(a) (kat-t**i**hwo)
schlecht (adv.) male (m**ah**le)
schließen chiudere (k[i]**u**hdere)
Schloß il castello (kaßt**ä**l-lo)
Schlüssel la chiave (k[i]**a**hwe)
schmecken gustare (gußt**ah**re)
Schmerz il dolore (dol**oh**re)
schmerzen dolere (dol**eh**re)
Schnee la neve (n**e**hwe)
schneiden tagliare (talj**ah**re); *Haare* ~ tagliare i cappelli (kap-p**e**l-li)
Schneider il sarto (ß**a**rto)
schneien nevicare (newik**ah**re)
schnell rapido(a) (r**ah**pido); ~ (adv.) presto (pr**ä**ßto)
Schnellzug il treno direttissimo (tr**ä**hno diret-t**i**ß-ßimo)
Schnitzel (Wiener) la costoletta alla milanese (koßtol**e**t-ta **a**l-la milan**e**se)
Schokolade la cioccolata (tschok-kol**ah**ta)
schon già (*dsch***a**)
schön bello(a) (b**ä**l-lo)
Schönheit la bellezza (bel-l**e**t-tßa)
Schrank l'armadio m. (pl.-di) (larm**ah**d[i]o)
schrecklich orribile (or-r**i**bile), pauroso(a) (p[a]ur**oh**ßo)
schreiben scrivere (ßkr**i**hwere)
Schreibwarengeschäft la cartoleria (kartoler**i**-a)
schreien gridare (grid**ah**re), urlare (url**ah**re)
Schuh la scarpa (ßk**a**rpa)
Schuhladen la calzoleria (kaltßoler**i**-a)
Schulden i debiti m. pl. (d**eh**biti)
Schule la scuola (ßk[u]**o**hla)
Schüler lo scolaro (ßkol**ah**ro), lo studente (ßtud**e**nte)
Schulter la spalla (ßp**a**l-la)
Schuster il calzolaio (pl.-ai) (kaltßol**ah**[i]o)
Schutzmann la guardia (g[u]**a**rd[i]a)
schwarz nero(a) (n**eh**ro)
schwatzen chiacchierare (k[i]ak-k[i]er**ah**re)
schweigen tacere (tatsch**eh**re)
schwierig difficile (dif-f**i**htschile)
Schwimmbassin la piscina (pisch**i**hna)
schwimmen nuotare (n[u]ot**ah**re)
schwören giurare (*dsch*ur**ah**re)
Schwur il giuramento (*dsch*uram**e**nto)
sechs sei (ß**ä**[i])
sechzehn sedici (ß**e**hditschi)
sechzig sessanta (ßeß-ß**a**nta)
See il lago (l**ah**go)
Seekrankheit il mal di mare (m**ah**re)
Seele l'anima f. (l**ah**nima)
Seemuschel la conchiglia (konk**i**lja)
segnen benedire (bened**i**hre)
Segnung la benedizione (beneditß[i]**o**hne)
Sehen la vista (w**i**ßta)
sehen vedere (wed**eh**re)
Sehnsucht la nostalgia (noßtal*dsch***i**-a)
sehr molto
Seide la seta (ß**e**hta)
Seife il sapone (ßap**o**hne)

sein essere (äß-ßere)
seit da
Seite (eines Buches) la pagina (pahdschina); ~ *(Flanke)* il fianco (pl.-chi) (fianko); ~ *(Teil)* la parte
selbst stesso (ßteß-ßo)
selig beato(a) (beahto)
Sensibilität la sensibilità (ßenßibilita)
Sentimentalität il sentimentalismo (ßentimentalismo)
September settembre m. (ßet-tembre)
Serenade la serenata (ßerenahta)
Serviette la salvietta (ßalwiet-ta)
Sessel la poltrona (poltrohna)
setzen mettere (met-tere), *sich* ~ sedersi (ßederßi)
Seufzer il sospiro (ßoßpihro)
sich si (ßi)
sich wenden an rivolgersia (riwoldscherßi)
sicher sicuro(a) (ßikuhro)
Sicherheit la sicurezza (ßikuret-tßa)
Sie Lei (läi), La
sie (männl. Mehrzahl) essi (eß-ßi); ~ *(weibl. Einzahl)* ella (el-la)
sieben sette (ßät-te)
siebzehn diciasette (ditschaßät-te)
siebzig settanta (ßet-tanta)
Sieg la vittoria (wit-toria)
siegen vincere (wintschere)
siegreich vittorioso(a) (wit-toriohßo)
sieh da ecco (äk-ko)
Silber l'argento m. (lardschänto)
singen cantare (kantahre)
Sinn il senso (ßenßo)
Sirup lo sciroppo (schirop-po)
Sitz la sede (ßähde)
sitzen sedere (ßedehre), stare (ßtahre)
so così (koßi)
so groß (so viel) tanto
sofort (plötzlich) subito (ßuhbito)
sogenannt cosidetto(a) (koßidet-to)
sogleich immediatamente (im-mediatamente)
Sohn il figlio (pl.-gli) (fihljo)
solch tale (tahle)
Sonne il sole (ßohle)
Sonnenschirm (großer) l'ombrellone m. (lombrel-lohne)
Sonnenstich il colpo di sole (ßohle)
Sonnenuntergang il tramonto (tramonto)
Sonntag la domenica (domehnika)
sorgfältig accurato(a) (ak-kurahto)
Soße la salsa (ßalßa)
soviel - wie tanto - quanto (tanto-kuanto)
Spaghetti gli spaghetti m. pl. (spaget-ti)
Spanien Spagna f. (ßpanja)
sparen risparmiare (rißparmiahre)
Sparsamkeit il risparmio (rißparmio)
spät tardi (tardi)
spazierengehen passeggiare (paß-ßed-dschahre), andar a spasso (andahr a ßpaß-ßo)
Spaziergang il giro (dschihro)
Speiseeis il gelato (dschelahto)
Speisekarte la lista (lißta)
spekulieren speculare (ßpekulahre)
Spezialität la specialità (ßpetschalita)
Spiegel lo specchio (pl.-cchi) (ßpäk-kio)
spielen giocare (dschokahre)
Spielzeug il giocattolo (dschokat-tolo)
Spieß lo spiedo (ßpiädo)
Spinat gli spinaci m. pl. (ßpinatschi)
Sprache la lingua (lingua)
sprechen parlare (parlahre)
Sprechstunde l'orario m. (lorahrio)
Sprichwort il proverbio (pl.-bi) (prowerbio)
springen saltare (ßaltahre)
spucken sputare (ßputahre)
Stadt la città (pl. unverändert) (tschit-ta)

stark forte (forte)
statt dessen invece (inwehtsche)
stehen stare (ßtahre)
stehlen rubare (rubahre)
Steigerung il crescendo (kreschändo)
Stein la pietra (p^{i}ähtra)
stellen mettere (met-tere)
sterben morire (morihre)
Stern la stella (ßtel-la)
Stiefelbürste la spazzola da scarpe (ßpat-tßola da ßkarpe)
still! zitto! (tßit-to)
Stimme la voce (wohtsche)
stimmen accordare (ak-kordahre)
Stirn la fronte
Stock il bastone (baßtohne)
Stockwerk il piano (p^{i}ahno)
Stolz l'orgoglio m. (lorgoljo)
Strand la spiaggia (pl.-gge) (ßp^{i}ad-dscha)
Straße la strada (ßtrahda)
Straßenarbeiten lavori in corso (lawohri in korßo)
Straßenbahn il tram (tram)
Streichholz il fiammifero (f^{i}am-mihfero), il cerino (tscherihno)
Streit la lite (lihte)
streng severo(a) (ßewäro)
Stroh la paglia (palja)
Struktur la struttura (ßtrut-tuhra)
Strumpf la calza (kaltßa)
Student lo studente (ßtudente)
studieren studiare (ßtud^{i}ahre)
Studium lo studio (ßtuhd^{i}o)
Stuhl la sedia (ßähd^{i}a)
Stunde l'ora f. (lohra)
suchen cercare (tscherkahre)
Süden il sud (ßuhd), il mezzogiorno (mäd-dsodschorno)
südlich meridionale (merid^{i}onahle)
Südwind lo scirocco (schirok-ko)
Suppe la minestra (minäßtra)
süß dolce (doltsche)
Süßigkeiten i dolci m. pl. (doltschi)
Symbol il simbolo (ßimbolo)
Sympathie la simpatia (ßimpati-a)
sympathisch simpatico(a) (ßimpahtiko)

Tabakladen la tabaccheria (tabak-keri-a)
Tabakverkäufer il tabaccaio (tabak-kah^{i}o)
Tag il giorno (dschorno), la giornata (dschornahta)
Tal la valle (wal-le)
Tanz la danza (dantßa)
tanzen ballare (bal-lahre), danzare (dantßahre)
Tarif la tariffa (tarif-fa)
Tasche (Reise-, Geld-) la borsa (borßa)
Taschendieb il borsaiuolo (borßa^{iu}olo)
Taschentuch il fazzoletto (fat-tßolet-to)
Tasse la tazza (tat-tßa)
Taube la colomba (kolomba)
Tausch il cambio (kamb^{i}o)
Tausend il migliaio (pl.-le migliaia) (miljah^{i}o)
tausend mille (pl. mila) (mihl-le, mihla)
Taxi il tassì (taß-ßi)
Technik la tecnica (pl.-che) (tähknika)
Tee il tè (tä)
Teil la parte
teilen dividere (diwidere)
Telefon il telefono (teläfono)
Telefonanruf il colpo di telefono
Telefongespräch la telefonata (telefonahta)
telefonieren telefonare (telefonahre)
Telefonzentrale il centralino (tschentralihno)
telegrafieren telegrafare (telegrafahre)
telegrafisch (adv.) telegraficamente (telegrafikamente)
Telegramm il telegramma (telegram-ma)
Teller (flach) il piatto (p^{i}at-to)
~ *(tief)* la scodella (ßkodäl-la)

Temperatur la temperatura (temperatuhra)
Tenor il tenore (tenohre)
Teppich (geknüpft) il tappeto (tap-peto)
teuer (Preis) caro(a) (kahro)
Teufel il diavolo (diawolo)
Theater il teatro (te-ahtro)
Tiber il Tevere (tewere)
tief profondo(a) (profondo)
Tier l'animale m. (lanimahle), la bestia (beßtia)
Tinte l'inchiostro m. (linkioßtro)
Tisch il tavolo (tahwolo)
Titel il titolo (tihtolo)
Tod la morte (morte)
tödlich mortale (mortahle)
Toilette la toeletta (to-elät-ta)
Tomate il pomodoro (pomodohro)
Tor la porta
touristisch turistico(a) (pl.-ci) (turißtiko)
Tradition la tradizione (traditßiohne)
tragen portare (portahre)
Träne la lacrima (lahkrima)
Traum il sogno (ßonjo)
träumen sognare (ßonjahre)
traurig triste (trißte)
Traurigkeit la tristezza (trißtet-tßa)
treffen (sich ~ mit) incontrarsi con (inkontrarßi)
Treppe la scala (ßkahla)
trinken bere (behre)
Trinkgeld la mancia (pl.-ce) (mantscha)
Trinkwasser l'acqua potabile f. (lak-kua potahbile)
Triumph il trionfo (trionfo)
triumphieren trionfare (trionfahre)
trocken secco(a) (ßek-ko)
Trommel il tamburo (tambuhro), la tromba
tun fare (fahre)
Tür la porta
Turm la torre (tor-re)

Übel il male (mahle)
über sopra (ßohpra), su (ßu)
überall dappertutto (dap-pertut-to)
Übereinstimmung l'accordo m. (lak-kordo)
Überfahrt il tragitto (tradschit-to)
überliefert tradizionale (traditßionahle)
übermorgen dopodomani (dopodomahni)
überraschen sorprendere (ßorprändere)
Überraschung la sorpresa (ßorprehßa)
überschreiten traversare (trawerßahre)
übertreiben esagerare (esadscherahre)
überwinden superare (ßuperahre)
üblich solito (ßolito)
übrigens a proposito (proposito)
Ufer la riva (rihwa)
Uhr l'orologio m. (lorolodscho)
Uhrengeschäft l'orologeria f. (lorolodscheri-a)
Uhrmacher l'orologiaio (pl.-ai) (lorolodschahio)
um zu per
umgeben circondare (tschirkondahre)
Umgebung i dintorni m. pl. (dintorni)
umsteigen cambiare treno (kambiahre trähno)
unbedingt per forza (fortßa)
Unbefangenheit la disinvoltura (dißinwoltuhra)
unbekannt sconosciuto(a) (ßkonoschuhto)
und e(d); *und doch* eppure (ep-puhre)
unendlich infinito(a) (infinihto)
Unendlichkeit l'infinità f. (linfinita)
unerläßlich indispensabile (indißpenßabile)

ungefähr circa (tschirka)
Unglück il disastro (disaßtro), il guaio (pl.-ai) (guahio)
unglücklich infelice (infelihtsche)
Uniform la divisa (diwihsa)
Universität l'università f. (luniwerßita)
unmodern fuori di moda (fuohri di mohda)
unmöglich impossibile (impoß-ßihbile)
unnütz inutile (inuhtile)
Unrecht il torto (torto)
uns ci (tschi)
unser(e) nostro(a) (noßtro)
unsympathisch antipatico(a) (antipahtiko)
unten giù (dschu)
unter sotto (ßot-to)
unterbrechen interrompere (inter-rompere)
Unterführung il sottopassaggio (ßot-topaß-ßad-dscho)
unterhalten (sich) conversare (konwerßahre)
Unterhaltung la conversazione (konwerßatßiohne)
unterscheiden distinguere (dißtinguere)
Unterscheidung la distinzione (dißtintßiohne)
Unterschied la differenza (dif-ferentßa)
unübertrefflich insuperabile (inßuperahbile)
unwiderruflich irrevocabile (ir-rewokabile)
Urlaub il permesso (permeß-ßo)
Ursache la causa (kausa)

Vater il padre (pahdre)
väterlich paterno(a) (paterno)
Verabredung l'appuntamento m. (lap-puntamento)
verbieten vietare (wietahre)
verbinden collegare (kol-legahre)
Verbindung la comunicazione (komunikatßiohne)
Verbot il divieto (diwiähto)
verbrauchen consumare (konßumahre)
verderben rovinare (rowinahre)
verehren venerare (wenerahre)
Verehrung la venerazione (weneratßiohne)
vergangen passato(a) (paß-ßahto)
Vergangenheit il passato (paß-ßahto)
vergessen dimenticare (dimentikahre)
Vergnügen lo spasso (ßpaß-ßo), il divertimento (diwertimento)
verhindern impedire (impedihre)
verkaufen vendere (wendere)
Verkehr il traffico (traf-fiko)
verlangen chiedere (kiähdere)
verlängern prolungare (prolungahre)
verlangsamen rallentare (ral-lentahre)
verlassen lasciare (laschahre)
verleben (z. B. Ostern) fare la Pasqua (fahre)
verlieren perdere (pärdere)
Verlust la perdita (pärdita)
vermieten affittare (af-fit-tahre)
verpflichtend obbligatorio(a) (obligatohrio)
verrückt matto(a) (mat-to)
Verrückte il pazzo (pat-tßo)
Versammlung la riunione (riuniohne)
verschieden differente (dif-ferente)
verschieden (unterschiedlich) diverso(a) (diwärßo); ~ *(mannigfaltig)* vario (pl.-ri) (wahrio)
Verschluß la chiusura (kiußuhra)
Verspätung il ritardo (ritardo)
Versprechen la promessa (promeß-ßa)
versprechen promettere (promet-tere)
verstehen capire (kapihre); ~ *(erfahren)* comprendere (komprändere)

versuchen (probieren) cercare (tscherk**a**hre)
verteidigen difendere (dif**ä**ndere)
Vertreter il rappresentante (rap-present**a**nte)
verursachen causare (ka^{u}s**a**hre)
vervollständigen completare (komplet**a**hre)
Verwaltung l'amministrazione f. (lam-minißtratß^{i}**o**hne)
Verzeihung il perdono (perd**o**hno)
verzweifelt disperato(a) (dißper**a**hto)
Verzweiflung la disperazione (dißperatß^{i}**o**hne)
viehisch brutale (brut**a**hle)
viel molto
vielleicht forse (f**o**rße)
vier quattro (k^{u}**a**t-tro)
Viertel il quarto (k^{u}**a**rto); ~ *(Stadt)* il quartiere (k^{u}art^{i}**ä**hre)
vierzehn quattordici ((k^{u}at-t**o**rditschi)
vierzig quaranta (k^{u}ar**a**nta)
Villa la villa (w**i**l-la)
Vogel l'uccello m. (lut-tsch**ä**l-lo)
Vogelhandlung l'uccelleria f. (lut-tschel-ler**i**-a)
Volk il popolo (p**o**polo)
volkstümlich popolare (popol**a**hre)
voll pieno(a) (p^{i}**ä**hno)
vollkommen perfetto(a) (perf**ä**t-to)
Vollkommenheit la perfezione (perfetß^{i}**o**hne)
vollständig completo(a) (kompl**ä**hto)
von da, di
von vorne da capo (k**a**hpo)
vor (örtlich) davanti (daw**a**nti)
vor(zeitlich) avanti (aw**a**nti)
vor allem soprattutto (ßoprat-t**u**t-to)
voraus (im) anticipatamente (antitschipatam**e**nte)
Vorauszahlung l'anticipo m. (lant**i**tschipo)
vorbehalten riservare (rißerw**a**hre)
vorbeigehen passare (paß-ß**a**hre)
vorbereiten preparare (prepar**a**hre), apparecchiare (ap-parek-k^{i}**a**hre)
Vorbereitung la preparazione (preparatß^{i}**o**hne)
Voreingenommenheit la prevenzione (preventß^{i}**o**hne)
vorgestern avantieri (awant^{i}**ä**hri)
vormittags antimeridiano (antimerid^{i}**a**hno)
vornehm distinto(a) (dißt**i**nto)
Vorschlag la proposta (prop**o**ßta)
vorschreiben prescrivere (preßkr**i**hwere)
vorstellen presentare (present**a**hre); ~ *(sich einbilden)* immaginarsi (im-ma^{dsch}in**a**rßi)
vorziehen preferire (prefer**i**hre)

wach sein essere sveglio (**ä**ß-ßere sw**e**lj^{i}o)
Wachsstreichholz il cerino (tscher**i**hno)
Wächter il vigile (w**i**h^{dsch}ile)
Wagen la vettura (wet-t**u**hra), il vagone (wag**o**hne)
Wahl l'elezione f. (leletß^{i}**o**hne)
wählen eleggere (el**ä**d-^{dsch}ere)
wahr vero(a) (w**e**hro)
während mentre (m**e**ntre)
Wahrheit la verità (werit**a**)
wahrscheinlich probabilmente (probabilm**e**nte)
Waise l'orfano(a) m. u. f. (l**o**rfano)
Waisenhaus l'orfanotrofio m. (pl.-fi) (lorfanotr**o**f^{i}o)
Wald il bosco (b**o**ßko)
wallfahren pellegrinare (pel-legrin**a**hre)
Wallfahrer il pellegrino (pel-legr**i**hno)
Wallfahrt il pellegrinaggio (pl.-ggi) (pel-legrin**a**d-^{dsch}o)
Wand la parete (par**e**hte)
wankelmütig mobile (m**o**hbile)
wann quando (k^{u}**a**ndo)
Wappen lo stemma (ßt**ä**m-ma)

warm caldo(a) (kaldo)
warten aspettare (aßpet-tahre), attendere (at-tändere)
Wartesaal la sala d'aspetto (daßpät-to)
warum perchè (perke)
was? was für eine Sache? che cosa (ke kohßa)
Waschbecken la catinella (katinäl-la)
Wäsche (Kleidung) la biancheria (b^{i}ankeri-a)
waschen lavare (lawahre)
Wäscherei la lavanderia (lawanderi-a)
Waschtoilette) il lavamano (lawamahno)
Wasser l'acqua f. (lak-k^{u}a)
Watte l'ovatta, f. (lowat-ta)
wechseln cambiare (kamb^{i}ahre)
wecken svegliare (sweljahre)
Wecker la sveglia (swehlja)
Weg la via (wi-a)
wegen a causa (ka^{u}sa)
weiblich femminile (fem-minihle)
weihen consacrare (konßakrahre)
Weihnachten Natale m. (natahle)
weil perchè (perke)
Wein il vino (wihno)
Weinberg la vigna (winja)
weinen piangere (p^{i}an^{dsch}ere)
Weinschenke la bottigleria (bot-tiljeri-a)
Weintraube l'uva f. (luhwa)
Weise il modo (mohdo)
weiß bianco(a) (b^{i}anko)
Weißwein il vino bianco (wihno b^{i}anko)
weit, ausgedehnt vasto(a) (waßto)
weit (entfernt) lontano(a) (lohntahno)
weit (weitläufig) largo(a) (largo)
weiterführen proseguire (proseg^{u}ihre)
welche(r), welches (relativ) che; *~ (relat. u. Fragepron.)* quale (k^{u}ahle)
Welle l'onda f. (londa)
Welt il mondo (mondo)
wenig poco (pohko); *ein ~* un po' (uhn po)
weniger (adv.) *(auch beim Rechnen)* meno (mehno)
wenn se
wer? chi?
werden diventare (diwentahre)
Werk l'opera f. (lohpera)
Westen l'ovest m. (lohweßt)
westlich occidentale (ot-tschidentahle)
Wette la scommessa (ßkom-meß-ßa)
wetten scommettere (ßkom-met-tere)
Wetter il tempo (tämpo)
wichtig importante (importante)
wie come (kohme)
wiederfinden ritrovare (ritrowahre)
wiederherstellen rifare (rifahre)
wiederholen ripetere (ripehtere)
Wiederholung la ripetizione (ripetitß^{i}ohne)
wiederkommen tornare (tornahre)
wiedersehen rivedere (riwedehre)
wieviel quanto (k^{u}anto)
Wille la volontà (wolonta)
willensstark volitivo (wolitihwo)
willkommen benvenuto(a) (benwenuhto)
Wimper il ciglio (pl. le ciglia) (tschiljo)
Wind il vento (wänto)
Winter l'inverno m. (linwärno)
wir noi (no^i)
wirklich veramente (weramente)
Wissen il sapere (ßapehre)
wissen sapere (ßapehre)
wo dove (dohwe)
Woche la settimana (ßet-timahna)
wohnen abitare (abitahre), stare (ßtahre)
Wohnung l'abitazione f. (labitatß^{i}ohne); l'appartamento m. (lap-partamento)
Wolke la nuvola (nuhwola)

wollen volere (wol**e**hre)
Wort la parola (par**o**hla)
Wunder il miracolo (mir**a**hkolo)
Wunsch il desiderio (desid**ä**r^{i}o)
wünschen desiderare (desider**a**hre)
Wüste il deserto (des**ä**hrto)
wütend arrabbiato (ar-rab-bi**a**hto)

Zahl la cifra (tsch**i**hfra)
zahlen pagare (pag**a**hre)
zählen contare (kont**a**hre)
zahlreich numeroso(a) (numer**o**ßo)
Zahn il dente (**dänte**)
Zahnarzt il dentista (dent**i**ßta)
Zahnbürste lo spazzolino da denti (ßpa-tßol**i**hno da **d**ä**nti**)
Zahnpasta la pasta dentifricia (dentifr**i**htscha)
Zahnschmerzen il mal di denti (d**ä**nti)
zehn dieci (d^{i}**ä**tschi)
zeigen mostrare (moßtr**a**hre)
Zeit il tempo (t**ä**mpo)
Zeitschrift la rivista (riw**i**ßta)
Zeitung il giornale (^{dsch}orn**a**hle)
Zeitungskiosk il chiosco di giornali (k^{i}**o**ßko di ^{dsch}orn**a**hli)
zerbrochen rotto (r**o**t-to)
zerstören rovinare (rowin**a**hre)
Zeug la roba (r**o**hba)
ziehen tirare (tir**a**hre)
Ziel la meta (**m**e**ta**)
Zigarre il sigaro (ß**i**hgaro)
Zigarette la sigaretta (ßigar**e**t-ta)
Zimmer la camera (k**a**hmera), la stanza (ßt**a**ntßa)
Zimmermädchen la cameriera (kamer^{i}**ä**hra)
Zitronenwasser la limonata (limon**a**hta)
Zollstation la dogana (dog**a**hna)
Zorn la rabbia (r**a**b-b^{i}a)
zu da
zu sehr troppo (tr**o**p-po)
Zuchthaus l'ergastolo m. (lerg**a**ßtolo)
Zucker lo zucchero (tß**u**k-kero)
zuerst da principio (printsch**i**hp^{i}o)
Zufall il caso (k**a**hso)
zufällig per caso (k**a**hso)
zufrieden contento(a) (kont**ä**nto)
zufriedenstellen soddisfare (ßod-dißf**a**hre)
Zug il treno (tr**ä**hno)
zugeben riconoscere (rikon**o**schere)
zuhören ascoltare (aßkolt**a**hre)
Zukunft l'avvenire m. (law-wen**i**hre)
Zukunft (auch Futurum) il futuro (fut**u**hro)
zukünftig futuro(a) (fut**u**hro)
Zunge la lingua (l**i**ng^{u}a)
zurückkehren ritornare (ritorn**a**hre)
zurückwerfen riflettere (rifl**ä**t-tere)
zusammen insieme (inß^{i}**ä**hme)
zuschauen star a vedere (ßt**a**hr a wed**e**hre)
zwanzig venti (w**e**nti)
Zweck lo scopo (ßk**o**hpo)
zwei due (d**u**-e)
zweifeln dubitare (dubit**a**hre)
zweite secondo(a) (ßek**o**ndo)
zwischen fra (fra)
zwölf dodici (d**o**hditschi)
Zypresse il cipresso (tschipr**ä**ß-ßo)

Dieses Buch fußt auf einer Sendereihe, die der Bayerische Rundfunk in Verbindung mit der Deutschen Bibliothek in Rom veranstaltete. Die Umarbeitung des Funkmanuskriptes zum Buch erfolgte in gemeinsamer Arbeit des Autors mit dem Verlag. Die Grammatik wurde durch Professor Dr. Alfons Pitroch in Rom bearbeitet. Dem Italienischen Kulturinstitut in München gebührt für vielfache Auskunft besonderer Dank.